한 번에 합격, 자격증은 이기적

이렇게 기막힌 적중률

 함께 공부하고 특별한 혜택까지!
이기적 스터디 카페 🔍

 구독자 약 15만 명, 전강 무료!
이기적 유튜브 🔍

오직 스터디 카페 멤버에게만
주어지는 특별 혜택!

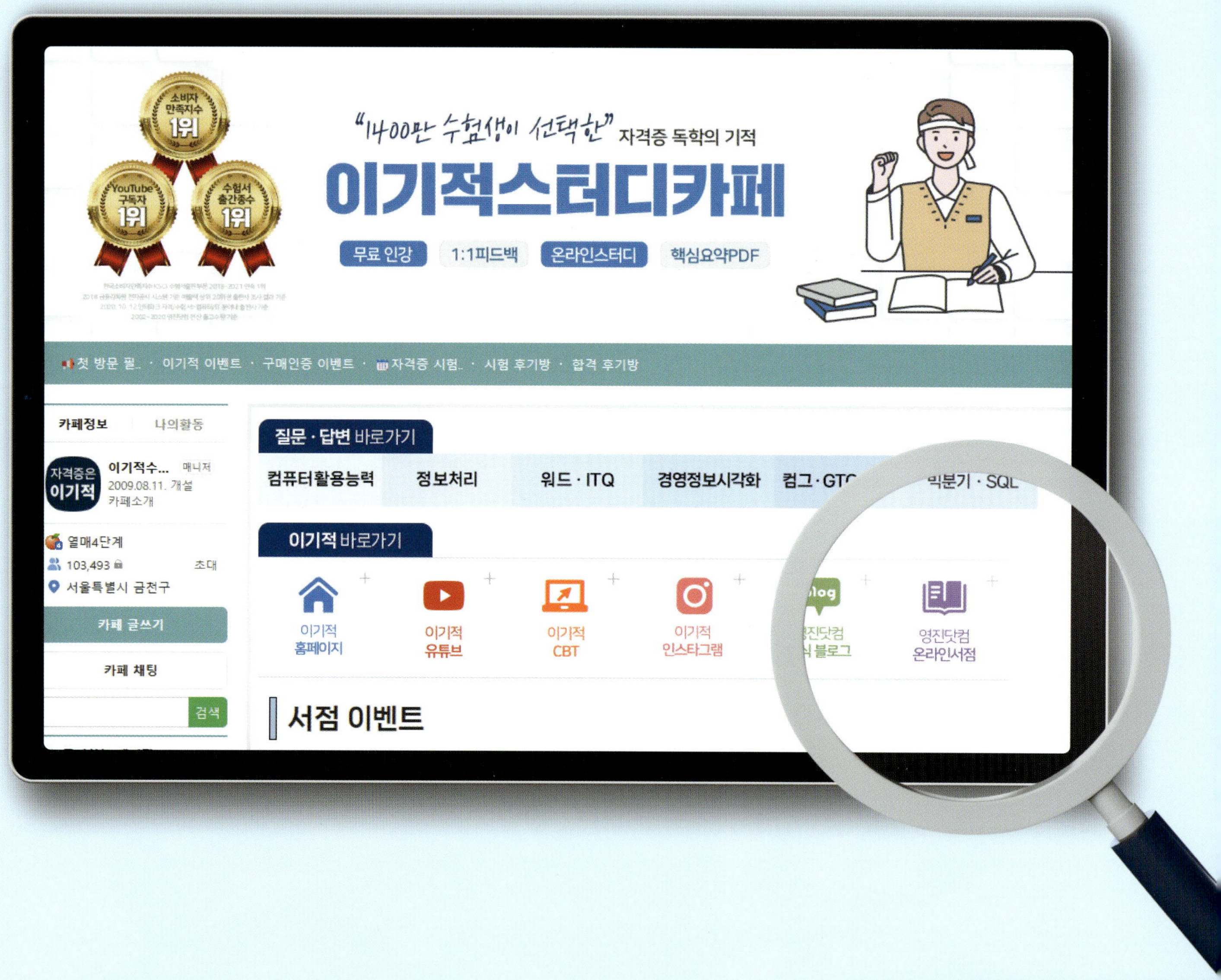

이기적 스터디 카페

 합격을 위한 기적 같은 선물
또기적 합격자료집

 혼자 공부하기 외롭다면?
온라인 스터디 참여

 모든 궁금증 바로 해결!
전문가와 1:1 질문답변

 1년 내내 진행되는
이기적 365 이벤트

 도서 증정 & 상품까지!
우수 서평단 도전

 간편하게 한눈에
시험 일정 확인

합격까지 모든 순간 이기적과 함께!

이기적 365 EVENT

QR코드를 찍어 이벤트에 참여하고 푸짐한 선물 받아가세요!

1 기출문제 복원하기

이기적 책으로 공부하고 시험을 봤다면 7일 내로 문제를 제보해 주세요!

2 합격 후기 작성하기

당신만의 특별한 합격 스토리와 노하우를 전해 주세요!

3 온라인 서점 리뷰 남기기

온라인 서점에서 책을 구매하고 평점과 리뷰를 남겨 주세요!

4 정오표 이벤트 참여하기

더 완벽한 이기적이 될 수 있게 수험서의 오류를 제보해 주세요!

※ 이벤트별 혜택은 변경될 수 있으므로 자세한 내용은 해당 QR을 참고해 주세요.

모두에게 당신의 합격 스토리를 들려주세요
합격 후기 EVENT

합격하고 마음껏 자랑하세요.
후기를 남기면 네이버페이 포인트를 선물로 드려요.

네이버페이
포인트 쿠폰

20,000원

5,000원

 블로그에 자랑 남기기
개인 블로그에
합격 후기 작성하고 20,000원 받기!

20,000원
네이버페이 포인트 지급

▲ 자세히 보기

 카페에 자랑 남기기
이기적 스터디 카페에
합격 후기 작성하고 5,000원 받기!

5,000원
네이버페이 포인트 지급

▲ 자세히 보기

※ 자세한 참여 방법은 QR코드 또는 이기적 스터디 카페 '이기적 이벤트' 게시판을 확인해 주세요.
※ 이벤트에 참여한 후기는 추후 마케팅 용도로 활용될 수 있으며 혜택은 변동될 수 있습니다.

도서 인증하면 고퀄리티 강의가 따라온다!
100% 무료 강의

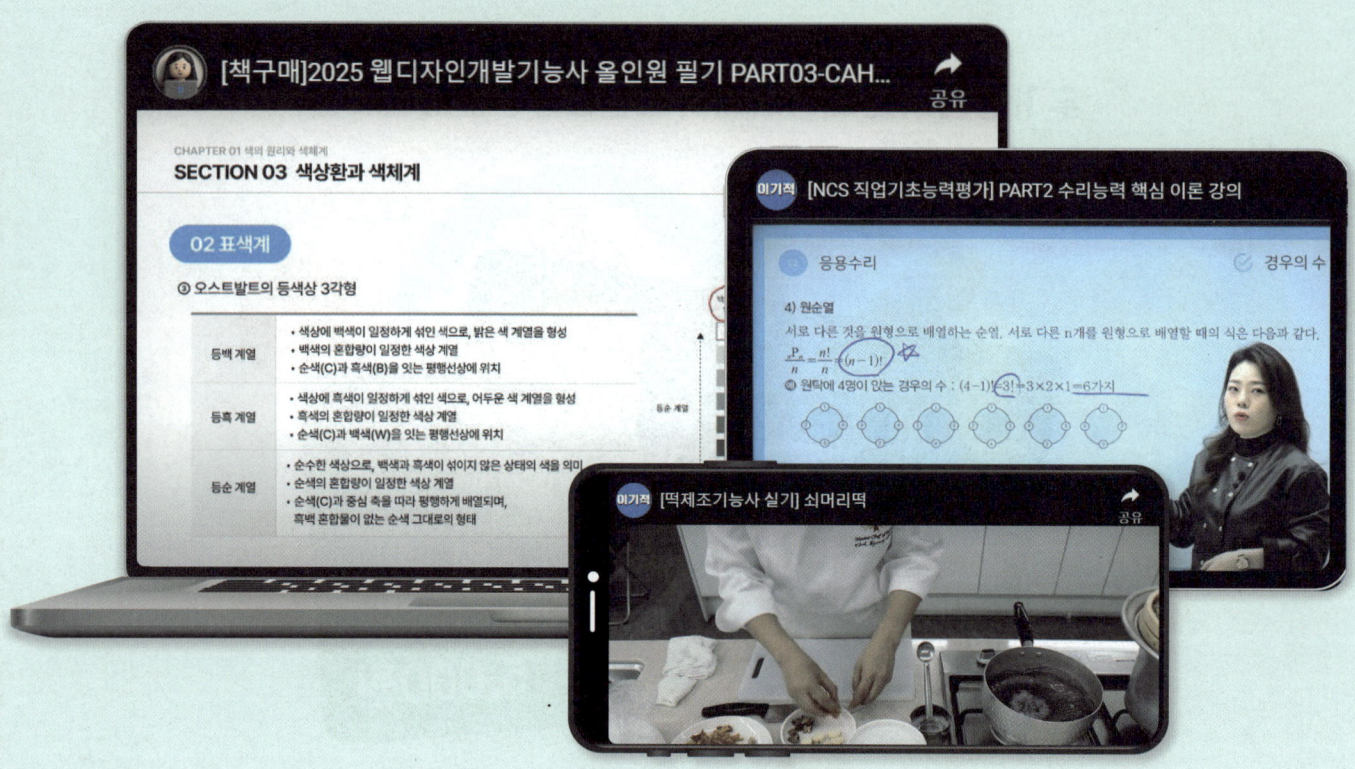

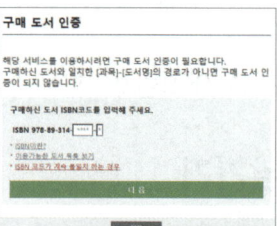

◀ 이기적 홈페이지 바로가기

영진닷컴 이기적

합격을 위해 모두 드려요.
이기적 합격 솔루션!

이기적이 여러분을 위해 준비했어요

합격하는 실기 꿀팁 합격하는 실기 꿀팁

이기적 스터디 카페에서 또기적 합격자료집을 챙겨가세요.
여러분만 몰래 알려드리는 꿀팁들이 가득합니다.

무엇이든 물어보세요, 1:1 질문답변

공부하다 궁금한 게 생기셨나요? 무엇이든 물어보세요.
금방 답해 드릴게요.

우리만의 커뮤니티! 네이버 조리모 카페

저자가 운영하는 카페에서 함께 공부할 수 있어요.
내 과제 사진을 올리고 수험생 친구들에게 조언을 받아 보세요.

※ 〈2026 이기적 조리기능사 필기 최신문제집〉 도서를 구매하고 인증한 회원에게만 드리는 자료입니다.

◀ 네이버 조리모 카페 바로가기

정오표 바로가기 ▶

또, 드릴게요! 이기적이 준비한 선물
또기적 합격자료집

도서구매자
신청 시
100% 증정

PDF
파일 제공

1 시험에 관한 A to Z 합격 비법서
책에 다 담지 못한 혜택은 또기적 합격자료집에서 확인

2 편리하고 똑똑한 디지털 자료
PC · 태블릿 · 스마트폰으로 언제든 열람하고 필요한 부분만 출력 가능

3 초보자, 독학러 필수 신청
혼자서도 충분한 학습 플랜과 수험생 맞춤 구성으로 한 번에 합격

※ 도서 구매 시 추가로 증정되는 PDF용 자료이며 실제 도서가 아닙니다.

◀ 또기적 합격자료집 받으러 가기

이렇게
기막힌
적중률

한식조리기능사
필기 7일 끝, 합격

"이" 한 권으로 합격의 "기적"을 경험하세요!

차례

• 각 문항을 문제의 난이도 등급에 따라 상·중·하로 분류하였습니다.
• 중요 ☑ 표시가 있는 문제는 출제 빈도가 높은 문제입니다.
• 문제의 이해도에 따라 ○△✕ 체크하여 완벽하게 정리하세요.

부록 BONUS   또기적 합격자료집

• 실기 시험장 스케치
• 합격하는 실기 꿀팁
• 스터디 플래너

※ **참여 방법** : '이기적 스터디 카페' 검색 → https://cafe.naver.com/yjbooks 접속 → '구매 인증 PDF 증정' 게시판 → 구매 인증 → 메일로 자료 받기

이 책의 구성

STEP 1 핵심이론 POINT 20선

전문가가 핵심만 정리한
완벽 이론

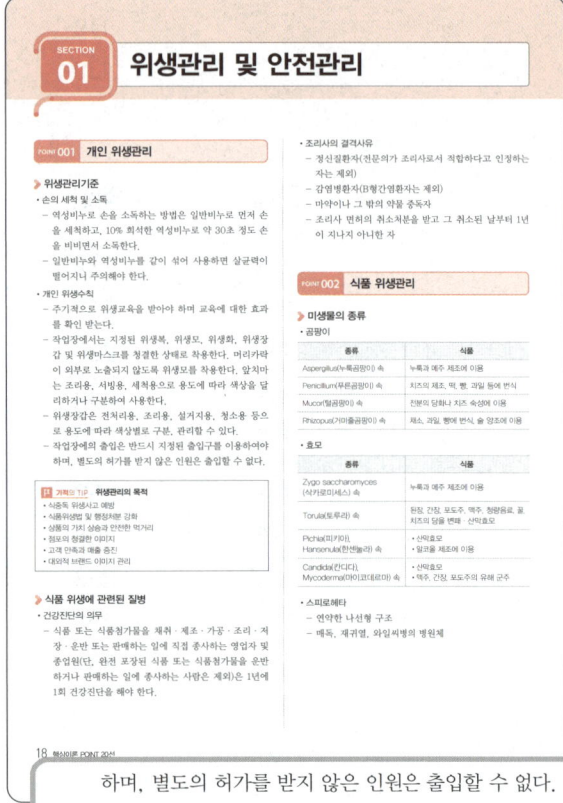

STEP 2 자주 출제되는 기출문제 60선

이론을 확인하는
대표 기출문제

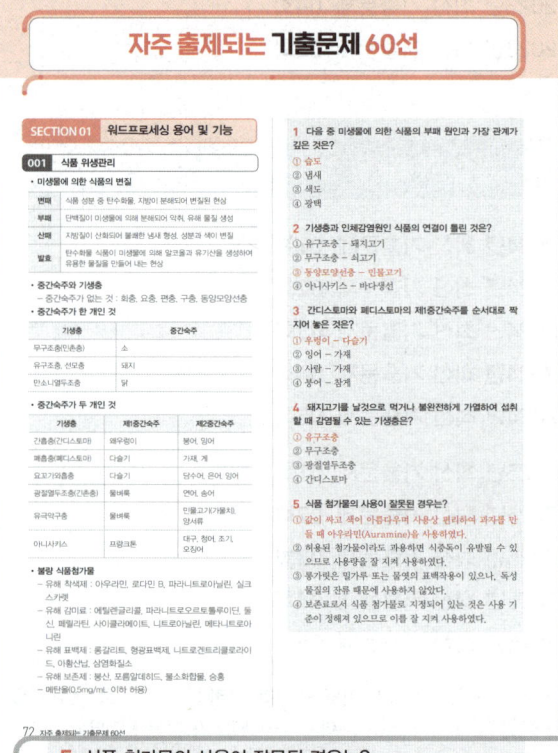

하며, 별도의 허가를 받지 않은 인원은 출입할 수 없다.

> **🚩 기적의 TIP 위생관리의 목적**
> • 식중독 위생사고 예방
> • 식품위생법 및 행정처분 강화
> • 상품의 가치 상승과 안전한 먹거리
> • 점포의 청결한 이미지
> • 고객 만족과 매출 증진
> • 대외적 브랜드 이미지 관리

5 식품 첨가물의 사용이 잘못된 경우는?
① 값이 싸고 색이 아름다우며 사용상 편리하여 과자를 만들 때 아우라민(Auramine)을 사용하였다.
② 허용된 첨가물이라도 과용하면 식중독이 유발될 수 있으므로 사용량을 잘 지켜 사용하였다.
③ 롱가릿은 밀가루 또는 물엿의 표백작용이 있으나, 독성 물질의 잔류 때문에 사용하지 않았다.
④ 보존료로서 식품 첨가물로 지정되어 있는 것은 사용 기준이 정해져 있으므로 이를 잘 지켜 사용하였다.

✔ 반드시 알아야 하는 이론만 제대로

✔ 한눈에 보기 쉽게 표로 정리

✔ 기적의 TIP으로 심화 학습까지 한 번에

✔ 엄선한 대표 기출문제로 빈출 유형 확인

✔ 정답을 빠르게 확인하여 공부 시간 단축

✔ 관련 이론을 다시 한번 복습

해설과 함께, 또 따로
필기 시험 완전 정복

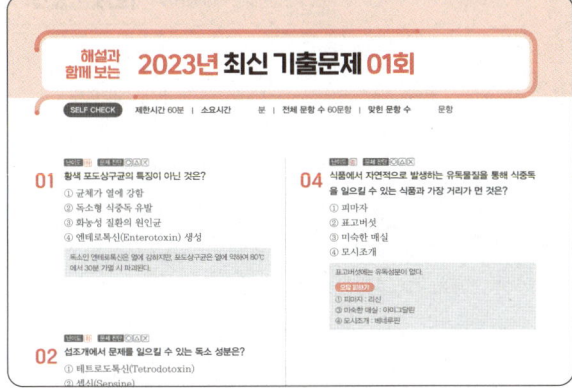

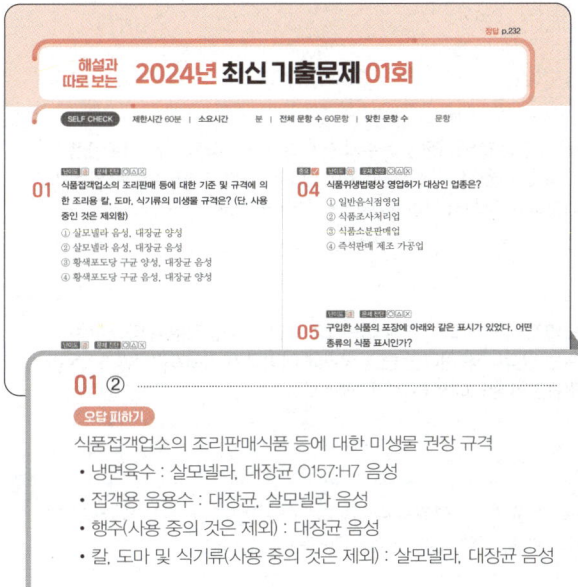

❤ 최신 기출문제 3개년 완벽 복원

❤ 해설과 함께 보며 빠른 복습

❤ 해설과 따로 보며 실전 감각 향상

도서 구매자 특별 제공
구매 인증 시 다 드립니다

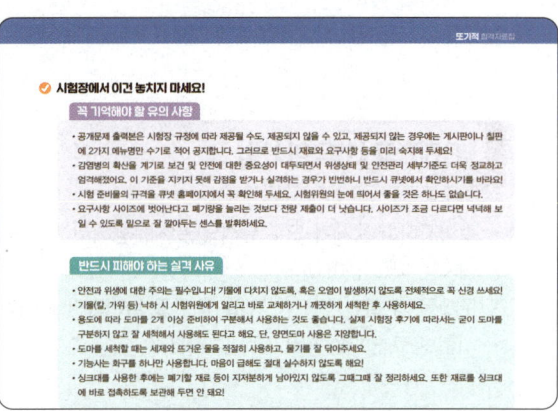

❤ 이기적으로 실기 시험도 제대로 준비

❤ 실기 시험장 스케치로 현장 예습

❤ 합격하는 꿀팁으로 감점 요인 확인

CBT 시험 가이드

CBT란?

CBT는 시험지와 필기구로 응시하는 일반 필기시험과 달리, 컴퓨터 화면으로 시험 문제를 확인하고 그에 따른 정답을 클릭하면 네트워크를 통하여 감독자 PC에 자동으로 수험자의 답안이 저장되는 방식의 시험입니다.

오른쪽 QR코드를 스캔해서 큐넷 CBT를 체험해 보세요!

큐넷 CBT 체험하기

CBT 응시 유의사항

- 수험자마다 문제가 모두 달라요. 문제은행에서 자동 출제됩니다!
- 답지는 따로 없어요!
- 문제를 다 풀면, 반드시 '제출' 버튼을 눌러야만 시험이 종료되어요!
- 시험 종료 안내방송이 따로 없어요!

FAQ

Q CBT 시험이 처음이에요! 시험 당일에는 어떤 것들을 준비해야 좋을까요?

A 시험 20분 전 도착을 목표로 출발하고 시험장에는 주차할 자리가 마땅하지 않은 경우가 많으므로, 대중교통을 이용하는 것을 추천합니다. 무사히 시험 장소에 도착했다면 수험자 입장 시간에 늦지 않게 시험실에 입실하고, 자신의 자리를 확인한 뒤 착석하세요.

Q 기존보다 더 어려워졌을까요?

A 시험 자체의 난이도 차이는 없지만, 랜덤으로 출제되는 CBT 시험 특성상 경우에 따라 유독 어려운 문제가 많이 출제될 수는 있습니다. 이러한 돌발 상황에 대비하기 위해 이기적 CBT 온라인 문제집으로 실제 시험과 동일한 환경에서 미리 연습해 두세요.

Q 풀었던 문제의 답안 수정은 어떻게 하나요?

A 마킹한 답안을 수정할 경우에는 문제지 화면에서 수정하고자 하는 문제의 답을 다시 클릭하면 먼저 체크한 번호는 없어지고 새로 선택한 번호가 검은색으로 마킹됩니다.

Q 기존보다 더 어려워졌을까요?

A 문제를 다 풀고 시험을 종료하려면, '시험 종료' 버튼을 클릭하면 됩니다. 마킹하지 않은 문제가 있을 경우 남은 문제의 문제번호 목록을 보여 주고, 남은 문제번호를 선택한 다음 [문항으로 이동] 버튼을 클릭하면 문제화면에 클릭한 문제가 나타납니다. 남은 문제가 없을 경우 최종적으로 종료 여부를 확인하는 대화상자가 나타나며 [예]를 클릭하면 시험이 종료되고 수험자가 작성한 답안은 자동으로 저장되어 서버로 전송됩니다.

CBT 진행 순서

좌석번호 확인
수험자 접속 대기 화면에서 본인의 좌석번호를 확인합니다.

↓

수험자 정보 확인
시험 감독관이 수험자의 신분을 확인하는 단계입니다.
신분 확인이 끝나면 시험이 시작됩니다.

↓

안내사항
시험 안내사항을 확인하고, 다음을 클릭합니다.

↓

유의사항
시험과 관련된 유의사항을 확인합니다.

↓

문제풀이 메뉴 설명
시험을 볼 때 필요한 메뉴에 대한 설명을 확인합니다.
메뉴를 이용해 글자 크기와 화면 배치를 조정할 수 있습니다.
남은 시간을 확인하며 답을 표기하고, 필요한 경우 아래의 계산기를 이용 할 수 있습니다.

↓

문제풀이 연습
시험 보기 전, 연습을 해 보는 단계입니다.
직접 시험 메뉴화면을 클릭하며, CBT가 어떻게 진행되는지 확인합니다.

↓

시험 준비 완료
문제풀이 연습을 모두 마친 후 [시험 준비 완료] 버튼을 클릭하면 시험 감독관의 지시에 따라 시험이 시작됩니다.

↓

시험 시작
시험이 시작되었습니다. 수험자는 제한 시간에 맞추어 문제풀이를 시작합니다.

↓

답안 제출
시험을 완료하면 [답안 제출] 버튼을 클릭합니다. 답안을 수정하기 위해 시험화면으로 돌아가고 싶으면 [아니오] 버튼을 클릭합니다.

↓

답안 제출 최종 확인
답안 제출 메뉴에서 [예] 버튼을 클릭하면, 수험자의 실수를 방지하기 위해 한 번 더 주의 문구가 나타납니다.
시험 문제 풀이가 완벽히 끝났다면 [예] 버튼을 클릭하여 최종 제출합니다.

↓

합격 발표
CBT 시험이 모두 종료되면, 퇴실할 수 있습니다.

이기적 CBT 바로가기

이제 완벽하게 CBT 필기시험에 대해 이해하셨나요?
그렇다면 이기적이 준비한 CBT 온라인 문제집으로 학습해 보세요!

이기적 온라인 문제집 : https://cbt.youngjin.com

시험의 모든 것

시험 알아보기

● 자격 소개

한식조리기능사는 한식의 메뉴 계획에 따라 식재료를 선정·구매·검수·보관 및 저장하고, 맛과 영양을 고려하여 안전하고 위생적으로 조리 업무를 수행하며, 조리기구와 시설을 위생적으로 관리·유지하여 음식을 조리·제공할 수 있어야 합니다.

● 진로 및 전망

식품접객업 및 집단 급식소 등에서 조리사로 근무하거나 운영이 가능합니다. 조리에 대한 전문가로 인정받게 되면 높은 수익과 직업적 안정성을 보장받을 수 있습니다.

식품위생법상 대통령령이 정하는 식품접객영업자(복어조리, 판매영업 등)와 집단급식소의 운영자는 조리사 자격을 취득하고, 시장·군수·구청장의 면허를 받은 조리사를 두어야 합니다(관련법 : 식품위생법 제34조 및 제36조, 같은 법 시행령 제18조, 같은 법 시행규칙 제46조).

● 필기시험 응시자격

남녀 노소 누구나 응시 가능

● 필기시험 형식

- CBT(Computer Based Test) 시험
- 객관식 4지택일형
- 총 60문항
- 시험 시간 1시간

● 필기시험 검정현황

연도	응시(명)	합격(명)	합격률(%)
2024	65,022	25,749	39.6
2023	67,640	28,597	42.3
2022	68,845	30,139	43.8

출제 기준

● 필기시험 출제 기준

적용 기간 : 2026.01.01.~2028.12.31.

출제 기준 상세 보기

주요항목	세부항목
음식 위생관리	개인 위생관리
	식품 위생관리
	작업장 위생관리
	식중독 관리
	식품위생 관계 법규
	공중 보건
음식 안전관리	개인안전 관리
	장비·도구 안전작업
	작업환경 안전관리
음식 재료관리	식품재료의 성분
	효소
	식품과 영양
음식 구매관리	시장조사 및 구매관리
	검수관리
	원가
한식 기초 조리실무	조리 준비
	식품의 조리 원리
	식생활 문화
한식 밥 조리	밥 조리
한식 죽 조리	죽 조리
한식 국·탕 조리	국·탕 조리
한식 찌개 조리	찌개 조리
한식 전·적 조리	전·적 조리
한식 생채·회 조리	생채·회 조리
한식 조림·초 조리	조림·초 조리
한식 구이 조리	구이 조리
한식 숙채 조리	숙채 조리
한식 볶음 조리	볶음 조리
김치 조리	김치 조리

접수 및 응시

● 필기시험 접수 방법

• 접수 기간 : 회별 원서접수 첫날 10:00부터 마지막 날 18:00까지
• 접수방법
  – 큐넷 홈페이지의 "연간국가기술자격 시험일정"에서 시행회차, 종목, 시도, 시/군/구를 설정하여 검색한 후 접수(필히 사진 등록)
  – 지역에 상관없이 원하는 시험장 선택 가능
• 주의사항 : 상시시험 원서접수는 정기시험과 같이 공고한 기간에만 접수 가능하며, 선착순 방식이므로 회별 접수기간 종료 전에 마감될 수 있음

● 시험 일자

상시[굴착기운전, 지게차운전, 제과, 제빵, 한식조리, 양식조리, 중식조리, 일식조리, 미용사(일반), 미용사(피부), 미용사(메이크업), 미용사(네일)]

● 필기시험 수수료

14,500원

● 필기시험일 유의사항

• 입실시간 준수
• 수험표, 신분증, 필기구(흑색 싸인펜 등) 지참

● 필기시험 합격 기준

100점을 만점으로 하여 60점 이상

합격 및 자격증

● 합격자 발표

• 큐넷 홈페이지에서 합격자 확인 가능
• 필기시험 합격예정자 및 최종합격자 발표시간은 해당 발표일 09:00임

● 시험문제/가답안 공개

• 별도로 시험문제지를 큐넷 홈페이지 등에 공개하지 않음
• 가답안은 시험종료 당일부터 지정된 기간 동안 인터넷으로 공개

● 자격증 신규 발급

신규 발급 안내	인터넷 신청 후 우편배송
인터넷 발급 방법	• 인터넷 발급 신청하여 우편수령 • 인터넷 자격증 발급신청 접수기간 　– 월요일~일요일(24시간) 연중 무휴 • 인터넷을 이용한 자격증 발급신청이 가능한 경우 　– 배송신청가능자 : 공단이 본인 확인용 사진을 보유한 경우 (2005년 9월 이후 자격 취득자 및 공인인증 가능자) • 인터넷 우편배송 신청 전 공단에 직접 방문하여야 하는 경우 　– 공단에서 확인된 본인 사진이 없는 경우 　– 신분 미확인자인 경우(사진상이자 포함) 　– 법령 개정으로 자격 종목의 선택이 필요한 경우 • 인터넷 자격증 발급 시 비용 　– 수수료 : 3,100원 / 배송비 : 3,290원
발급 문의	32개 지부/지사

고사장 및 시험 관련 문의

• 시행처 : 한국산업인력공단(큐넷)
• q-net.or.kr/

📞 1644-8000

시험 출제 경향

01 위생관리 및 안전관리

음식조리 작업에 필요한 위생 관련 지식을 이해하고, 주방의 청결 상태와 개인위생·식품위생을 관리하여 전반적인 조리작업을 위생적으로 수행할 수 있고, 조리사가 주방에서 일어날 수 있는 사고와 재해에 대하여 안전기준 확인, 안전수칙 준수, 안전예방 활동을 할 수 있도록 학습합니다.

01 위생관리 ·· 88%
빈출 태그 식품 위생, 질병, 미생물의 종류, 곰팡이, 세균, 바이러스, 기생충, 살균, 소독, 식품첨가물의 종류, HACCP의 정의, 12절차 7원칙, 교차오염, 위해요소, 식중독의 종류, 곰팡이, 세균성 식중독, 독소형 식중독, 자연독 식중독, 식품위생관계법규의 정의, 신고와 허가업종, 원산지 표시, 소분업, 식품의약품안전처장, 공중보건, 직업병, 수질오염, 수인성 감염병, 법정 감염병, 세균, 바이러스, 리케차

02 안전관리 ·· 12%
빈출 태그 안전관리, 사고, 예방, 조치, 안전한 조리 장비, 도구 관리, 작업장 환경, 안전교육, 소화기

02 재료관리 및 구매관리

식품은 물, 단백질, 지질, 탄수화물, 비타민, 무기질로 구성되어 있는데 각 구성 성분과 성질을 이해하고 색, 맛, 향의 변질에 대해서도 공부합니다. 또한 필요한 재료를 저장·재고 관리·선입선출하여 효율적으로 관리할 수 있도록 하고, 조리에 필요한 양질의 식재료, 조리기구, 장비를 적절한 시기에 구매할 수 있도록 학습합니다.

01 재료관리 ·· 80%
빈출 태그 유리수, 자유수, 수분활성도, 탄수화물, 단백질, 지질, 비타민, 무기질의 종류와 특징, 갈변, 효소적 갈변, 비효소적 갈변, 분해효소, 식품, 영양, 영양소의 정의, 칼로리

02 구매관리 ·· 20%
빈출 태그 시장조사, 식품의 구매, 대치 식품, 신선한 식품 검수, 조리기구, 원가, 직접원가, 제조원가, 총원가, 판매원가

03 음식 조리

음식 조리를 하면서 사용하는 도구와 사용법, 조리 용어에 대한 설명이 있는 파트입니다. 조리의 원리를 생각하고 과학적으로 설명한 내용입니다. 우리가 늘 먹는 밥이 벼에서 밥이 되기까지 과정과 도정, 온도, 씻기, 밥이 된 후의 변화 과정 등에 대해 이해하며 공부하면 가장 재밌게 공부할 수 있는 파트입니다.

01 기초 조리실무 ·· **75%**

빈출 태그 습열 조리, 건열 조리, 복합 조리, 계량 방법, 조리장의 시설과 기구, 폐기량과 정미량, 농산물 · 축산물 · 수산물 · 냉동 · 유지의 조리, 가공, 저장, 특성, 조미료, 향신료

02 한식 조리 ·· **25%**

빈출 태그 밥의 조리, 물의 양, 가공, 죽의 조리, 국 · 탕의 분류, 육수, 국 · 탕 조리하기, 찌개의 분류, 찌개 조리하기, 전 · 적의 분류, 전 · 적 조리하기, 생채 · 회의 종류, 생채 · 회 조리하기, 조림 · 초의 종류, 조림 · 초 조리하기, 구이 조리하기, 숙채 조리하기, 볶음 조리하기, 양념, 숙성, 유산균, 미생물, 염도, pH

Q 필기 시험 난이도는 어느 정도일까요? 요리 전공이 아니라면 많이 어렵게 느껴질까요?

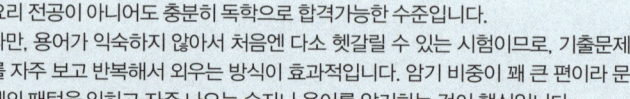 **A** 요리 전공이 아니어도 충분히 독학으로 합격가능한 수준입니다.
다만, 용어가 익숙하지 않아서 처음엔 다소 헷갈릴 수 있는 시험이므로, 기출문제를 자주 보고 반복해서 외우는 방식이 효과적입니다. 암기 비중이 꽤 큰 편이라 문제의 패턴을 익히고 자주 나오는 숫자나 용어를 암기하는 것이 핵심입니다.

 Q 필기 준비 기간은 보통 얼마 정도로 잡으면 될까요?

A 완전 초보자 기준으로 꾸준히 매일 1~2시간 정도씩 공부한다면 최대 3주 정도 준비하면 안전하게 합격할 수 있어요.
이미 식품/영양/조리 관련 전공자라면 기출만 집중적으로 1주일 정도 공부하며 합격하는 사람도 많답니다.

 Q 어떤 도서로 공부하는 게 좋을까요?

A 필기 시험에 합격하면 2년 동안은 유효기간이 있기 때문에, 필기 시험을 우선으로 하고 실기 시험을 천천히 준비하고 싶다면 우리 이기적 문제집을 추천합니다.
필기도, 실기도 빠르게 합격하고 싶으시다면 이기적 필기+실기 올인원을 추천해요.

 Q 기출문제는 몇 개년 정도의 분량을 보는 게 좋을까요?

A 한식조리기능사 기출문제는 같은 유형과 같은 지문이 숫자만 살짝 바뀌어 나오는 경우가 많아요. 그러므로 경향을 파악하기 위해서는 최소 3개년 정도의 분량을 학습하는 것이 가장 효율적입니다.

 Q 자주 출제되는 부분이 있을까요?

A 식품위생법과 식품 위생관리, 감염병과 관련된 내용은 매 시험마다 반드시 출제되는 빈출 주제이므로 반드시 학습하세요.
식품재료인 탄수화물과 단백질, 지방의 성분 변화에 대해서도 자주 출제되는 편이랍니다.
계산문제로는 선입선출과 관련된 재고관리 문제, 칼로리를 구하는 문제, 총원가를 구하는 문제들이 자주 출제되므로 이 세가지는 공식을 외워두는 것이 좋아요.

핵심이론
POINT 20선

위생관리 및 안전관리

POINT 001 개인 위생관리

▶ 위생관리기준

• 손의 세척 및 소독
- 역성비누로 손을 소독하는 방법은 일반비누로 먼저 손을 세척하고, 10% 희석한 역성비누로 약 30초 정도 손을 비비면서 소독한다.
- 일반비누와 역성비누를 같이 섞어 사용하면 살균력이 떨어지니 주의해야 한다.

• 개인 위생수칙
- 주기적으로 위생교육을 받아야 하며 교육에 대한 효과를 확인 받는다.
- 작업장에서는 지정된 위생복, 위생모, 위생화, 위생장갑 및 위생마스크를 청결한 상태로 착용한다. 머리카락이 외부로 노출되지 않도록 위생모를 착용한다. 앞치마는 조리용, 서빙용, 세척용으로 용도에 따라 색상을 달리하거나 구분하여 사용한다.
- 위생장갑은 전처리용, 조리용, 설거지용, 청소용 등으로 용도에 따라 색상별로 구분, 관리할 수 있다.
- 작업장에의 출입은 반드시 지정된 출입구를 이용하여야 하며, 별도의 허가를 받지 않은 인원은 출입할 수 없다.

> 📌 **기적의 TIP** **위생관리의 목적**
> • 식중독 위생사고 예방
> • 식품위생법 및 행정처분 강화
> • 상품의 가치 상승과 안전한 먹거리
> • 점포의 청결한 이미지
> • 고객 만족과 매출 증진
> • 대외적 브랜드 이미지 관리

▶ 식품 위생에 관련된 질병

• 건강진단의 의무
- 식품 또는 식품첨가물을 채취 · 제조 · 가공 · 조리 · 저장 · 운반 또는 판매하는 일에 직접 종사하는 영업자 및 종업원(단, 완전 포장된 식품 또는 식품첨가물을 운반하거나 판매하는 일에 종사하는 사람은 제외)은 1년에 1회 건강진단을 해야 한다.

• 조리사의 결격사유
- 정신질환자(전문의가 조리사로서 적합하다고 인정하는 자는 제외)
- 감염병환자(B형간염환자는 제외)
- 마약이나 그 밖의 약물 중독자
- 조리사 면허의 취소처분을 받고 그 취소된 날부터 1년이 지나지 아니한 자

POINT 002 식품 위생관리

▶ 미생물의 종류

• 곰팡이

종류	식품
Aspergillus(누룩곰팡이) 속	누룩과 메주 제조에 이용
Penicillium(푸른곰팡이) 속	치즈의 제조, 떡, 빵, 과일 등에 번식
Mucor(털곰팡이) 속	전분의 당화나 치즈 숙성에 이용
Rhizopus(거미줄곰팡이) 속	채소, 과일, 빵에 번식, 술 양조에 이용

• 효모

종류	식품
Zygo saccharomyces (삭카로미세스) 속	누룩과 메주 제조에 이용
Torula(토루라) 속	된장, 간장, 포도주, 맥주, 청량음료, 꿀, 치즈의 당을 변패 · 산막효모
Pichia(피키아), Hansenula(한센눌라) 속	• 산막효모 • 알코올 제조에 이용
Candida(칸디다), Mycoderma(마이코데르마) 속	• 산막효모 • 맥주, 간장, 포도주의 유해 균주

• 스피로헤타
- 연약한 나선형 구조
- 매독, 재귀열, 와일씨병의 병원체

• 세균

종류	식품
Bacillus(바실러스) 속	쌀밥, 어묵, 통조림 식품 부패의 원인균
Vibrio(비브리오) 속	어류
Clostridium(클로스트리디움) 속	육류, 가공품, 어패류, 통조림 등에 번식함
Lactobacillus(락토바실러스) 속	치즈, 발효음료, 술, 된장, 간장의 제조에 이용

• 리케차
- 운동성이 없고, 살아 있는 세포 속에서만 증식
- 발진티푸스, 발진열의 병원체

• 바이러스
- 천연두, 인플루엔자, 소아마비, 일본뇌염의 병원체
- 식품 취급자의 위생으로 예방 가능

> **기적의 TIP 미생물의 크기 순서**
> 곰팡이 〉 효모 〉 스피로헤타 〉 세균 〉 리케차 〉 바이러스

▶ **미생물 증식 필요 조건**

• 영양소
- 질소원 : 아미노산, 무기질소
- 탄소원 : 탄수화물, 포도당 등의 당류 등
- 무기질 : 황(S), 인(P) 등
- 비타민 : 비타민 B군 등

• 수분
- 수분활성도(Aw)가 0.6 이하이면 미생물 번식 억제가 가능하다.
- 미생물 생육 수분활성도(Aw) : 세균(0.94) 〉 효모(0.88) 〉 곰팡이(0.80)

• 온도
- 저온균 : 최적온도 10~20℃인 세균으로 물속, 냉장고에서도 번식한다.
- 중온균 : 최적온도 25~40℃인 세균으로 자연계에 가장 광범위하게 분포한다.
- 고온균 : 55℃ 이상에서 증식이 가능하고, 온천수에서도 번식한다.

• 산소
- 호기성균 : 산소가 존재하는 상태에서만 증식. 곰팡이, 효모, 바실러스, 식초산균, 방선균 등
- 혐기성균 : 산소가 없거나 아주 미량일 경우에만 증식. 낙산균, 클로스트리디움 등
- 통성 혐기성균 : 산소가 있거나 없거나 관계 없이 발육. 젖산균, 효모 등
- 편성 혐기성균 : 산소를 절대적으로 기피하는 균. 보툴리누스균, 웰치균 등

• pH(수소이온농도)
- 곰팡이, 효모 : pH 4.0~6.0인 약산성에서 잘 자란다.
- 세균 : pH 6.5~8.0인 보통 중성 내지 약알칼리성에서 잘 자란다.

• 삼투압
- 식염용액의 경우 보통 1~2% 정도의 농도에서 미생물 생육이 저해된다.
- 내염성 미생물 : 10~20% 농도에서도 생육이 가능한 균이다.
- 호염성 세균 : 어느 정도의 식염농도가 없으면 증식되지 않는 균이다.

▶ **미생물에 의한 식품 변질**

• 변질의 원인
- 미생물의 번식(세균, 곰팡이, 효모)
- 자가소화, 효소적 갈변 현상
- 공기 중 산화로 비타민 파괴, 지방의 산패

• 변질의 종류

변패	식품 성분 중 탄수화물, 지방이 분해되어 변질된 현상
부패	단백질 식품이 미생물에 의해 분해되어 악취, 유해 물질이 생성되는 현상
산패	지방질 식품이 산화되어 불쾌한 냄새를 형성하고, 성분과 색이 변질된 현상
발효	탄수화물 식품이 미생물에 의해 알코올과 유기산을 생성하여 유용한 물질을 만들어 내는 현상

• 식품의 부패판정
- 관능검사
- 생균수 : 식품 1g당 생균수가 $10^7 \sim 10^8$인 경우 초기 부패
- VBN(휘발성 염기질소) : 초기 부패 어육은 30~40mg%100g, 부패 생선은 50mg% 이상. 식품 공전에서 20mg% 이하로 규정, 우육에서는 15mg% 이상이면 부패 감지 가능

- TMA(트리메틸아민) : $1\mu g$에서 맛이 저하, $2\sim3\mu g$ 정도 이면 부패 어류
- K값 : 생선의 K값이 20 전후이면 생선회로 섭취가 가능하고, $40\sim50$이면 가열 조리가 필요하다.
- 히스타민 : 어육은 $4\sim10mg\%$이면 알레르기성 식중독
- pH : 어육은 pH 5.5 전후이면 신선, pH 6.2이면 초기 부패
- 황화수소(H_2S), 인돌, 암모니아, 피페리딘 : 식품의 부패 과정에서 생기는 냄새

🇫 기적의 TIP   **미생물 증식의 조건**
영양소, 수분, 온도

▶ 식품과 기생충병

- 중간숙주와 기생충
  - 중간숙주가 없는 것 : 회충, 요충, 편충, 구충(십이지장충), 동양모양선충
  - 중간숙주가 한 개인 것

기생충	중간숙주
무구조충(민촌충)	소
유구조충, 선모충	돼지
만소니열두조충	닭

  - 중간숙주가 두 개인 것

기생충	제1중간숙주	제2중간숙주
간흡충(간디스토마)	왜우렁이	붕어, 잉어
폐흡충(폐디스토마)	다슬기	가재, 게
요꼬가와흡충	다슬기	담수어, 은어, 잉어
광절열두조충(긴촌충)	물벼룩	연어, 송어
유극악구충	물벼룩	민물고기(가물치), 양서류
아니사키스	프랑크톤	대구, 청어, 조기, 오징어

- 구충 및 구서

해충	감염병	예방법
파리	소화기계, 호흡기계 감염병	서식처 제거, 방충망, 살충제, 끈끈이 테이프
모기	말라리아, 사상충증, 황열, 뎅구열	발생지 제거, 하수도의 고인 물 정체 방지
이	발진티푸스, 재귀열	주위 청결, 세탁, 세발, 살충제 살포
벼룩	발진티푸스, 페스트, 발진열, 재귀열	주의 청결, 살충제
바퀴	소화기계 질병, 소아마비	서식처 제거, 청결, 살충제
진드기	쯔쯔가무시, 재귀열, 유행성출혈열, 양충병	서식처 제거, 청결, 온도 습도 관리
쥐	유행성출혈열, 쯔쯔가무시, 페스트, 서교증, 와일씨병, 발진열	살서제(쥐약), 포서기(쥐덫), 훈증법(연막탄)

▶ 식품의 위생적 취급 기준

- 주방위생 관련 시설기준
  - 주방 작업장 모든 곳을 물로 청소하고 식품 접촉표면은 염소계 소독제 200ppm을 사용하여 살균 후 습기 제거
  - 허가된 지정약품만 사용하고 약품에 대한 내성을 고려해서 반기별로 약품을 교체
  - 세계보건기구(WHO)가 공인한 약품만을 사용
  - 약품 보관 장소는 격리된 장소에 잠금 보관하고 사용현황을 파악할 수 있도록 담당자 지정하여 기록 유지
  - 외부 전문방역업체의 방역작업 후 소독필증을 보관
- 식품의 유통기한, 제조일 표시
  - 식품은 유통기한을 정하여 표시하여야 한다.
  - 다만, 설탕, 아이스크림류, 빙과류, 식용얼음, 과자류 중 껌류(소포장 제품)와 제재ㆍ가공 소금 및 주류(탁주 및 약주 제외)는 유통기한 표시를 생략할 수 있다.

▶ 식품첨가물과 유해물질

- 식품첨가물의 사용 목적
  - 식품의 부패와 변질을 방지한다.
  - 기호 및 관능을 만족시킨다.
  - 영양을 강화한다.
  - 품질 개량 및 일정기간 유지시킨다.
- 식품첨가물의 조건
  - 식품과 인체에 무해하다.
  - 소량으로 효과가 충분해야 한다.
  - 식품의 상품가치를 향상시키고, 영양가를 유지해야 한다.
  - 식품성분 등에 의해서 그 첨가물을 확인할 수 있어야 한다.
- 식품첨가물의 종류
  - 보존료(방부제)

- 데히드로초산, 데히드로초산나트륨 : 치즈, 버터, 마가린 외 사용 금지
- 소르빈산(염), 소르빈산칼륨 : 육제품, 절임 식품, 잼, 케첩, 된장, 고추장
- 안식향산(염), 안식향산나트륨 : 청량 음료수, 간장, 식초

- 프로피온산(염) : 빵, 생과자
- 파라옥시안식향산부틸, 파라옥시안식향산에틸 : 간장, 식초, 청량음료, 과일 소스, 과일 및 과채의 표피
- 이초산나트륨 : 빵, 식용유지, 식육가공품

- 살균료

> • 차아염소산나트륨(표백 작용) : 참깨 사용을 금지하고, 과일과 채소의 살균을 목적으로 하며, 최종 식품 완성 전에 제거해야 한다.
> • 표백분(표백 작용), 고도표백분(표백 작용), 이염화이소시아눌산나트륨, 에틸렌옥사이드

- 항산화제(산화방지제) : 천연 첨가물(비타민 C-아스코르브산, 비타민 E-토코페롤), BHA(부틸히드록시아니졸), BHT(디부틸히드록시톨루엔), 에르소르브산염, L-아스코르브산나트륨, 몰식자산프로필, 아스코르빌팔미테이트, 고시폴
- 조미료 : 구연산나트륨, 글리신, 호박산나트륨, 이노신산(염), 글루타민산나트륨, 구아닐산나트륨
- 감미료 : 사카린나트륨, D-소르비톨액, 글리실리진산2나트륨, 아스파탐
- 산미료 : 구연산(결정), 구연산(무수), 빙초산, 이산화탄소, 젖산, 초산
- 강화제 : 구연산염, 구연산칼슘(무기염류 강화), 비타민제
- 팽창제 : 황산알루미늄칼륨(명반), 탄산수소나트륨, L-주석산수소칼륨, 탄산암모늄, 탄산수소암모늄, 효모(천연, 이스트)
- 착색료

> • 식용색소 : 녹색3호, 적색2, 3호, 청색1, 2호, 황색4, 5호, 적색102, 104, 105, 106호
> • 삼이산화철, 수용성 안나토, 철클로로필린나트륨, 동클로로필린나트륨, 이산화티타늄

- 발색제

> • 아질산나트륨, 질산나트륨, 질산칼륨 : 식육 제품, 고래고기 제품, 어육 소시지, 어육 햄, 명란젓, 연어알젓
> • 황산제1철, 황산제2철, 소명반 : 채소, 과일의 변색 방지

- 착향료 : 계피알데히드, 멘톨, 바닐린
- 표백제 : 과산화수소(최종 식품 완성 전에 분해 제거), 아황산염
- 소맥분 개량제 : 표백작용, 숙성시간 단축. 과산화벤조일(희석), 과황산암모늄, 이산화염소, 염소, 스테아릴젖산나트륨, 아조디카르본아미드

- 호료(증점제) 및 안정제 : 점성 증대, 분산안정제, 결착보수제, 피복제 역할. 젤라틴(동물성 응고제), 알긴산프로필렌글리콜, 카르복시메틸셀룰로오스칼슘, 카르복시메틸스타치나트륨, 폴리아크릴산나트륨
- 유화제(계면활성제) : 혼합되지 않는 두 종류의 액체를 유화. 대두 인지질 및 지방산에스테르 4종, 노른자의 레시틴
- 소포제 : 거품 소멸 및 억제. 규소수지(실리콘수지)
- 피막제 : 수분 증발 방지. 초산비닐수지, 몰호린지방산염
- 이형제 : 빵 제조 시 형태 손상 방지. 유동 파라핀
- 용제 : 식품첨가물 용해 및 흡착을 위한 식품첨가물. 글리세린, 글리세린지방산에스테르, 프로필렌글리콜
- 추출제 : 유지의 추출
- n-헥산 : 우유에서 지방 분리
- 껌 기초제 : 추잉껌의 기초원료로, 추잉껌(Chewing Gum)의 기초제. 초산비닐수지, 에스테르껌, 연껌, 폴리부텐, 폴리이소부틸렌, 로진

• 불량 식품첨가물
- 유해 착색제 : 아우라민(황색, 단무지), 로다민 B(핑크색, 토마토 케첩), 파라니트로아닐린(황색), 실크스카렛(등적색)
- 유해 감미료 : 에틸렌글리콜, 파라니트로오르토톨루이딘, 둘신, 페릴라틴, 사이클라메이트, 니트로아닐린, 메타니트로아니린
- 유해 표백제 : 롱갈리트, 형광표백제, 니트로겐트리클로라이드, 아황산납, 삼염화질소
- 유해 보존제 : 붕산, 포름알데히드, 불소화합물, 승홍
- 메탄올 : 주류 발효과정에서 존재(포도주, 사과주 등). 0.5mg/mL 이하 허용, 시신경 염증, 두통, 구토, 설사, 실명, 심하면 호흡곤란으로 사망

▶ 주방 위생 위해요소

• 생물학적 위해요소

구분	미생물
세균	클로스트리디움보툴리누스균, 바실러스세레우스, 살모넬라, 비브리오, 황색포도상구균, 리스테리아, 병원성대장균, 이질균 등
바이러스	노로바이러스, 로타바이러스 등
기생충	아니사키스, 선모충, 페디스토마, 간디스토마, 편충 등

• 화학적 위해요소
- 제조, 가공, 포장, 보관, 유통, 조리 등의 과정에서 오염되는 것
- 곰팡이독(에르고톡신), 감자(솔라닌, 셉신), 복어(테트로도톡신), 살구(아미그달린), 농약, 항생제, 중금속, 식품첨가물 등

• 물리적 위해요소
- 오염된 원료, 잘못된 시설이나 장비, 오염된 포장재, 직원의 부주의 등과 관련된 것
- 머리카락, 장신구, 곤충, 비닐, 못, 열쇠, 뼈, 돌 등

▶ 식품안전관리인증기준(HACCP)

• HACCP 의무적용대상
아래 식품에 대한 식품안전관리인증기준의 적용·운영에 관한 세부적인 사항은 식품의약품안전처장이 정하여 고시한다.
- 수산가공식품류의 어육가공품류 중 어묵·어육소시지
- 기타수산물가공품 중 냉동 어류·연체류·조미가공품
- 냉동식품 중 피자류·만두류·면류
- 과자류, 빵류 또는 떡류 중 과자·캔디류·빵류·떡류
- 빙과류 중 빙과
- 음료류[다류(茶類) 및 커피류는 제외]
- 레토르트식품
- 절임류 또는 조림류의 김치류 중 김치(배추를 주원료로 하여 절임, 양념혼합 과정 등을 거쳐 이를 발효시킨 것이거나 발효시키지 아니한 것 또는 이를 가공한 것에 한함)
- 코코아가공품 또는 초콜릿류 중 초콜릿류
- 면류 중 유탕면 또는 곡분, 전분, 전분질원료 등을 주원료로 반죽하여 손이나 기계 따위로 면을 뽑아내거나 자른 국수로서 생면·숙면·건면

- 특수용도식품
- 즉석섭취·편의식품류 중 즉석섭취식품
- 즉석섭취·편의식품류의 즉석조리식품 중 순대
- 식품제조·가공업의 영업소 중 전년도 총 매출액이 100억 원 이상인 영업소에서 제조·가공하는 식품

• HACCP 적용 순서(12절차 7원칙)

① HACCP 팀 구성	– 생산, 설비, 물류, 품질 관리 등의 인력으로 각 팀원과 팀장 구성 – CCP 모니터링 관리 요원까지 해당 공정의 현장 종사자 구성
② 제품 설명서 작성	위해요소 파악, 예방 조치에 필요한 모든 정보를 파악하기 위해 제품 설명서 작성
③ 제품 용도 확인	소비 대상, 가열, 섭취 방법 확인
④ 공정 흐름도 작성	원 부재료 및 포장 재료의 입고부터 출하까지의 전 공정에 대한 위해요소의 교차오염, 증식, 2차 오염 가능성 파악 및 공정도 작성
⑤ 공정 흐름도 현장 확인	공정 흐름도 및 평면도가 현장과 일치하는지 검증
⑥ 원칙 1 : 위해요소 분석	– 인체 건강을 해칠 우려가 있는 생물학적, 화학적, 물리적 위해요소 목록 작성 – 위해 평가 실시, 심각성과 발생 가능성 평가, 예방 조치 방법 – 급성 독성 : 화학물질을 시험동물에 1회 또는 24시간 안에 반복 투여하거나, 흡입될 수 있는 화학물질을 24시간 안에 1회 노출시켰을 때 1일~2주 안에 나타나는 독성 – 아급성 독성 : 농약 등의 약물을 실험동물에 반복 처리할 경우 처리 후 1~3개월 사이에 생체의 기능 혹은 조직에 장해를 주는 성질 – 아만성 독성 : 3개월간을 연속 투여했을 때 생기는 특성으로, 아만성 독성시험 결과 최대무작용량 산출 및 만성독성 투여약량 수준을 결정하는 데 이용됨
⑦ 원칙 2 : 중요 관리점(CCP) 결정	– 위해요소를 예방하고 제거할 수 있는 공정상의 단계 과정 – 공정 결정
⑧ 원칙 3 : 한계 기준 설정	– 위해요소 관리 허용 범위의 기준치 설정 – 반수치사량 : 일정한 조건하에서 시험동물의 50%를 사망시키는 물질의 양 – 최대무작용량 : 식품첨가물의 사용기준을 정하기 위한 각종 독성시험(급성, 만성, 발암, 변이원성 등)에서, 전혀 유해 작용이 확인되지 않는 투여량 – 1일 섭취 허용량 : 인간이 한평생 매일 섭취하더라도 장해가 인정되지 않는다고 생각되는 화학물질의 1일 섭취량(mg/kg 체중/1일)
⑨ 원칙 4 : 모니터링 방법 설정	지속적인 측정, 관찰방법 설정
⑩ 원칙 5 : 개선 조치 설정	중요 관리점의 한계 기준에 준수되지 않은 경우, 재발 방지를 위한 원인 규명 및 개선 조치 설정

⑪ 원칙 6 : 검증 방법 설정	– 적절성과 실행성 파악 – 최초 검증, 정기 검증, 일상 검증, 특별 검증	
⑫ 원칙 7 : 기록 유지 및 문서 관리	HACCP 관리 과정 기록물 문서화	

▶ 작업장 교차오염 발생요소

- 교차오염의 원인
  - 나무재질의 도마, 행주, 주방 바닥, 트렌치, 생선과 채소, 과일 준비 코너 등에서 교차오염 발생
  - 식자재와 음식물의 출입이 빈번한 냉장·냉동 저장 공간에서 세균침투와 교차오염 발생
- 교차오염 개선 방안
  - 원재료의 전처리 과정에서 더욱 세심한 청결상태의 유지와 식재료의 관리
  - 주기적인 냉장·냉동고 세척 및 살균
  - 상온 창고의 적재용 깔판, 팔레트, 선반, 환풍기, 창문 방충망, 온습도계 등 관리
  - 배수로는 하부에 부착된 찌꺼기까지 청소

POINT 004 식중독 관리

▶ 식중독

종류		예
세균성	감염형	살모넬라 식중독, 장염비브리오 식중독, 병원성대장균 식중독
	독소형	황색포도상구균 식중독, 클로스트리디움 보툴리눔
	중간형	웰치균 식중독
	기타	알러지성 식중독
바이러스성	감염형	노로바이러스, 아스트로바이러스, 장관아데노바이러스, 로타바이러스
자연독	식물성	독버섯, 감자
	동물성	복어독, 조개류
	곰팡이	아플라톡신, 황변미독
화학성	의도적	인공감미료, 착색료 등 식품첨가물
	비의도적	농약, 수은, 납 등

▶ 세균성 식중독

- 감염형 식중독
  - 살모넬라 식중독

특징	• 식품이 쥐, 파리에 의해 오염되고, 우리나라에서 흔한 발병 • 그램 음성, 통성 혐기성, 무포자 간균
잠복기	12~24시간(평균 18시간)
증상	두통, 복통, 설사
원인 식품	어패류, 난류, 우유, 채소, 샐러드
예방 대책	조리기구 청결, 열에 약하여 60℃에서 30분간 가열하면 사멸, 저온보존

  - 장염비브리오 식중독

특징	3% 소금이 있는 환경에서 생육하는 호염성 세균, 통성 혐기성, 아포가 없는 간균, 그램 음성균
잠복기	식후 13~18시간
증상	빈번한 설사, 두통, 복통
원인 식품	어패류, 조리기구 등을 통한 2차 감염, 7~9월 집중 발생
예방 대책	가열 조리 후 섭취, 청결한 관리

  - 병원성 대장균 식중독

특징	• 물, 흙 속에서 존재, 분변오염지표로 사용 • 젖먹이(영유아)에게 많이 발생, 분변오염 • 그램 음성균, 간균, 호기성 또는 통성 혐기성균
잠복기	평균 13시간
증상	두통, 복통, 설사, 발열
원인 식품	우유, 가정에서 만든 마요네즈
예방 대책	분변오염 유의, 변소시설과 위생상태를 관리해야 함

- 독소형 식중독
  - 황색포도상구균 식중독

특징	• 독소인 엔테로톡신은 열에 강하지만, 포도상구균은 열에 약하여 80℃에서 30분 가열 시 파괴 • 밥을 주식으로 하는 나라에서 많이 발생함 • 그램 양성균
잠복기	1~6시간(평균 3시간)
증상	급성 위장염
원인 식품	떡, 콩가루, 쌀밥
예방 대책	• 화농성질환자의 식품 조리 및 가공 금지 • 조리사의 마스크, 모자 착용

– 클로스트리디움 보툴리늄 식중독

특징	• 독소인 뉴로톡신은 열에 약하여 80℃에서 30분 가열 시 파괴 • 아포는 열에 강하여 120℃에서 20분 이상 가열해야 함 • 그램 양성균, 혐기성균
잠복기	12~36시간
증상	특이한 신경 증상, 눈의 시력 저하, 동공 확대, 청각마비, 언어 장애, 치사율이 높음
원인 식품	햄, 소시지, 병조림, 통조림 식품
예방 대책	음식물 가열 처리, 통조림 살균을 철저히 함

– 바실러스 세레우스 식중독

특징	• 포자는 내열성으로 135℃에서 4시간 가열에도 죽지 않음 • 엔테로톡신, 그램 양성균, 간균, 통성 혐기성균
잠복기	8~16시간(평균 12시간)
증상	복통, 설사, 구토
원인 식품	• 가열 조리 식품 중에서 살아남아 냉각과 함께 발아, 증식을 함 • 쌀밥, 면류, 복합식품, 육류, 채소, 수프, 푸딩 등
예방 대책	오염 가능한 식품은 조리 후 바로 섭취, 저온 저장

• 기타 식중독

– 웰치균 식중독

특징	그램 양성균, 편성 혐기성, 아포 형성(열에 강함), 식중독 원인 균은 A, F형
잠복기	8~22시간(평균 12시간)
증상	심한 설사, 1~2일이면 회복
원인 식품	육류, 가공품, 통조림, 족발, 국 등의 재가열 식품
예방 대책	10℃ 이하나 60℃ 이상에서 보존

– 알레르기성 식중독

특징	• 세균이 직접 원인이 아니라, 세균의 효소작용에 의해 유독 물질이 생산되어 발생 • 식품 중의 아미노산의 분해로 히스타민이 생성됨 • 원인균 : 프로테우스 모르가니균
잠복기	30~60분
증상	두드러기성 발진, 두통, 발열, 구토, 설사
원인 식품	꽁치, 고등어, 정어리, 건어물, 가공품 등 히스티딘 함량이 많은 식품
예방 대책	항히스타민제 투여

– 바이러스 식중독

특징	• 원인 물질에 따라 식중독으로 분류되고 감염형에 속함 • 미량의 개체로 발병하며, 2차 감염으로 인한 대형 식중독 유발 가능성이 있음 • 노로바이러스, 아스트로바이러스, 장관아데노바이러스, 로타바이러스 A군
잠복기	24~48시간
증상	오심(메스꺼움), 구토, 복통 및 설사 증상
원인 식품	오염된 음식물, 물, 물체
예방 대책	청결, 손 씻기, 위생을 철저히 함

• 기타 식중독

구분	경구 감염병 (소화기계 감염병)	세균성 식중독
원인	감염병균에 오염된 식품과 물을 섭취한 경우	감염병균에 오염된 식품을 섭취한 경우
균의 양	적은 양으로도 감염	많은 양의 균과 독소
2차 감염	적은 편	없음
잠복기	비교적 긺	비교적 짧음
예방	대부분 불가능	식품 중 균의 증식을 억제
음료수	물에 기인하는 경우가 많음	음료수와 관련이 적음
독성	강함	약함
면역성	대부분 있음	대부분 없음

▶ **자연독 식중독**

• 식물성 식품과 독성

종류	독성 물질
감자 싹	솔라닌
부패된 감자	셉신
독미나리	시큐톡신
청매, 살구씨	아미그달린
피마자	리신
목화씨	고시폴
독보리	테물린
맥각	에르고톡신
미치광이풀	히요시아민
꽃무늬	리코린
독버섯	무스카린, 무스카리딘, 팔린, 아마니타톡신, 필지오린

• 독버섯

특징	• 줄기가 부스러짐, 액즙 분비 • 특유의 악취 • 색이 선명하고 아름다움 • 표면에 점액 분비 • 은수저 등으로 문질렀을 때 검은색으로 변함	
증상	콜레라	알광대버섯, 독우산버섯
	위장	무당버섯, 큰붉은버섯, 화경버섯
	신경계 장애	파리버섯, 광대버섯
	혈액	마귀곰보버섯

• 동물성 식중독

종류	내용
복어	− 테트로도톡신 − 난소 〉간 〉피부 〉내장 − 마비성 식중독, 사지의 마비, 호흡곤란, 호흡마비로 인한 사망
모시조개, 굴, 바지락	− 베네루핀 − 피하의 출혈성 반점, 구토, 변비, 의식혼란
검은조개, 섭조개, 대합조개	− 삭시톡신 − 신경마비, 신체마비, 호흡곤란 등

• 화학성 식중독
− 유해성 금속에 의한 식중독

유해성 금속	원인	증상
구리	첨가물, 식기, 용기	구토, 매스꺼움
아연	식기, 용기	구토, 설사, 복통
카드뮴	식기, 기구, 용기	골연화증, 신장장애, 이타이이타이병
수은	유기수은, 오염된 해산물	지각이상, 구토, 미나마타병
납	인료, 농약	피로, 지각소실, 시력장애
비소	농약, 살충	구토, 설사, 심장마비
주석	통조림	구토, 설사, 복통
미강유	PCB	식욕부진, 구토, 흑피증

> **⑤ 기적의 TIP 주석의 식중독**
> 통조림의 표면에 철이 녹스는 것을 막기 위해 주석을 입히는데 산성이 강한 과일, 캔, 주스 등에서 용출될 가능성이 높다.

− 농약에 의한 식중독

종류		증상	예방법
유기인제	파라티온, 말라티온, 다이아지논, TEPP	설사, 구토, 두통, 전신권태의 증상	살포 시 흡입 주의, 과채류의 산성액 세척. 수확 전 15일 이내 살포 금지
유기염소제	DDT, BHC		
비소화합물	산성비산납, 비산석회		
카바메이트제	BPMC, MIMC, NAC		

− 식품 반응에 의한 발암성 물질

종류	내용
니트로소아민	• 질산염과 아민류가 산성조건하에서 반응하여 생성하는 발암성 물질 • 햄, 베이컨, 소시지 등에 붉은색을 내고 장기 보관할 수 있도록 발색제로 아질산염을 첨가하는데, 식품의 아민과 반응하여 생성하기도 하고 체내의 위 내에서 합성될 가능성이 있다.
벤조피렌	• 다환방향족 탄화수소 • 훈제육이나 태운 고기에서 다량 검출되는 발암 물질 • 석탄, 석유, 목재 등을 태울 때 매연, 담배연기 등 불완전 연소에서 생성된다.
메탄올	• 과실주의 알코올 발효 과정에서 펙틴으로부터 생성된다. • 정제가 불충분한 에탄올, 증류주에 미량씩 함유되어 있다. • 두통, 현기증, 구토, 복통, 심하면 시신경의 염증, 실명, 사망을 초래하는 경우도 있다.
트리할로메탄	물의 염소 소독 시 유기물질과 반응하여 생성되는 오염물
다이옥신	석탄, 석유를 쓰는 발전소, 쓰레기 소각, 염소계 표백공정, 자동차나 도시가스, 염소 등의 세정수

− 기구, 용기 및 포장의 유해물질

종류	내용
종이류	• 외관이 희어 보이기 위한 형광 증백제 • 유해물질 : 착색제, 형광염료, 파라핀, PCB 펄프용 잔류 방부제
금속제품	• 식품의 조리 기구, 용기를 금속이나 합금으로 많이 사용하는데, 금속과 불순물의 용출로 위생상 문제가 된다. • 유해물질 : 납, 주석(도금), 도료성분, 구리, 안티몬, 카드뮴, 아연
도자기, 법랑기구, 유리제품	• 오래된 법랑 용기가 산성물질과 접촉한 경우 금속이 쉽게 용출된다. • 도자기에는 연단 또는 붕산을 사용하는데, 산성물질과 접촉할 경우 쉽게 용출된다. • 유리는 규산을 주성분으로 하여 만드는데, 오랫동안 산성물질과 접촉하면 용출된다. • 유해물질 : 납(유약, 크리스털 잔), 안료, 규산
플라스틱	• 안정제, 착색제, 가소제, 산화방지제 등 각종 첨가제 사용 • 유해물질 : 페놀, 포르말린, 독성이 강한 첨가제

- 방사성 물질 : 스트론튬(백혈병, 골수암), 세슘(생식선 조사 장해), 요오드(갑상선 장애)

- **곰팡이 식중독**
  - 식중독을 일으키는 곰팡이 독

구분	독소	증상	원인식품
아스퍼질러스 속	아플라톡신	간장독	재래식 된장, 간장, 고추장, 밀가루
	오크라톡신		쌀, 보리, 밀, 옥수수
	루테오스키린		
페니실리움 속	시트리닌	신장독	황변미
	아스란디톡신	간장독	
	시트리오비리딘	신경독	
	파툴린		젖소(사료)
맥각균	에르고톡신, 에르고타민	간장독	호밀, 보리, 밀

  - 곰팡이 독의 특징 : 고온다습, 계절과 밀접한 관련, 곡류(탄수화물)

POINT 005 **식품위생관계법규**

총칙–정의

식품	모든 음식물(의약으로 섭취하는 것은 제외)
식품첨가물	식품을 제조·가공 또는 보존하는 과정에서 감미, 착색, 표백 또는 산화 방지 등을 목적으로 식품에 사용되는 물질. 이 경우 기구·용기·포장을 살균·소독하는 데 사용되어 간접적으로 식품으로 옮아갈 수 있는 물질 포함
화학적 합성품	화학적 수단으로 원소 또는 화합물에 분해 반응 외의 화학 반응을 일으켜서 얻은 물질
기구	식품 또는 식품첨가물에 직접 닿는 기계·기구나 그 밖의 물건
용기·포장	식품 또는 식품첨가물을 넣거나 싸는 것으로서 식품 또는 식품첨가물을 주고받을 때 함께 건네는 물품
위해	식품, 식품첨가물, 기구 또는 용기·포장에 존재하는 위험요소로서 인체의 건강을 해치거나 해칠 우려가 있는 것
영업	식품 또는 식품첨가물을 채취·제조·가공·조리·저장·소분·운반 또는 판매하거나 기구 또는 용기·포장을 제조·운반·판매하는 업(농업과 수산업에 속하는 식품 채취업은 제외)

영업자	영업 허가를 받은 자나 영업 신고를 한 자 또는 영업 등록을 한 자
식품위생	식품, 식품첨가물, 기구 또는 용기·포장을 대상으로 하는 음식에 관한 위생
집단급식소	영리를 목적으로 하지 아니하면서 특정 다수인에게 계속하여 음식물을 공급하는 기숙사, 학교, 유치원, 어린이집, 병원, 사회복지시설, 산업체, 국가, 지방자치 단체 및 공공기관, 그 밖의 후생기관
식품이력추적관리	식품을 제조·가공 단계부터 판매 단계까지 각 단계별로 정보를 기록·관리하여 그 식품의 안전성 등에 문제가 발생할 경우 그 식품을 추적하여 원인을 규명하고 필요한 조치를 할 수 있도록 관리하는 것
식중독	식품 섭취로 인하여 인체에 유해한 미생물 또는 유독물질에 의하여 발생하였거나 발생한 것으로 판단되는 감염성 질환 또는 독소형 질환
집단급식소에서의 식단	급식대상 집단의 영양섭취기준에 따라 음식명, 식재료, 영양성분, 조리 방법, 조리 인력 등을 고려하여 작성한 급식 계획서

식품과 식품첨가물

- **위해식품 등의 판매 금지** : 다음의 어느 하나에 해당하는 식품 등을 판매하거나 판매할 목적으로 채취·제조·수입·가공·사용·조리·저장·소분·운반·진열을 금지함
  - 썩거나 상하거나 설익어서 인체의 건강을 해칠 우려가 있는 것
  - 유독·유해물질이 들어 있거나 묻어 있는 것 또는 그러할 염려가 있는 것. 다만, 식품의약품안전처장이 인체의 건강을 해칠 우려가 없다고 인정하는 것은 제외
  - 병을 일으키는 미생물에 오염되었거나 그러할 염려가 있어 인체의 건강을 해칠 우려가 있는 것
  - 불결하거나 다른 물질이 섞이거나 첨가된 것 또는 그 밖의 사유로 인체의 건강을 해칠 우려가 있는 것
  - 안전성 심사 대상인 농·축·수산물 등 가운데 안전성 심사를 받지 아니하였거나 안전성 심사에서 식용으로 부적합하다고 인정된 것
  - 수입이 금지된 것 또는 수입신고를 하지 아니하고 수입한 것
  - 영업자가 아닌 자가 제조·가공·소분한 것
- **병든 동물 고기 등의 판매 금지** : 총리령으로 정하는 질병(리스테리아병, 살모넬라병, 파스튜렐라병 및 선모충증)에 걸렸거나 걸렸을 염려가 있는 동물이나 그 질병에 걸려 죽은 동물의 고기·뼈·젖·장기 또는 혈액을 식품으로 판매하거나 판매할 목적으로 채취·수입·가공·사용·조리·저장·소분·운반·진열을 금지함

- 기준 · 규격이 정하여지지 아니한 화학적 합성품 등의 판매 등 금지 : 다음의 어느 하나에 해당하는 행위를 금지함
  - 기준 · 규격이 정하여지지 아니한 화학적 합성품인 첨가물과 이를 함유한 물질을 식품첨가물로 사용하는 행위
  - 식품첨가물이 함유된 식품을 판매하거나 판매할 목적으로 제조 · 수입 · 가공 · 사용 · 조리 · 저장 · 소분 · 운반 또는 진열하는 행위
  - 다만, 식품의약품안전처장이 식품위생심의위원회 심의를 거쳐 인체의 건강을 해칠 우려가 없다고 인정하는 경우 제외

▶ 기구와 용기 포장

- 유독기구 등의 판매 · 사용 금지 : 유독 · 유해물질이 들어있거나 묻어있어 인체의 건강을 해칠 우려가 있는 기구 및 용기 · 포장과 식품 또는 식품첨가물에 직접 닿으면 해로운 영향을 끼쳐 인체의 건강을 해칠 우려가 있는 기구 및 용기 · 포장을 판매하거나 판매할 목적으로 제조 · 수입 · 저장 · 운반 · 진열 · 영업에 사용을 금지함
- 기구 및 용기 · 포장에 관한 기준 및 규격
  - 식품의약품안전처장은 판매하거나 영업에 사용하는 기구 및 용기 · 포장에 관하여 제조 방법에 관한 기준, 기구 및 용기 · 포장과 그 원재료에 관한 규격을 정하여 고시한다.
  - 식품의약품안전처장은 기준과 규격이 고시되지 아니한 기구 및 용기 · 포장에 대하여는 시험 · 검사기관의 검토를 거쳐 해당 기구 및 용기 · 포장의 기준과 규격으로 인정할 수 있다.
  - 수출할 기구 및 용기 · 포장과 그 원재료에 관한 기준과 규격은 수입자가 요구에 따를 수 있다.

▶ 유전자변형식품 등의 표시

- 생명공학기술을 활용하여 재배 · 육성된 농산물 · 축산물 · 수산물 등을 원재료로 하여 제조 · 가공한 식품 또는 식품첨가물은 유전자변형식품임을 표시하여야 한다. 다만, 제조 · 가공 후에 유전자변형 디엔에이(DNA, Deoxyribonucleic Acid) 또는 유전자변형 단백질이 남아있는 유전자변형식품 등에 한정한다.
  - 인위적으로 유전자를 재조합하거나 유전자를 구성하는 핵산을 세포 또는 세포 내 소기관으로 직접 주입하는 기술
  - 분류학에 따른 과(科)의 범위를 넘는 세포융합기술

- 유전자변형식품 등은 표시가 없으면 판매하거나 판매할 목적으로 수입 · 진열 · 운반하거나 영업에 사용하여서는 아니 된다.
- 표시의무자, 표시대상 및 표시방법 등에 필요한 사항은 식품의약품안전처장이 정한다.

▶ 공전

식품의약품안전처장은 다음의 기준 등을 실은 식품등의 공전을 작성 · 보급하여야 한다.
- 식품 또는 식품첨가물의 기준과 규격
- 기구 및 용기 · 포장의 기준과 규격

▶ 검사

- 위해평가
  - 식품의약품안전처장은 국내외에서 유해물질이 함유된 것으로 알려지는 등 위해의 우려가 제기되는 식품으로 의심되는 경우에는 그 식품 등의 위해요소를 신속히 평가하여 그것이 위해식품 등인지를 결정하여야 한다.
  - 식품의약품안전처장은 위해평가가 끝나기 전까지 국민건강을 위하여 예방조치가 필요한 식품 등에 대하여는 판매하거나 판매할 목적으로 채취 · 제조 · 수입 · 가공 · 사용 · 조리 · 저장 · 소분 · 운반 또는 진열하는 것을 일시적으로 금지할 수 있다. 다만, 국민건강에 급박한 위해가 발생하였거나 발생할 우려가 있다고 식품의약품안전처장이 인정하는 경우에는 그 금지조치를 하여야 한다.
  - 식품의약품안전처장은 일시적 금지조치를 하려면 미리 심의위원회의 심의 · 의결을 거쳐야 한다. 다만, 국민건강을 급박하게 위해할 우려가 있어서 신속히 금지조치를 하여야 할 필요가 있는 경우에는 먼저 일시적 금지조치를 한 뒤 지체 없이 심의위원회의 심의 · 의결을 거칠 수 있다.
  - 심의위원회는 위에 따라 심의하는 경우 대통령령으로 정하는 이해관계인의 의견을 들어야 한다.
  - 식품의약품안전처장은 심의위원회의 심의 · 의결에서 위해가 없다고 인정된 식품 등에 대하여는 지체 없이 일시적 금지조치를 해제하여야 한다.

- 소비자 등의 위생검사 등 요청
  - 식품의약품안전처장, 시·도지사 또는 시장·군수·구청장은 위생검사 등의 요청에 따르는 경우 14일 이내에 출입·검사·수거(위생검사) 등을 하고 그 결과를 대통령령으로 정하는 바에 따라 위생검사 등의 요청을 한 소비자, 소비자단체 또는 시험·검사기관에 알리고 인터넷 홈페이지에 게시하여야 한다.
  - 위생검사 등의 요청 요건 및 절차, 그 밖에 필요한 사항은 대통령령으로 정한다.
  - 식품의약품안전처장, 시·도지사 또는 시장·군수·구청장은 식품등의 위해방지·위생관리와 영업질서의 유지를 위하여 필요하면 다음의 구분에 따른 조치를 할 수 있다.

  > - 영업자나 그 밖의 관계인에게 필요한 서류나 그 밖의 자료의 제출 요구
  > - 관계 공무원으로 하여금 다음에 해당하는 출입·검사·수거 등의 조치 : 판매를 목적으로 하거나 영업에 사용하는 식품 등 또는 영업시설 등에 대하여 하는 검사, 검사에 필요한 최소량의 식품 등의 무상 수거, 영업에 관계되는 장부 또는 서류의 열람

  - 출입·검사·수거 또는 열람하려는 공무원은 그 권한을 표시하는 증표를 지니고 이를 관계인에게 내보여야 한다.
- 위해식품 등에 대한 긴급대응 : 식품의약품안전처장은 판매하거나 판매할 목적으로 채취·제조·수입·가공·조리·저장·소분 또는 운반(이하 "제조·판매 등"이라 한다)되고 있는 식품 등이 다음의 어느 하나에 해당하는 경우에는 긴급대응방안을 마련하고 필요한 조치를 하여야 한다.
  - 국내외에서 식품등 위해발생 우려가 총리령으로 정하는 과학적 근거에 따라 제기되었거나 제기된 경우
  - 그 밖에 식품등으로 인하여 국민건강에 중대한 위해가 발생하거나 발생할 우려가 있는 경우로서 대통령령으로 정하는 경우
- 유전자변형식품 등의 안전성 심사
  - 유전자변형식품 등을 식용으로 수입·개발·생산하는 자는 최초로 유전자변형식품 등을 수입하는 경우 등 대통령령으로 정하는 경우에는 식품의약품안전처장에게 해당 식품 등에 대한 안전성 심사를 받아야 한다.
  - 식품의약품안전처장은 유전자변형식품 등의 안전성 심사를 위하여 식품의약품안전처에 유전자변형식품 등 안전성심사위원회를 둔다.

- 안전성심사위원회는 위원장 1명을 포함한 20명 이내의 위원으로 구성한다. 이 경우 공무원이 아닌 위원이 전체 위원의 과반수가 되도록 하여야 한다.
  - 안전성심사위원회의 위원은 유전자변형식품 등에 관한 학식과 경험이 풍부한 사람으로서 식품의약품안전처장이 위촉하거나 임명한다.
- 검사명령
  - 식품의약품안전처장은 식품 등을 채취·제조·가공·사용·조리·저장·소분·운반 또는 진열하는 영업자에 대하여 식품전문 시험·검사기관 또는 국외시험·검사기관에서 검사를 받을 것을 명할 수 있다.
  - 검사명령을 받은 영업자는 총리령으로 정하는 검사기한 내에 검사를 받거나 관련 자료 등을 제출하여야 한다.
- 특정 식품 등의 수입·판매 등 금지
  - 식품의약품안전처장은 특정 국가 또는 지역에서 채취·제조·가공·사용·조리 또는 저장된 식품 등이 그 특정 국가 또는 지역에서 위해한 것으로 밝혀졌거나 위해의 우려가 있다고 인정되는 경우에는 그 식품 등을 수입·판매하거나 판매할 목적으로 제조·가공·사용·조리·저장·소분·운반 또는 진열하는 것을 금지할 수 있다.
  - 식품 등에서 유독·유해물질이 검출된 경우에는 해당 식품 등의 수입을 금지하여야 한다. 다만, 인체의 건강을 해칠 우려가 없다고 식품의약품안전처장이 인정하는 경우는 그러하지 아니하다.
  - 식품의약품안전처장은 금지를 하려면 미리 관계 중앙행정기관의 장의 의견을 듣고 심의위원회의 심의·의결을 거쳐야 한다. 다만, 국민건강을 급박하게 위해할 우려가 있어서 신속히 금지 조치를 하여야 할 필요가 있는 경우 먼저 금지조치를 한 뒤 지체 없이 심의위원회의 심의·의결을 거칠 수 있다.
- 출입·검사·수거
  - 식품의약품안전처장, 시·도지사 또는 시장·군수·구청장은 식품 등의 위해방지·위생관리와 영업질서의 유지를 위하여 필요하면 영업자나 그 밖의 관계인에게 필요한 서류나 그 밖의 자료의 제출 요구, 관계 공무원으로 하여금 출입·검사·수거 등의 조치를 할 수 있다.
  - 출입·검사·수거 또는 열람하려는 공무원은 그 권한을 표시하는 증표 및 조사기간, 조사범위, 조사담당자, 관계 법령 등 대통령령으로 정하는 사항이 기재된 서류를 지니고 이를 관계인에게 내보여야 한다.

- **식품위생감시원**
  - 식품위생에 관한 지도 등을 하기 위하여 식품의약품안전처, 시·도 또는 시·군·구에 식품위생감시원을 둔다.
  - 식품위생감시원의 자격·임명·직무범위, 그 밖에 필요한 사항은 대통령령으로 정한다.
- **식품위생감시원의 직무**
  - 식품 등의 위생적인 취급에 관한 기준의 이행 지도
  - 수입·판매 또는 사용 등이 금지된 식품 등의 취급 여부에 관한 단속
  - 표시 또는 광고 기준의 위반 여부에 관한 단속
  - 출입·검사 및 검사에 필요한 식품 등의 수거
  - 시설기준의 적합 여부의 확인·검사
  - 영업자 및 종업원의 건강진단 및 위생교육의 이행 여부의 확인·지도
  - 조리사 및 영양사의 법령 준수사항 이행 여부의 확인·지도
  - 행정처분의 이행 여부 확인
  - 식품 등의 압류·폐기 등
  - 영업소의 폐쇄를 위한 간판 제거 등의 조치
  - 그밖에 영업자의 법령 이행 여부에 관한 확인·지도
- **자가품질검사**
  - 자가품질검사는 자가품질검사기준에 따라 하여야 한다.
  - 자가품질검사에 관한 기록서는 2년간 보관하여야 한다.
- **소비자 위생 점검 참여 등**
  - 식품제조·가공업자, 식품첨가물제조업자, 식품판매업자, 식품접객업자, 모범업소로 지정받은 영업자, 지방식품의약품안전청장
  - 위생관리 상태 점검을 신청하는 경우에는 1개월 이내에 위생 점검을 하여야 한다. 이 경우 같은 업소에 대한 위생 점검은 연 1회로 한정한다.
  - 위생 점검 방법 및 절차는 총리령으로 정한다.

▶ 영업
- **시설기준**
  - 총리령으로 정하는 시설기준에 맞는 시설을 갖추어야 한다.
  - 식품 또는 식품첨가물의 제조업, 가공업, 운반업, 판매업 및 보존업
  - 기구 또는 용기·포장의 제조업
  - 식품접객업
  - 공유주방 운영업

- **허가를 받아야 하는 영업**
  - 식품조사처리업 : 식품의약품안전처장
  - 단란주점영업, 유흥주점영업 : 특별자치시장·특별자치도지사 또는 시장·군수·구청장
- **신고를 하여야 하는 업종**
  - 특별자치시장 또는 시장·군수·구청장에게 신고한다.
  - 즉석판매제조·가공업
  - 식품운반업
  - 식품소분·판매업
  - 식품냉동·냉장업
  - 용기·포장류제조업
  - 휴게음식점영업, 일반음식점영업, 위탁급식영업 및 제과점영업

기적의 TIP 업종의 구분

구분	음주 행위	손님 노래	유흥 종사자
휴게음식점, 위탁급식, 제과점	×	×	×
일반음식점	○	×	×
단란주점	○	○	×
유흥주점	○	○	○

- **식품소분업의 신고대상**
  - 식품 또는 식품첨가물과 벌꿀(자가채취하여 직접 소분·포장하는 경우를 제외)을 말한다.
  - 다만, 어육제품, 특수용도식품, 통·병조림 제품, 레토르트식품, 전분, 장류 및 식초는 소분·판매하여서는 아니 된다.
- **즉석판매제조·가공 대상식품**
  - 소비자가 원하는 만큼 덜어서 직접 최종 소비자에게 판매하는 식품을 말한다.
  - 단, 통·병조림 제품, 레토르트식품, 냉동식품, 어육제품, 특수용도식품(체중조절용 조제식품은 제외), 식초, 전분은 제외한다.
- **신고하지 않아도 되는 업종**
  - 양곡가공업 중 도정업을 하는 경우
  - 수산물가공업의 신고를 하고 해당 영업을 하는 경우
  - 축산물가공업의 허가를 받아 해당 영업을 하는 경우
  - 건강기능식품제조업, 건강기능식품수입업 및 건강기능식품판매업의 영업허가를 받거나 영업신고를 하고 해당 영업을 하는 경우

- 식품첨가물이나 다른 원료를 사용하지 아니하고 농산물 · 임산물 · 수산물을 단순히 자르거나, 껍질을 벗기거나, 말리거나, 소금에 절이거나, 숙성하거나, 가열하는 등의 가공과정 중 위생상 위해가 발생할 우려가 없고 식품의 상태를 관능검사로 확인할 수 있도록 가공하는 경우
- 영농조합법인과 영어조합법인이 생산한 농산물 · 임산물 · 수산물을 집단급식소에 판매하는 경우. 다만, 다른 사람으로 하여금 생산하거나 판매하게 하는 경우는 제외한다.

• 신고를 하여야 하는 변경사항
- 영업자의 성명
- 영업소의 명칭 또는 상호
- 영업소의 소재지
- 영업장의 면적
- 즉석판매제조 · 가공업을 하는 자가 같은 호에 따른 즉석판매제조 · 가공 대상 식품 중 식품의 유형을 달리하여 새로운 식품을 제조 · 가공하려는 경우
- 식품운반업을 하는 자가 냉장 · 냉동차량을 증감하려는 경우
- 식품자동판매기영업을 하는 자가 같은 시 · 군 · 구에서 식품자동판매기의 설치 대수를 증감하려는 경우

• 건강진단
- 대상 : 식품 또는 식품첨가물을 채취 · 제조 · 가공 · 조리 · 저장 · 운반 또는 판매하는 일에 직접 종사하는 영업자 및 종업원(단, 완전 포장된 식품 또는 식품첨가물을 운반하거나 판매하는 일에 종사하는 사람은 제외)
- 건강진단 항목 : 장티푸스, 폐결핵, 파라티푸스
- 횟수 : 1년에 1회

• 식품위생교육의 대상
- 영업자 및 유흥종사자를 둘 수 있는 식품접객업 영업자의 종업원은 매년 식품위생에 관한 교육을 받아야 한다.
- 영업을 하려는 자는 미리 식품위생교육을 받아야 한다.
- 교육을 받아야 하는 자가 영업에 직접 종사하지 아니하거나 두 곳 이상의 장소에서 영업을 하는 경우에는 종업원 중에서 식품위생에 관한 책임자를 지정하여 영업자 대신 교육을 받게 할 수 있다.
- 조리사, 영양사 또는 위생사 면허를 받은 자가 식품접객업을 하려는 경우에는 식품 위생교육을 받지 아니하여도 된다.

• 식품위생교육의 시간
- 영업자와 종업원(매년 위생교육)

업종	시간
식품제조 · 가공업, 즉석판매제조 · 가공업, 식품첨가물제조업, 식품운반업, 식품소분 · 판매업 등 영업자, 식품보존업, 용기 · 포장류제조업, 식품접객업	3
유흥주점영업의 유흥종사자	2
집단급식소를 설치 · 운영하는 자	3

- 영업자(영업 전 미리 받는 위생교육)

업종	시간
식품제조 · 가공업, 식품첨가물제조업	8
식품운반업, 식품소분 · 판매업 등 영업자, 식품보존업, 용기 · 포장류제조업	4
즉석판매제조 · 가공업, 식품접객업	6
집단급식소를 설치 · 운영하려는 자	6

• 우수업소 · 모범업소의 지정
- 우수업소의 지정 : 식품의약품안전처장 또는 특별자치시장 · 특별자치도지사 · 시장 · 군수 · 구청장
- 모범업소의 지정 : 특별자치시장 · 특별자치도지사 · 시장 · 군수 · 구청장

▶ 조리사와 영양사
• 조리사
- 집단급식소 운영자와 식품접객업자는 조리사를 두어야 한다.
- 복어를 조리 · 판매하는 영업을 하는 자
- 집단급식소 운영자 : 국가, 지방자치단체 및 공공기관, 기숙사, 학교, 유치원, 어린이집, 병원, 사회복지시설, 산업체, 그 밖의 후생기관 등
- 조리사를 두지 않아도 되는 경우 : 집단급식소 운영자 또는 식품접객영업자 자신이 조리사로서 직접 음식물을 조리하는 경우, 1회 급식인원 100명 미만의 산업체인 경우, 영양사가 조리사의 면허를 받은 경우

• 영양사
- 집단급식소 운영자는 영양사를 두어야 한다.
- 영양사를 두지 않아도 되는 경우 : 집단급식소 운영자 자신이 영양사로서 직접 영양 지도를 하는 경우, 1회 급식인원 100명 미만의 산업체인 경우, 조리사가 영양사의 면허를 받은 경우

- 영양사의 직무 : 집단급식소에서의 식단 작성, 검식 및 배식관리, 구매식품의 검수 및 관리, 급식시설의 위생적 관리, 집단급식소의 운영일지 작성, 종업원에 대한 영양 지도 및 식품위생교육

- **결격사유**
  - 정신질환자
  - 감염병환자(B형간염환자는 제외)
  - 마약이나 그 밖의 약물 중독자
  - 조리사 면허의 취소처분을 받고 그 취소된 날부터 1년이 지나지 아니한 자
- **교육** : 식품의약품안전처장은 식품위생 수준 및 자질의 향상을 위하여 필요한 경우 조리사와 영양사에게 교육(조리사의 경우 보수교육을 포함)을 받을 것을 명할 수 있다. 다만, 집단급식소에 종사하는 조리사와 영양사는 1년마다 교육을 받아야 한다.

> ## 시정명령과 허가취소 등 행정 제재

- **시정명령**
  - 식품의약품안전처장, 시·도지사 또는 시장·군수·구청장은 식품 등의 위생적 취급에 관한 기준에 맞지 아니하게 영업하는 자에게는 필요한 시정을 명하여야 한다.
  - 시정명령을 한 경우에는 그 영업을 관할하는 관서의 장에게 그 내용을 통보하여 시정명령이 이행되도록 협조를 요청할 수 있다.
  - 요청을 받은 관계 기관의 장은 정당한 사유가 없으면 이에 응하여야 하며, 그 조치 결과를 지체 없이 요청한 기관의 장에게 통보하여야 한다.

- **폐기처분**
  - 위해식품, 병든 동물, 유독기구 등의 판매 등 금지를 위반한 경우에는 그 식품 등을 압류 또는 폐기하게 하거나 용도·처리방법 등을 정하여 영업자에게 위해를 없애는 조치를 하도록 명하여야 한다.
  - 신고 또는 등록하지 아니하고 제조·가공·조리한 식품 또는 식품첨가물이나 여기에 사용한 기구 또는 용기·포장 등을 관계 공무원에게 압류하거나 폐기하게 할 수 있다.
  - 식품위생상의 위해가 발생하였거나 발생할 우려가 있는 경우에는 영업자에게 유통 중인 해당 식품 등을 회수·폐기하게 하거나 해당 식품 등의 원료, 제조 방법, 성분또는 그 배합 비율을 변경할 것을 명할 수 있다.
  - 압류나 폐기를 하는 공무원은 그 권한을 표시하는 증표를 지니고 이를 관계인에게 내보여야 한다.

- **허가취소**
  - 다음의 어느 하나에 해당하는 경우에는 영업허가 또는 등록을 취소하거나 6개월 이내의 기간을 정하여 그 영업의 전부 또는 일부를 정지하거나 영업소 폐쇄를 명할 수 있다. : 위해식품 등의 판매 등 금지, 병든 동물 고기 등의 판매 등 금지, 기준·규격이 정하여지지 아니한 화학적 합성품 등의 판매 등 금지, 식품 또는 식품첨가물에 관한 기준 및 규격, 유독기구 등의 판매·사용 금지, 기구 및 용기·포장에 관한 기준 및 규격, 인정받지 않은 재생원료의 기구 및 용기·포장에의 사용 등 금지 또는 유전자변형식품등의 표시를 위반한 경우 등
  - 영업자가 영업정지 명령을 위반하여 영업을 계속하면 영업허가 또는 등록을 취소하거나 영업소 폐쇄를 명할 수 있다.

- **면허취소 및 행정처분**
  - 면허취소 : 정신질환자, 감염병환자(B형간염환자는 제외), 마약이나 그 밖의 약물 중독자, 조리사 면허의 취소처분을 받고 그 취소된 날부터 1년이 지나지 아니한 자, 업무정지기간 중에 조리사의 업무를 하는 경우

위반 사항	1차	2차	3차
조리사, 영양사의 보수 교육을 받지 아니한 경우	시정 명령	15일	1개월
식중독이나 위생과 관련한 중대한 사고 발생에 직무상의 책임이 있는 경우	1개월	2개월	면허 취소
면허를 타인에게 대여하여 사용하게 한 경우	2개월	3개월	면허 취소

> ## 보칙

- **식중독에 관한 조사 보고**
  - 다음에 해당하는 자는 지체 없이 관할 특별자치시장·시장·군수·구청장에게 보고하여야 한다. 이 경우 의사나 한의사는 식중독 환자나 식중독이 의심되는 자의 혈액 또는 배설물을 보관하는 데에 필요한 조치를 하여야 한다. : 보고자의 주소 및 성명, 식중독을 일으킨 환자, 식중독이 의심되는 사람 또는 식중독으로 사망한 사람의 주소·성명·생년월일 및 사체의 소재지, 식중독의 원인, 발병 연월일, 진단 또는 검사 연월일을 기재, 식중독 환자나 식중독이 의심되는 자를 진단하였거나 그 사체를 검안한 의사 또는 한의사, 집단급식소에서 제공한 식품 등으로 인하여 식중독 환자나 식중독으로 의심되는 증세를 보이는 자를 발견한 집단급식소의 설치·운영자

- 특별자치시장 · 시장 · 군수 · 구청장은 보고를 받은 때에는 지체 없이 그 사실을 식품의약품안전처장 및 시 · 도지사에게 통보하고, 대통령령으로 정하는 바에 따라 원인을 조사하여 그 결과를 제출하여야 한다.
- 식품의약품안전처장은 국민보건상 중대하다고 인정하는 경우에는 해당 시 · 도지사 또는 시장 · 군수 · 구청장과 합동으로 원인을 조사할 수 있다.

• 집단급식소
  - 영리를 목적으로 하지 아니하면서 특정다수인에게 계속하여 음식물을 공급하는 기숙사 · 학교 · 유치원 · 어린이집 · 병원 그 밖의 후생기관 등의 급식시설로서 1회 50인 이상에게 식사를 제공하는 급식소를 말한다.
  - 집단급식소를 설치 · 운영하려는 자는 총리령으로 정하는 바에 따라 특별자치시장 · 특별자치도지사 · 시장 · 군수 · 구청장에게 신고하여야 한다.
  - 집단급식소를 설치 · 운영하는 자는 집단급식소 시설의 유지 · 관리 등 급식을 위생적으로 관리하기 위하여 다음의 사항을 지켜야 한다. : 식중독 환자가 발생하지 아니하도록 위생관리를 철저히 할 것, 조리 · 제공한 식품의 매회 1인분 분량을 총리령으로 정하는 바에 따라 144시간 이상 보관할 것, 영양사를 두고 있는 경우 그 업무를 방해하지 아니할 것, 영양사를 두고 있는 경우 영양사가 집단급식소의 위생관리를 위하여 요청하는 사항에 대하여는 정당한 사유가 없으면 따를 것, 그밖에 식품 등의 위생적 관리를 위하여 필요하다고 총리령으로 정하는 사항을 지킬 것

• 보존식 : HACCP 인증 단체급식업소에서 조리한 식품은 소독된 보존식 전용 용기 또는 멸균 비닐봉지에 매회 1인분 분량을 담아 −18℃ 이하에서 144시간 이상의 시간 동안 보관하여야 한다.

▶ 벌칙

• 질병에 걸린 동물을 사용하거나 원료 또는 성분 등을 사용하여 판매할 목적으로 식품 또는 식품첨가물을 제조 · 가공 · 수입 또는 조리
  - 1항(3년 이상의 징역) : 소해면상뇌증(狂牛病), 탄저병, 가금 인플루엔자
  - 2항(1년 이상의 징역) : 마황, 부자, 천오, 초오, 백부자, 섬수, 백선피, 사리풀
  - 3항 : 제조 · 가공 · 수입 · 조리한 식품 또는 식품첨가물을 판매하였을 때에는 그 판매금액의 2배 이상 5배 이하에 해당하는 벌금을 병과(倂科)한다.

- 형을 선고 받고 그 형이 확정된 후 5년 이내에 다시 죄를 범한 자가 제3항에 해당하는 경우 제3항에서 정한 형의 2배까지 가중한다.

• 10년 이하의 징역 또는 1억원 이하의 벌금
  - 위해식품 등의 판매 등 금지, 병든 동물 고기 등의 판매 등 금지, 기준 · 규격이 정하여지지 아니한 화학적 합성품 등의 판매 등 금지를 위반한 자 : 죄로 형을 선고 받고 그 형이 확정된 후 다시 5년 이내에 죄를 범한 자는 1년 이상 10년 이하의 징역에 처한다.
  - 유독기구 등의 판매 · 사용 금지를 위반한 자 : 그 해당 식품 또는 식품첨가물을 판매한 때에는 그 소매가격의 4배 이상 10배 이하에 해당하는 벌금을 부과한다.
  - 영업허가 등을 위반한 자

• 5년 이하의 징역 또는 5천만원 이하의 벌금
  - 식품 또는 식품첨가물에 관한 기준 및 규격, 기구 및 용기 · 포장에 관한 기준 및 규격, 인정받지 않은 재생원료의 기구 및 용기 · 포장에의 사용 등 금지를 위반한 자
  - 영업 허가 등을 위반한 자
  - 영업 제한을 위반한 자
  - 폐기처분 등 또는 위해식품 등의 공표에 따른 명령을 위반한 자
  - 허가취소 등에 따른 영업정지 명령을 위반하여 영업을 계속한 자

• 3년 이하의 징역 또는 3천만원 이하의 벌금
  - 자변형식품등의 표시, 위해식품등에 대한 긴급대응, 자가품질검사 의무, 영업허가 등, 영업승계, 식품안전관리인증기준, 식품이력추적관리 등록기준 등 단서 또는 명칭 사용 금지를 위반한 자
  - 출입 · 검사 · 수거 또는 폐기처분 등에 따른 검사 · 출입 · 수거 · 압류 · 폐기를 거부 · 방해 또는 기피한 자
  - 시설기준을 갖추지 못한 영업자
  - 영업허가 등에 따른 조건을 갖추지 못한 영업자
  - 영업자 등의 준수사항에 따라 영업자가 지켜야 할 사항을 지키지 아니한 자
  - 허가취소 등에 따른 영업정지 명령을 위반하여 계속 영업한 자
  - 품목 제조정지 등에 따른 제조정지 명령을 위반한 자
  - 폐쇄조치 등에 따라 관계 공무원이 부착한 봉인 등을 함부로 제거하거나 손상시킨 자

- **양벌규정** : 법인의 대표자나 법인 또는 개인의 대리인, 사용인, 그 밖의 종업원이 그 법인 또는 개인의 업무에 관하여 제93조 제3항 또는 제94조부터 제97조까지의 어느 하나에 해당하는 위반행위를 하면 그 행위자를 벌하는 외에 그 법인 또는 개인에게도 해당 조문의 벌금형을 과(科)하고, 제93조 제1항의 위반행위를 하면 그 법인 또는 개인에 대하여도 1억5천만원 이하의 벌금에 처하며, 제93조 제2항의 위반행위를 하면 그 법인 또는 개인에 대하여도 5천만원 이하의 벌금에 처한다.

▶ 식품위생단체

단체	내용
동업자조합	• 영업자는 영업의 발전과 국민보건 향상을 위하여 대통령령으로 정하는 영업 또는 식품의 종류별로 동업자조합을 설립할 수 있다. • 조합은 법인으로 한다. • 조합을 설립하려는 경우에는 대통령령으로 정하는 바에 따라 조합원 자격이 있는자 10분의 1(20명을 초과하면 20명으로 한다) 이상의 발기인이 정관을 작성하여 식품의약품안전처장의 설립인가를 받아야 한다.

식품산업협회	• 식품산업의 발전과 식품위생의 향상을 위하여 한국식품산업협회를 설립한다.
	• 협회의 회원이 될 수 있는 자는 영업자 중 식품 또는 식품첨가물을 제조 · 가공 · 운반 · 판매 · 보존하는 자 및 그 밖에 식품 관련 산업을 운영하는 자로 한다.
	• 협회의 사업
	  ─ 식품산업에 관한 조사 · 연구
	  ─ 식품 및 식품첨가물과 그 원재료(原材料)에 대한 시험 · 검사 업무
	  ─ 식품위생과 관련한 교육
	  ─ 영업자 중 식품이나 식품첨가물을 제조 · 가공 · 운반 · 판매 및 보존하는 자의 영업시설 개선에 관한 지도
	  ─ 회원을 위한 경영지도
	  ─ 식품안전과 식품산업 진흥 및 지원 · 육성에 관한 사업

식품안전정보원	식품의약품안전처장의 위탁을 받아 식품이력추적관리업무와 식품안전에 관한 업무를 효율적으로 수행하기 위하여 식품안전정보원을 둔다.
건강위해가능영양성분관리	• 국가 및 지방자치단체는 식품의 나트륨, 당류, 트랜스지방 등 영양성분의 과잉섭취로 인한 국민보건상 위해를 예방하기 위하여 노력하여야 한다. • 식품의약품안전처장은 관계 중앙행정기관의 장과 협의하여 건강 위해가능 영양성분 관리 기술의 개발 · 보급, 적정섭취를 위한 실천방법의 교육 · 홍보 등을 실시하여야 한다. • 건강 위해가능 영양성분의 종류는 대통령령으로 정한다.

▶ 제조물책임법(PL)

- **제조물** : 제조되거나 가공된 동산(다른 동산이나 부동산의 일부를 구성하는 경우를 포함한다.)
- **결함** : 해당 제조물에 다음 각 목의 어느 하나에 해당하는 제조상 · 설계상 또는 표시상의 결함이 있거나 그밖에 통상적으로 기대할 수 있는 안전성이 결여되어 있는 것

  ─ 제조상의 결함 : 제조업자가 제조물에 대하여 제조상 · 가공상의 주의의무를 이행하였는지에 관계없이 제조물이 원래 의도한 설계와 다르게 제조 · 가공됨으로써 안전하지 못하게 된 경우
  ─ 설계상의 결함 : 제조업자가 합리적인 대체설계(代替設計)를 채용하였더라면 피해나 위험을 줄이거나 피할 수 있었음에도 대체설계를 채용하지 아니하여 해당 제조물이 안전하지 못하게 된 경우
  ─ 표시상의 결함 : 제조업자가 합리적인 설명 · 지시 · 경고 또는 그 밖의 표시를 하였더라면 해당 제조물에 의하여 발생할 수 있는 피해나 위험을 줄이거나 피할 수 있었음에도 이를 하지 아니한 경우
- **제조업자** : 제조물의 제조 · 가공 또는 수입을 업(業)으로 하는 자, 제조물에 성명 · 상호 · 상표 또는 그밖에 식별(識別) 가능한 기호 등을 사용하여 자신을 가목의 자로 표시한 자 또는 가목의 자로 오인(誤認)하게 할 수 있는 표시를 한 자

▶ 식품 등의 표시 · 광고에 관한 법률

- **표시 및 광고의 기준**
  ─ 식품, 식품첨가물 또는 축산물의 표시

  > • 제품명, 내용량 및 원재료명
  > • 영업소 명칭 및 소재지
  > • 소비자 안전을 위한 주의사항
  > • 제조연월일, 유통기한 또는 품질유지기한
  > • 그밖에 소비자에게 해당 식품, 식품첨가물 또는 축산물에 관한 정보를 제공하기 위하여 필요한 사항으로서 총리령으로 정하는 사항

  ─ 기구 또는 용기 · 포장의 표시

  > • 재질
  > • 영업소 명칭 및 소재지
  > • 소비자 안전을 위한 주의사항
  > • 그밖에 소비자에게 해당 기구 또는 용기 · 포장에 관한 정보를 제공하기 위하여 필요한 사항으로서 총리령으로 정하는 사항

  ─ 건강기능식품의 표시

  > • 제품명, 내용량 및 원료명
  > • 영업소 명칭 및 소재지
  > • 유통기한 및 보관방법
  > • 섭취량, 섭취방법 및 섭취 시 주의사항
  > • 건강기능식품이라는 문자 또는 건강기능식품임을 나타내는 도안
  > • 질병의 예방 및 치료를 위한 의약품이 아니라는 내용의 표현
  > • 기능성에 관한 정보 및 원료 중에 해당 기능성을 나타내는 성분 등의 함유량
  > • 그밖에 소비자에게 해당 건강기능식품에 관한 정보를 제공하기 위하여 필요한 사항

– 영양표시

- 식품 등을 제조 · 가공 · 소분하거나 수입하는 자는 총리령으로 정하는 식품 등에 영양표시를 하여야 한다.
- 영양성분 및 표시방법 등에 관하여 필요한 사항은 총리령으로 정한다.
- 영양표시가 없거나 표시방법을 위반한 식품 등은 판매하거나 판매할 목적으로 제조 · 가공 · 소분 · 수입 · 포장 · 보관 · 진열 또는 운반하거나 영업에 사용해서는 아니 된다.

– 나트륨 함량 비교 표시

- 식품을 제조 · 가공 · 소분하거나 수입하는 자는 총리령으로 정하는 식품에 나트륨 함량 비교 표시를 하여야 한다.
- 나트륨 함량 비교 표시의 기준 및 표시방법 등에 관하여 필요한 사항은 총리령으로 정한다.
- 나트륨 함량 비교 표시가 없거나 표시방법을 위반한 식품은 판매하거나 판매할 목적으로 제조 · 가공 · 소분 · 수입 · 포장 · 보관 · 진열 또는 운반하거나 영업에 사용해서는 아니 된다.

– 광고의 기준

- 식품 등을 광고할 때에는 제품명 및 업소명을 포함시켜야 한다.
- 정한 사항 외에 식품 등을 광고할 때 준수하여야 할 사항은 총리령으로 정한다.

– 부당한 표시 또는 광고행위의 금지 : 누구든지 식품 등의 명칭 · 제조방법 · 성분 등 대통령령으로 정하는 사항에 관하여 다음에 해당하는 표시 또는 광고를 하여서는 아니 된다.

- 질병의 예방 · 치료에 효능이 있는 것으로 인식할 우려가 있는 표시 또는 광고
- 식품 등을 의약품으로 인식할 우려가 있는 표시 또는 광고
- 건강기능식품이 아닌 것을 건강기능식품으로 인식할 우려가 있는 표시 또는 광고
- 거짓 · 과장된 표시 또는 광고
- 소비자를 기만하는 표시 또는 광고
- 다른 업체나 다른 업체의 제품을 비방하는 표시 또는 광고
- 객관적인 근거 없이 자기 또는 자기의 식품 등을 다른 영업자나 다른 영업자의 식품 등과 부당하게 비교하는 표시 또는 광고
- 사행심을 조장하거나 음란한 표현을 사용하여 공중도덕이나 사회윤리를 현저하게 침해하는 표시 또는 광고

POINT 006 공중보건

▶ 공중보건의 개념

- 원슬로우의 정의 : 조직적인 지역사회의 노력을 통하여 질병을 예방하고 생명을 연장하며 육체적, 정신적 효율을 증진하는 기술이며 과학이다.
- 대상 : 인간집단이며, 최소 단위는 지역사회, 국민 전체를 대상으로 한다.
- 공중보건 수준의 평가지표
  - 한 지역사회나 국가의 보건수준을 나타내는 보건 지표로 영아사망률, 조사망률, 질병이환율, 사인별 사망률, 모성사망률, 평균수명 등이 사용되는데, 이 중 영아사망률이 대표적인 지표이다.
  - 영아사망의 3대 원인 : 폐렴 및 기관지염, 장염 및 설사, 신생아 고유질환 및 사고
- 건강에 대한 세계보건기구의 정의 : 단지 질병이 없거나 허약하지 않을 뿐만 아니라 신체적, 정신적, 사회적 안녕한 완전한 상태
- 세계보건기구
  - 본부 : 스위스 제네바
  - 우리나라는 1949년 6월에 65번째로 로마 총회에서 가입
  - 지휘 및 조정, 기술 지원, 자료 공급, 공중보건 관련 행정 강화와 지원 등 간접적인 활동

▶ 인구와 보건

- 인구 구성

구분	유형	특징
피라미드형	후진국형 (인구증가형)	출생률은 높고 사망률은 낮은 형
종형	이상형 (인구정체형)	출생률과 사망률이 낮은 형(14세 이하가 65세 이상 인구의 2배 정도)
항아리형 (방추형)	선진국형 (인구감소형)	평균수명이 높고 인구가 감퇴하는 형
별형	도시형 (인구유입형)	생산층 인구가 증가되는 형
기타형 (표주박형)	농촌형 (인구유출형)	생산층 인구가 감소하는 형

- 수명

종류	내용
기대수명	출생자가 출생 직후부터 생존할 것으로 기대되는 평균 생존 연수
건강수명	아프지 않고 건강하게 살아가는 기간을 나타내는 지표
평균수명	어떤 연령의 사람이, 평균 몇 년을 살 수 있는가 하는 기댓값

- 보건 행정과 보건 영양
  - 보건 행정 : 공중보건의 목적을 달성하기 위해서 행해지는 기술 행정이며, 효율적인 보건 행정을 위해 보건법을 확립하고, 보건 교육, 봉사를 시행하는 데 주력하고 있다.
  - 보건 영양 : 지역사회 전 주민의 건강을 위해서 식생활의 결함을 제거하고 개선하여 영양이 부족하지 않도록 하는 데 목적이 있다. 지역의 경제적 여건과 식량 상태와 계절적인 변화를 고려하여 최고의 방법을 찾아낸다.

- 보건 정책의 방향
  - 출산 및 자녀양육을 위한 사회 기반 조성
  - 국민건강증진을 위한 사전 보건 서비스 강화
  - 아동·장애인 등 취약 계층 지원 강화
  - 미래사회 변화에 대응한 사회 투자 서비스 확대

▶ 보건 행정의 분류

- 모자 보건
  - 모체와 영유아에게 전문적인 보건의료서비스를 제공하여 사망률을 저하시키며 신체적, 정신적 건강과 정서발달을 유지, 증진시키고 유전적 잠재력을 최대한 발휘할 수 있게 하는 데 있다.
  - 모성보건 : 임신과 분만, 수유하는 기간에 있는 여성
  - 모성사망 : 임신과 분만, 산욕에 관계되는 합병증 등의 이상으로 발생한 사망
  - 모성사망의 주요 원인 : 임신중독증, 출혈, 감염증, 자궁외임신, 유산 등
- 학교 보건 : 학생 및 교직원을 대상으로 교육부에서 담당한다. 학교 보건 사업, 학교 급식, 건강 교육, 학교 체육 등을 다루고 있다.
- 산업 보건 : 각 산업체에서 근무하는 근로자를 대상으로 노동부에서 담당한다. 산업보건행정은 작업 환경의 질적 향상과 근로자의 복지시설 관리 및 안전 교육 등을 통해서 직업병을 예방하는 데 그 목적이 있다.
- 4대 보험 : 국민연금, 건강보험, 산재보험, 고용보험

- 산업재해 발생 빈도
  - 건수율 : 일정 기간 중의 평균 실 근로자수 1,000명당 발생하는 재해건수의 발생 빈도
  - 도수율 : 노동 시간에 대한 재해의 발생 빈도
  - 강도율 : 근로시간 합계 1,000시간당 재해로 인한 근로손실일수
- 공공부조
  - 국민기초생활 보장법에 의한 수급자, 재해구호법에 의한 이재민, 생활유지능력이 없거나 생활이 어려운 국민의 최저생활 보장, 자립 지원 제도이다.
  - 의료급여, 교육급여, 자활급여, 주거급여, 장제급여, 생계급여
- 직업병 및 중금속 중독에 관한 질병

원인	질병
고열 환경	열중증(열쇠약증, 열경련증, 열사병)
저온 환경	동상, 동창, 참호족염
고압 환경	잠함병, 잠수병
저압 환경	고산병, 항공병
분진	진폐증, 규폐증, 석면폐증, 활석폐증
조명 불량	안구 진탕증, 근시, 안정피로, 백내장
소음	직업성 난청
진동	레이노드병, 수전증
납 중독	연빈혈, 칼슘대사이상, 신장장애, 적혈구수 증가
수은 중독	미나마타병, 언어장애, 지각이상, 보행곤란
크롬 중독	비염, 인두염, 기관지염
카드뮴 중독	이타이이타이병, 신장장애, 단백뇨, 골연화증
미강유 중독 (PCB)	식욕부진, 구토, 체중감소, 흑피증, 코프로포르피린 검출

▶ 환경위생 및 환경오염 관리

- 일광
  - 자외선(2,000~3,800 Å)

  - 일광의 분류 중 파장이 가장 짧다.
  - 2,500~2,800 Å에서 살균력이 강해서, 소독에 이용되기도 한다.
  - 2,800~3,200 Å(Dorno의 건강선, 생명선)에서 인체에 유익한 작용을 한다.
  - 비타민 D를 형성하여 구루병을 예방하고, 관절염 치료에 효과적이다.
  - 적혈구 생성을 촉진하고 혈압을 강하시킨다.
  - 과다 노출은 피부 색소 침착을 일으켜서 심하면 피부암을 유발한다.

– 가시광선(3,900~7,700Å) : 망막을 자극하여 색채를 부여하고 명암을 구분하는 파장이다.
– 적외선(7,800Å 이상)

- 일광의 3분류 중 파장이 가장 길다.
- 적외선은 지상에 열을 주어 기온이 좌우된다.
- 적외선 과다 노출은 일사병과 백내장을 유발한다.

• **온열 환경**
– 감각온도의 3요소 : 기온, 기습, 기류
– 온열조건인자 : 기온, 기습, 기류, 복사열
– 기온(온도)

- 실내 지상 1.5m, 실외 지상 1.2~1.5m에서의 건구 온도이다.
- 쾌감 온도는 18±2℃이다.
- 최고 기온은 오후 2시경, 최저 기온은 일출 30분 전이다.

– 기습(습도) : 쾌적한 습도는 40~70%이다.
– 기류

- 쾌적한 기류 : 실외에서 1m/sec, 실내에서 0.2~0.3m/sec이다.
- 불감 기류 : 공기의 흐름이 0.2~0.5m/sec로 약하게 움직여 사람이 바람이 부는 것을 감지하지 못하는 것을 의미한다.
- 카타온도계 : 불감 기류와 같은 미풍을 측정하도록 되어 있는 온도계이다.

• **기온 역전 현상** : 대기층의 온도는 100m 상승할 때마다 1℃가 낮아지므로, 상부 기온이 하부 기온보다 낮다. 그러나 대기 오염으로 인해 상부 기온이 하부 기온보다 높은 때를 기온 역전 현상이라고 한다.
• **불쾌지수** : DI가 70이면 10%, DI가 75이면 50%, DI가 80이면 거의 모든 사람이 불쾌감을 느낀다.
• **공기 및 대기오염**
– 공기의 조성(0℃, 1기압)

- 질소 78% 〉 산소 21% 〉 아르곤 0.9% 〉 이산화탄소 0.03% 〉 기타 원소 0.07%
- 산소가 10% 이하일 때는 호흡곤란, 7% 이하일 때는 질식사한다.

– 이산화탄소

- 실내 공기 오염의 지표이다.
- 10% 이상일 때는 질식사, 7% 이상일 때는 호흡곤란 증세가 있다.

– 일산화탄소

- 무색, 무미, 무취이고 금속 부식성이 없다.
- 연탄가스, 매연, 담배에서 발생한다.
- 혈액 속의 헤모글로빈(Hb)과의 친화력이 산소보다 250~300배 강하여 조직 내 산소 결핍증을 초래한다.
- 완전한 연소 시 발생하는 가스이다.

– 아황산가스

- 실외 공기 오염의 지표이다.
- 자극적인 냄새가 난다.
- 경유의 연소 과정에서 발생한다(자동차 배기가스).
- 식물의 고사 현상, 동물의 호흡곤란, 금속 부식의 피해가 있다.
- 런던의 스모그 현상 : 석탄 연료 연소 + 아황산가스 + 차갑고 습한 기후

– 군집독 : 다수인이 밀집한 실내 공기는 화학적 조성이나 물리적 조성의 변화를 초래하여 불쾌감, 두통, 권태, 현기증, 구토 등이 일어나는데, 이와 같은 생리적 이상을 군집독이라 한다.
– 공기의 자정작용

- 공기 자체의 확산과 이동에 의한 희석작용
- 눈과 비에 의한 세정작용
- 오존에 의한 산화작용
- 자외선에 의한 살균작용
- 이산화탄소와 산소의 교환작용 : 광합성에 의한 교환

– 먼지

- 실내외의 환경 조건에 의해 먼지가 발생
- 미세먼지 : 입자의 크기가 10㎛ 이하인 먼지
- 극미세먼지 : 입자의 크기가 2.5㎛ 이하인 먼지
- 천식과 같은 호흡기계 질병을 악화, 폐 기능의 저하
- 식물의 잎 표면에 침적, 신진대사를 방해
- 건축물이나 유적물 및 동상 등에 퇴적되어 부식

– 오존

- 대기 중에 배출된 NOX와 휘발성유기화합물(VOCS) 등이 자외선과 광화학 반응을 일으켜 생성
- PAN, 알데하이드, Acrolein 등의 광화학 옥시단트의 일종으로 2차 오염물질
- 자동차, 화학공장, 정유공장과 같은 산업시설과 자연적 생성 등 다양한 배출원에서 발생
- 반복 노출 시 가슴의 통증, 기침, 메스꺼움, 목 자극, 소화 등에 영향
- 기관지염, 심장질환, 폐기종 및 천식 악화, 폐활량 감소
- 농작물과 식물에 직접적으로 영향을 미쳐 수확량 감소

– 대기오염물질

- 1차 대기오염물질 : 이산화황, 일산화탄소, 이산화질소, 먼지, 매연, 훈연, 안개, 연무, 분진 등이 있다.
- 2차 대기오염물질 : 대기 중에 배출된 오염물질끼리 반응하여 변질한 것으로 오존, 알데히드, 케톤, 산성비, 산성눈, 스모그를 일으킨다.

• 음료수와 질병
  - 음료수의 수질기준

> • 일반세균은 1mL 중 100CFU(Colony Forming Unit)를 넘지 아니할 것
> • 총 대장균군은 100mL(샘물 · 먹는 샘물 및 먹는 해양 심층수의 경우에는 250mL)에서 검출되지 아니할 것
> • 대장균 · 분원성 대장균군은 100mL에서 검출되지 아니할 것
> • 분원성 연쇄상구균 · 녹농균 · 살모넬라 및 쉬겔라는 250mL에서 검출되지 아니할 것(샘물 · 먹는 샘물 및 먹는 해양 심층수의 경우에만 적용한다)
> • 잔류염소는 4.0mg/L를 넘지 아니할 것
> • 색도는 5도를 넘지 아니할 것
> • 냄새와 맛은 소독으로 냄새와 맛 이외의 냄새와 맛이 있어서는 아니될 것
> • 수소이온 농도는 pH 5.8 이상, pH 8.5 이하이어야 할 것
> • 탁도는 1NTU(Nephelometric Turbidity Unit)를 넘지 아니할 것
> • 우물과 화장실의 거리는 20m 이상, 하수관 · 배수관의 거리는 3m 이상 떨어진 곳에 설치할 것
> • 그 외 건강상 유해영향 무기물질 · 유기물질에 관한 기준, 소독제 및 소독부산물질에 관한 기준, 방사능에 관한 기준(염지하수의 경우에만 적용한다)을 지킬 것

> **기적의 TIP 대장균을 수질오염의 지표로 사용하는 이유**
> • 검출 방법이 간편하며 정확하다.
> • 그 분포가 오염원, 특히 인축의 분변과 공존한다.
> • 다른 병원성 미생물이나 분변 오염을 추측할 수 있다.

  - 물과 질병

> **수인성 감염병**
> • 오염수나 생존가능한 음식물을 통해서 전염되는 질병으로, 분변에 오염된 물, 소독하지 않은 물이 원인이 된다.
> • 환자 발생이 폭발적으로 증가했다가 감소한다.
> • 유행 지역과 음료수 사용 지역이 일치한다.
> • 잠복기는 짧지만, 치명률이 낮고 2차 감염 환자의 발생이 거의 없다.
> • 계절에 관계 없다.
> • 성, 나이, 직업, 생활수준에 따른 발생 빈도의 차이가 없다.
> • 장티푸스, 파라티푸스, 콜레라, 세균성 이질, 아메바성 이질, 전염성 설사, 유행성 간염 등의 원인이 된다.

> **반상치와 우치**
> • 불소가 많은 물의 장기 음용은 반상치의 원인이 되고, 불소가 적은 물의 장기 음용은 우치의 원인이 된다.
> • 불소는 수중에 0.8~1ppm이 적당하다.
> • 8, 9세까지의 어린이에게 많이 발생한다.

> • 청색아 : 질산염이 많이 함유되어 있는 물을 장기 음용한 소아의 경우 청색증에 걸려 사망할 수 있다.
> • 수도열 : 1926년 독일 하노버에서 장티푸스 환자 2,500명의 유행에 앞서 약 10배의 발열, 설사 환자가 발생했다. 대장균 및 잡균 때문으로 알려졌지만, 그 근본적인 원인은 상수도 소독이 불충분했기 때문으로 알려졌다. 이것을 하노버열 또는 수도열이라고 한다.
> • 설사 : 황산마그네슘이 다량 함유된 물(250mg/L)의 음용 시 설사가 발생한다.

• 상수도 처리 과정

순서	내용
① 취수	강, 호수의 물을 퍼 올려 침사지로 보낸다.
② 도수	수원의 취수 시설에서 취수한 원수를 정수장까지 끌어오는 것을 말하며, 도수로를 사용하여 도수한다.
③ 정수	• 침사 : 물속의 흙, 모래를 밀도 차이를 이용하여 가라앉힌다. • 침전 : 유속을 느리게 하거나 정지시켜 부유물을 침전시키는 보통 침전과, 응집제를 주입하여 침전시키는 약품 침전이 있다. • 여과 : 침전지, 여과지를 이용하여 세균, 부유물 등 미세입자의 여과 작용이 이루어진다. • 소독 : 일반적으로 염소 소독을 사용한다.
④ 송수	정수지에서 배수지로, 배수지에서 가정, 학교, 사업장으로 살균, 소독된 물이 송수로를 통해 이동된다.
⑤ 배수	
⑥ 급수	

> **기적의 TIP 소독**
> • 잔류 염소량은 0.2ppm을 유지한다(단, 수영장, 제빙 용수, 감염병 발생 시에는 0.4ppm).
> • 염소 소독의 종류 : 차아염소산나트륨, 이산화염소, 표백분
> • 장점 : 우수한 잔류 효과, 강한 소독력, 간편한 조작, 경제적인 비용
> • 단점 : 강한 냄새, 독성

• 하수도 처리
  - 하수도 처리의 종류

종류	내용
합류식	• 생활하수(가정하수, 공장폐수)와 천수(눈, 비)를 같이 처리하는 방법을 말하며, 우리나라에서는 합류식을 많이 사용한다. • 장점 　- 시설비가 적게 든다. 　- 하수관이 자연 청소된다. 　- 수리, 검사, 청소가 용이하다. • 단점 　- 범람의 우려가 있다. 　- 천수를 별도로 이용할 수 없다. 　- 침천물이 생겨 막히기 쉽다. 　- 악취가 발생할 수 있다.
분류식	천수를 별도로 운반한다.
혼합식	천수와 사용수의 일부를 함께 운반한다.

– 하수도 처리 과정

순서	내용
① 예비처리	제진망을 설치하여 부유물질을 제거하고 유속을 느리게 하여 토사 등을 침전시키는 보통 침전과, 약품 처리를 시키는 약품 침전이 있다.
② 본처리	본처리 중 활성오니법은 가장 진보된 하수 처리 방식이며, 도시 하수 처리에 많이 이용된다. • 혐기성 처리 : 무산소 상태에서 유기물을 분해하는 과정으로, 임호프탱크법과 부패조처리법이 있다. • 호기성 처리 : 호기성 균의 활동에 의하여 유기물을 산화시키는 방법으로, 활성오니법과 살수여과법이 있다.
③ 오니처리	육상투기법, 해양투기법, 소각법, 퇴비화법, 사상건조법, 소화법 등이 일반적으로 이용되고 있다. 그 중 소화법은 혐기성 분해처리를 시키는 방법으로 제일 진보된 오니처리법이다.

– 하수의 위생검사

- 생화학적 산소요구량(BOD) : 하수의 오염도를 나타내는 방법이며 수중 유기물을 20℃에서 5일간 측정한다. BOD의 수치가 높으면 하수 오염도가 높다는 말로 20ppm 이하여야 한다.
- 화학적 산소요구량(COD) : 수치가 높을수록 오염 정도가 크고 산소량은 5ppm 이하여야 한다.
- 용존 산소(DO) : 수중에 용해된 산소량을 말하며 DO의 수치가 낮으면 하수 오염도가 높다는 말로 4~5ppm 이상이어야 한다.

> **F 기적의 TIP** **오염된 물의 특성**
> 유기물↑, BOD↑, COD↑, 산소↓, DO↓

• 수질오염

– 수질오염의 정의 : 자연수가 오염되는 현상. 물은 자정 능력이 있어 심각하지 않다면 크게 문제가 되지 않지만, 오염물질의 양이 많아지면 자정 능력이 없어지고, 생물체 내에 유해 작용을 하는 상태가 된다.

– 수질 오염원

종류	내용
자연적 원인	홍수, 화산 활동의 결과
인위적 원인	농업, 공업, 광업, 도시 하수 등 인간의 생활이나 생산 활동

– 수질오염에 의한 피해

종류	내용
수은 중독	미나마타병
카드뮴 중독	이타이이타이병
PCB 중독	가네미유증(=미강유 중독)
부영양화 현상	천수나 호수의 유기물, 영양염류의 농도가 높아지는 것

적조 현상	부영양화된 바닷물 속에서 플랑크톤의 번식으로 인해 바닷물 표면이 붉게 변하는 현상
녹조 현상	호수나 하천에서 부영양화 된 물속에 식물성 플랑크톤이나 녹조류가 대량으로 늘어나 녹색으로 보이는 현상

– 수질오염 방지 대책

- 하수도 정비 및 하수처리장 증설
- 산업폐수의 처리시설 완비
- 폐수 처리방법의 연구 및 개발
- 법적 규제의 강화와 지속적인 감시 관리
- 국토, 도시 또는 공업인지 계획 수립

• 오물 처리

종류	내용
분뇨 처리	• 소화 처리법은 변소, 운반, 종말 처리로 나누어진다. • 가온식은 28~35℃에서 1개월 정도, 무가온식은 2개월 이상 실시한다. • 퇴비로 사용할 때 충분한 부숙 기간을 거치는데 여름은 1개월, 겨울은 3개월이 필요하다. • 분뇨를 비위생적으로 처리할 경우 소화기계 감염병이나 기생충 질환 등에 노출될 수 있다.
진개(쓰레기) 처리	• 주방에서 나오는 도시 생활 쓰레기 중에서 가장 많은 부분을 차지하는 것이 음식물 쓰레기이며, 전체 쓰레기 처리 비용 중에서 가장 많은 부분을 차지하는 것은 수거비용이다. • 매립법 : 진개의 높이는 2m를 초과하지 말아야 하며, 복토의 두께는 0.6~1m가 좋다. 매립장에서 암모니아가스, 메탄가스, 탄산가스, 유황 수소가스 등이 발생한다. • 소각법 : 가장 위생적인 방법이나 대기 오염이 심하고, 처리 비용이 비싸다. • 비료화법(퇴비법) : 농촌에서 많이 이용되는 방법으로 발효시켜 퇴비로 이용한다. • 기타 : 투기법, 가축사료로 이용한다.

• 인위적 환경

종류	내용
소음	• 소음원 : 공장의 기계음, 건설 현장이나 교통 차량에 의한 소음 • 피해 : 불쾌감, 수면장애, 불안증, 작업능률 저하, 90dB(데시벨) 이상에서 난청 가능성 등 • 소음 방지 대책 : 소음 발생원의 제거, 소음의 확산 방지, 도시계획의 정비, 법적 규제 • 소음 음압의 단위 : Decibel • 소음 음의 크기 : phon
진동	• 신체의 전체나 일부가 떨림을 받을 때 피해가 나타난다. • 피해 : 레이노드병
채광	• 창의 방향은 남향이 좋다. • 창의 면적은 벽면적의 70%, 바닥면적의 1/5~1/7 이상이 좋다. • 창의 개각은 4~5°, 입사각은 28° 이상이 좋고 입사각이 클수록 실내가 밝다.

조명	• 종류 – 직접조명 : 조명 효율이 크고 경제적이나, 강한 음영으로 불쾌감을 줄 수 있다. – 간접조명 : 조명 효율이 낮고 유지비가 높지만, 눈에 안정적이다. – 반간접조명 : 직접조명과 간접조명의 절충식 • 조리실 안은 반간접조명이 좋다. • 부적당한 조명으로 가성근시, 안정피로, 안구진탕증, 백내장 등이 일어날 수 있다. • 인공조명 시 고려할 점 – 폭발하거나 화재의 위험이 없고, 유해가스의 발생이 없어야 한다. – 가격이 저렴하고, 취급하기 간단해야 한다. – 조명도는 균일한 것이어야 한다. – 빛의 색은 일광에 가까워야 한다.
환기	• 자연 환기 : 실내외의 온도차, 기체의 확산력에 의해 이루어진다. 중성대는 방의 천정 가까이에 있는 것이 좋다. • 인공 환기 : 환풍기 등을 이용한 환기로 환기창은 바닥면적의 5% 이상이어야 한다.
냉난방	• 냉방 : 실내온도 26℃ 이상에 필요하고, 실내외의 온도차는 5~8℃ 이내로 유지한다. • 난방 : 실내온도 10℃ 이하에 필요하고, 머리와 발의 온도차는 2~3℃ 내외가 좋다.

▶ 역학

• 감염병의 3대 원인

원인	내용
감염원 (병원체, 병원소)	질병을 일으키는 원인. 환자, 보균자, 토양 등
환경 (전염경로)	질병이 전파되는 과정
숙주의 감수성	감수성이 높으면 면역성이 낮으므로 질병이 발병되기 쉽다.

• 감염병의 생성 6단계 : 어느 한 단계라도 차단되면 감염병은 발생하지 않는다.

순서	내용
① 병원체	세균(박테리아), 바이러스, 리케차, 기생충 등
② 병원소	사람, 동물, 토양, 매개 곤충
③ 탈출	병원체가 호흡기계로 탈출, 대변 및 소변으로 탈출, 기계적 탈출
④ 전파	직접전파, 간접전파, 공기전파 등
⑤ 침입	새로운 숙주의 호흡기계 침입, 소화기계 침입, 피부점막 침입
⑥ 숙주의 감수성	병원체가 침입해도 면역력이 있으면 감염은 성립되지 않는다.

• 병원체에 따른 분류

종류	내용
바이러스	• 크기가 가장 작으며 세균여과기에 통과한다. • 질병 – 호흡기계 침입 : 인플루엔자, 천연두(두창), 홍역, 유행성 이하선염 등 – 소화기계 침입 : 급성 회백수염(=소아마비=폴리오), 유행성 간염 등 – 경피 침입 : 일본뇌염, 광견병(공수병), AIDS 등
세균	• 병원성 박테리아는 적절한 온도와 습도의 환경 조건하에 급속하게 증식한다. • 질병 – 호흡기계 침입 : 디프테리아, 백일해, 결핵, 성홍열, 폐렴, 나병 등 – 소화기계 침입 : 장티푸스, 파라티푸스, 세균성 이질, 콜레라 등 – 경피 침입 : 페스트, 파상풍 등
리케차	• 생세포에 존재한다. • 질병 : 발진티푸스, 발진열, 양충병 등
스피로헤타성 질병	매독, 서교증, 와일씨병 등
원충성 질병	말라리아, 아메바성 이질 등

• 인체 침입 장소에 따른 분류
– 호흡기계 침입

병명	특징	증세
디프테리아	1~4세 어린이에게 많이 발생	발열과 함께 코, 인두, 편도, 후두 등에 염증
백일해	9세 이하에서 많이 발생	얼굴이 빨개지고 눈이 충혈되며, 기침 끝에 구토가 동반되고, 끈끈한 점액성 가래
결핵	폐에서 발병하는 만성 감염병	기침, 호흡장애, 가슴통증, 미열, 전신쇠약
인플루엔자	독감으로 알려진 바이러스에 의한 급성 호흡기 질환	발열과 오한, 복통
천연두 (두창)	주로 겨울철에 발생	발열, 불쾌감, 전신 발진, 두통, 농포, 수포, 근육통
홍역	바이러스에 의해 1~2세에 많이 발생	발열과 전신에 발진
풍진	어린이에게 많이 발생	발열, 발진 증세
성홍열	사람 사이의 긴밀한 접촉이 흔한 학교, 군대 등에서 유행 발생	편도선염, 발진, 고열 증세
유행성 이하선염	볼거리라 불리는 급성 열성 질환	오한, 두통, 전신권태감
결핵	인류 역사상 가장 많은 생명을 앗아간 감염 질환	기침, 호흡장애, 객담, 가슴통증

- 소화기계 침입

병명	특징	증세
장티푸스	위생상태가 나쁜 지역에서 유행	두통, 근육통, 구역, 구토, 변비, 설사
파라티푸스	장티푸스와 유사	지속적인 고열, 두통, 발진, 설사
세균성 이질	급성 염증성 장염	발열, 혈변
아메바성 이질	아메바의 감염에 의하여 생기는 일종의 소화기 감염병	심한 설사와 혈변, 복통의 증상을 나타내는 대장의 질환
콜레라	분변, 구토물로 오염된 음식이나 물을 통해 감염	구토, 변비, 설사
폴리오	• 급성 이완성 마비를 일으키는 질환 • 급성 회백수염, 소아마비	발열, 인후통, 구역, 구토 등의 비특이적인 증상을 보이다가 수일간의 무증상기를 거친 후 비대칭성의 이완성 마비
유행성 간염	A형 감염 바이러스의 감염에 의해 집단 발생으로 나타내는 급성 바이러스성 간염	전신권태감, 식욕부진, 오심, 구토, 발열, 황달

- 경피 침입 : 십이지장충 파상풍, 나병, 매독 등

• 전염 경로에 따른 분류

경로	내용
직접 접촉	매독, 임질
간접 접촉	• 환자의 인후분비물에 의해 감염되는 비말 감염 : 디프테리아, 인플루엔자, 성홍열 등 • 먼지나 티끌 등에 병원균이 묻어 전파되는 진애 감염 : 결핵, 천연두, 디프테리아 등
개달물 감염	• 의복, 손수건, 식기, 침구 등에 의해 감염 • 결핵, 트라코마, 천연두 등

• 숙주의 감수성 지수
  - 급성호흡기계 감염병에 대해 감수성이 있는 사람이 환자와 접촉했을 때 발병하는 비율이다.
  - 감수성 지수가 높은 두창, 홍역은 전염이 잘 된다.
  - 두창, 홍역(95%) 〉 백일해 〉 성홍열 〉 디프테리아 〉 소아마비(0.1%)

▶ 감염병의 분류

• 법정 감염병(2025.10. 기준)

종류	내용
제1급 (17종)	• 생물테러감염병 또는 치명률이 높거나 집단 발생 우려가 커서 발생 또는 유행 즉시 신고하고 음압격리와 같은 높은 수준의 격리가 필요한 감염병 • 에볼라바이러스병, 마버그열, 라싸열, 크리미안콩고출혈열, 남아메리카출혈열, 리프트밸리열, 두창, 페스트, 탄저, 보툴리눔독소증, 야토병, 신종감염병증후군, 중증급성호흡기증후군(SARS), 중동호흡기증후군(MERS), 동물인플루엔자 인체감염증, 신종인플루엔자, 디프테리아
제2급 (21종)	• 전파 가능성을 고려하여 발생 또는 유행 시 24시간 이내에 신고하고 격리가 필요한 감염병 • 결핵, 수두, 홍역, 콜레라, 장티푸스, 파라티푸스, 세균성이질, 장출혈성대장균감염증, A형간염, 백일해, 유행성이하선염, 풍진, 폴리오, 수막구균 감염증, b형헤모필루스인플루엔자, 폐렴구균 감염증, 한센병, 성홍열, 반코마이신내성황색포도알균(VRSA) 감염증, 카바페넴내성장내세균속균목(CRE) 감염증, E형간염
제3급 (28종)	• 발생을 계속 감시할 필요가 있어 발생 또는 유행 시 24시간 이내에 신고해야 하는 감염병 • 파상풍, B형간염, 일본뇌염, C형간염, 말라리아, 레지오넬라증, 비브리오패혈증, 발진티푸스, 발진열, 쯔쯔가무시증, 렙토스피라증, 브루셀라증, 공수병, 신증후군출혈열, 후천성면역결핍증(AIDS), 크로이츠펠트−야콥병(CJD) 및 변종크로이츠펠트−야콥병(vCJD), 황열, 뎅기열, 큐열, 웨스트나일열, 라임병, 진드기매개뇌염, 유비저, 치쿤구니아열, 중증열성혈소판감소증후군(SFTS), 지카바이러스감염증, 매독, 엠폭스
제4급 (23종)	• 제1급~제3급 감염병 외에 유행 여부를 조사하기 위해 표본감시 활동이 필요한 감염병 • 인플루엔자, 회충증, 편충증, 요충증, 간흡충증, 폐흡충증, 장흡충증, 수족구병, 임질, 클라미디아감염증, 연성하감, 성기단순포진, 첨규콘딜롬, 반코마이신내성장알균(VRE) 감염증, 메티실린내성황색포도알균(MRSA) 감염증, 다제내성녹농균(MRPA) 감염증, 다제내성아시네토박터바우마니균(MRAB) 감염증, 장관감염증, 급성호흡기감염증, 해외유입기생충감염증, 엔테로바이러스감염증, 사람유두종바이러스 감염증, 코로나바이러스감염증−19

• 법정 감염병의 신고
  - 신고 경로 : 의사, 치과의사, 한의사, 의료기관의 장, 부대장, 병원체 확인기관의 장 등 → 관할 보건소장(제1급감염병의 경우 신고서 제출 전 구두 · 전화로 보건소장 또는 질병관리본부장에게 신고)
  - 신고 기간

구분	신고기간	신고대상
제1급	즉시	발생, 사망, 병원체 검사 결과
제2, 3급	24시간 이내	
제4급	7일 이내	발생, 사망
예방접종 후 이상반응	즉시	이상반응 발생

- 벌칙

> • 감염병 신고의무자의 보고 · 신고 의무 위반, 거짓 보고 · 신고 및 보고 · 신고 방해자에 대한 벌칙
> • 제1, 2급감염병 : 벌금 500만 원 이하
> • 제3, 4급감염병 : 벌금 300만 원 이하

• 검역 감염병

구분	내용
정의	해외에 유입된 해충이나 감염병의 예방, 전파를 방지하기 위해 관리하는 감염병이다.
예방 방법	• 자동차, 배, 비행기, 화물 따위를 검진하고 소독 • 여객들에게 예방 주사를 접종, 병이 있는 사람을 격리 • 동물이나 식물을 따로 보관하여 병의 유무를 살핀 뒤 폐기하거나 통과 • 국내검역 · 국제검역 · 가축 및 동물 검역 · 식물 검역 등으로 구분하여 실시
기간	• 콜레라 : 120시간 • 페스트 : 144시간 • 황열 : 144시간

• 인수공동감염병(인축공동감염병)

질병	가축(품목)
결핵	소
탄저, 비저	양, 말
살모넬라증, 돈단독, 선모충, Q열	돼지
광견병	개
페스트	쥐, 벼룩
야토병	산토끼, 쥐
파상풍(부루셀라)	소, 양, 돼지

• 감염병의 변화

구분	내용
추세 변화	• 10~40년 주기로 유행한다. • 디프테리아(20년), 성홍열(30년), 장티푸스(30~40년)
순환 변화	• 2~5년 주기로 유행한다. • 백일해(2~4년), 홍역(2~3년), 일본뇌염(3~4년)
계절적 변화	여름에는 소화기계 감염병, 겨울에는 호흡기계 감염병이 발생한다.

• 잠복기가 있는 감염병

기간	질병
1주일 이내	콜레라(가장 짧음), 이질, 성홍열, 파라티푸스, 디프테리아, 일본뇌염, 인플루엔자
1~2주일	발진티푸스, 두창, 홍역, 백일해, 장티푸스, 폴리오
잠복기가 긴 것	나병, 결핵

• 감염병의 예방 대책
  - 병원체에 대한 대책 : 환자의 조기발견, 격리 및 치료, 보균자 조사
  - 환경에 대한 대책 : 소독, 살균, 해충 구제
  - 숙주 감수성 대책 : 저항력 증진, 면역력 증강
  - 질병의 예방 단계

단계	내용
1차적 예방	건강한 사람의 예방접종, 환경 관리, 건강증진
2차적 예방	질병의 초기 또는 걸릴 가능성이 있는 사람의 건강 검진, 조기 진단 후 치료
3차적 예방	질병의 발생 후 치료, 재활

  - 보균자 : 병원체를 보유하고 있지만 증상은 나타나지 않는 자. 건강보균자, 잠복기보균자, 병후보균자 등

• 숙주의 면역
  - 선천적 면역 : 개인특이성, 종속면역, 인종면역
  - 후천적 면역

종류		내용
능동면역	자연능동면역	• 질병 감염 후 얻은 면역 • 두창, 소아마비
	인공능동면역	• 예방접종 후 얻은 면역 • 생균 백신 : 홍역, 결핵, 황열, 폴리오, 탄저, 두창 • 사균 백신 : 파라티푸스, 장티푸스, 콜레라, 백일해, 일본뇌염 • 순화독소 접종 : 세균의 독성을 약하게 한 것. 디프테리아, 파상풍
수동면역	자연수동면역	태반, 모유 등 모체로부터 얻은 면역
	인공수동면역	• 수혈 후 얻은 면역 • 글로불린 주사, 성인 또는 회복기 환자의 혈청

• 정기예방접종

구분	연령	종류
기본접종	4주 이내	BCG(결핵)
	2, 4, 6개월	경구용 소아마비, DPT
	15개월	홍역, 볼거리, 풍진(MMR)
	3~15세	일본뇌염
추가접종	18개월, 4~6세, 11~13세	경구용 소아마비, DPT
	매년	일본뇌염

개인 안전사고 예방 및 사후 조치

• 안전사고 예방 과정

> • 위험요인을 제거한다.
> • 위험요인을 차단하기 위해 안전방벽을 설치한다.
> • 위험사건을 초래할 수 있는 인적 · 기술적 · 조직적 오류를 예방한다.
> • 위험사건을 초래할 수 있는 인적 · 기술적 · 조직적 오류를 교정한다.
> • 위험사건 발생 이후 재발 방지를 위하여 대응 및 개선 조치를 취한다.

• 개인 안전관리 점검표 작성

구분	내용
인간	• 심리적 원인 : 망각, 무의식 행동, 위험 감각, 잘못된 판단, 착오 등 • 생리적 원인 : 피로, 수면부족, 신체기능, 알코올, 질병, 나이 등 • 사회적 원인 : 직장의 인간관계, 리더십, 팀워크, 커뮤니케이션 등
기계	• 기계 · 설비의 설계상의 결함 • 표준화의 부족 • 안전하지 않은 설계 • 점검, 정비의 부족
매체	• 작업정보의 부적절 작업자세 • 작업공간의 불량 • 작업동작의 결함 • 작업환경 조건의 불량 • 작업방법의 부적절
관리	• 관리조직의 결함 규정 • 교육 · 훈련의 지도 관리 부족 • 매뉴얼의 불이행 • 적성배치의 불충분 • 안전관리 계획의 불량 • 건강관리의 불량

• 주방 내 안전관리 사고 유형

유형	내용
개인적	• 정서적 요인 : 개인의 선천적 · 후천적 소질 요인으로 과격한 기질, 신경질, 시력 또는 청력의 결함, 근골박약, 지식 및 기능의 부족, 중독증, 각종 질환 • 행동적 요인 : 개인의 부주의 또는 무모한 행동에서 오는 요인으로 책임자의 지시를 무시한 독단적 행동, 불완전한 동작과 자세, 미숙한 작업 방법, 안전장치 등의 점검 소홀, 결함이 있는 기계 · 기구의 사용 등 • 생리적 요인 : 체내에서 에너지 사용이 일정한 한도를 넘어 과도하게 행해졌을 때 일어나는 생리적 현상. 사람이 피로하게 되면 심적 태도가 교란되고 동작을 세밀하게 제어하지 못하므로 실수를 유발하게 되어 사고의 원인이 된다.
물리적	각종 기계, 기구, 시설물 자재의 불량이나 결함, 안전장치 또는 시설의 미비, 각종 시설물의 노후화에 의한 붕괴, 화재 등의 요인
환경적	• 주방의 환경적 요인 : 고온, 다습한 환경으로 피부 질환, 땀띠 등 유발. 장화 착용으로 무좀, 습진 등의 질병 발생 • 주방의 물리적 요인 : 젖은 상태, 기름기가 있는 바닥으로 인한 미끄러짐, 낙상 • 주방의 시설 요인 : 잦은 물의 사용으로 전기 누전의 위험과 이로 인한 신체적 안전 위험

• 칼의 안전관리

- 칼을 사용할 때는 집중하고 안정된 자세로 작업에 임한다.
- 칼을 본래의 목적 이외에는 사용하지 않는다.
- 칼을 떨어뜨렸을 경우에는 잡으려고 하지 말고, 한 걸음 물러서서 피한다.
- 주방에서 칼을 들고 다른 장소로 옮겨갈 때에는 칼끝을 정면으로 두지 않으며 지면을 향하게 하고 칼날이 뒤로 가게 한다.
- 칼은 항상 잘 보이는 곳에 두고, 물이 들어있는 싱크대 등에 담그지 않는다.
- 칼을 사용하지 않을 때는 안전함에 넣어서 보관한다.

• 개인 안전사고 예방 및 조치

구분	내용
재해 발생 원인 분석	• 부적합한 지식 • 부적절한 태도의 습관 • 불안전한 행동 • 불충분한 기술 • 위험한 환경
예방을 위한 안전 수칙 교육	• 현장을 자주 방문하고 모범적인 행동을 한다. • 안전보건관련 계획, 의사결정에 참여한다. • 안전성과에 대한 책임감을 갖도록 유도한다. • 안전에 대한 적극적인 태도를 유지하는 것이 중요하다.
안전사고 조치	• 발생 시 신속, 정확한 응급조치를 할 수 있도록 교육한다. • 응급환자의 처치를 돕고, 질병이 악화되는 것을 막고, 통증을 경감시킨다. • 응급처치 현장에서의 자신의 안전을 확인한다. • 최초로 응급환자를 발견하고 응급처치를 시행하기 전에 임의로 환자의 생사 유무를 판정하지 않는다. • 응급환자를 처치할 때 원칙적으로 의약품을 사용하지 않는다. • 응급환자에 대한 처치는 어디까지나 응급처치로 그치고, 이후에는 전문 의료요원의 처치에 맡긴다.

▶ 장비 · 도구 안전작업

• 조리도구의 종류

종류	내용
준비도구	• 재료손질과 조리준비에 필요한 용품이다. • 앞치마, 머릿수건, 양수바구니, 야채바구니, 가위 등
조리기구	• 준비된 재료를 조리하는 과정에 필요한 용품이다. • 솥, 냄비, 팬 등
보조도구	• 준비된 재료를 조리하는 과정에 필요한 용품이다. • 주걱, 국자, 뒤집개, 집게 등
식사도구	• 식탁에 올려서 먹기 위해 사용되는 용품이다. • 그릇 및 용기, 쟁반류, 상류, 수저 등
정리도구	수세미, 행주, 식기건조대, 세제 등

• 조리 장비 · 도구 관리

종류	내용
음식 절단기	• 전원 차단 후 기계를 분해하여 중성세제와 미온수로 세척했는지 확인한다. • 건조한 후 원상태로 조립하고 안전장치 작동에서 이상이 없는지 확인한다.
튀김기	• 사용한 기름을 식힌 후 다른 용기에 기름을 받아내고 오븐클리너로 골고루 세척했는지 확인한다. • 기름때가 심한 경우 온수로 깨끗이 씻어 내고 마른 걸레로 물기를 완전히 제거하였는지 확인한다. • 받아둔 기름을 다시 유조에 붓고 전원을 넣어 사용한다.
육절기	• 전원을 끄고 칼날과 회전봉을 분해하여 중성제제와 이온수로 세척하였는지 확인한다. • 물기 제거 후 원상태로 조립 후 전원을 넣고 사용한다.
제빙기	• 전원을 차단하고 기계를 정지시킨 후 뜨거운 물로 제빙기의 내부를 구석구석 녹인다. • 중성세제로 깨끗하게 세척하였는지 확인한다. • 마른걸레로 깨끗하게 닦은 후 20분 정도 지난 후 작동시킨다.
식기 세척기	• 탱크의 물을 빼고 세척제를 사용하여 브러시로 깨끗하게 세척했는지 확인한다. • 모든 내부 표면, 배수로, 여과기, 필터를 주기적으로 세척하고 있는지 확인한다.
그리들	• 그리들 상판의 온도가 80℃가 되었을 때 오븐클리너를 분사하고 밤솔 브러시로 깨끗하게 닦았는지 확인한다. • 뜨거운 물로 오븐클리너를 완전하게 씻어내고 다시 비눗물을 사용해서 세척하고 뜨거운 물로 깨끗이 헹궜는지 확인한다. • 세척이 끝난 철판 위에 기름칠을 했는지 확인한다.

▶ 작업환경 안전관리

• 작업장 환경관리

– 안전관리 지침서 작성

직접적 대책	작업환경의 개선, 기계 · 설비의 개선, 작업방법의 개선 등이 있다.
간접적 대책	조직 · 관리기준의 개선, 교육의 실시, 건강의 유지 증진 등이 있다.

– 작업장 주변의 정리정돈

• 작업장 주위의 통로나 작업장은 항상 청소한 후 작업한다.
• 사용한 장비 · 도구는 적합한 보관 장소에 정리한다.
• 고정되지 않는 것은 받침대를 사용하고 가능한 한 묶어서 적재 또는 보관한다.
• 적재물은 사용 시기, 용도별로 구분하여 정리한다.
• 부식 및 발화 가연제 또는 위험물질은 별도로 구분하여 보관한다.

– 작업장 온 · 습도 관리

• 작업장 온도는 겨울은 18.3℃~21.1℃, 여름은 20.6~22.8℃를 유지한다.
• 오븐 근처의 냄비, 튀김기, 다른 고열이 발생하는 기계 근처의 온도 관리를 철저히 한다.
• 적정한 상대습도는 40~60%를 유지한다.

– 기타 작업장 내 관리

• 작업장의 권장 조도는 161~143Lux이다.
• 작업장은 백열등이나 색깔이 향상된 형광등을 사용한다.
• 미끄럼 사고가 발생하지 않게 주방설비 시 유념하여 시공한다.

• 작업장 안전관리

– 안전관리시설 및 안전용품 관리

• 개인 안전보호구를 사용 목적에 맞게, 청결하게, 개인 전용으로 선택한다.
• 개인 안전보호구(안전화, 위생장갑, 안전마스크, 위생모)를 착용한다.
• 유해, 위험, 화학물질을 처리기준에 따라 관리한다.

– 안전관리 책임자의 법정 안전교육 실시

과정	대상	시간
정기교육	사무직 근로자	• 매월 1시간 이상 • 또는 매분기 3시간 이상
	관리감독자	• 매분기 8시간 이상 • 또는 연간 16시간 이상
채용교육	일용직 근무자	1시간 이상
	일용직 근무자를 제외한 근로자	8시간 이상
직업내용변경교육	일용직 근무자	1시간 이상
	일용직 근무자를 제외한 근로자	2시간 이상
특별안전보건교육	일용직 근무자	2시간 이상
	일용직 근무자를 제외한 근로자	16시간 이상

• 화재예방 및 조치 방법
  – 화재의 예방

> • 인화성 물질 적정보관 여부를 점검한다.
> • 소화기구의 화재안전기준에 따른 소화전함, 소화기 비치 및 관리, 소화전함 관리 상태를 점검한다.
> • 출입구 및 복도, 통로 등에 적재물 비치 여부를 점검한다.
> • 비상통로 확보 상태, 비상조명등 예비 전원 작동상태를 점검한다.
> • 자동 확산 소화용구 설치의 적합성 등에 대해 점검한다.
> • 가스용기는 직사광선을 피하고, 용기와 가까운 곳에 화기를 두지 않는다.
> • 낡은 전선이나 설치류에 의한 파손을 점검, 수리하고 누전에 유의한다.

  – 화재 조치 방법

종류	내용
응급조치 행동 계획	• 행동 계획을 세운다. • 현장 상황의 안전을 확인한다. • 무엇을 해야 하고 무엇을 하지 말아야 할 행동인지 인지한다. • 전문 의료기관(119)에 전화로 응급상황을 알린다. • 신고 후 응급환자에게 필요로 하는 응급처치를 시행하고, 전문 의료원이 도착할 때까지 환자를 지속적으로 돌본다.
응급처치 교육시간	• 도합 1시간 : 응급활동의 원칙 및 내용, 응급구조의 시의 안전수칙, 응급의료 관련 법령 • 1시간 : 기본 인명구조술(이론) • 2시간 : 기본 인명구조술(실습)

– 소화기

구분	내용
종류	• 물 소화기 • 이산화탄소 소화기 • 분말 소화기 • 하론 소화기(판매 금지) • 포말 소화기 • 청정 소화기 • 투척용 소화기 • 스프레이형 소화기
사용 방법	① 손잡이 부분의 안전핀을 뽑는다. ② 바람을 등지고 자세를 취한다. ③ 호스를 불쪽으로 가까이 한다. ④ 손잡이를 힘껏 움켜쥔 다음 불의 아래쪽에서 비를 쓸 듯이 차례로 덮어 나간다.

재료관리 및 구매관리

POINT 008 식품재료의 성분

▶ 수분

• 물의 특징
- 인체의 60~65%는 수분으로 구성되어 있으며 인체 내에서 음식물의 소화, 운반, 체온 조절 등의 생리적 작용을 하는데 성인은 하루에 2~3L의 물이 필요하다.
- 신체를 구성하는 물을 10% 상실하면 생리적 이상이 오고, 20% 이상 상실하면 생명이 위험하다.
- 물은 공기, 음식과 함께 인간이 생명 유지를 하는 데 필요한 기본 요소이다.

• 결합수와 자유수

결합수	자유수
용질에 대하여 용매로 작용하지 않음	전해질을 잘 녹임(용매 작용)
건조로 쉽게 제거되지 않음	건조로 쉽게 제거
−20℃에서도 동결되지 않음	0℃ 이하에서 쉽게 동결
미생물 증식에 이용되지 못함	미생물의 번식과 발아에 이용
밀도가 큼	표면 장력, 점성, 비열이 큼

• 경수와 연수

경수	연수
칼슘, 마그네슘 등 광물질을 많이 함유한 물	광물질의 양이 낮은 물
운동 후, 임신부, 변비에 적합	녹차, 홍차, 밥, 육수에 적합

• 수분활성도

구분	내용
정의	• 어떤 임의의 온도에서 순수한 물의 수증기압에 대한 그 식품이 나타내는 수증기압 • 순수한 물의 수증기압은 1 • 식품의 수증기압은 순수한 물의 수증기압보다 작으므로 Aw<1
공식	• 수분활성도(Aw) $= \dfrac{\text{식품이 나타내는 수증기압(P)}}{\text{순수한 물의 최대 수증기압(P}_0)}$ $= \dfrac{\text{용질의 증기압}}{\text{용매의 증기압}}$ $= \dfrac{\text{용매의 몰수}}{\text{용매의 몰수} + \text{용질의 몰수}}$ $= \dfrac{\text{용매의} \dfrac{\text{농도}}{\text{분자량}}}{\text{용매의} \dfrac{\text{농도}}{\text{분자량}} + \text{용질의} \dfrac{\text{농도}}{\text{분자량}}}$
수분활성도에 따른 미생물 번식	• 세균 : 0.90~0.95 • 효모 : 0.88~0.90 • 곰팡이 : 0.65~0.8
식품의 수증기압	• 채소, 과일, 어류, 육류 : 0.98~0.99 • 건조식품, 쌀, 콩 : 0.60~0.64 • 분유, 시리얼 : 0.2

▶ 탄수화물

• 단당류 : 더 이상 가수분해되지 않는 당류

종류	내용
포도당	• 혈액 중에 혈당량으로 0.1% 정도 존재한다. • 맥아당, 유당, 설탕, 전분, 글리코겐의 구성 성분이다. • 인슐린 부족 시 소변으로 당이 배설된다.
과당	• 과일, 꽃, 벌꿀 중에 널리 존재한다. • 가장 감미도가 크다.
갈락토오스	• 한천의 구성당, 젖과 우유에 함유되어 있다. • 유당의 구성 성분이다. • 뇌, 신경조직을 구성한다.

• 이당류 : 단당류가 2개 결합된 것

종류	내용
자당 (설탕, 서당)	• 포도당과 과당이 결합된 것을 말한다. • 과일, 채소류, 사탕수수, 사탕무 • 비환원당 • 설탕을 가수분해하여 얻어지는 포도당과 과당의 1:1 혼합물로 자당보다 단맛이 강하고, 강한 환원력을 갖는 것을 전화당이라고 한다.
맥아당	• 포도당과 포도당이 결합된 것을 말한다. • 전분에 아밀라제가 작용할 때 생성된다. • 엿기름, 물엿
유당	• 갈락토오스와 포도당이 결합된 것을 말한다. • 체내 성장 촉진, 뇌신경조직에 중요한 역할을 한다. • 살균작용, 정장작용에 도움을 준다.

• 다당류

종류	내용
전분	• 포도당 수천, 수백 개가 중합하며, 식물 뿌리, 줄기, 잎 등에 존재한다. • 아밀로오스와 아밀로펙틴으로 구성된다. • 요오드반응에 멥쌀은 청색, 찹쌀은 붉은색을 띤다.
섬유소	• 자연계에 널리 분포되어 있다. • 소화가 불가능하여 영양학적 가치는 없으나 소화 운동을 촉진시킨다.
펙틴	• 세포와 세포 사이, 세포막에 존재한다. • 과일, 해조류 등에 함유되어 있다.
만난	• 곤약만난으로 불리며, 만노오스와 포도당으로 결합된다. • 난소화성으로 저칼로리이다.
한천	홍조류를 동결 건조한 식품으로 갈락탄 형태로 존재한다.
알긴산	갈조류의 세포막 성분으로 미역, 다시마에 함유되어 있다.
글리코겐	동물의 간과 근육에 존재하고, 요오드 반응에 적갈색을 띤다.
키틴	새우, 갑각류의 껍질에 함유되어 있다.
이눌린	과당의 결합으로 우엉, 돼지감자의 성분이다.
리그닌	목재, 대나무, 짚에 함유된 복잡한 화합물이다.

• 탄수화물의 기능과 특성
  – 탄소(C), 수소(H), 산소(O)로 구성되어 있다.
  – 지방의 완전연소를 위해서 필요하다(필수영양소).
  – 곡류, 감자류, 설탕류 등의 성분이다.
  – 1g당 4kcal의 열량을 내고, 총 열량의 65% 섭취가 적당하다.
  – 많이 먹으면 지방으로 되어 근육이나 글리코겐으로 간에 저장된다.
  – 혈당성분을 유지(0.1%)시켜 준다.
  – 간의 해독 작용을 한다.
  – 단백질의 절약 작용을 한다.

• 탄수화물의 감미도 : 유당(16) 〈 갈락토오스(33) 〈 맥아당(60) 〈 포도당(74) 〈 설탕(100) 〈 전화당(85~130) 〈 과당(170)

지질

• 지방산의 종류

구분	종류
단순지질	유지, 납, 콜레스테롤에스테르
복합지질	인지질, 당지질, 단백지질, 황지질
유도지질	지방산, 탄화수소, 고급알코올, 콜레스테롤, 에르고스테롤

• 요오드가에 따른 분류

구분	요오드가	식품
건성유	130 이상	• 들깨, 아마인, 호두, 잣 • 공기 중에서 쉽게 건조됨
반건성유	100~130	면실유, 참기름, 유채
불건성유	100 이하	땅콩, 올리브, 공기 중 쉽게 건조되지 않음

• 지방산의 구조

구분	포화지방산	불포화지방산
이중결합	×	○
융점	높음	낮음
요오드가	낮음	높음
형태	고체	액체
식품	동물성 지방, 버터, 소, 돼지기름	식물성 지방
종류	팔미트산, 스테아린산, 뷰티르산	리놀레산, 리놀렌산, 아라키돈산, 올레산

• 필수 지방산(비타민 F)
  – 불포화지방산 중에서 영양상 필수적으로 체내에서 합성될 수 없어 반드시 음식물로 섭취해야 하는 지방산이다.
  – 신체 성장 유지, 생리적 과정의 정상적인 기능을 유지하도록 돕는다.
  – 혈액 내 콜레스테롤의 양을 감소시킨다.
  – 생체막의 중요한 구성 성분이다.
  – 리놀레산, 리놀렌산, 아라키돈산

- 유화

구분	종류
유중수적형	• 지방 중에 물이 분산된 형태 • 마가린, 버터 등
수중유적형	• 수분 중에 지방이 분산된 형태 • 우유, 마요네즈, 아이스크림 등

- 지질의 기능과 특성
  - 탄소(C), 수소(H), 산소(O)로 구성되어 있다.
  - 지방산 3분자와 글리세롤의 에스테르 결합이다.
  - 물에 녹지 않고, 유기용매에 녹는다.
  - 1g당 9kcal의 열량을 내고, 총 열량의 20% 섭취가 적당하다.
  - 필수 지방산, 지용성 비타민의 체내 운반 및 흡수를 도와준다.
  - 장기보호 및 체온 조절을 돕는다.

▶ 단백질

- 아미노산의 특징
  - 체내에서 가수분해되어 아미노산으로 흡수되고 필요에 따라 단백질로 다시 합성한다.
  - 20여 종의 아미노산이 존재한다.

- 아미노산의 종류

구분	종류
중성	글리시닌, 알라닌, 발린, 루신, 이소루신, 트레오닌, 시스테인, 메티오닌
산성	글루탐산, 아스파르트산
염기성	알기닌, 히스티딘, 리신

- 필수 아미노산
  - 필요한 양은 반드시 음식물로 섭취해야 한다.
  - 성인 : 발린, 이소루신, 루신, 페닐알라닌, 트립토판, 메티오닌, 리신, 트레오닌
  - 성장기 어린이, 회복기 환자 : 성인 필수아미노산 + 알기닌, 히스티딘

- 단백질의 종류

구분	종류
완전단백질	충분한 양의 필수아미노산 함유(단백가 100, 달걀)
부분적 불완전단백질	일부 아미노산의 함량이 충분치 못한 단백질
불완전단백질	생명 유지와 성장을 촉진할 수 없는 단백질

구분	내용
단순단백질	• 아미노산으로만 구성되었다. • 알부민, 글로불린, 글루테인, 프로말린 등
복합단백질	• 단순단백질에 아미노산 이외의 비단백성 물질이 결합한 것을 말한다. • 인단백질(카제인, 오브비텔린), 지단백질(레시틴, 리포비텔린), 당단백질(뮤신, 오보뮤신)
유도단백질	• 자연계에 존재하는 단백질이 물리적, 화학적, 효소에 의해 변성, 분해된 것을 말한다. • 젤라틴(콜라겐), 응고단백질(알부민, 달걀)

- 단백질의 기능과 특성
  - 탄소, 수소, 산소, 질소로 구성되어 있다.
  - 1g당 4kcal의 열량을 내고, 총 열량의 15% 섭취가 적당하다.
  - 체조직을 구성하고 효소, 호르몬의 성분으로 성장을 촉진한다.
  - 체액과 혈액의 중성을 유지하고, 조직의 삼투압을 조절한다.
  - 체온을 유지하는 작용을 한다.
  - 단백질은 용매에 분산되어 교질용액이 된다.

- 단백질의 변성
  - 소화율이 높아진다.
  - 점도가 증가하고, 용해도가 감소한다.
  - 단백질의 2차, 3차 구조가 변하면서 폴리펩티드 사슬이 풀어진다.

▶ 무기질

- 무기질의 분류

구분	종류
알칼리성	Ca, Mg, Na, K, Fe, Cu, Mn, Co, Zn(야채, 과일, 해조류)
산성	P, S, Cl, I(육류, 곡류)

- 무기질의 종류
  - 칼슘

  > • 골격, 치아 구성 근육의 수축·이완 작용, 신경 운동의 전달, 혈액 응고 관여
  > • 뼈째 먹는 생선, 우유, 치즈
  > • 결핍 : 골다공증, 골연화증, 경련성 마비, 구루병
  > • 성인 1일 권장섭취량 : 700~750mg

– 인

- 골격, 치아 구성, 삼투압 조절, 신경자극 전달
- 유제품, 난황, 육류, 채소류
- 결핍 : 골연화증, 치아 발육 부진
- 성인 1일 권장섭취량 : 700mg

– 나트륨

- 산/알칼리의 평형을 유지, 삼투압을 조절, 수분균형 유지에 관여
- 소금
- 과잉 : 고혈압, 부종, 동맥경화
- 성인 1일 권장섭취량 : 5g

– 염소

- 위액의 산성 유지, 소화
- 소금
- 결핍 : 식욕부진
- 충분섭취량 : 2g

– 칼륨

- 삼투압, pH을 조절
- 곡류, 채소
- 결핍 : 근육이완, 식욕상실
- 성인 1일 권장섭취량 : 3.5g

– 마그네슘

- 뼈, 치아의 구성성분, 단백질의 합성과정, 신경 흥분 억제
- 녹색채소, 견과, 대두
- 결핍 : 신경, 근육경련
- 성인 1일 권장섭취량 : 280~350mg

– 철분

- 헤모글로빈 구성성분, 효소 활성화
- 간, 난황, 곡류의 씨눈
- 결핍 : 빈혈
- 과잉 : 신부전증
- 성인 1일 권장섭취량 : 여자 (8~14mg), 남자 (9~10mg)

– 구리

- 철분 흡수, 운반에 관여
- 홍차, 간, 호두
- 결핍 : 빈혈
- 성인 1일 권장섭취량 : 800μg

– 요오드

- 기초대사를 촉진, 갑상선 호르몬 구성성분
- 해조류
- 결핍 : 갑상선 질환
- 성인 1일 권장섭취량 : 150μg

– 아연

- 인슐린, 적혈구의 구성성분
- 육류, 해산물, 치즈, 땅콩
- 결핍 : 발육장애, 상처회복 지연
- 성인 1일 권장섭취량 : 7~10mg

– 불소

- 충치예방, 골격, 치아 강화
- 해조류, 어류
- 결핍 : 충치
- 과잉 : 반상치
- 성인 1일 권장섭취량 : 0.8~1ppm

– 코발트

- 조혈작용에 관여
- 채소, 간, 어류
- 결핍 : 악성빈혈
- 성인 1일 권장섭취량 : 극히 미량

- **무기질의 기능과 특성**
  - 인체의 약 4%를 차지한다.
  - 산과 알칼리 및 수분의 평형을 유지한다.
  - 필수적 신체 구성원으로 체조직의 성장에 관여하고, 근육의 수축성을 조절한다.
  - 생리적 작용의 촉매 역할을 한다.

▶ 비타민

- **수용성 비타민**
  - 티아민(B_1)

- 탄수화물의 대사에 중요 역할
- 마늘과 함께 섭취 시 흡수 촉진
- 곡류, 돼지고기
- 결핍 : 각기병, 신경염

  - 리보플라빈(B_2)

- 당질 · 단백질 · 지질의 산화환원 작용에 관여
- 열과 산 : 안정 , 알칼리 : 불안정
- 효모, 달걀, 우유, 녹색 채소
- 결핍 : 구각염, 설염

  - 피리독신(B_6)

- 아미노산 대사 관여
- 열과 산 : 안정, 알칼리 : 불안정
- 간, 효모, 곡류
- 결핍 : 피부염

- 시아노코발라민(B$_{12}$)

> - 혈액 생성 관여, 코발트(Co) 함유
> - 산과 알칼리 : 불안정
> - 생선, 간, 달걀
> - 결핍 : 악성빈혈, 신경증상

- 나이아신

> - 옥수수를 주식으로 하면 부족
> - 펠라그라의 원인
> - 효모, 우유, 버섯
> - 결핍 : 피부병

- 아스코르빅산(C)

> - 피로회복, 칼슘과 철분의 흡수 촉진
> - 산 : 안정, 알칼리와 열 : 불안정
> - 풋고추, 딸기, 무청, 과일
> - 결핍 : 괴혈병

- 루틴(P)

> - 모세혈관 강화
> - 메밀, 레몬껍질
> - 결핍 : 피부에 보라색 반점

• 지용성 비타민
- 레티놀(A)

> - 피부, 점막을 보호
> - 카로티노이드가 체내에서 비타민 A 작용(프로비타민 A)
> - 열 : 안정, 산과 빛 : 불안정
> - 녹황색 채소, 간, 우유, 과일
> - 결핍 : 야맹증

- 칼시페롤(D)

> - 칼슘과 인의 흡수 촉진
> - 에르고스테롤의 자외선 조사로 생성(프로비타민 D)
> - 열과 산소 : 안정
> - 효모, 버섯, 간, 난황, 버터
> - 결핍 : 구루병, 골연화증

- 토코페롤(E)

> - 천연 항산화 작용
> - 생식세포의 작용 정상 유지
> - 열 : 안정, 알칼리 : 불안정
> - 식물성 기름, 두류, 견과류
> - 결핍 : 불임증, 생식불능

- 필로퀴논(K)

> - 혈액의 응고에 관여
> - 열 : 안정, 알칼리와 빛 : 불안정
> - 양배추, 녹황색 채소, 달걀, 간
> - 결핍 : 출혈, 과잉 : 황달

- 비타민 F

> - 피부 보호, 혈압 강화
> - 필수불포화지방산
> - 식물성 기름
> - 결핍 : 성장정지, 피부염 및 건조

▶ 식품의 색
• 식물성 색소

색소	산성	알칼리성
플라보노이드	안정	불안정
안토시아닌	안정	불안정
크로로필	불안정	안정
카로티노이드	안정	안정

• 동물성 색소
- 미오글로빈
- 헤모글로빈
- 카로티노이드
- 아스타잔틴
- 헤모시아닌
- 멜라닌

▶ 식품의 갈변
• 효소적 갈변

효소	원인	예
티로시나아제	티로신 → 멜라닌	사과, 감자, 바나나
폴리페놀옥시다아제, 페놀라아제	폴리페놀 → 퀴논	

• 비효소적 갈변
- 마이야르 반응

> - 원인 : 카르보닐화합물과 단백질 같은 질소 화합물의 반응
> - 예 : 간장의 착색, 커피, 식빵의 풍미와 색 변화

- 캐러멜화 반응

> - 원인 : 당류를 180~200℃ 가열
> - 예 : 과자류, 장류, 약식

  – 아스코르브산 반응

> • 원인 : 아스코르브산의 산화
> • 예 : 감귤류 갈변

▶ 식품의 맛과 냄새

• 헤닝의 4원미 : 단맛, 신맛, 짠맛, 쓴맛
• 보조맛 : 매운맛, 맛난맛, 떫은맛, 금속맛
• 음식에 알맞은 온도

종류	온도(℃)	종류	온도(℃)
전골	95	밥	40~45
홍차, 커피	70~80	맥주	8~12
국	70	사이다	15

• 맛의 상호작용

구분	내용
맛의 대비 (맛의 강화)	• 서로 다른 맛 성분이 혼합되어 주된 맛 성분이 강화된다. • 팥죽 + 설탕 + 소금 = 단맛 강화
맛의 억제	• 서로 다른 맛의 혼합으로 각각의 맛이 약화된다. • 쓴 커피 + 단 설탕 = 쓴맛 억제
맛의 상쇄	• 두 가지 맛이 상쇄되어 한 가지 맛을 단독으로 나타내지 못하고 약화 또는 소멸된다. • 김치 숙성 → 짠맛 + 신맛
맛의 변조	• 한 가지 맛을 느낀 후 다른 종류의 맛을 보면 정상적인 맛을 느낄 수 없는 현상이다. • 쓴맛의 약 + 물 = 쓴 약의 맛 변조

• 식품의 냄새

  – 식물성 냄새 : 알코올 및 알데히드류. 에스테르류, 테르펜, 유황화합물
  – 동물성 냄새 : 아민류, 암모니아류, 지방산, 카르보닐화합물

▶ 식품의 유독성분

종류	독성 물질
감자 싹	솔라닌
부패된 감자	셉신
독미나리	시큐톡신
청매, 살구씨	아미그달린
피마자	리신
목화씨(면실유)	고시폴
독보리	테물린

맥각	에르고톡신
미치광이풀	히요시아민
꽃무늬	리코린
독버섯	무스카린, 무스카라딘, 팔린, 아마니타톡신, 필지오린
복어	테트로도톡신
섭조개, 대합조개	삭시톡신
모시조개, 굴, 바지락	베네루핀

식품영양 및 효소

▶ 효소

• 가수분해효소

구분	효소	작용	소재
탄수화물 분해효소	아밀라아제	전분 → 덱스트린 + 맥아당	타액, 췌장액
	수크라아제	설탕 → 포도당 + 과당	소장, 효모
	말타아제	맥아당 → 포도당 2분자	장액
	락타아제	젖당 → 포도당 + 갈락토오스	장액
단백질 분해효소	펩신	단백질 → 펩톤	위액
	펩신다아제	펩티드 → 아미노산	소화액
	트립신	단백질 → 펩티드, 아미노산	췌액, 장액
지질 분해효소	리파아제	지방 → 글리세린 + 지방산	췌장액
응고효소	레닌	응유효소, 치즈 제조	유아, 송아지의 위액

• 산화환원효소

효소	작용	식품
티로시나아제	티로신 → 멜라닌	버섯, 감자, 사과 (효소적 갈변)
폴리페놀 옥시다아제 페놀라아제	폴리페놀 → 퀴논	
아스코르빅 옥시다아제	비타민 C 산화	양배추, 오이, 당근 (효소적 갈변)
리폭시다아제	불포화지방산의 변색, 변향	두류, 곡류

▶ 식품과 영양
• 5가지 기초식품군

영양소	식품류
단백질	콩, 알, 생선류, 육류
칼슘	우유, 유제품, 뼈째 먹는 생선류
비타민, 무기질	녹황색 채소류, 과일류, 해조류
탄수화물	곡류, 서류, 전분류
유지	식물성, 동물성, 가공 유지

• 식품의 성분

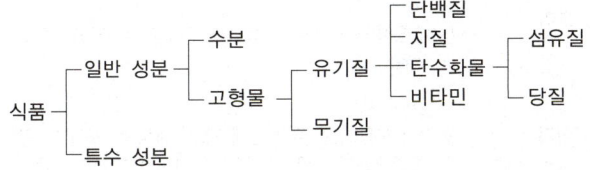

• 영양의 정의
– 영양소의 기능

- 체조직 구성 : 단백질, 무기질
- 생리작용 조절 : 무기질, 비타민
- 3대 영양소 : 탄수화물, 단백질, 지질

– 칼로리 계산

- 당질 : 4kcal/g
- 단백질 : 4kcal/g
- 지질 : 9kcal/g
- 알코올 : 7kcal/g
- (당질 양×4) + (단백질 양×4) + (지질 양×9)

– 영양소 섭취 기준

- 성인남자의 기초대사량 : 1,400∼1,800kcal
- 성인남자의 하루 권장섭취량 : 2,400∼2,800kcal
- 성인여자의 기초대사량 : 1,200∼1,400kcal이다.
- 성인여자의 하루 권장섭취량 : 1,800∼2,200kcal

POINT 010 **시장조사 · 구매 · 검수관리**

▶ 시장조사 및 구매관리
• 시장조사
- 목적 : 구매예정가격의 결정, 합리적인 구매계획 수립, 신제품 설계, 제품개량
- 원칙 : 비용 경제성의 원칙, 조사 적시성의 원칙, 조사 탄력성의 원칙, 조사 계획성의 원칙, 조사 정확성의 원칙

• 식품 구매관리
– 식품 구매 시기

구분	내용
곡류, 건어물	부패성이 낮음. 1개월분 한 번에
육류	냉장시설이 있으면 1주일분
어류	필요에 따라 수시로
과일류	필요에 따라 수시로

– 식품 구매 방법

구분	내용
수의계약	경매나 입찰 등의 경쟁을 통하지 않고 적당한 상대방을 임의로 선택하여 계약을 맺는 방법
경쟁입찰	입찰 및 계약에 관한 사항을 공고하여 상호경쟁에서 낙찰자를 선정하는 방법
지명경쟁 입찰	지명된 몇몇 특정인들로 하여금 경쟁입찰하는 방법

– 대치식품

- 정의 : 조리에 필요한 식품 대신 영양가가 같고 값도 저렴하여 선택한 다른 식품
- 대치식품량 = 원래 식품함량 ÷ 대치 식품함량 × 원래 식품량

• 식품 재고관리
– 재고관리 방법

- 선입선출법(FIFO), 후입선출법(LIFO), 실제 구매가법, 총 평균법, 최종 구매가법 등
- 당기소비량 = (전기이월량 + 당기구입량) − 기말재고량
- 월중소비액 = (월초재고액 + 월중매입액) − 월말재고액

– 재고관리 주의사항

- 단체급식소에서는 재료관리상 적어도 월 1회는 필요하다.
- 품목의 위치를 순서대로 정렬하고, 저장 순서에 따라 품목명을 기록하여 시간을 절약한다.
- 실사에 품목의 가격을 미리 기록한다.
- 재고조사표를 작성한다.
- 색상, 형태, 이미, 이취, 품질 상태, 유통기한 등도 함께 점검한다.
- 재고조사 결과를 구매명세서에 작성한다.
- 재고량을 고려하여 구매에 필요한 최적의 발주를 한다.
- 구매명세서를 보고 구매발주서(주문서, 구매전표, 발주전표)를 작성한다.

검수관리

- 식재료의 품질 확인 및 선별

  - 식품의 검수 방법

    - 검수 공간은 충분한 조도(540Lux 이상)가 확보되어야 한다.
    - 저장 공간의 크기는 식품 반입 횟수, 저장 식품의 양 등을 고려하여야 한다.
    - 품질, 수량, 중량, 신선도, 냄새, 유통기한, 배송의 상태 등을 확인한다.
    - 구매주문서와 거래명세서의 수량과 단가가 일치하는지 확인한다.
    - 검수가 끝나면 품질기준에 적합한 식자재를 즉시 보관창고로 이동하여 보관한다.

  - 검수 시 준수사항

    - 도착한 식자재는 바로 검수한다. 포장 상태를 확인한다.
    - 유통기한, 제조일자 등을 확인한다.
    - 운반차량의 내부온도가 규정온도를 유지하였는지 자동온도기록지(타코메타)를 통해서 확인한다(냉장차량 0~10℃, 냉동차량 영하 18℃ 이하).
    - 검수하는 동안 검수품의 품질변화를 방지하기 위하여 냉동식품, 냉장식품, 채소류, 공산품의 순서로 한다.
    - 육류, 어류, 알류 등의 식품은 냉장 및 냉동상태로 운송되었는지 확인한다.
    - 가열하지 않은 육류, 가금류, 해산물 등 신선축산물은 입고검수 시 품질을 최대한 유지할 수 있도록 다른 완제품과 입고시간을 달리하여 검수한다.
    - 입고된 식자재는 청결한 장소에서 외포장지를 제거한 후 조리장과 사용 장소에 반입한다.
    - 입고 시 제거한 외포장지 라벨은 버리지 말고 해당 식자재를 모두 사용할 때까지 별도의 보관함에 보관하여 내용물과 표시사항이 일치하는지 추적이 가능하도록 하여야 한다.
    - 냉동식품은 녹은 흔적이 있는지 또는 얼렸다 녹았다를 반복했는지 주의 깊게 확인한다.
    - 제조사나 원산지 표시가 없는 품목은 반품 조치한다.

  - 신선한 식품의 감별법

종류	내용
쌀	가공한 지가 오래되지 않아 쌀알에 흰 골이 생기지 않고 맑고 윤기가 있는 것
서류	병충해, 발아, 외상, 부패 등이 없는 것
생과일	성숙하고 신선하며 청결한 것
오이	색이 선명하고 가시가 있고 무거운 것
당근	둥글고 살찐 것으로 내부에 심이 없는 것
양파	둥글고 육질이 단단하고 건조가 잘 되어 있는 것
무	크고 균일하며 모양이 바르고 흠집이 없는 것
배추	알이 꽉 채워져 단단하고 푸른 잎이 붙어 있는 것
오징어	탄력이 있고 붉은색을 띠는 것
우유	물속에서 퍼지지 않고 가라앉는 것
동태	눈알이 튀어나오고 탄력이 있으며 아가미가 선홍색을 띠는 것
김	검고, 윤기가 나며 구우면 녹색을 띠는 것

- 조리기구 및 설비 특성과 품질 확인

구분	내용
조리대 및 작업대 청소	매일 세제를 묻혀 청소한 뒤 건조
바닥 청소	• 바닥은 건조 상태 유지 • 물을 뿌려 세제로 1일 2회 청소 • 기름때는 가성소다를 묻혀 1시간 후 솔로 닦고 헹구기
도마	• 매일 물로 세척하여 사용. 사용 후 중성세제로 씻고, 살균 소독 • 특히 환절기에는 열탕소독 필수. 사용 후 지정된 장소에 세워서 보관
식기	• 중성세제 세정 • 용기의 모퉁이는 주의 깊게 닦고, 세정 후 쓰레기, 먼지, 곤충으로부터 오염을 막기 위해 지정장소에 수납
행주와 쓰레기통	• 행주는 사용 후 세제 세척. 삶은 후 건조하여 사용 • 쓰레기통은 가성소다로 씻어 건조. 일반적으로는 세제 청소 후 락스로 헹궈 건조
가스레인지 및 그 주변	• 버너의 이물질 제거 • 가스레인지 위는 항상 청결 유지 • 가스레인지 표면은 매일 전문세제 등을 사용하여 금속 수세미로 세척 • 월 2회 식기를 놓는 선반을 세제로 세정. 행주로 닦은 뒤 건조하여 사용 • 선반에 깔린 행주 등도 꺼내어 주 1회 정도 새것으로 교환
닥트와 환기팬	• 월 2회 가성소다를 이용하여 기름때 청소 • 닥트에서 기름 등이 떨어지지 않도록 주의 • 필터는 싱크에 따뜻한 물을 담고 180cc 정도의 가성소다를 넣고 하루 정도 담가놓은 뒤 중성세제로 세척
온도계	• 일반적으로 주방용 온도계는 비접촉식으로 표면 온도를 잴 수 있는 적외선 온도계 사용 • 기름이나 당액 같은 액체의 온도를 잴 때에는 200~300℃의 봉상 액체 온도계 사용 • 육류는 탐침하여 육류의 내부 온도를 측정할 수 있는 육류용 온도계 사용

기적의 TIP 식재료 보관실의 조건

식품보관 선반은 바닥으로부터 15cm 이상의 공간을 띄워 청소가 용이하도록 한다.

POINT 011 원가

▶ 원가의 의의 및 종류

• 원가계산의 목적

가격결정의 목적	제품의 판매가격을 결정할 목적으로 원가를 계산한다.
원가관리의 목적	원가의 절감을 위한 원가관리의 기초자료를 제공한다.
예산편성의 목적	예산의 편성에 따른 자료를 제공하는 목적이다.
재무제표 작성의 목적	기업의 외부 이해관계자에게 경영활동 결과를 보고하기 위한 재무제표를 작성하는데 기초자료 제공을 위하여 원가를 계산한다.

• 원가의 종류

– 원가의 3요소

재료비	제품의 제조를 위하여 소비되는 물품의 원가 예 단체급식에서 급식 재료비, 재료 구입비 등
노무비	제품의 제조를 위하여 소비되는 노동의 가치 예 임금, 급료, 시간외 업무 수당, 임시직의 임금 등
경비	제품의 제조를 위하여 소비되는 재료비, 노무비 이외의 가치 예 수도, 전력비, 보험료, 감가상각비 등

– 직접원가, 제조원가, 총원가, 판매원가

직접원가	직접경비 + 직접노무비 + 직접재료비		
제조원가	직접원가	제조간접비	
총원가	제조원가		판매관리비
판매원가	총원가		이익

• 원가계산의 분류

실제원가	제품이 제조된 후에 실제로 소비된 원가를 산출한 것
예정원가	제품의 제조 이전에 제조에 소비될 것으로 예상되는 원가를 예상한 것
표준원가	기업이 이상적으로 제조활동을 할 경우에 예상되는 원가. 효과적인 원가관리의 목적

• 고정비 : 일정한 기간 동안 조업도의 변동에 관계없이 항상 일정액으로 발생하는 원가로 감가상각비, 노무비, 보험료, 제세공과 등이 포함된다.

▶ 원가분석 및 계산

• 원가계산의 원칙

진실성의 원칙	실제로 발생한 원가를 진실되게 정확히 파악
발생기준의 원칙	모든 비용과 수익의 계산은 그 발생 시점이 기준
계산경제성의 원칙	원가계산 시 경제성 고려
확실성의 원칙	여러 방법이 있을 경우에 가장 확실한 방법 선택
정상성의 원칙	정상적으로 발생한 원가만을 계산
비교성의 원칙	다른 일정 기간의 것과 또 다른 부문의 것과 비교할 수 있도록 실행
상호관리의 원칙	원가계산, 일반회계, 각 요소별, 부문별, 제품별 계산 간에 상호관리 가능

• 원가계산의 구조(단계)

① 요소별 원가계산	제품의 원가는 재료비, 노무비, 경비의 3가지 원가요소를 몇 가지 분류 방법에 따라 세분하여 각 원가요소별로 계산한다.
② 부문별 원가계산	전 단계에서 파악된 원가요소를 원가 부문별로 분류 집계하는 계산 절차이다.
③ 제품별 원가계산	각 부문별 집계 원가를 제품별로 배분하여 최종적으로 각 제품의 제조원가를 계산하는 절차이다.

• 원가관리

원가관리의 개념	원가의 통제를 위하여 가능한 한 원가를 합리적으로 절감하려는 경영 기법. 일반적으로 표준원가 계산 방법을 이용
표준원가 계산	과학적 및 통계적 방법에 의하여 미리 표준이 되는 원가를 설정하고 이를 실제원가와 분석하기 위해 실시하는 원가계산의 한 방법
표준원가의 설정	미리 표준이 되는 원가를 구분하고 설정하고 표준원가가 설정되면 실제원가와 비교하여 표준과 실제의 차이를 분석할 수 있게 된다.

• 손익분기점 : 한 기간의 매출액이 당해 기간의 총비용(고정비 + 변동비)과 일치하는 점

• 감가상각비
  – 고정자산의 소모에 의한 가치의 감소를 연도에 따라 할당, 계산해 자산 가격을 감소시켜 나가며 이때 감가된 금액한다.
  – 매년감가상각액 = (기초가격 – 잔존가격)÷내용연수

음식 조리

조리 준비

▶ **조리의 정의 및 기본 조리조작**

• 조리의 목적
  – 기호성, 소화성, 안전성 저장성

• 조리와 물

구분	내용
비등점	• 순수한 물은 1기압일 때 100℃에서 끓는다. • 기압이 오르면 비등점도 높아지고, 기압이 낮아지면 비등점도 낮아진다. • 용액의 농도가 높아지면 비등점은 높아진다.
빙점	• 순수한 물은 0℃에서 얼게 된다. • 용액의 농도가 높아지면 강하된다.
잠열	• 물 또는 얼음이 증발, 융해할 때 외부의 열을 흡수하는 것 • 기화열 : 액체가 기체로 변화할 때 사용되는 잠열. 100℃의 물 1g이 수증기로 되기 위해 1g당 539cal의 열이 필요하다. • 융해열 : 고체가 액체로 변할 때 사용되는 잠열. 0℃의 얼음 1g이 0℃의 물로 녹기 위하여 80cal의 열을 흡수해야 한다.
삼투압	생선이나 채소 등의 세포막은 반투막이므로 소금을 뿌리면 안쪽의 물은 소금 쪽으로 이동하며 소금은 식품 내로 침투하게 된다.
팽윤	건조된 것을 물에 불리면 몇 배로 불게 되는 현상
용출	재료 중의 성분이 용매 속에 나오는 현상. 온도가 높을수록 용출이 빠르다.

• 조리와 열

구분	내용
전도	• 열이 물체를 따라 이동하는 상태 • 열전도율이 크면 열이 전달되는 속도가 빠르다. • 금속과 알루미늄은 열전도율이 크고, 유리나 도자기류는 열전도율이 적다.
대류	액체나 기체를 가열하여 밀도 차로 인해 가열한 물질이 이동하면서 열이 전해지는 것
복사	• 열원으로부터 중간매체 없이 열이 직접 전달되는 현상 • 전기, 가스레인지, 숯불, 연탄불 등에 음식을 직접 노출시켜 굽는 방법, 오븐을 사용하여 굽는 방법 등이 있다.

• 기본 조리조작
  – 재료의 세척

구분	내용
곡류	백미를 여러 번 씻으면 비타민 B1의 손실이 있으므로 2~3번 가볍게 씻는다.
엽채류	중성세제 0.2% 용액으로 세척한 후 흐르는 물로 4~5회 씻는다.
근채류	뿌리채소는 부드러운 솔로 깨끗하게 비벼 씻는다.
건조식품	물에 가볍게 씻은 후 물에 담가 불린 후 사용한다.

  – 기타 조작

구분	내용
분쇄	건조식품을 가루로 만드는 것
마쇄	갈거나 으깨어 체에 받쳐내는 것
교반	재료를 고르게 섞는 것
압착여과	고형물과 즙을 분리시키는 것

▶ **기본 조리법 및 대량 조리기술**

• 기본 조리법

구분	내용
습열조리	끓이기, 찜, 스튜, 브레이징, 시머링, 포칭
건열조리	구이, 튀김, 볶음, 소테, 로스팅, 그릴, 베이킹
복합조리	전자레인지

• 대량조리
  – 단체급식의 정의 : 1회에 50인 이상, 비영리 목적으로 계속적으로 식사를 제공하는 것. 특정 단체에 소속된 사람들을 대상으로 하며, 조리사와 영양사를 두어야 한다.
  – 단체급식의 목적

구분	내용
학교	• 올바른 식생활 습관 형성, 식생활 관리 • 영양적인 식사 제공, 건강 유지 및 증진 • 식량의 분배, 소비 등에 관한 바른 이해력
산업체	• 연령, 성별, 노동 정도에 따른 영양필요량 충족 • 동료 간 대화를 통한 원만한 인간관계 형성
병원	• 간접적인 치료 방법. 환자에 따라 적정한 식사 제공 • 질병 치유와 병상의 회복과 촉진 도모

– 단체급식의 문제점

- 영양 : 잘못된 영양 산출, 대량 조리로 인한 영양 저하 현상
- 위생 : 비위생적인 환경에서 단체 식중독 발생 우려
- 비용 : 재료비, 인건비, 시설비 절감으로 인한 급식의 질 저하
- 심리 : 개인의 기호, 식습관 고려가 힘들고 획일화된 단일 식단

– 직영급식과 위탁급식의 장단점

구분	장점	단점
직영급식	• 정해진 예산의 효과적 사용 • 고객의 필요와 요구 만족	• 직원들의 직무 부담 • 인력 관리
위탁급식	• 급식 예산의 보장 • 인건비 및 식재료비 절감 • 노무관리 편리	• 지나친 이윤 추구로 인한 영양관리와 위생관리 소홀 • 원가 상승 • 단체의 권한 축소

– 식단의 작성 순서

① 영양 기준량 산출
② 섭취 기준량 산출
③ 3식 배분
④ 음식 수, 요리명 결정
⑤ 식단 주기 결정
⑥ 식량 배분 계획
⑦ 식단표 작성

– 식단 작성의 유의점 : 영양성, 경제성, 기호성, 지역성, 능률성 등을 고려한다.

▶ **한국의 전통적인 상차림**

• 반상차림
– 3첩

– 5첩

– 7첩

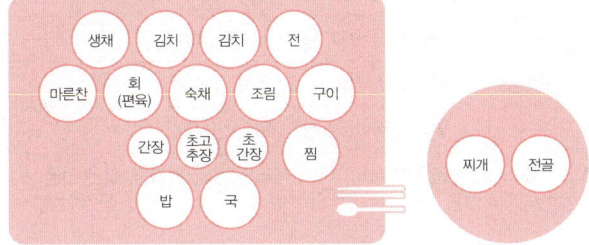

– 9첩

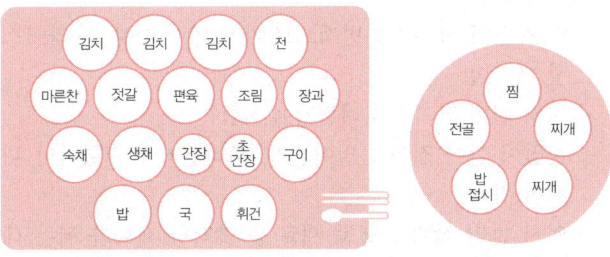

– 12첩 : 밥, 국, 김치, 장, 찌개, 찜, 전골 외에 열두 가지 이상의 찬품을 내는 반상(생채, 숙채, 찬구이, 더운구이, 조림, 전, 마른반찬, 장과, 젓갈, 회, 편육, 수란)
• 주안상 : 주류를 대접할 때 차리는 상. 육포, 어포 등의 마른안주를 내고 차고 더운 음식은 때에 맞추어 내도록 한다.
• 교자상 : 손님에게 대접하는 상차림으로 잔치나 경사 등이 있을 때 마련하는 상
• 면상 : 국수를 주식으로 차리는 상으로 점심에 많이 이용한다. 겨울에는 온면, 떡국, 만둣국이 오르며, 여름에는 냉면을 주로 낸다. 부식으로는 찜, 겨자채, 잡채, 편육, 나박김치, 전 등이 오른다.

▶ 절식과 시식

월	구분	음식
1	설날	떡국, 만두, 육회, 편육, 약식, 식혜, 수정과
2	중화절	약주, 포, 유밀과, 생실과
3	삼짇날	화전, 탕평채, 진달래화채, 절편
4	초파일	느티떡, 쑥떡, 국화전, 화채, 미나리강회
5	단오	증편, 수리취떡, 앵두편, 준치만두
6	유두	편수, 구절판, 화전, 어선, 떡수단
7	삼복	육개장, 잉어구이, 오이소박이, 복죽
8	한가위	토란탕, 잡채, 햅쌀밥, 나물, 송편, 배숙
9	중양절	감국전, 밤단자, 화채, 생실과, 국화주
10	무오일	무시루떡, 감국전, 유자화채, 생실과
11	동지	팥죽, 동치미, 수정과, 식혜, 생실과
12	그믐	골무병, 주악, 식혜, 떡국, 장김치, 완자탕, 갖은 전골

▶ 기본 칼 기술 습득

- 기본 칼질법
  - 칼등 말아 잡기 : 일반적으로 가장 많이 사용. 슬라이스할 때 적합
  - 검지 걸어 잡기 : 후려썰기에 적합
  - 손잡이 말아 잡기 : 밀어썰기, 후려썰기에 적합하나 위험한 방식
  - 엄지 눌러 잡기 : 냉동 재료 등 딱딱한 재료를 써는 데 적합
  - 검지 펴서 잡기 : 포를 뜨는 등 정교한 작업에 적합. 일식 조리에 적합.
  - 칼 바닥 잡기 : 칼집을 넣을 때 사용

- 기본 썰기

동글썰기	반달썰기
은행잎썰기	나박썰기

깍둑썰기	저며썰기
골패썰기	채썰기
돌려깎기	밤톨썰기
다지기	어슷썰기
송송썰기	

▶ 조리기구와 조리 용도

조리기구	용도
그라인더	고기를 다질 때 사용하는 기구
필러	당근, 감자, 무 등의 껍질을 벗기는 기구
슬라이서	육류, 햄 등을 일정한 두께로 저미는 기구
챠퍼	육류, 채소 등 식품을 다지는 기구
믹서	골고루 섞거나 반죽할 때 사용(블랜더, 쥬서)하는 기구
휘퍼	달걀을 거품내거나 반죽할 때 사용하는 기구
살라만더	구이용으로 겉 표면을 색깔을 나타내는데 주로 사용하는 기구
스쿠퍼	아이스크림이나 채소를 동그랗게 뜰 때 사용하는 기구
그릴러	굵은 석쇠나 철판 형태의 굽는 기구(브로일러)
세미기	주로 단체급식에서 쌀을 씻는 기기

▶ 식재료 계량 방법

• 계량 단위
- 1C = 컵 = Cup = 200cc = 200mL(미국은 240mL)
- 1TS = 큰술 = Table Spoon = 15cc = 15mL = 3ts
- 1ts = 작은술 = Tea Spoon = 5cc = 5mL
- 1Pound = 파운드 = 453.6g
- 1Pint = 파인트 = 473mL = 16oz
- 1Quart = 쿼터 = 960mL = 32oz
- 1Gallon = 갤런 = 128oz

• 계량법

재료	계량법
밀가루	체로 쳐서 수북하게 담고 평평하게 깎아 측정한다. 이때 밀가루를 누르거나 흔들지 않는다.
지방	버터, 마가린과 같은 지방은 저울로 계량하는 것이 바람직하나 컵이나 스푼으로 계량할 때는 실온에서 계량컵에 꼭꼭 눌러 담아 깎아서 계량한다.
설탕	흑설탕은 꼭꼭 눌러서 잰다.
액체	물엿, 꿀과 같이 점성이 큰 것은 큰 계량컵을 사용하고 눈금과 액체 표면의 아래 부분을 눈과 같은 높이로 맞춰 계량한다.

• 폐기량과 정미량
- 폐기율(%) = (폐기량 ÷ 전체 중량) × 100
- 발주량 = {정미주량 ÷ (100 − 폐기율)} × 인원수 × 100
- 출고계수 = 1 ÷ 정미율 × 100

▶ 조리장의 시설 및 설비관리

• 조리장의 조건
- 조리장의 3원칙 : 위생성, 능률성, 경제성
- 조리장의 위치 : 통풍과 채광이 좋고 급수와 배수가 용이한 곳, 객실 및 객석의 구분의 명확하고 식품의 구입과 반출이 용이한 곳
- 조리장의 면적

> • 식당의 면적 : 취식자 1인당 1m²
> • 조리장의 면적 : 식당 넓이의 1/3
> • 반 급식소의 면적 : 1인당 0.1m²

• 조리장의 설비

구분	설비
바닥	• 개방식 구조로 한다. • 바닥과 내벽 1m까지의 물청소가 용이한 내수성 자재를 사용한다. • 미끄럽지 않고 산, 염, 유기용액에 강해야 한다.
배수	• 주방의 중앙과 물을 많이 사용하는 곳에 트렌치를 설치하여 배수효과를 높인다. • 하수도로부터 악취, 방서, 방충의 목적으로 트랩을 설치하는 것이 좋다. • 찌꺼기가 많은 경우에는 수조형 트랩이, 유지가 많은 경우에는 그리스 트랩이 효과적이다. • 곡선형 트랩 : S자형, P자형, U자형 트랩 • 수조형 트랩 : 관 트랩, 드럼 트랩, 그리스 트랩, 실형 트랩 • 배수를 위한 물매(기울기)는 1/100 정도로 한다.
작업대	• 높이 : 신장의 52% 가량 • 너비 : 55~60cm • 작업대와 뒤 선반의 간격은 최소한 150cm 이상 • 작업 순서에 따른 기기 배치 : 준비대 → 개수대 → 조리대 → 가열대 → 배선대 • 작업대의 종류 　- ㄷ자형 : 동선이 짧으며 넓은 조리장에서 가장 효율적이다. 　- ㄴ자형 : 조리장이 좁은 경우에 사용된다. 　- 병렬형 : 180° 회전을 해야 해서 피로가 빨리 온다. 　- 일렬형 : 작업동선이 길고 비능률적이지만 조리장이 굽은 경우에 사용한다.
벽, 창문	• 벽 마감재 : 자기타일, 모자이크타일, 금속판, 내수합판 등 • 창문 : 직사광선을 막을 수 있도록 설계하고, 밀폐할 수 있는 고정식으로 하며, 해충의 침입을 막을 수 있도록 방충망을 설치한다.
환기	• 환기설비의 후드의 경사각은 30°로, 후드의 형태는 4방개방형이 가장 효율적이다. • 후드장치는 가열기구의 설치범위보다 넓어야 흡입하는 효율성이 높다. • 청소하기 쉬운 구조로 되어 있어야 하고, 녹슬지 않는 재질이어야 한다.

식품의 조리원리

▶ 농산물의 조리 및 가공 · 저장

- 전분의 조리
  - 전분의 구조

아밀로오스	아밀로펙틴
• 500~2,000개의 글루코오스가 중합 • α-1, 4 결합 • 직쇄 구조 • 엉키는 성질	• 100~수십만 개의 글루코오스가 중합 • α-1, 4 결합과 α-1, 6 결합 • 직쇄 구조에 가지로 연결 • 끈기 있는 성질

> **🚩 기적의 TIP 전분의 구조**
> • 멥쌀은 아밀로오스 20%, 아밀로펙틴 80%로 구성되어 있다.
> • 찰옥수수, 찰보리 등의 곡류는 대부분이 아밀로펙틴으로 구성되어 있다.
> • 요오드 반응에 찹쌀은 적갈색, 멥쌀은 보라색을 띤다.

  - 전분의 호화, 노화, 호정화

구분	설비

호화	• 날전분인 베타전분을 물로 가열하면 분자에 금이 가며 물분자가 전분으로 들어가서 팽윤한 상태가 되고 점성이 높은 반투명의 콜로이드 상태가 되는데 이것을 전분의 호화라고 한다. (예 쌀이나 밥이 떡이 되는 것)
	• 전분의 호화에 영향을 끼치는 인자
	  - 가열 온도가 높을수록
	  - 쌀의 도정률이 클수록
	  - 수침 시간이 길수록
	  - 밥물이 알칼리성일수록
	  - 전분의 입자가 클수록

노화	• 호화된 알파전분을 실온이나 냉장 온도에 오래 방치하면 생전분의 구조로 변화하는데 이것을 전분의 노화라고 한다. (예 밥이나 떡이 굳어지는 것)
	• 전분이 노화되기 쉬운 조건
	  - 수분이 30~60%일 때
	  - 온도가 0~5℃일 때
	  - 전분 분자 중 아밀로오스의 함량이 많을수록
	• 노화의 방지책
	  - 수분함량을 15% 이하로 한다.
	  - 0℃ 이하로 동결시키거나 60℃ 이상으로 온장시킨다.
	  - 유화제를 첨가한다.
	  - 설탕을 첨가한다.

호정화	• 전분을 160℃ 이상의 건열로 가열하여 여러 단계의 가용성 전분을 거쳐 덱스트린으로 분해하는 과정이다. • 물에 잘 녹고 오래 저장할 수 있다. (예 뻥튀기, 미숫가루, 팝콘, 강냉이, 냉동빵 등

  - 전분의 당화 : 전분에 묽은 산을 넣고 가열하여 최적온도를 유지하면 포도당으로 가수분해된다. (예 식혜, 엿)

- 밀가루의 조리
  - 밀가루의 특성 : 밀가루의 단백질인 글리아딘과 글루테닌이 물과 결합하면 점탄성의 글루텐을 형성한다. 반죽을 오래 할수록 질기고 점성이 강한 글루텐이 형성된다.
  - 밀가루의 종류와 용도

종류	글루텐 함량	용도
강력분	13% 이상	빵, 마카로니, 스파게티
중력분	10~13%	칼국수면, 만두피
박력분	10% 이하	튀김옷, 케이크, 쿠키

  - 밀가루 제품 성분과 특징

종류	특징
팽창제	• 이스트(효모) : 밀가루 1~3%, 최적온도 25~30℃ • 베이킹파우더 : 밀가루 1컵에 1작은술 • 중조(중탄산수소나트륨) : 제품이 황색으로 변하는 단점이 있다.
지방	글루텐 형성을 방해하여 부드럽고 바삭한 질감을 준다(연화작용). 가열 시 표면에 갈색 반응이 일어난다.
달걀	구조 형성, 팽화제, 유화성, 액체원이 되며 색과 풍미를 준다. 지나치게 사용하면 제품이 질겨진다.
설탕	고온에 의해 캐러멜화로 인해 갈색 반응이 일어나고 연화작용을 한다.
소금	맛을 향상시키고 이스트의 발효를 지연시키며 글루텐의 강도를 높인다.

- 서류의 조리

종류	내용

감자	• 성분
	  - 수분 70~80%, 당질 15~16%
	  - 비타민 B, C, 칼륨
	  - 유독성분 : 솔라닌, 셉신
	• 종류
	  - 점질감자 : 쫄깃함, 노란색
	  - 분질감자 : 부서짐, 흰색

고구마	• 성분
	  - 수분 71~77%, 당질 23%
	  - 비타민 K
	• 당화작용
	  - β-amylase에 의하여 맥아당으로 전환되면서 단맛이 증가
	  - 55℃가 최적 온도

- 두류의 조리
  - 대두의 성분 : 글리시닌, 라이신, 트립토판이 풍부, 메티오닌, 시스테인 등 부족
  - 두류의 특수성분

안티 트립신	생 대두에 소화를 저해하는 트립신 저해 물질로 가열에 의하여 파괴된다.
사포닌	기포성과 용혈 작용이 있는데 가열 시 파괴된다.

  - 두류의 색

황색	• 대두, 동부 • 플라보노이드, 카로티노이드계 색소
검정	• 강낭콩 • 안토시아닌계 색소
녹색	• 완두, 녹두 • 클로로필계 색소

  - 두부의 조리

> • 소화율 95%
> • 대두단백질 글리시닌이 두부응고제와 열에 응고한다.
> • 두부를 가열할 때 소금을 넣으면 부드러워진다.
> • 두부응고제 : 황산칼슘, 염화마그네슘, 염화칼슘

  - 두류의 조리

> • 두류에 식용 소다를 첨가하면 빨리 무르지만, 비타민 B,이 손실된다.
> • 팥은 흡수시간이 너무 길어 물에 불리지 않고 바로 가열한다.
> • 완두콩 통조림을 가열해도 녹색이 유지되는 것은 구리클로로필 색소 때문이다.
> • 콩을 삶고 코지균으로 발효시킨 메주를 이용하여 간장을 만든다.
> • 두류의 수분 흡수율 : 대두 〉 검정콩 〉 강낭콩 〉 팥

• 채소의 조리
  - 채소의 종류

구분	종류
엽채류	배추, 양배추, 시금치, 아욱, 부추, 미나리 등
근채류	연근, 무, 우엉, 감자, 당근, 비트 등
과채류	딸기, 참외, 오이, 호박, 토마토 등
화채류	브로콜리, 컬리플라워, 아티초크 등
경채류	아스파라거스, 샐러리 등

  - 채소의 보관 : 어둡고 온도가 낮은 곳

  - 녹색채소의 데치기

> • 삶는 물의 양은 재료의 5배가 좋고 끓는 물에 넣어 단시간 내 데친 다음 찬물로 헹군다.
> • 수산(옥살산)을 제거하기 위해 뚜껑을 열고 데친다. 수산은 체내에서 칼슘의 흡수를 방해하여 신장결석을 일으킨다.
> • 중탄산소다를 넣으면 색이 선명해지나, 비타민의 파괴와 조직의 연화가 있다.
> • 1%의 식염수에 데치면 색이 선명해지고 물러지지 않으며 조직이 파괴되지 않는다.

  - 채소의 갈변

> • 비효소적 갈변 : 산이나 가열에 의해 엽록소가 페오피틴으로 변해서 갈색으로 바뀌기 쉽다. 식초는 먹기 직전에 첨가하고, 채소를 데칠 때는 뚜껑을 열어 유기산을 휘발시키고 찬물로 빨리 헹구어 낸다.
> • 효소적 갈변 : 감자, 우엉 등의 껍질을 벗기면 갈색으로 변한다. 그러나 껍질을 벗긴 후 식초물에 담그면 갈변을 방지할 수 있다.
> • 갈변 현상을 방지하는 방법
>   - 열 처리 : 효소의 활성을 파괴한다.
>   - 진공 처리 : 산소와의 접촉을 차단한다.
>   - 산 처리 : pH3 이하에서 효소작용이 억제된다.

• 과일의 조리
  - 과일의 갈변

> • 고농도의 설탕 용액에 담근다.
> • 저농도의 소금물에 담근다.
> • 레몬즙이나 구연산 등으로 산성 처리한다.

  - 과일의 조리

> • 젤리 : 펙틴 1~1.5%, 유기산 3%를 함유한 과즙에 설탕 60% 이상을 첨가해 설탕이 펙틴을 침전시켜 형성한다. 투명하고 빛깔이 있다.
> • 프리저브 : 과일의 형태를 남게 하여 과육을 시럽에 넣고 조리하여 연하고 투명하게 만든다.
> • 잼 : 과육을 잘게 썰거나 으깬 것에 설탕을 넣어 농축한 것이다. 펙틴과 산이 많은 감귤, 사과, 살구, 자두, 딸기가 잼을 만들기에 적당하다.
> • 마멀레이드 : 젤리 속에 과편이나 과일의 껍질이 들어있다.

  - 과일의 보관

> • 냉장 보관 : 사과, 배, 귤, 참외, 수박, 딸기
> • 익기 전 실온, 익은 후 냉장 보관 : 멜론, 오렌지, 복숭아, 자몽
> • 실온 보관 : 바나나, 파인애플, 토마토, 망고, 아보카도, 파파야

- 과일의 당 지수

과일	당 지수	과일	당 지수
수박	72	사과	36
파인애플	66	키위	36
바나나	55	블루베리	34
포도	5	배	32
망고	49	오렌지	31
멜론	41	딸기	29
복숭아	41	아보카도	27

▶ 축산물의 조리 및 가공 · 저장

• 육류의 가공

- 육류의 사후경직과 숙성

- 사후경직(사후강직)
  - 도살 후 약알칼리성에서 산성으로 변하면서 사후경직이 생긴다.
  - 최대 경직기 : 소고기 사후 12~24시간, 닭고기 6~12시간, 돼지고기 2~3일
- 숙성
  - 사후경직이 완료되면 서서히 경직이 풀려 사후경직 해제와 동시에 숙성이 일어난다.
  - 숙성 : 소고기 4~7℃에서 7~10일, 2℃에서 2주간

- 육류의 연화법

- 도살 후 숙성 기간을 거쳐 근육 조직을 연화한다.
- 고기를 섬유의 반대 방향으로 썰거나 두들기거나 칼집을 넣는다.
- 1.3~1.5%의 소금은 보수성을 증가시키고 중량 손실량을 적게 한다. 그러나 15% 이상은 질겨지게 한다.
- 파파야의 파파인, 파인애플의 브로멜린, 무화과의 피신, 배의 프로테아제 등의 효소를 첨가한다.
- 장시간 물에 끓이면 콜라겐이 가수분해 되어 연해진다.
- 냉동하면 단백질이 변성되어 녹였을 때 고기가 연해진다.
- 설탕을 넣으면 연해진다.

• 육류의 조리

- 가열에 의한 변화

- 단백질이 응고되면서 수축, 분해된다.
- 결합조직의 콜라겐이 젤라틴화 되면서 조직이 부드러워진다.
- 중량이 감소되고 육단백질의 보수성이 감소된다.
- 색과 풍미가 좋아지고 지방이 융해된다.

- 소고기의 부위별 조리법

부위	조리
머리	편육, 찜
장정	구이, 전골, 편육, 조림
양지	구이, 전골, 편육, 탕
등심, 안심	전골, 구이, 볶음
갈비	구이, 찜, 탕
채끝	구이, 전골, 찜, 찌개, 조림
업진	편육, 탕, 조림, 육수
홍두깨	조림, 탕
우둔, 대접	구이, 조림, 포, 산적, 육회
사태	찜, 탕, 조림, 편육
족	족편, 탕

- 돼지고기의 부위별 조리법

부위	조리
머리	편육
어깨살, 등심, 갈비	구이, 찜, 찌개
안심	구이, 찜
삼겹살	편육, 구이, 조림
볼기살	조림, 편육
넓적다리	구이, 편육
족	탕, 찜

- 젤라틴

- 동물의 가죽, 뼈에 다량 존재하는 콜라겐을 가수분해하여 얻어진 유도단백질이다.
- 식품의 3~4% 정도를 사용하며, 13℃ 이하에서 응고한다.
- 설탕의 증가는 젤 강도를 감소시켜 부드러운 젤리를 형성한다.
- 젤리, 아이스크림, 푸딩의 제조에 사용된다.

• 난류의 구조와 성분

- 달걀의 구조 : 난각, 난각막, 난백, 난황

- 달걀의 성분

- 난각은 96%의 탄산칼슘으로서 작은 기공이 있어 수분의 증발, 탄산가스의 배출 및 세균의 침입이 일어난다.
- 난백은 농도와 점조성에 따라 농후난백, 수양난백으로 되어 있다.
- 난백 단백질의 약 60%는 오브알부민이고, 그 외에 콘알부민, 오보뮤코이드, 오보뮤신 등이 있다.
- 난황의 유화성은 주로 레시틴에 의한다.
- 난황의 단백질은 리포프로테인, 뮤신, 케라틴, 콜라겐 등이 있다.
- 난황의 색소 카로티노이드는 불포화지방산으로부터 보호하는 역할을 한다.
- 달걀의 아미노산 조성은 필수아미노산을 모두 가지고 있어 영양가가 우수한 편이다.

달걀의 신선도

- 달걀을 깨뜨려 측정하는 방법으로 신선도가 떨어질수록 수치가 낮다.
- 난백계수가 신선하면 약 0.16, 오래된 달걀은 0.1 이하가 된다.
- 난황계수가 신선한 것은 0.4 내외이며, 오래된 것은 0.3 이하가 된다.
- 난백계수 = 농후난백의 높이 / 농후난백의 직경
- 난황계수 = 난황의 높이 / 난황의 직경
- 비중법 : 6%의 소금물에 달걀을 넣어 가라앉으면 신선한 것이고 위로 뜨면 오래된 것이다.

달걀의 특성

특성	내용
응고성	• 달걀을 삶을 때 소금과 식초를 넣으면 응고 작용을 돕는다. • 달걀을 3~5분 삶으면 반숙이 되고, 10~15분 삶으면 완숙이 된다.
녹변 현상	• 난백의 황화수소와 난황의 철이 결합하여 황화철을 생성한다. • 가열 온도가 높거나, 삶는 시간이 길거나, 오래된 계란이거나, 찬물에 바로 안 넣으면 녹변 현상이 생긴다.
기포성	• 난백의 기포성에 관여하는 단백질은 글로불린이다. • 튀김옷, 스폰지케이크, 머랭 등의 요리에 사용한다. • 오래된 계란일수록 기포가 잘 생기지만 안정성과 점성은 적다. • 30℃에서 거품이 잘 일어나므로 달걀을 실온에 미리 꺼내어 두고 거품을 내는 것이 좋다. • 산(식초, 레몬즙)에서 기포가 더 잘 일어난다. • 설탕, 우유, 기름은 기포의 발생을 저해한다.
유화성	• 난황의 레시틴은 유화를 촉진한다. • 대표적인 유화식품으로 마요네즈, 수프, 케이크 반죽 등이 있다.

• 우유의 조리

우유의 성분

- 우유는 동물성 단백질과 칼슘의 공급원으로 대표적인 완전식품이다.
- 단백질, 비타민 B_2, 칼슘, 인 등의 영양소가 풍부하게 함유되어 있다.
- 우유의 단백질은 산에 의해 침전하는 카세인과 침전되지 않는 락토글로불린과 락트알부민으로 구성되어 있다.
- 우유의 탄수화물은 대부분이 유당이고, 미량의 글루코오즈, 갈락토오즈가 있다.

카세인의 특징

- 주요 단백질의 80%이며 칼슘과 결합된 형태로 존재하며 인단백질이다.
- 우유를 20℃에서 산을 가하여 pH4.6으로 조절하면 침전된다.
- 우유는 응고효소 레닌에 의해 파라카세인으로 응고된다.
- 열에는 응고되지 않는다.
- 이 원리를 이용하여 치즈나 요구르트를 만든다.

우유의 조리

- 단백질 겔의 강도를 높인다.
- 식품에 마이야르 갈색화 반응을 일으킨다.
- 생선의 비린내를 흡착, 제거한다.

우유의 응고

- 60~65℃ 이상으로 가열하면 냄새가 나고 표면에 피막이 생긴다.
- 우유 중의 지방구가 단백질과 엉겨 표면에 뜨기 때문에 수분이 증발하면 피막이 형성된다.
- 카세인 : 산(식초, 레몬즙), 응유효소(레닌), 알코올, 염류(염석)가 응고의 요인이 된다.
- 유청 단백질(락토글로불린, 락트알부민) : 열이 응고의 요인이 된다.

유제품의 종류

종류	특징
연유	우유를 1/3로 농축시킨 무당연유와, 설탕을 첨가하고 농축시킨 가당연유가 있다.
탈지유	우유를 원심분리기로 처리하고 지방을 빼서 유지가 0.5% 이하인 것을 말한다.
요구르트	탈지유를 농축시키고 설탕을 첨가, 가열, 살균, 발효시킨 것이다.
분유	탈지유를 건조 분말한 것이다.
크림	탈지유에서 빠진 크림으로 지방 함량이 35%이다.
사워크림	생크림(유지방)을 발효한다.
버터	크림을 가열, 살균, 발효, 가염, 냉장시킨 것으로 지방 함량이 80%이다.
치즈	카세인을 레닌으로 응고시킨 것이다.

치즈의 종류

종류		내용	
자연 치즈		원유, 탈지유, 크림, 버터 등을 유산균에 의하여 발효하고, 효소에 의하여 응고시킨 후 수분을 제거하여 만든 치즈	
가공 치즈	연질치즈	수분 45~50%	리코타, 모짜렐라, 마스카포네, 까망베르, 크림치즈
	반경질치즈	수분 40~45%	고르곤졸라, 브라, 폰티나
	경질치즈	수분 30~40%	에멘탈치즈, 체더치즈
	초경질치즈	수분 25~30%	빠르미지아노 레지아노, 그라나 빠다

수산물의 조리 및 가공 · 저장

어류의 성분과 특징
- 어류의 성분 : 단백질, 지방, 무기질
- 어류의 특징

> • 어류는 사후 1~4시간에서 최대강직현상을 보인다.
> • 생선은 자기소화과정 중 글루타민산과 IMP가 생성되어 맛이 좋아진다.
> • 생선 비린내의 주요 성분은 트리메틸아민이며 수용성이다.
> • 생선 육질이 소고기보다 연한 것은 콜라겐의 함량이 적기 때문이다.
> • 새우나 게같은 갑각류의 색소는 가열하면 회색인 아스타잔틴에서 적색의 아스타신이 된다.

어류의 신선도
- 신선한 어류

> • 육질이 단단하고 탄력이 있다.
> • 아가미의 색이 붉고, 눈이 투명하고 튀어나왔다.
> • 비늘은 광택이 있고, 점액이 별로 없다.

- 어류의 부패

> • 신선도가 떨어지면 pH5.5에서 중성으로 변하면서 수화성이 증가되어 부패되기 쉽다.
> • 세균의 번식으로 TMA나 암모니아 같은 휘발성 염기물질 등이 생성된다.
> • 세균수가 10^5/g이면 신선한 때로 보고, 10^7~10^8/g이면 초기 부패, $1.5×10^7$/g 이상이면 부패된 상태로 본다.
> • 부패과정에서 생성된 히스티딘이 탈탄산작용에 의해 히스타민으로 바뀌어 함량이 많아진다.
> • 사후 경직이 풀리면서 신선도가 저하된다.

- 어취 제거 방법

> • TMA는 수용성이므로 물에 씻어 비린내를 제거할 수 있다.
> • 산(레몬즙, 식초)을 첨가하면 비린내가 감소하고 생선가시가 연해진다.
> • 마늘, 파, 양파는 황 화합물을 함유하고 있어 비린내를 감소시킨다.
> • 된장, 간장은 비린내 억제 효과가 있다.
> • 우유의 콜로이드 상태는 흡착력이 강하여 비린내 제거 효과가 있다.
> • 알코올은 생선의 어취를 없애고 맛의 향상에 도움을 준다.
> • 흰 살 생선에 밀가루와 계란물을 묻혀 전유어를 만드는 조리법은 어취해소에 효과적이다.

어류의 조리법
- 구이, 탕, 찌개, 젓갈, 어묵, 건조식품
- 어류의 건조식품

건제품	가공법	식품
소건품	그대로 건조	오징어, 미역, 김
자건품	삶은 후 건조	멸치, 전복
배건품	불에 쬐어 건조	오징어, 정어리

훈건품	염지, 훈연 건조	연어, 청어
염건품	소금에 절여 건조	굴비, 고등어
동건품	얼렸다 녹여 건조	북어, 황태, 한천

해조류
- 해조류의 종류

종류	식품
녹조류	파래, 청각, 모자반
갈조류	다시마, 미역, 톳, 감태
홍조류	김, 우뭇가사리

- 한천

> • 우뭇가사리 등의 홍조류를 삶아서 얻은 액을 냉각, 동결, 건조한 것이다.
> • 주성분은 갈락탄이고 갈락토오스와 아가로오스, 아가로펙틴으로 이루어져 있다.
> • 체내에서 소화되지 않으나 물을 흡수, 팽창해서 장을 자극하여 변비를 예방한다.
> • 식품의 0.5~3% 정도를 사용한다.
> • 한천의 용해온도는 80~100℃이고 38~40℃에서 응고된다.
> • 설탕의 첨가량이 많으면 겔의 강도가 높아진다.
> • 산과 우유는 겔의 강도를 약하게 한다.
> • 양갱의 제조에 사용된다.

유지 및 유지 가공품

유지의 종류와 성질
- 유지의 종류

종류	식품
동물성	우지, 라드, 어유
식물성	면실유, 옥수수유, 유채유, 참기름, 대두유, 팜유
가공유지	마가린, 쇼트닝

- 유지의 성질

> • 융점 : 포화지방산과 고급지방산이 많을수록 융점이 높아진다.
> • 가소성 : 버터, 마가린 등은 힘을 가하고 제거했을 때 원상태로 회복되지 않는 성질이 있다.
> • 연화 작용 : 비스킷, 케이크 등을 만들 때 글루텐의 형성을 방해하고 연한 상태로 만든다.
> • 쇼트닝력 : 유지가 글루텐을 짧게 한다는 뜻에서 연화 작용을 나타내는 능력을 쇼트닝력이라고 한다.
> • 유화성 : 친수성기와 소수성기를 갖고 있어 우유, 마요네즈, 마가린, 버터의 제조에 쓰인다.

- 유지의 발연점
  - 유지의 발연점

  - 포도씨유 : 250℃
  - 옥수수유 : 240℃
  - 버터 : 208℃
  - 라드 : 190℃
  - 올리브유 : 175℃

  - 유지의 발연점에 영향을 미치는 요인

  - 1회 사용할 때마다 발연점이 10~15℃씩 저하된다.
  - 유리지방산의 함량이 많을수록 발연점이 낮아진다.
  - 기름에 이물질이 많으면 발연점이 낮아진다.
  - 그릇의 표면적이 1인치 넓을수록 발연점이 2℃씩 저하된다.

- 유지의 산패
  - 산패 반응

  - 불쾌한 냄새가 발생하고 착색이 되며 맛이 나빠진다.
  - 비중과 점성이 커진다.
  - 저급, 유리지방산의 함량이 많아진다.
  - 색이 암색으로 착색되며, 독성이 있다.
  - 기름의 피로 현상이 나타나 거품이 발생한다.

  - 산패의 원인과 방지 방법

원인	• 온도가 높을수록 반응속도가 증가한다. • 광선 및 자외선은 산패를 촉진한다. • 수분이 많으면 촉매작용이 강해진다. • 금속류는 유지의 산화를 촉진한다. • 불포화도가 심하면 유지의 산패가 일어난다.
방지	• 천연 항산화제가 있는 식물성 기름을 사용한다. • 차갑고 어두운 곳에 밀폐 보관한다. • 유리나 플라스틱 제품에 보관한다.

  - 유지의 반응

종류	내용
중합반응	유지를 가열하면 점차 점도가 증가하는 반응
산화반응	산소와의 결합, 수소가 빠져나가는 반응. 지방의 산화에 의한 알데히드류에 단백질의 분해물인 염기성 물질이 반응하여 착색물이 생기는 것
열분해 반응	열에 의해 결합이 끊어지고 새로운 물질을 만드는 반응
가수분해 반응	에스테르 결합부에 물이 부가되어 글리세린과 지방산이 생기는 분해 반응

- 유지의 조리
  - 튀김의 조리

  - 튀김의 적정한 온도는 160~180℃이다.
  - 밀가루는 박력분을 사용하는 것이 바삭하다.
  - 달걀을 넣으면 튀김옷이 단단하게 변하지만 시간이 지나면 흡습하여 맛이 떨어진다.
  - 밀가루의 0.2% 정도 중조를 넣으면 탄산가스가 발생하여 양질의 튀김물이 된다.
  - 튀김 반죽을 할 때 차가운 물이나 얼음물을 사용하면 바삭한 튀김이 된다.
  - 튀김 반죽을 많이 저으면 질겨진다.

  - 샐러드유

  - 샐러드유로 쓰이는 기름은 냉장고에 보관하는데, 굳지 않고 부드러운 상태가 유지되어야 한다.
  - 유지는 냉장고에서 보관하면 굳는 성질이 있으므로 온도를 낮추어 고체화시키고 여과하여 샐러드유로 적합하게 만든다.

▶ 냉동식품의 조리

- 냉동식품의 정의
  - 전처리 후 -18℃ 이하가 되도록 급속 동결한 다음 소비자에게 판매하는 목적으로 포장된 식품
  - 미생물은 10℃ 이하에서 발육이 억제되고, 반응 속도가 느려진다.

- 냉동 방법
  - 식품을 서서히 얼리면 얼음 결정이 크게 되어 조직을 상하게 하므로 품질의 저하를 막기 위해서는 -40℃의 급속 동결법이나 -194℃의 액체 질소를 이용한 냉동법을 사용하는 것이 좋다.
  - 온도조절은 '강'으로 하여 급속 냉동한다.
  - 야채류는 데친 후(블랜칭) 차게 식혀 동결시킨다.
  - 밀폐하여 냉동한다.
  - 재료는 신선한 것으로 선택한다.
  - 재냉동은 하지 않는다.
  - 날짜와 식품명을 기입한다.

> 🏁 **기적의 TIP** **채소를 냉동 전 블랜칭하는 이유**
> - 효소의 불활성화
> - 미생물의 살균
> - 조직의 연화
> - 부피의 감소

- 해동 방법

종류	해동 방법
육류, 어류	• 높은 온도에서 해동하면 조직 세포가 손상되고 단백질의 변성이 생겨 드립 현상이 생기므로 냉장고(5℃)에서 완만 해동하는 것이 좋다. • 단시간 해동은 필름에 싸서 흐르는 수돗물에서 해동하거나 전자레인지를 사용한다.
채소류	• 조리할 때 단시간에 조리한다. • 볶거나 찌거나 삶을 때 동결된 채로 조리한다.
과일류	• 해동은 먹기 직전에 포장된 채로 냉장고 또는 실온에서 하고 열탕을 하지 않는다. • 주스로 할 경우 동결된 상태에서 그대로 믹서에 넣는다.
튀김류	빵가루를 입힌 제품은 높은 온도의 기름에서 튀긴다.

▶ 조미료와 향신료

- 조미료의 종류
  - 기본맛

단맛	설탕, 물엿, 꿀, 물엿, 인공감미료 등
신맛	식초, 빙초산, 구연산, 주석산
짠맛	소금, 간장, 된장
쓴맛	호프, 카페인

  - 기타 맛

지미	멸치, 된장, 가다랑어, 화학조미료 등
매운맛	고추, 후추, 겨자, 고추냉이
아린 맛	감자, 죽순, 가지

- 조미의 효과
  음식에 가미된다.
  좋은 맛이 증가하고 좋지 않은 맛이 감소한다.
  새로운 맛이 형성된다.

- 조미료의 사용 순서

  설탕 → 술 → 소금 → 식초 → 간장 → 된장 → 고추장 → 화학조미료

- 소금의 종류

종류	내용
천일염	절이는 용도로 많이 사용하는 가공되지 않고 굵은소금
자염	갯벌 흙을 해수로 투과시켜 만든 함수를 끓여서 제조한 소금
정제염	해수를 이온교환수지방식으로 불순물과 중금속을 제거한 순도 높은 소금
재제염	소금을 물에 녹여 불순물을 제거한 일명 꽃소금

가공염	볶음, 태움 등의 방법으로 원형을 변형하거나 식품첨가물을 더하여 가공한 소금
식탁염	식성에 따라 간을 맞추어 먹도록 식탁 위에 놓는 고운 소금

- 향신료의 효과
  - 음식에 풍미를 주고 식욕을 촉진한다.
  - 좋지 않은 냄새를 완화한다.
  - 곰팡이, 효모, 부패균의 발생을 억제한다.
  - 소화효소 등의 작용을 활성화하고, 정장제로서작용을 한다.

- 향신료의 종류

종류	내용
생강	냄새를 없애고 식욕 증진과 연육 작용을 한다. 식품이 익은 후에 넣으면 냄새 제거에 효과적이다.
고추	캡사이신이 소화를 촉진한다.
후추	캐비신이 육류와 어류의 살균작용을 한다.
마늘	알리신이 강한 살균력을 갖고 있다.
파	자극적인 방향과 매운맛이 있다.
계피	방향, 쓴맛, 매운맛을 가진다.
월계수잎	서양 요리의 육수, 소스 등에 쓰인다.
타임	스튜, 생선수프 등에 쓰이며 살균, 방부효과가 있다.
정향	식욕 증진에 도움을 주고 고기 냄새를 제거한다.
바질	토마토소스와 잘 어울린다.

▶ 식품의 저장

- 물리적 처리
  - 냉장법 : 0~4℃, 채소, 과일, 육류
  - 냉동법 : 급속(-40℃), 완만(-20℃)
  - 움 저장법: 10℃ 유지, 고구마, 무, 배추, 감자
  - 가열 건조법

종류	내용	식품
일광	햇빛으로 건조	건어물, 해산물, 고추
열풍	열풍으로 건조	육류, 어류, 달걀류
배건법	직화로 건조	녹차, 커피콩, 담배
감압	감압하여 저온 건조	채소, 분말 달걀
냉동	단백질 응고, 지방 산화 방지	당면, 건조두부, 한천
증발	농축시켜 부피 감소	엿, 연유, 과즙
분무	액체 분무 후 열풍 건조	분유

– 가열 살균법 : 주로 우유를 살균

종류	내용
저온살균법	61~65℃, 30분간
고온순간살균법	70~75℃, 15~20초
초고온순간살균법	130~140℃, 2초

• 화학적 처리
  – 염장법: 10% 정도의 소금 농도에서 미생물 발육 억제

종류	내용
물간법	물에 식염을 넣어 간하는 방법
마른간법	식품에 식염을 직접 뿌리는 방법
압착 염장법	압착하여 절이는 방법

– 당장법 : 설탕 농도 50% 이상을 넣어 저장
– 산저장법 : pH가 낮은 초산, 젖산을 이용하여 식품 저장
• 발효 처리 : 세균, 효모, 곰팡이 등
• 종합적 처리
  – 훈연법 : 냉훈법, 온훈법, 배훈법, 열훈법, 액훈법 등
  – CA 저장(가스 저장) : 산소와 탄산가스의 농도를 조절하여 과일, 난류를 저장하는 방법
  – 조사 살균법 : 자외선 살균법, 방사선 조사법
  – 통조림

선별 → 수세 → 탈피 → 조리 · 훈연 → 담기 → 탈기 → 밀봉 → 살균 → 냉각

– 필름 포장

POINT 014 밥 · 죽 조리

▶ 밥 조리

• 쌀의 종류와 특징

종류	특징
인디카형	쌀알의 길이가 길어 장립종이라 하며, 찰기가 적고 잘 부서지고 불투명하며, 씹을 때 단단하고 세계 생산량의 90%를 차지한다.
자포니카형	낱알의 길이가 짧고 둥글기 때문에 단립종이라 하며, 쌀알이 둥글고 길이가 짧고 찰기가 있다.
자바니카형	낱알 길이와 찰기가 인디카형과 자포니카형의 중간 정도이다.

• 쌀의 가공

종류	내용
현미	벼에서 왕겨층(20%)을 제거하면 현미가 되고, 소화율은 90%이다.
5분 도미	현미에서 외피(8%)를 50% 제거한 쌀이며, 도정률은 96%이다.
7분 도미	현미에서 외피(8%)를 70% 제거한 쌀이며, 도정률은 94%이다.
10분 도미 (백미)	현미에서 외피(8%)를 100% 제거하면 백미가 되고, 소화율은 98%이다.

• 보리의 가공

종류	내용
정맥	깨끗하게 껍질을 벗긴 보리이다.
할맥	보리를 2등분한 후 쌀처럼 정제한 보리쌀이다.
압맥	기계로 누른 보리쌀이다.
엿기름	보리, 밀 등의 곡류를 발아시켜 만든 것으로 맥주, 주정, 물엿, 식혜 등의 제조에 이용한다.

• 밥의 조리

수세 → 수침 → 가열 → 뜸들이기

– 수세 : 물을 가득 넣고 가볍게 휘저어서 윗물을 따르는 조작을 2~3회 행한다.
– 수침 : 쌀에 흡수되는 물의 양은 20~30%이고, 여름에는 30분, 겨울에는 90분 정도 지나면 포화상태에 도달한다.
• 밥맛의 구성요소
  – pH7~8의 밥맛이 가장 좋고, 산성이 높아질수록 밥맛은 나빠진다.
  – 약간(0.03%)의 소금을 넣으면 밥맛이 좋아진다.

▶ 죽 조리

• 죽 조리 시 주의사항
  – 곡물을 미리 물에 담가서 충분히 수분을 흡수시켜야 한다.
  – 곡물의 5~6배의 물을 계량하여 처음부터 넣어서 끓인다.
  – 죽을 쑤는 냄비나 솥은 두꺼운 재질(돌, 옹기)이 좋다.
  – 죽을 쑤는 동안에 너무 자주 저으면 죽이 삭아 물이 겉돌게 되므로, 나무주걱으로 눌어붙지 않을 정도로만 저어준다.
  – 중불 이하에서 서서히 오래 끓인다.

– 간은 곡물이 완전히 호화되어 부드럽게 퍼진 후에 하
며, 간은 약하게 하고 먹는 사람의 기호에 따라 맞추도
록 한다.

• 장국죽

> • 재료 : 쌀 100g, 진간장 15mL, 소고기 20g, 깨소금 5g, 불린 표고
> 버섯 1개, 후춧가루 1g, 마늘 간 것 1쪽, 참기름 10mL, 대파 흰 부분
> 1토막
> ① 2시간 이상 충분히 불린 쌀은 절구나 밀대를 이용하여 쌀알을 부
> 순다.
> ② 불린 표고버섯은 포를 떠서 길이 3cm 채를 썬다.
> ③ 소고기는 간장, 다진 파, 다진 마늘, 후추, 깨소금, 참기름으로 양념
> 을 한다.
> ④ 두꺼운 냄비에 참기름을 두르고 표고버섯과 소고기를 볶다가 쌀
> 을 넣고, 쌀알이 투명해질 때까지 볶는다.
> ⑤ 쌀의 5~6배 정도의 물을 첨가하며 서서히 오래 끓인다.
> ⑥ 죽이 끓어오르면 불을 약하게 줄여서 쌀알이 완전히 퍼질 때까지
> 서서히 끓여 죽의 농도를 맞춘다.
> ⑦ 간장으로 색과 간을 맞춘다.

• 전복죽

> • 재료 : 쌀 1/2컵, 전복 1개, 참기름 1큰술, 물 3컵, 소금 1작은술
> ① 2시간 이상 충분히 불린 쌀은 절구나 밀대를 이용하여 쌀알을 부
> 순다.
> ② 전복은 고운 솔로 깨끗이 문질러 씻는다. 껍질이 얇은 쪽에 칼을
> 넣어 내장이 터지지 않도록 살을 떼어내고 전복 살을 얇게 저며
> 썬다.
> ③ 냄비에 참기름을 넣고 쌀과 전복 내장을 볶다가 분량의 물을 붓고
> 끓인다.
> ④ 죽이 어느 정도 퍼지면 전복 살을 넣고 마지막에 소금으로 간한다.

• 녹두죽

> • 재료 : 쌀 1/2컵, 녹두 1컵, 물 9컵, 소금 약간
> ① 2시간 이상 충분히 불린 쌀은 절구나 밀대를 이용하여 쌀알을 부
> 순다.
> ② 녹두는 가볍게 비벼가며 씻어 10배 정도의 물을 붓고 삶는다. 녹
> 두가 쉽게 으깨질 정도로 푹 삶은 뒤 체에 받쳐 나무주걱으로 으
> 깨어 껍질은 버리고 앙금은 가라앉힌다.
> ③ 녹두를 넣고 불린 쌀에 물을 붓고 끓인다.
> ④ 죽이 어느 정도 퍼지면 마지막에 소금으로 간한다.

• 잣죽

> • 재료 : 불린 쌀 1/2컵, 잣 1컵, 물 5컵, 소금 1작은술
> ① 쌀은 씻어서 물에 2시간 이상 충분히 불린 후 물기를 제거한다. 불
> 린 쌀은 갈아서 고운 체에 받치고 앙금과 윗물을 따로 준비한다.
> ② 잣은 고깔을 떼서 물을 붓고 곱게 갈아 고운 체에 받쳐 앙금과 윗
> 물을 따로 준비한다.
> ③ 냄비에 잣의 윗물을 붓고 나무주걱으로 저어가며 끓인 뒤 잣 앙금
> 을 넣고 충분히 끓인다.
> ④ 쌀 윗물을 넣고 끓이다가 다시 쌀 앙금을 넣고 끓인다.
> ⑤ 끓어오르면 갈은 잣을 조금씩 넣어 멍울이 지지 않도록 불을 약하
> 게 줄이고, 죽이 어우러질 때까지 서서히 끓인다.

POINT 015 국·탕·찌개 조리

▶ 국물의 기본

쌀뜨물	쌀을 처음 씻은 물은 버리고 2~3번째 씻은 물을 사용하며 쌀의 전분으로 국물에 진한 맛과 부드러움을 준다.
멸치 또는 조개 국물	멸치는 머리와 내장을 뗀 뒤 냄비에 살짝 볶고 찬물을 부어 끓인다. 끓기 시작하면 10~15분간 우려내고 거품은 걷어 면포에 걸러 사용한다. 국물을 내는 조개로는 모시조개나 바지락처럼 크기가 작은 것이 적당하다.
다시마 육수	다시마는 두껍고 검은 빛을 띠는 것이 좋다. 다시마는 감칠맛을 내는 물질인 글루탐산나트륨, 알긴산, 만니톨 등을 많이 함유하고 있어 감칠맛이 난다.
소고기 육수	국이나 전골, 편육은 사태, 양지머리와 같이 비교적 질긴 부위를 사용한다. 소고기는 찬물에 담가 핏물을 충분히 뺀 후 찬물에 고기를 넣고 센 불에서 끓이기 시작한다. 육수가 끓기 시작하면 약한 불로 은근히 끓여 육수가 잘 우러나도록 한다.
사골 육수	소뼈를 이용한 육수를 만들 때에는 찬물에서 1~2시간 정도 담가 핏물을 충분히 뺀 후 육수를 낸다.

▶ 국의 종류

종류	내용
맑은국	대개 소고기 육수가 기본이고, 건지는 적은 편이다. 육류를 사용하지 않은 맑은국으로는 콩나물과 대합, 재첩, 홍합 등 조개류로 끓인 탕이 있다.
장국	장국은 된장, 고추장을 넣고 끓이는 방법과 소금, 간장으로 간을 하고 약간의 고춧가루를 넣어 끓이는 방법이 있다. 일반적으로 토장국이라 하여 된장을 넣고 끓인 국을 많이 사용한다.
냉국	여름철 국으로 국물은 소고기 또는 닭고기나 멸치, 다시마 등을 사용한다. 냉국을 만들 때는 진하게 끓인 육수를 차갑게 하여 사용한다.
곰국	뼈나 살코기, 내장 등의 여러 가지 부위를 고아서 소금으로 간을 맞춘다.

▶ 탕의 종류

• 맑은 탕

종류	내용
곰탕	양지머리 · 사태 등 고기와 양(소의 위) · 곱창 · 부아 등 내장을 될수록 많이 넣고 오래 끓여야 감칠맛이 난다. 파 · 마늘 · 무를 함께 넣어 푹 무르게 끓이고, 건더기는 건져 적당한 크기로 썰어서 양념을 하여 국에 넣어 한소끔 다시 끓인다.
갈비탕	가리탕이라고도 하며, 소갈비는 5~6cm 길이로 토막내고 무는 통째로 넣어 처음에는 센불에 끓이고 중간에는 중불에 4~5시간 푹 고아준다. 고기가 흐물흐물하게 익었을 때, 무는 건져서 3cm 정도의 길이로 납작하게 썰고 갈비는 건져서 양념을 하고 국물은 식혀서 기름기를 걷어 낸다.
설렁탕	소머리 · 사골 · 도가니 그 밖에 뼈 · 사태고기 · 양지머리 · 내장 등을 재료로 쓰며, 반나절 푹 끓이면 국물에 살코기와 뼈의 가용성분이 우러나와 국물이 유백색의 콜로이드용액 상태를 이룬다.
조개탕	재첩 · 대합조개 · 모시조개 등을 껍질째로 깨끗이 씻어서 물을 붓고 끓이다가 맛이 우러났을 때 채썬 파를 넣는다.

• 얼큰한 탕

종류	내용
추어탕	산 미꾸라지와 두부모를 통으로 넣고 끓이는 방법과 미꾸라지를 으깨어 끓이는 방법이 있다.
육개장	냄비에 물을 많이 붓고 끓이다가 핏물을 뺀 양지머리와 양 · 곱창을 넣고 푹 삶는다. 무른 고기를 건져 결대로 찢은 다음 갖은 양념으로 무친다. 파, 고사리, 숙주를 끓는 물에 살짝 데친 후 건져 양념한 고기와 함께 장국에 넣고 한소끔 끓인 뒤 고추기름을 넣고 다시 끓여 소금이나 고추장으로 간을 맞춘다.
매운탕	민물생선이나 해수어를 넣어 끓인다. 얼큰하고 시원한 맛을 더하기 위하여 조개, 두부,호박, 마늘, 미나리, 쑥갓 등을 넣고 끓인다.

• 닭 육수로 끓이는 탕

종류	내용
삼계탕	닭의 뱃속에 찹쌀, 밤, 마늘, 대추, 인삼 등을 넣고, 물을 넉넉히 부은 냄비나 솥에 푹 삶는다. 계삼탕이라고도 한다.
초계탕	닭 육수를 차게 식혀 식초와 겨자로 간을 한 다음 살코기를 잘게 찢어서 넣어 먹는 음식이다.

▶ 찌개의 종류

종류	내용
맑은 찌개	소금이나 새우젓으로 간을 맞춘 것으로 두부젓국찌개와 명란젓국찌개 등이 있다.
탁한 찌개	된장이나 고추장으로 간을 맞춘 것으로 된장찌개, 생선찌개, 순두부찌개, 청국장찌개, 두부고추장찌개, 호박감정, 오이감정, 게감정 등이 있다.

POINT 016 **전 · 적 조리**

▶ 전

• 채소, 어류, 육류 등을 밀가루, 달걀 등의 옷을 입혀 기름에 지지는 방법이다.
• 전유어, 전유화, 간남 등의 이름으로 부른다. 1609년 『영접도감의궤』에 중국 사신을 위한 조반상에 오른 것으로 간남(어육)으로 기록되어 있다.
• 빈대떡이나 파전처럼 재료들을 밀가루 푼 것에 섞어서 직접 기름에 지지는 것은지짐이라고 한다.

▶ 적

종류	특징	종류
산적	익히지 않은 재료를 양념하여 꼬챙이에 꿰어 굽거나, 살코기나 섭산적처럼 석쇠로 굽는 것	소고기산적, 섭산적, 장산적, 닭산적, 생치산적 등
누름적	익힌 재료를 꿰어서 밀가루, 달걀물을 입혀 번철에 지져 익히는 것	김치적, 두릅적, 잡누름적, 지짐누름적 등
	익힌 재료를 썰어서 번철에서 기름을 누르고 익혀 꿴 것	화양적

POINT 017 **생채 · 회 · 조림 · 초 조리**

▶ 생채 · 회의 정의와 종류

• 정의

생채	익히지 않고 날로 무친 나물을 의미하며, 계절마다 나오는 싱싱한 채소들을 익히지 않고 초장, 고추장, 겨자소스 등으로 무친 반찬
회	채소류, 어패류, 육류를 썰어서 날로 초간장, 초고추장, 소금 등에 찍어 먹는 음식
숙회	채소류, 어패류, 육류를 끓는 물에 데치거나 삶아서 썰어서 초고추장이나 겨자소스 등을 찍어 먹는 조리법

• 종류

생채	더덕생채, 도라지생채, 무생채, 오이생채, 해파리냉채, 파래무침, 상추무침
숙채	탕평채, 도라지나물, 고사리나물, 버섯나물, 애호박나물, 시금치나물, 숙주나물, 콩나물무침
회	육회, 생선회
숙회	미나리강회, 파강회, 문어숙회, 오징어숙회, 낙지숙회, 새우숙회, 어채, 두릅회

▶ 생채 · 회의 조리

• 무생채

> • 재료 : 무 100g, 고춧가루 10g, 소금 1/3작은술, 다진 파, 다진 마늘, 다진 생강, 식초 2작은술, 설탕 2작은술, 깨소금
> ① 무는 채를 썬다.
> ② 굵은 고춧가루는 체에 내려 곱게 만들고, 고운 고춧가루를 넣고 버무린다.
> ③ 분량의 양념을 섞어 양념장을 만든다.
> ④ 붉게 물들인 무에 양념장을 넣고 버무려 완성 접시에 담는다.

• 도라지생채

> • 재료 : 통도라지(껍질 있는 것) 3개, 소금 1작은술, 식초 1작은술, 고추장 1작은술, 고춧가루 1/2작은술, 설탕 1/2작은술, 다진 파, 다진 마늘, 깨소금
> ① 도라지는 가로 방향으로 껍질을 돌려 깎아 제거하고 채를 썬다.
> ② 도라지에 소금을 넣어 바락바락 주물러서 쓴맛을 제거하고 절인다.
> ③ 고춧가루는 체에 내리고, 분량의 양념을 넣어 양념장을 만든다.
> ④ 도라지는 물에 헹구고 수분을 제거한다.
> ⑤ 도라지에 양념장을 넣고 버무려 완성 접시에 담는다.

• 미나리강회

> • 재료 : 소고기 80g, 미나리 30g, 홍고추 1개, 달걀 2개, 소금, 식용유
> • 초고추장 양념장 : 고추장 1큰술, 식초 1큰술, 설탕 1/2큰술
> ① 끓는 물에 소금을 넣고 미나리의 줄기를 살짝 데친다. 찬물에 헹구고 수분을 제거한 후 반으로 길게 가른다.
> ② 끓는 물에 핏물을 뺀 소고기를 덩어리째 삶는다.
> ③ 홍고추는 폭 0.5cm, 길이 4cm로 썬다.
> ④ 팬에 기름을 두르고 황 · 백지단을 두툼하게 부치고, 식으면 황 · 백지단과 편육을 폭 1.5cm, 길이 5cm로 썬다.
> ⑤ 편육, 백지단, 황지단, 홍고추 순서로 모양을 잡고 미나리로 감는다. 매듭 부분은 보이지 않게 한다.
> ⑥ 초고추장을 만들어 곁들인다.

▶ 조림 · 초의 정의와 종류

조림	궁중용어는 '조리니'이며, 궁중에서는 조리개라고도 하였다.
초	"볶는다."라는 뜻으로 조림과 비슷한 방법이나 윤기가 나는 것이 특징이며, 조림의 국물에 녹말가루를 풀어 넣고 익혀서 그것이 재료에 엉기도록 하였다.
	전복초, 홍합초, 삼합초(홍합, 전복, 해삼)

▶ 조림 · 초의 조리

• 장조림

> • 재료 : 소고기(홍두깨) 200g, 진간장 99g(5와 1/2큰술), 마늘 20g, 백설탕 24g, 파 10g, 참기름 5mL, 생강 15g, 검은 후춧가루 2g, 꽈리고추 50g, 물 600g, 메추리알
> ① 소고기는 두세 번 깨끗한 물로 갈아주면서 1시간 정도 핏물 빼기를 한다.
> ② 끓는 물에 소고기, 대파, 양파, 마늘 및 통후추 등의 향신야채와 함께 30~40분 정도 가열한다.
> ③ 소고기를 삶은 후 10분 정도 식힌 후 찢고, 고기 삶은 물은 조림 국물로 사용한다.
> ④ 메추리알, 양념장을 일정 비율로 혼합한 후 95℃에서 20~30분간 조리한다.
> ⑤ 소고기와 메추리알이 다 조려질 때쯤 꽈리고추를 넣어 살짝 더 조린다.

• 홍합초 조리

> • 재료 : 생홍합살 100g, 대파 1토막, 마늘 2쪽, 생강 15g, 잣 5개
> • 양념장 : 간장 1큰술, 설탕 1/2큰술, 후춧가루, 참기름
> ① 홍합은 이물질을 제거하고 물에 흔들어 씻은 후 끓는 물에 살짝 데친다.
> ② 대파는 2cm로 썰고 마늘과 생강은 편으로 썬다.
> ③ 냄비에 물 1/4컵, 간장 1큰술, 설탕 1/2큰술, 생강을 넣어 끓이고 끓으면 대파를 넣어 익힌다.
> ④ 국물이 반으로 졸아들면 마늘, 홍합을 넣어 익힌다. 이때 홍합이 질겨지지 않도록 한다.
> ⑤ 국물이 1큰술 정도 남았을 때 후춧가루, 참기름을 넣어 윤기가 나게 졸인다.
> ⑥ 접시에 홍합초를 국물과 함께 담고 잣을 다져서 기름기를 제거한 후 홍합초 위에 고명으로 뿌린다.

POINT 018 구이 조리

▶ 구이의 조리

• 너비아니구이

> • 재료 : 소고기(안심 또는 등심) 100g, 배 1/8개, 잣 5개, 식용유
> • 양념장 : 진간장 1큰술, 설탕 1/2큰술, 다진 파, 다진 마늘, 후추, 깨소금, 참기름, 배즙 1큰술
> ① 소고기는 핏물을 닦고 기름기와 힘줄을 떼어 내어 포를 뜬 후에 잔 칼질을 하여 배즙에 10분 정도 재운다.
> ② 소고기에 양념장을 넣고, 간이 잘 배도록 주물러 30분간 재워 둔다.
> ③ 석쇠를 달구어 식용유를 바르고, 양념한 소고기를 올려서 중불로 타지 않게 굽는다.
> ④ 너비아니에 잣가루를 뿌려서 낸다.

- 소갈비구이

> - 재료 : 소갈비 1,000g
> - 양념장 : 간장 5큰술, 배즙 5큰술, 다진 파 3큰술, 다진 마늘 1과 1/2큰술, 설탕 2큰술, 참기름 1과 1/2작은술, 깨소금 1과 1/2큰술, 후춧가루 1작은술
> ① 갈비는 6~7cm 길이로 잘라서 뼈에 붙은 기름과 힘줄을 떼어낸 후, 갈비가 잠기도록 물을 붓고 1시간 간격으로 물을 갈아주면서 3시간 정도 핏물을 뺀다.
> ② 갈비뼈 끝 부분의 살이 떨어지지 않도록 두께 0.5cm 정도로 포를 떠서 앞뒷면에 잔 칼집을 넣는다.
> ③ 소갈비에 양념장을 넣고 30분 정도 재운다.
> ④ 석쇠를 달구어 식용유를 바르고, 양념한 갈비를 올려서 중불로 타지 않게 굽는다.
> ⑤ 갈비에 남은 양념장을 더 발라가면서 타지 않게 1분 정도 더 굽는다.
> ⑥ 구운 후 잣가루를 뿌린다.

- 북어구이

> - 재료 : 북어포 1마리, 식용유
> - 유장 : 참기름 1큰술, 진간장 1작은술
> - 양념장 : 고추장 1큰술, 설탕 1/2큰술, 다진 파, 다진 마늘, 후추, 깨소금, 참기름
> ① 북어포는 찬물에 5분 정도 불린다.
> ② 유장과 양념장을 만든다.
> ③ 북어는 면보로 수분을 제거하고 뼈와 잔가시를 제거하고 내장과 꼬리 쪽을 칼끝으로 콕콕 찔러준다. 껍질 쪽에는 잔 칼집을 넣어 오그라들지 않게 한 후, 3토막으로 자른다.
> ④ 석쇠는 불에 달궈 소독하고 수저로 긁어 이물질을 제거한 후 키친타월에 식용유를 묻혀 코팅한다.
> ⑤ 북어는 유장을 발라 초벌구이를 한다.
> ⑥ 구워진 북어는 양념장을 발라 타지 않게 굽는다.

POINT 019 **숙채 · 김치 조리**

숙채의 조리
- 시금치나물

> - 재료 : 시금치 300g, 다진 파 15g, 다진 마늘 8g, 국간장 5mL, 소금 5g, 깨소금 5g, 참기름 15mL
> ① 시금치는 깨끗이 씻고 끓는 물에서 뚜껑을 열고 약간의 소금을 넣어 재빨리 삶는다.
> ② 삶은 시금치는 찬물에 헹궈서 물기를 짜서 준비한다.
> ③ 삶은 시금치에 양념이 잘 배합되도록 무친다.

- 고사리나물

> - 재료 : 고사리 200g, 국간장 2큰술, 참기름 1큰술, 다진 파 15g, 다진 마늘 8g, 깨소금 5g
> ① 고사리와 다진 파, 다진 마늘, 국간장, 소금, 참기름, 깨소금을 섞어 양념을 무친다.
> ② 프라이팬에 식용유를 두르고 양념에 무친 고사리를 볶는다.

김치의 이해
- 김치의 역사

삼국시대 전	소금의 발견
삼국시대 『제민요술』	배추를 소금물에 담가두고, 순무는 말려서 소금을 치고 기장죽, 보리누룩, 소금을 넣어 담근 기록
고려시대 『한양구급방』	장으로 담근 여름용 순무장아찌, 소금에 절인 겨울 및 봄가을용 순무 절임
조선전기 『태종왕조실록』	초겨울 배추와 무를 절여 저장한다는 '침장고'라는 용어 등장. 김치를 뜻하는 '저(菹)' 기록
조선후기 『음식디미방』	산갓 김치, 생치 김치, 나박김치, 생치 짠지 등 소개

- 김치의 효능
  - 항균 작용
  - 중화 작용
  - 다이어트 효과
  - 항암 작용
  - 항산화 · 항노화 작용
  - 동맥경화, 혈전증 예방 작용

김치의 양념
- 양념의 정의 : "먹어서 몸에 약이 되는 것을 염두에 둔다." 라는 의미이다.
- 김치의 양념 : 고추, 마늘, 생강, 소금, 젓갈, 파, 갓

김치의 조리
- 조리 순서

> 배추 품질 확인하기 → 배추 다듬기 → 배추 자르기 → 배추 절이기 → 배추 세척 및 물 빼기 → 배추김치 부재료 전처리하기

- 김치를 잘 담그기 위한 조건
  - 좋은 품질의 싱싱한 주재료를 선택하여야 한다.
  - 재료에 따라 염도, 절이는 시간을 조절하여 소금에 절인다.
  - 좋은 품질의 고춧가루를 사용해야 김치의 맛과 색이 좋다.
  - 저온(4℃ 이하)에서 저장한다.
  - 김치에 공기가 들어가지 않도록 잘 밀봉한다.
- 김치의 숙성
  - 유기산이 생성되어 산도를 증가시키고 pH를 감소시킨다.
  - 젖산, 구연산, 주석산이 생긴다.
  - 유리아미노산 중 리신, 아스파르트산, 글루탐산, 발린, 메티오닌, 이소루신, 루신의 함량이 높아진다.

- 김치의 발효 초기에는 비타민 C가 감소하다가 김치가 익을 때까지 지속적으로 증가한다. 추후에 약간 감소한다.
- 김치의 산패 원인
  - 초기 김치 주재료 및 부재료가 청결하지 못한 경우
  - 김치의 저장온도가 높거나 소금 농도가 낮은 경우
  - 김치 발효 마지막에 곰팡이나 효모들에 오염된 경우
  - 김치 발효 시에 공기가 들어간 경우

POINT 020 볶음 조리

▶ 볶음의 불 조절

- 재료에 따른 불 조절
  - 육류 : 프라이팬에 기름을 두르고 뜨거워지면 육류를 강한 불로 볶아 익힌다. 기름과 불, 알코올을 이용하여 볶으면 중국 음식 특유의 불맛을 만들 수 있다.
  - 채소류 : 오이와 당근, 버섯 등의 채소는 기름을 두르고 살짝 볶는다. 오래 볶으면 변색이 되거나 질겨진다.
  - 어류 : 오징어, 낙지 등 해산물은 오래 익히면 질겨지므로 강한 불로 단시간 내에 볶는다.

- 불의 화력
  - 센불 : 센불은 구이, 볶음, 찜처럼 처음에 재료를 익히거나 국물을 팔팔 끓일 때 사용한다.
  - 중불 : 국물 요리에서 한 번 끓어오른 뒤 그다음 부글부글 끓는 상태를 유지할 때 사용한다.
  - 약불 : 오랫동안 끓이는 조림 요리나 뭉근히 끓이는 국물 요리에 사용한다. 조림의 경우 처음에는 센불로 하고 그다음에는 중불 → 약불로 사용한다.

▶ 볶음의 조리

- 오징어볶음

  - 물오징어 1마리, 양파 1/4개, 홍고추 1개, 풋고추 1개, 대파 4cm 1토막, 소금, 식용유
  - 양념장 : 고추장 2큰술, 고춧가루 1큰술, 설탕 1큰술, 진간장 1작은술, 다진 마늘, 다진 생강, 깨소금, 후추, 참기름
  ① 양파는 폭 1cm로 굵게 채썰고, 고추와 대파는 어슷하게 썬다.
  ② 마늘과 생강은 다지고 양념장을 만든다.
  ③ 오징어는 몸통을 반으로 갈라 내장을 제거하고 소금으로 껍질을 벗긴다.
  ④ 오징어의 내장부분에 폭 0.3cm로 어슷하게 칼집을 가로, 세로로 넣는다.
  ⑤ 가로 4cm, 세로 1.5cm의 길이로 썰고, 다리는 4cm로 자른다.
  ⑥ 팬에 기름을 두르고 양파를 볶는다. 양파가 투명해지면 강불에서 오징어를 볶아 익힌다.
  ⑦ 오징어가 익으면 불을 줄여 양념장과 함께 볶는다.
  ⑧ 마지막으로 고추, 대파, 참기름을 넣어 윤기가 나게 볶는다.

자주 출제되는
기출문제 60선

자주 출제되는 기출문제 60선

SECTION 01 위생관리 및 안전관리

001 식품 위생관리

- 미생물에 의한 식품의 변질

변패	식품 성분 중 탄수화물, 지방이 분해되어 변질된 현상
부패	단백질이 미생물에 의해 분해되어 악취, 유해 물질 생성
산패	지방질이 산화되어 불쾌한 냄새 형성, 성분과 색이 변질
발효	탄수화물 식품이 미생물에 의해 알코올과 유기산을 생성하여 유용한 물질을 만들어 내는 현상

- 중간숙주와 기생충
  - 중간숙주가 없는 것 : 회충, 요충, 편충, 구충, 동양모양선충
- 중간숙주가 한 개인 것

기생충	중간숙주
무구조충(민촌충)	소
유구조충, 선모충	돼지
만소니열두조충	닭

- 중간숙주가 두 개인 것

기생충	제1중간숙주	제2중간숙주
간흡충(간디스토마)	왜우렁이	붕어, 잉어
폐흡충(폐디스토마)	다슬기	가재, 게
요꼬가와흡충	다슬기	담수어, 은어, 잉어
광절열두조충(긴촌충)	물벼룩	연어, 송어
유극악구충	물벼룩	민물고기(가물치), 양서류
아니사키스	프랑크톤	대구, 청어, 조기, 오징어

- 불량 식품첨가물
  - 유해 착색제 : 아우라민, 로다민 B, 파라니트로아닐린, 실크 스카렛
  - 유해 감미료 : 에틸렌글리콜, 파라니트로오르토톨루이딘, 둘 신, 페릴라틴, 사이클라메이트, 니트로아닐린, 메타니트로아 닐린
  - 유해 표백제 : 롱갈리트, 형광표백제, 니트로겐트리클로라이 드, 아황산납, 삼염화질소
  - 유해 보존제 : 붕산, 포름알데히드, 불소화합물, 승홍
  - 메탄올(0.5mg/mL 이하 허용)

1 다음 중 미생물에 의한 식품의 부패 원인과 가장 관계가 깊은 것은?

① 습도
② 냄새
③ 색도
④ 광택

2 기생충과 인체감염원인 식품의 연결이 틀린 것은?

① 유구조충 – 돼지고기
② 무구조충 – 쇠고기
③ 동양모양선충 – 민물고기
④ 아니사키스 – 바다생선

3 간디스토마와 폐디스토마의 제1중간숙주를 순서대로 짝 지어 놓은 것은?

① 우렁이 – 다슬기
② 잉어 – 가재
③ 사람 – 가재
④ 붕어 – 참게

4 돼지고기를 날것으로 먹거나 불완전하게 가열하여 섭취 할 때 감염될 수 있는 기생충은?

① 유구조충
② 무구조충
③ 광절열두조충
④ 간디스토마

5 식품 첨가물의 사용이 잘못된 경우는?

① 값이 싸고 색이 아름다우며 사용상 편리하여 과자를 만 들 때 아우라민(Auramine)을 사용하였다.
② 허용된 첨가물이라도 과용하면 식중독이 유발될 수 있 으므로 사용량을 잘 지켜 사용하였다.
③ 롱가릿은 밀가루 또는 물엿의 표백작용이 있으나, 독성 물질의 잔류 때문에 사용하지 않았다.
④ 보존료로서 식품 첨가물로 지정되어 있는 것은 사용 기 준이 정해져 있으므로 이를 잘 지켜 사용하였다.

002 주방 위생관리

- **HACCP 의무적용대상**

  아래 식품에 대한 식품안전관리인증기준의 적용·운영에 관한 세부적인 사항은 식품의약품안전처장이 정하여 고시한다.

  - 수산가공식품류의 어육가공품류 중 어묵·어육소시지
  - 기타수산물가공품 중 냉동 어류·연체류·조미가공품
  - 냉동식품 중 피자류·만두류·면류
  - 과자류, 빵류 또는 떡류 중 과자·캔디류·빵류·떡류
  - 빙과류 중 빙과
  - 음료류[다류(茶類) 및 커피류는 제외]
  - 레토르트식품
  - 절임류 또는 조림류의 김치류 중 김치(배추를 주원료로 하여 절임, 양념혼합 과정 등을 거쳐 이를 발효시킨 것이거나 발효시키지 아니한 것 또는 이를 가공한 것에 한함)
  - 코코아가공품 또는 초콜릿류 중 초콜릿류
  - 면류 중 유탕면 또는 곡분, 전분, 전분질원료 등을 주원료로 반죽하여 손이나 기계 따위로 면을 뽑아내거나 자른 국수로서 생면·숙면·건면
  - 특수용도식품
  - 즉석섭취·편의식품류 중 즉석섭취식품
  - 즉석섭취·편의식품류의 즉석조리식품 중 순대
  - 식품제조·가공업의 영업소 중 전년도 총 매출액이 100억 원 이상인 영업소에서 제조·가공하는 식품

- **HACCP 적용 순서(12절차 7원칙)**

① HACCP 팀 구성	– 생산, 설비, 물류, 품질 관리 등의 인력으로 각 팀원과 팀장 구성 – CCP 모니터링 관리 요원까지 해당 공정의 현장 종사자 구성
② 제품 설명서 작성	위해요소 파악, 예방 조치에 필요한 모든 정보를 파악하기 위해 제품 설명서 작성
③ 제품 용도 확인	소비 대상, 가열, 섭취 방법 확인
④ 공정 흐름도 작성	원 부재료 및 포장 재료의 입고부터 출하까지의 전 공정에 대한 위해요소의 교차오염, 증식, 2차 오염 가능성 파악 및 공정도 작성
⑤ 공정 흐름도 현장 확인	공정 흐름도 및 평면도가 현장과 일치하는지 검증
⑥ 원칙 1 : 위해 요소 분석	– 인체 건강을 해칠 우려가 있는 생물학적, 화학적, 물리적 위해요소 목록 작성 – 위해 평가 실시, 심각성과 발생 가능성 평가, 예방 조치 방법 – 급성 독성 : 화학물질을 시험동물에 1회 또는 24시간 안에 반복 투여하거나, 흡입될 수 있는 화학물질을 24시간 안에 1회 노출시켰을 때 1일~2주 안에 나타나는 독성 – 아급성 독성 : 농약 등의 약물을 실험동물에 반복 처리할 경우 처리 후 1~3개월 사이에 생체의 기능 혹은 조직에 장해를 주는 성질 – 아만성 독성 : 3개월간을 연속 투여했을 때 생기는 특성으로, 아만성 독성시험 결과 최대무작용량 산출 및 만성독성 투여약량 수준을 결정하는 데 이용됨

⑦ 원칙 2 : 중요 관리점(CCP) 결정	– 위해요소를 예방하고 제거할 수 있는 공정상의 단계 과정 – 공정 결정
⑧ 원칙 3 : 한계 기준 설정	– 위해요소 관리 허용 범위의 기준치 설정 – 반수치사량 : 일정한 조건하에서 시험동물의 50%를 사망시키는 물질의 양 – 최대무작용량 : 식품첨가물의 사용기준을 정하기 위한 각종 독성시험(급성, 만성, 발암, 변이원성 등)에서, 전혀 유해 작용이 확인되지 않는 투여량 – 1일 섭취 허용량 : 인간이 한평생 매일 섭취하더라도 장해가 인정되지 않는다고 생각되는 화학물질의 1일 섭취량(mg/kg 체중/1일)
⑨ 원칙 4 : 모니터링 방법 설정	지속적인 측정, 관찰방법 설정
⑩ 원칙 5 : 개선 조치 설정	중요 관리점의 한계 기준에 준수되지 않은 경우, 재발 방지를 위한 원인 규명 및 개선 조치 설정
⑪ 원칙 6 : 검증 방법 설정	– 적절성과 실행성 파악 – 최초 검증, 정기 검증, 일상 검증, 특별 검증
⑫ 원칙 7 : 기록 유지 및 문서 관리	HACCP 관리 과정 기록물 문서화

6 다음의 정의에 해당하는 것은?

> 식품의 원료관리, 제조·가공·조리·유통의 모든 과정에서 위해한 물질이 식품에 섞이거나 식품이 오염되는 것을 방지하기 위하여 각 과정을 중점적으로 관리하는 기준

① 위해요소중점관리기준(HACCP)
② 식품 Recall 제도
③ 식품 CODEX 기준
④ ISO 인증 제도

7 HACCP에 대한 설명으로 옳지 <u>않은</u> 것은?

① 어떤 위해를 미리 예측하여 그 위해요인을 사전에 파악하는 것이다.
② 위해 방지를 위한 사전 예방적 식품안전관리체계를 말한다.
③ 미국, 일본, 유럽연합, 국제기구(Codex, WHO) 등에서도 모든 식품에 HACCP을 적용할 것을 권장하고 있다.
④ HACCP 12절차의 첫 번째 단계는 위해요소 분석이다.

8 다음 중 위해요소중점관리기준(HACCP)을 수행하는 단계에 있어서 가장 먼저 실시하는 것은?

① 중점 관리점 규명
② 관리기준의 설정
③ 기록유지 방법의 설정
④ 식품의 위해요소를 분석

9 HACCP 인증 단체급식업소(집단급식소, 식품접객업소, 도시락류 포함)에서 조리한 식품은 소독된 보존식 전용 용기 또는 멸균 비닐봉지에 매회 1인분 분량을 담아 몇 ℃ 이하에서 얼마 이상의 시간 동안 보관하여야 하는가?

① 4℃ 이하, 48시간 이상
② 0℃ 이하, 100시간 이상
③ −10℃ 이하, 200시간 이상
④ **−18℃ 이하, 144시간 이상**

🚩 **기적의 TIP** HACCP 인증 단체급식업소에서 조리한 식품은 소독된 보존식 전용 용기 또는 멸균비닐봉지에 매회 1인분 분량을 담아 −18℃ 이하에서 144시간 이상의 시간 동안 보관하여야 한다.

| **003** | **식중독 관리** |

• 식중독의 종류

종류		예
세균성	감염형	살모넬라 식중독, 장염비브리오 식중독, 병원성대장균 식중독
	독소형	황색포도상구균 식중독, 클로스트리디움 보툴리눔균 식중독
	중간형	웰치균 식중독
	기타	알러지성 식중독
바이러스성	감염형	노로바이러스, 아스트로바이러스, 장관아데노바이러스, 로타바이러스
자연독	식물성	독버섯, 감자
	동물성	복어독, 조개류
	곰팡이	아플라톡신, 황변미독
화학성	의도적	인공감미료, 착색료 등 식품첨가물
	비의도적	농약, 수은, 납 등

10 독소형 세균성 식중독으로 짝지어진 것은?

① 살모넬라 식중독, 장염비브리오 식중독
② 리스테리아 식중독, 복어독 식중독
③ **황색포도상구균 식중독, 클로스트리디움보툴리눔균 식중독**
④ 맥각독 식중독, 콜리균 식중독

11 음식을 먹기 전에 가열하여도 식중독 예방이 가장 어려운 균은?

① **포도상구균**
② 살모넬라균
③ 장염비브리오균
④ 병원성대장균

12 살균이 불충분한 저산성 통조림 식품에 의해 발생되는 세균성 식중독의 원인균은?

① 포도상구균
② 젖산균
③ **클로스트리디움 보툴리눔**
④ 병원성 대장균

13 노로바이러스 식중독의 예방 및 확산방지 방법으로 옳지 않은 것은?

① 오염지역에서 채취한 어패류는 85℃에서 1분 이상 가열하여 섭취한다.
② **항바이러스 백신을 접종한다.**
③ 오염이 의심되는 지하수의 사용을 자제한다.
④ 가열 조리한 음식물은 맨손으로 만지지 않도록 한다.

🚩 **기적의 TIP** 포도상구균 자체는 열에 약해 80℃에서 30분 가열하면 파괴되지만 독소는 열에 강하여 쉽게 파괴되지 않는다.

| **004** | **식품위생관계법규** |

• 위해식품 등의 판매 금지

다음의 어느 하나에 해당하는 식품 등을 판매하거나 판매할 목적으로 채취·제조·수입·가공·사용·조리·저장·소분·운반·진열을 금지함

− 썩거나 상하거나 설익어서 인체의 건강을 해칠 우려가 있는 것
− 유독·유해물질이 들어 있거나 묻어 있는 것 또는 그러할 염려가 있는 것. 다만, 식품의약품안전처장이 인체의 건강을 해칠 우려가 없다고 인정하는 것은 제외
− 병을 일으키는 미생물에 오염되었거나 그러할 염려가 있어 인체의 건강을 해칠 우려가 있는 것
− 불결하거나 다른 물질이 섞이거나 첨가된 것 또는 그 밖의 사유로 인체의 건강을 해칠 우려가 있는 것
− 안전성 심사 대상인 농·축·수산물 등 가운데 안전성 심사를 받지 아니하였거나 안전성 심사에서 식용으로 부적합하다고 인정된 것
− 수입이 금지된 것 또는 수입신고를 하지 아니하고 수입한 것
− 영업자가 아닌 자가 제조·가공·소분한 것

- 허가를 받아야 하는 영업
  - 식품조사처리업 : 식품의약품안전처장
  - 단란주점영업, 유흥주점영업 : 특별자치시장·특별자치도지사 또는 시장·군수·구청장
- 신고를 하여야 하는 업종
  - 특별자치시장 또는 시장·군수·구청장에게 신고한다.
  - 즉석판매제조·가공업
  - 식품운반업
  - 식품소분·판매업
  - 식품냉동·냉장업
  - 용기·포장류제조업
  - 휴게음식점영업, 일반음식점영업, 위탁급식영업 및 제과점영업
- 업종의 구분

구분	음주 행위	손님 노래	유흥 종사자
휴게음식점, 위탁급식, 제과점	×	×	×
일반음식점	○	×	×
단란주점	○	○	×
유흥주점	○	○	○

- 조리사의 결격사유
  - 정신질환자
  - 감염병환자(B형간염환자는 제외)
  - 마약이나 그 밖의 약물 중독자
  - 조리사 면허의 취소처분을 받고 그 취소된 날부터 1년이 지나지 아니한 자
- 면허취소 및 행정처분
  - 면허취소 : 정신질환자, 감염병환자(B형간염환자는 제외), 마약이나 그 밖의 약물 중독자, 조리사 면허의 취소처분을 받고 그 취소된 날부터 1년이 지나지 아니한 자, 업무정지기간 중에 조리사의 업무를 하는 경우

위반 사항	1차	2차	3차
조리사, 영양사의 보수 교육을 받지 아니한 경우	시정 명령	15일	1개월
식중독이나 위생과 관련한 중대한 사고 발생에 직무상의 책임이 있는 경우	1개월	2개월	면허 취소
면허를 타인에게 대여하여 사용하게 한 경우	2개월	3개월	면허 취소

14 식품위생법상 위해식품 등의 판매 등 금지내용이 <u>아닌</u> 것은?

① 불결하거나 다른 물질이 섞이거나 첨가된 것으로 인체의 건강을 해칠 우려가 있는 것
② 유독·유해 물질이 들어 있으나 식품의약품안전처장이 인체의 건강을 해할 우려가 없다고 인정한 것
③ 병원 미생물에 의하여 오염되었거나 그 염려가 있어 인체의 건강을 해칠 우려가 있는 것
④ 썩거나 상하거나 설익어서 인체의 건강을 해칠 우려가 있는 것

15 음식류를 조리·판매하는 영업으로서 식사와 함께 부수적으로 음주행위가 허용되는 영업은?

① 휴게음식점영업
② 단란주점영업
③ 유흥주점영업
④ 일반음식점영업

16 식품접객업 중 시설기준상 객실을 설치할 수 <u>없는</u> 영업은?

① 유흥주점영업
② 일반음식점영업
③ 단란주점영업
④ 휴게음식점영업

17 식품위생법상 조리사 면허를 받을 수 <u>없는</u> 사람은?

① 미성년자
② 마약중독자
③ B형간염환자
④ 조리사 면허의 취소 처분을 받고 그 취소된 날부터 1년이 지난 자

18 조리사 면허 취소에 해당하지 <u>않는</u> 것은?

① 식중독이나 그밖에 위생과 관련한 중대한 사고 발생에 직무상의 책임이 있는 경우
② 면허를 타인에게 대여하여 사용하게 한 경우
③ 조리사가 마약이나 그 밖의 약물에 중독이 된 경우
④ 조리사 면허의 취소처분을 받고 그 취소된 날부터 2년이 지나지 아니한 경우

19 조리사 면허의 취소처분을 받은 때 면허증 반납은 누구에게 하는가?

① 보건복지부장관
② **특별자치도지사, 시장·군수·구청장**
③ 식품의약품안전처장
④ 보건소장

20 식품위생법령상 영업허가 대상인 업종은?

① 일반음식점영업
② **식품조사처리업**
③ 식품소분판매업
④ 즉석판매 제조 가공업

005 공중보건

• 직업병 및 중금속 중독에 관한 질병

원인	질병
고열 환경	열중증(열쇠약증, 열경련증, 열사병)
저온 환경	동상, 동창, 참호족염
고압 환경	잠함병, 잠수병
저압 환경	고산병, 항공병
분진	진폐증, 규폐증, 석면폐증, 활석폐증
조명 불량	안구 진탕증, 근시, 안정피로, 백내장
소음	직업성 난청
진동	레이노드병, 수전증
납 중독	연빈혈, 칼슘대사이상, 신장장애, 적혈구수 증가
수은 중독	미나마타병, 언어장애, 지각이상, 보행곤란
크롬 중독	비염, 인두염, 기관지염
카드뮴 중독	이타이이타이병, 신장장애, 단백뇨, 골연화증
미강유 중독 (PCB)	식욕부진, 구토, 체중감소, 흑피증, 코프로포르피린 검출

• 인체 침입 장소에 따른 감염병의 분류
  – 호흡기계 침입

병명	특징	증세
디프테리아	1~4세 어린이에게 많이 발생	발열과 함께 코, 인두, 편도, 후두 등에 염증
백일해	9세 이하에서 많이 발생	얼굴이 빨개지고 눈이 충혈되며, 기침 끝에 구토가 동반되고, 끈끈한 점액성 가래
결핵	폐에서 발병하는 만성 감염병	기침, 호흡장애, 가슴통증, 미열, 전신쇠약
인플루엔자	독감으로 알려진 바이러스에 의한 급성 호흡기 질환	발열과 오한, 복통
천연두 (두창)	주로 겨울철에 발생	발열, 불쾌감, 전신 발진, 두통, 농포, 수포, 근육통
홍역	바이러스에 의해 1~2세에 많이 발생	발열과 전신에 발진
풍진	어린이에게 많이 발생	발열, 발진 증세
성홍열	사람 사이의 긴밀한 접촉이 흔한 학교, 군대 등에서 유행 발생	편도선염, 발진, 고열 증세
유행성 이하선염	볼거리라 불리는 급성 열성 질환	오한, 두통, 전신권태감
결핵	인류 역사상 가장 많은 생명을 앗아간 감염 질환	기침, 호흡장애, 객담, 가슴통증

  – 소화기계 침입

병명	특징	증세
장티푸스	위생상태가 나쁜 지역에서 유행	두통, 근육통, 구역, 구토, 변비, 설사
파라티푸스	장티푸스와 유사	지속적인 고열, 두통, 발진, 설사
세균성 이질	급성 염증성 장염	발열, 혈변
아메바성 이질	아메바의 감염에 의하여 생기는 일종의 소화기 감염병	심한 설사와 혈변, 복통의 증상을 나타내는 대장의 질환
콜레라	분변, 구토물로 오염된 음식이나 물을 통해 감염	구토, 변비, 설사
폴리오	• 급성 이완성 마비를 일으키는 질환 • 급성 회백수염, 소아마비	발열, 인후통, 구역, 구토 등의 비특이적인 증상을 보이다가 수일간의 무증상기를 거친 후 비대칭성의 이완성 마비
유행성 간염	A형 감염 바이러스의 감염에 의해 집단 발생으로 나타내는 급성 바이러스성 간염	전신권태감, 식욕부진, 오심, 구토, 발열, 황달

- 경피 침입 : 십이지장충 파상풍, 나병, 매독 등
- **법정 감염병(2025.10. 기준)**

종류	내용
제1급 (17종)	• 생물테러감염병 또는 치명률이 높거나 집단 발생 우려가 커서 발생 또는 유행 즉시 신고하고 음압격리와 같은 높은 수준의 격리가 필요한 감염병 • 에볼라바이러스병, 마버그열, 라싸열, 크리미안콩고출혈열, 남아메리카출혈열, 리프트밸리열, 두창, 페스트, 탄저, 보툴리눔독소증, 야토병, 신종감염병증후군, 중증급성호흡기증후군(SARS), 중동호흡기증후군(MERS), 동물인플루엔자 인체감염증, 신종인플루엔자, 디프테리아
제2급 (21종)	• 전파 가능성을 고려하여 발생 또는 유행 시 24시간 이내에 신고하고 격리가 필요한 감염병 • 결핵, 수두, 홍역, 콜레라, 장티푸스, 파라티푸스, 세균성이질, 장출혈성대장균감염증, A형간염, 백일해, 유행성이하선염, 풍진, 폴리오, 수막구균 감염증, b형헤모필루스인플루엔자, 폐렴구균 감염증, 한센병, 성홍열, 반코마이신내성황색포도알균(VRSA) 감염증, 카바페넴내성장내세균속균목(CRE) 감염증, E형간염
제3급 (28종)	• 발생을 계속 감시할 필요가 있어 발생 또는 유행 시 24시간 이내에 신고해야 하는 감염병 • 파상풍, B형간염, 일본뇌염, C형간염, 말라리아, 레지오넬라증, 비브리오패혈증, 발진티푸스, 발진열, 쯔쯔가무시증, 렙토스피라증, 브루셀라증, 공수병, 신증후군출혈열, 후천성면역결핍증(AIDS), 크로이츠펠트-야콥병(CJD) 및 변종크로이츠펠트-야콥병(vCJD), 황열, 뎅기열, 큐열, 웨스트나일열, 라임병, 진드기매개뇌염, 유비저, 치쿤구니야열, 중증열성혈소판감소증후군(SFTS), 지카바이러스감염증, 매독, 엠폭스
제4급 (23종)	• 제1급~제3급 감염병 외에 유행 여부를 조사하기 위해 표본감시 활동이 필요한 감염병 • 인플루엔자, 회충증, 편충증, 요충증, 간흡충증, 폐흡충증, 장흡충증, 수족구병, 임질, 클라미디아감염증, 연성하감, 성기단순포진, 첨규콘딜롬, 반코마이신내성장알균(VRE) 감염증, 메티실린내성황색포도알균(MRSA) 감염증, 다제내성녹농균(MRPA) 감염증, 다제내성아시네토박터바우마니균(MRAB) 감염증, 장관감염증, 급성호흡기감염증, 해외유입기생충감염증, 엔테로바이러스감염증, 사람유두종바이러스 감염증, 코로나바이러스감염증 -19

- **법정 감염병의 신고**
  - 신고 경로 : 의사, 치과의사, 한의사, 의료기관의 장, 부대장, 병원체 확인기관의 장 등 → 관할 보건소장(제1급감염병의 경우 신고서 제출 전 구두·전화로 보건소장 또는 질병관리본부장에게 신고)
  - 신고 기간

구분	신고기간	신고대상
제1급	즉시	발생, 사망, 병원체 검사 결과
제2, 3급	24시간 이내	
제4급	7일 이내	발생, 사망
예방접종 후 이상반응	즉시	이상반응 발생

- **벌칙**

> 감염병 신고의무자의 보고·신고 의무 위반, 거짓 보고·신고 및 보고·신고 방해자에 대한 벌칙
> 제1, 2급감염병 : 벌금 500만 원 이하
> 제3, 4급감염병 : 벌금 300만 원 이하

- **인수공동감염병(인축공동감염병)**

질병	가축(품목)
결핵	소
탄저, 비저	양, 말
살모넬라증, 돈단독, 선모충, Q열	돼지
광견병	개
페스트	쥐, 벼룩
야토병	산토끼, 쥐
파상풍(부루셀라)	소, 양, 돼지

21 진동이 심한 작업을 하는 사람에게 국소진동 장애로 생길 수 있는 직업병은?
① 진폐증
② 파킨슨씨병
③ 잠함병
④ 레이노드병

22 자외선의 작용과 거리가 먼 것은?
① 구루병의 예방
② 혈압강하작용
③ 피부암 유발
④ 안구진탕증 유발

23 규폐증에 대한 설명으로 옳지 않은 것은?
① 먼지 입자의 크기가 $0.5 \sim 5.0 \mu m$일 때 잘 발생한다.
② 대표적인 진폐증이다.
③ 납 중독, 벤젠 중독과 함께 3대 직업병이라고 하기도 한다.
④ 위험요인에 노출된 근무 경력이 1년 이후에 잘 발생한다.

24 호흡기계 감염병이 아닌 것은?
① 폴리오
② 홍역
③ 백일해
④ 디프테리아

25 모기가 매개하는 감염병이 아닌 것은?

① 황열
② 일본뇌염
③ 장티푸스
④ 사상충증

26 세균성 식중독과 병원성 소화기계 감염병을 비교한 것으로 옳지 않은 것은?

	세균성 식중독	병원성 소화기계 감염병
①	많은 균량으로 발병	2차 감염이 빈번함
②	균량이 적어도 발병	2차 감염이 없음
③	식품위생법으로 관리	감염병 예방법으로 관리
④	비교적 짧은 잠복기	비교적 긴 잠복기

27 개나 고양이 등과 같은 애완동물의 침을 통해서 사람에게 감염될 수 있는 인수공통감염병은?

① 결핵
② 탄저
③ 야토병
④ 전염성간염

28 인수공통감염병으로 그 병원체가 세균인 것은?

① 일본뇌염
② 공수병
③ 광견병
④ 결핵

SECTION 02 재료관리 및 구매관리

006 식품재료의 성분

• **탄수화물**
- 단당류 : 포도당, 과당, 갈락토오스
- 이당류 : 자당, 맥아당, 유당
- 다당류 : 전분, 섬유소, 펙틴, 만난, 한천, 알긴산, 글리코겐, 키틴, 이눌린, 리그닌

• **지방산의 구조**

구분	포화지방산	불포화지방산
이중결합	×	○
융점	높음	낮음
요오드가	낮음	높음
형태	고체	액체

식품	동물성 지방, 버터, 소, 돼지기름	식물성 지방
종류	팔미트산, 스테아린산, 뷰티르산	리놀레산, 리놀렌산, 아라키돈산, 올레산

• **단백질의 종류**

구분	종류
완전단백질	충분한 양의 필수아미노산 함유(단백가 100, 달걀)
부분적 불완전 단백질	일부 아미노산의 함량이 충분치 못한 단백질
불완전 단백질	생명 유지와 성장을 촉진할 수 없는 단백질

구분	내용
단순단백질	• 아미노산으로만 구성되었다. • 알부민, 글로불린, 글루테인, 프로말린 등
복합단백질	• 단순단백질에 아미노산 이외의 비단백성 물질이 결합한 것을 말한다. • 인단백질(카제인, 오브비텔린), 지단백질(레시틴, 리포비텔린), 당단백질(뮤신, 오보뮤신)
유도단백질	• 자연계에 존재하는 단백질이 물리적, 화학적, 효소에 의해 변성, 분해된 것을 말한다. • 젤라틴(콜라겐), 응고단백질(알부민, 달걀)

• **식품의 효소적 갈변**

효소	원인	예
티로시나아제	티로신 → 멜라닌	사과, 감자, 바나나
폴리페놀옥시다아제, 페놀라아제	폴리페놀 → 퀴논	

• **식품의 비효소적 갈변**
- 마이야르 반응

• 원인 : 카르보닐화합물과 단백질 같은 질소 화합물의 반응
• 예 : 간장의 착색, 커피, 식빵의 풍미와 색 변화

- 캐러멜화 반응

• 원인 : 당류를 180~200℃ 가열
• 예 : 과자류, 장류, 약식

- 아스코르브산 반응

• 원인 : 아스코르브산의 산화
• 예 : 감귤류 갈변

• 식품의 유독성분

종류	독성 물질
감자 싹	솔라닌
부패된 감자	셉신
독미나리	시큐톡신
청매, 살구씨	아미그달린
피마자	리신
목화씨(면실유)	고시폴
독보리	테물린
맥각	에르고톡신
미치광이풀	히요시아민
꽃무늬	리코린
독버섯	무스카린, 무스카라딘, 팔린, 아마니타톡신, 필지오린
복어	테트로도톡신
섭조개, 대합조개	삭시톡신
모시조개, 굴, 바지락	베네루핀

29 이당류인 것은?

① 설탕(Sucrose)
② 전분(Starch)
③ 과당(Fructose)
④ 갈락토오스(Galactose)

30 조리 시 산패의 우려가 가장 큰 지방산은?

① 카프롤레산(Caproleic Acid)
② 리놀레산(Linoleic Acid)
③ 리놀렌산(Linolenic Acid)
④ 아이코사펜타에노산(Eicosapentaenoic Acid)

31 다음 중 필수 지방산이 아닌 것은?

① 리놀레산(Linoleic Acid)
② 스테아르산(Stearic Acid)
③ 리놀렌산(Linolenic Acid)
④ 아라키돈산(Arachidonic Acid)

32 식품의 조리 가공 시 발생하는 갈변 현상 중 효소가 관계하는 것은?

① 페놀성 물질의 산화 축합에 의한 멜라닌(Melanin) 형성 반응
② 마이야르(Maillard) 반응
③ 캐러멜화(Caramelization) 반응
④ 아스코르빈산(Ascorbic acid) 산화 반응

33 과실 중 밀감이 쉽게 갈변되지 않는 가장 주된 이유는?

① 비타민 A의 함량이 많으므로
② Cu, Fe 등의 금속이온이 많으므로
③ 섬유소 함량이 많으므로
④ 비타민 C의 함량이 많으므로

34 식품의 변화에 관한 설명 중 옳은 것은?

① 일부 유지가 외부로부터 냄새를 흡수하지 않아도 이취 현상을 갖는 것은 호정화이다.
② 천연의 단백질이 물리, 화학적 작용을 받아 고유의 구조가 변하는 것은 변향이다.
③ 당질을 180~200℃의 고온으로 가열했을 때 갈색이 되는 것은 효소적 갈변이다.
④ 마이야르 반응, 캐러멜화 반응은 비효소적 갈변이다.

35 주로 부패한 감자에 생성되어 중독을 일으키는 물질은?

① 셉신(Sepsine)
② 아미그달린(Amygdalin)
③ 시큐톡신(Cicutoxin)
④ 마이코톡신(Mycotoxin)

36 식품에서 자연적으로 발생하는 유독물질을 통해 식중독을 일으킬 수 있는 식품과 가장 거리가 먼 것은?

① 피마자
② 표고버섯
③ 미숙한 매실
④ 모시조개

---

007 식품과 영양

• 식품의 성분

• 영양의 정의
– 영양소의 기능

• 체조직 구성 : 단백질, 무기질
• 생리작용 조절 : 무기질, 비타민
• 3대 영양소 : 탄수화물, 단백질, 지질

– 칼로리 계산

- 당질 : 4kcal/g
- 단백질 : 4kcal/g
- 지질 : 9kcal/g
- 알코올 : 7kcal/g
- (당질 양×4) + (단백질 양×4) + (지질 양×9)

– 영양소 섭취 기준

- 성인남자의 기초대사량 : 1,400~1,800kcal
- 성인남자의 하루 권장섭취량 : 2,400~2,800kcal
- 성인여자의 기초대사량 : 1,200~1,400kcal이다.
- 성인여자의 하루 권장섭취량 : 1,800~2,200kcal

37 성인 여자의 1일 필요 열량을 2,000kcal라고 가정할 때, 이 중 15%를 단백질로 섭취할 경우 동물성 단백질의 섭취량은? (단, 동물성 단백질량은 일일단백질양의 1/3로 계산한다.)

① 25g
② 35g
③ 75g
④ 100g

008 시장조사 · 구매 · 검수관리

• 식품의 재고관리 방법

– 선입선출법(FIFO), 후입선출법(LIFO), 실제 구매가법, 총 평균법, 최종 구매가법 등
– 당기소비량 = (전기이월량 + 당기구입량) - 기말재고량
– 월중소비액 = (월초재고액 + 월중매입액) - 월말재고액

• 식품의 검수 방법

– 검수 공간은 충분한 조도(540Lux 이상)가 확보되어야 한다.
– 저장 공간의 크기는 식품 반입 횟수, 저장 식품의 양 등을 고려하여야 한다.
– 품질, 수량, 중량, 신선도, 냄새, 유통기한, 배송의 상태 등을 확인한다.
– 구매주문서와 거래명세서의 수량과 단가가 일치하는지 확인한다.
– 검수가 끝나면 품질기준에 적합한 식자재를 즉시 보관창고로 이동하여 보관한다.

38 다음은 간장의 재고 대상이다. 간장의 재고가 10병일 때 선입선출법에 의한 간장의 재고 자산은 얼마인가?

입고일자(일)	수량(병)	단가(원)
5	5	3,500
12	10	3,500
20	7	3,000
27	5	3,500

① 30,000원
② 31,500원
③ 32,500원
④ 35,000원

39 식품검수 방법에 대한 설명으로 옳지 않은 것은?
① 화학적 방법 : 영양소의 분석, 첨가물, 유해성분 등을 검출하는 방법
② 검경적 방법 : 식품의 중량, 부피, 크기 등을 측정하는 방법
③ 물리학적 방법 : 식품의 비중, 경도, 점도, 빙점 등을 측정하는 방법
④ 생화학적 방법 : 효소반응, 효소 활성도, 수소이온농도 등을 측정하는 방법

📑 **기적의 TIP** 검경적 방법은 현미경을 이용하여 식품의 세포나 조직의 모양, 불순물, 병원균 등의 존재를 검사하는 것이다.

009 원가

• 원가의 3요소

재료비	제품의 제조를 위하여 소비되는 물품의 원가 예 단체급식에서 급식 재료비, 재료 구입비 등
노무비	제품의 제조를 위하여 소비되는 노동의 가치 예 임금, 급료, 시간외 업무 수당, 임시직의 임금 등
경비	제품의 제조를 위하여 소비되는 재료비, 노무비 이외의 가치 예 수도, 전력비, 보험료, 감가상각비 등

• 직접원가, 제조원가, 총원가, 판매원가

직접원가	직접경비 + 직접노무비 + 직접재료비			
제조원가	직접원가	제조간접비		
총원가	제조원가		판매관리비	
판매원가	총원가			이익

40 다음 중 급식 부분의 간접 원가에 속하지 <u>않는</u> 것은?

① 외주가공비
② 보험료
③ 연구연수비
④ 감가상각비

41 어떤 제품의 원가구성이 다음과 같을 때 제조원가는?

이익	20,000원	제조간접비	15,000원
판매관리비	17,000원	직접재료비	10,000원
직접노무비	23,000원	직접경비	15,000원

① 40,000원
② 63,000원
③ 80,000원
④ 10,000원

SECTION 03 음식 조리

010 조리 준비

• 대량조리
– 단체급식의 정의 : 1회에 50인 이상, 비영리 목적으로 계속적으로 식사를 제공하는 것. 특정 단체에 소속된 사람들을 대상으로 하며, 조리사와 영양사를 두어야 한다.
– 단체급식의 목적

구분	내용
학교	• 올바른 식생활 습관 형성, 식생활 관리 • 영양적인 식사 제공,건강 유지 및 증진 • 식량의 분배, 소비 등에 관한 바른 이해력
산업체	• 연령, 성별, 노동 정도에 따른 영양필요량 충족 • 동료 간 대화를 통한 원만한 인간관계 형성
병원	• 간접적인 치료 방법, 환자에 따라 적정한 식사 제공 • 질병 치유와 병상의 회복과 촉진 도모

– 단체급식의 문제점

• 영양 : 잘못된 영양 산출, 대량 조리로 인한 영양 저하 현상
• 위생 : 비위생적인 환경에서 단체 식중독 발생 우려
• 비용 : 재료비, 인건비, 시설비 절감으로 인한 급식의 질 저하
• 심리 : 개인의 기호, 식습관 고려가 힘들고 획일화된 단일 식단

– 직영급식과 위탁급식의 장단점

구분	장점	단점
직영급식	• 정해진 예산의 효과적 사용 • 고객의 필요와 요구 만족	• 직원들의 직무 부담 • 인력 관리
위탁급식	• 급식 예산의 보장 • 인건비 및 식재료비 절감 • 노무관리 편리	• 지나친 이윤 추구로 인한 영양관리와 위생관리 소홀 • 원가 상승 • 단체의 권한 축소

• 계량법

재료	계량법
밀가루	체로 쳐서 수북하게 담고 평평하게 깎아 측정한다. 이때 밀가루를 누르거나 흔들지 않는다.
지방	버터, 마가린과 같은 지방은 저울로 계량하는 것이 바람직하나 컵이나 스푼으로 계량할 때는 실온에서 계량컵에 꼭꼭 눌러 담아 깎아서 계량한다.
설탕	흑설탕은 꼭꼭 눌러서 잰다.
액체	물엿, 꿀과 같이 점성이 큰 것은 큰 계량컵을 사용하고 눈금과 액체 표면의 아래 부분을 눈과 같은 높이로 맞춰 계량한다.

• 폐기량과 정미량
– 폐기율(%) = (폐기량 ÷ 전체 중량) × 100
– 발주량 = {정미주량 ÷ (100 − 폐기율)} × 인원수 × 100
– 출고계수 = 1 ÷ 정미율 × 100

42 급식시설별 1인 1식 사용수 양이 가장 많은 곳은?

① 학교 급식
② 병원 급식
③ 기숙사 급식
④ 사업체 급식

43 단체급식의 문제점이 <u>아닌</u> 것은?

① 영양가의 산출 오류나 조리 기술의 부족은 영양 저하를 일으킬 수 있다.
② 식중독 및 유독 물질이나 세균의 혼입으로 위생사고가 발생할 수 있다.
③ 짧은 시간 내에 다량의 음식을 준비하므로 다양한 음식의 개발이 어렵다.
④ 국가의 식량정책에 협조하여 식단을 작성하므로 제철 식품의 사용이 어렵다.

44 단체 급식시설의 작업장별 관리에 대한 설명으로 잘못된 것은?

① 개수대는 생선용과 채소용을 구분하는 것이 식중독균의 교차오염을 방지하는 데 효과적이다.

② 가열, 조리하는 곳에는 환기장치가 필요하다.

③ 식품보관 창고에 식품을 보관 시 바닥과 벽에 식품이 직접 닿지 않게 하여 오염을 방지한다.

④ 자외선 등은 모든 기구와 식품내부의 완전살균에 매우 효과적이다.

45 성인병 예방을 위한 급식에서 식단 작성을 할 때 가장 고려해야 할 점은?

① 전체적인 영양의 균형을 생각하여 식단을 작성하며, 소금이나 지나친 동물성 지방의 섭취를 제한한다.

② 맛을 좋게 하기 위하여 시중에서 파는 천연 또는 화학조미료를 사용하도록 한다.

③ 영양에 중점을 두어 맛있고 변화가 풍부한 식단을 작성하며, 특히 기호에 중점을 둔다.

④ 계절식품과 지역적 배려에 신경을 쓰며, 새로운 메뉴 개발에 노력한다.

46 삼치구이를 하려고 한다. 정미중량 60g을 조리하고자 할 때 1인당 발주량은 약 얼마인가? (단, 삼치의 폐기율은 34%임)

① 43g

② 67g

③ 91g

④ 110g

---

011 **식품의 조리 원리**

• 전분의 호화, 노화, 호정화

구분	설비
호화	• 날전분인 베타전분을 물로 가열하면 분자에 금이 가며 물 분자가 전분으로 들어가서 팽윤한 상태가 되고 점성이 높은 반투명의 콜로이드 상태가 되는데 이것을 전분의 호화라고 한다. (예 쌀이나 밥이 떡이 되는 것) • 전분의 호화에 영향을 끼치는 인자 – 가열 온도가 높을수록 – 쌀의 도정률이 클수록 – 수침 시간이 길수록 – 밥물이 알칼리성일수록 – 전분의 입자가 클수록
노화	• 호화된 알파전분을 실온이나 냉장 온도에 오래 방치하면 생전분의 구조로 변화하는데 이것을 전분의 노화라고 한다. (예 밥이나 떡이 굳어지는 것) • 전분이 노화되기 쉬운 조건 – 수분이 30~60%일 때 – 온도가 0~5℃일 때 – 전분 분자 중 아밀로오스의 함량이 많을수록 • 노화의 방지책 – 수분함량을 15% 이하로 한다. – 0℃ 이하로 동결시키거나 60℃ 이상으로 온장시킨다. – 유화제를 첨가한다. – 설탕을 첨가한다.
호정화	• 전분을 160℃ 이상의 건열로 가열하여 여러 단계의 가용성 전분을 거쳐 덱스트린으로 분해하는 과정이다. • 물에 잘 녹고 오래 저장할 수 있다.

• 밀가루의 특성 : 밀가루의 단백질인 글리아딘과 글루테닌이 물과 결합하면 점탄성의 글루텐을 형성한다. 반죽을 오래 할수록 질기고 점성이 강한 글루텐이 형성된다.

• **감자의 성분**
 – 수분 70~80%, 당질 15~16%
 – 비타민 B, C, 칼륨
 – 유독성분 : 솔라닌, 셉신

• **달걀의 특성**

특성	내용
응고성	• 달걀을 삶을 때 소금과 식초를 넣으면 응고 작용을 돕는다. • 달걀을 3~5분 삶으면 반숙이 되고, 10~15분 삶으면 완숙이 된다.
녹변 현상	• 난백의 황화수소와 난황의 철이 결합하여 황화철을 생성한다. • 가열 온도가 높거나, 삶는 시간이 길거나, 오래된 계란이거나, 찬물에 바로 안 넣으면 녹변 현상이 생긴다.
기포성	• 난백의 기포성에 관여하는 단백질은 글로불린이다. • 튀김옷, 스폰지케이크, 머랭 등의 요리에 사용한다. • 오래된 계란일수록 기포가 잘 생기지만 안정성과 점성은 적다. • 30℃에서 거품이 잘 일어난다. • 산에서 기포가 더 잘 일어난다. • 설탕, 우유, 기름은 기포의 발생을 저해한다.
유화성	• 난황의 레시틴은 유화를 촉진한다. • 대표적인 유화식품으로 마요네즈, 수프, 케이크 반죽 등이 있다.

• **카세인의 특징**
 – 주요 단백질의 80%이며 칼슘과 결합된 형태로 존재하며 인단백질이다.
 – 우유를 20℃에서 산을 가하여 pH4.6으로 조절하면 침전된다.
 – 우유는 응고효소 레닌에 의해 파라카세인으로 응고된다.
 – 열에는 응고되지 않는다.
 – 이 원리를 이용하여 치즈나 요구르트를 만든다.

- **우유의 조리**
  - 단백질 겔의 강도를 높인다.
  - 식품에 마이야르 갈색화 반응을 일으킨다.
  - 생선의 비린내를 흡착, 제거한다.
- **우유의 응고**
  - 60~65℃ 이상으로 가열하면 냄새가 나고 표면에 피막이 생긴다.
  - 우유 중의 지방구가 단백질과 엉겨 표면에 뜨기 때문에 수분이 증발하면 피막이 형성된다.
  - 카세인 : 산(식초, 레몬즙), 응유효소(레닌), 알코올, 염류(염석)가 응고의 요인이 된다.
  - 유청 단백질(락토글로불린, 락트알부민) : 열이 응고의 요인이 된다.
- **어취 제거 방법**
  - TMA는 수용성이므로 물에 씻어 비린내를 제거할 수 있다.
  - 산(레몬즙, 식초)을 첨가하면 비린내가 감소하고 생선가시가 연해진다.
  - 마늘, 파, 양파는 황 화합물을 함유하고 있어 비린내를 감소시킨다.
  - 된장, 간장은 비린내 억제 효과가 있다.
  - 우유의 콜로이드 상태는 흡착력이 강하여 비린내 제거 효과가 있다.
  - 알코올은 생선의 어취를 없애고 맛의 향상에 도움을 준다.
  - 흰 살 생선에 밀가루와 계란물을 묻혀 전유어를 만드는 조리법은 어취해소에 효과적이다.
- **유지의 산패**
  - 산패 반응

• 불쾌한 냄새가 발생하고 착색이 되며 맛이 나빠진다. • 비중과 점성이 커진다. • 저급, 유리지방산의 함량이 많아진다. • 색이 암색으로 착색되며, 독성이 있다. • 기름의 피로 현상이 나타나 거품이 발생한다.

  - 산패의 원인과 방지 방법

원인	• 온도가 높을수록 반응속도가 증가한다. • 광선 및 자외선은 산패를 촉진한다. • 수분이 많으면 촉매작용이 강해진다. • 금속류는 유지의 산화를 촉진한다. • 불포화도가 심하면 유지의 산패가 일어난다.
방지	• 천연 항산화제가 있는 식물성 기름을 사용한다. • 차갑고 어두운 곳에 밀폐 보관한다. • 유리나 플라스틱 제품에 보관한다.

- **냉동식품의 정의**
  - 전처리 후 −18℃ 이하가 되도록 급속 동결한 다음 소비자에게 판매하는 목적으로 포장된 식품
  - 미생물은 10℃ 이하에서 발육이 억제되고, 반응 속도가 느려진다.

- **냉동 방법**
  - 식품을 서서히 얼리면 얼음 결정이 크게 되어 조직을 상하게 하므로 −40℃의 급속 동결법이나 −194℃의 액체 질소를 이용한 냉동법을 사용하는 것이 좋다.
  - 온도조절은 '강'으로 하여 급속 냉동한다.
  - 야채류는 데친 후(블랜칭) 차게 식혀 동결시킨다.
- **조미료의 종류**

단맛	설탕, 물엿, 꿀, 물엿, 인공감미료 등
신맛	식초, 빙초산, 구연산, 주석산
짠맛	소금, 간장, 된장
쓴맛	호프, 카페인

- **가열 살균법(우유)**

종류	내용
저온살균법	61~65℃, 30분간
고온순간살균법	70~75℃, 15~20초
초고온순간살균법	130~140℃, 2초

- **발효 처리**
  - 세균, 효모 : 치즈, 주류, 요구르트, 발효식품
  - 곰팡이 : 청국장, 된장, 메주

47 다음 중 전분이 노화되기 가장 쉬운 온도는?
① 0~5℃
② 10~15℃
③ 20~25℃
④ 30~35℃

48 호화 전분이 노화를 일으키기 어려운 조건은?
① 온도가 0~4℃일 때
② 수분 함량이 15% 이하일 때
③ 수분 함량이 30~60%일 때
④ 전분의 아밀로오스 함량이 높을 때

49 밀가루를 물로 반죽하여 면을 만들 때 반죽의 점성에 관계하는 주성분은?
① 글로불린(Globulin)
② 글루텐(Gluten)
③ 아밀로펙틴(Amylopectin)
④ 덱스트린(Dextrin)

50 감자의 싹과 녹색 부위에서 생성되는 독성 물질은?

① 솔라닌(Solanine)
② 리신(Ricin)
③ 시큐톡신(Cicutoxin)
④ 아미그달린(Amygdalin)

51 달걀을 삶았을 때 난황 주위에 일어나는 암녹색의 변색에 대한 설명으로 옳은 것은?

① 100℃의 물에서 5분 이상 가열 시 나타난다.
② 신선한 달걀일수록 색이 진해진다.
③ 난황의 철과 난백의 황화수소가 결합하여 생성된다.
④ 낮은 온도에서 가열할 때 색이 더욱 진해진다.

52 우유를 응고시키는 요인과 거리가 먼 것은?

① 가열
② 레닌(Rennin)
③ 산
④ 당류

53 치즈 제조에 사용되는 우유단백질을 응고시키는 효소는?

① 프로테아제
② 레닌
③ 아밀라아제
④ 말타아제

54 요구르트 제조는 우유 단백질의 어떤 성질을 이용하는가?

① 응고성
② 용해성
③ 팽윤
④ 수화

55 어취 제거 방법에 대한 설명으로 틀린 것은?

① 식초나 레몬즙을 이용하여 어취를 약화시킨다.
② 된장, 고추장의 흡착성은 어취 제거 효과가 있다.
③ 술을 넣으면 알코올에 의하여 어취가 더 심해진다.
④ 우유에 미리 담가두면 어취가 약화된다.

56 지방 산패 촉진인자가 아닌 것은?

① 빛
② 지방분해효소
③ 비타민 E
④ 산소

57 유지의 산패도를 나타내는 값으로 짝지어진 것은?

① 비누화가, 요오드가
② 요오드가, 아세틸가
③ 과산화물가, 비누화가
④ 산가, 과산화물가

58 다음 중 식품의 냉동 보관에 대한 설명으로 틀린 것은?

① 미생물의 번식을 억제할 수 있다.
② 식품 중의 효소작용을 억제하여 품질 저하를 막는다.
③ 급속냉동 시 얼음 결정이 작게 형성되어 식품의 조직 파괴가 적다.
④ 완만냉동 시 드립(Drip) 현상을 줄여 식품의 질 저하를 방지할 수 있다.

59 단맛을 내는 조미료에 속하지 않는 것은?

① 올리고당(Oligosaccharide)
② 설탕(Sucrose)
③ 스테비오사이드(Stevioside)
④ 타우린(Taurine)

60 우유의 초고온순간살균법에 가장 적합한 가열 온도와 시간은?

① 200℃
② 162℃에서 5초간
③ 150℃에서 5초간
④ 132℃에서 2초간

해설과 함께 보는
최신 기출문제

CONTENTS

난이도 하 | 문제 진단 ○△✕

01 황색 포도상구균의 특징이 아닌 것은?

① 균체가 열에 강함
② 독소형 식중독 유발
③ 화농성 질환의 원인균
④ 엔테로톡신(Enterotoxin) 생성

독소인 엔테로톡신은 열에 강하지만, 포도상구균은 열에 약하여 80℃에서 30분 가열 시 파괴된다.

난이도 하 | 문제 진단 ○△✕

02 섭조개에서 문제를 일으킬 수 있는 독소 성분은?

① 테트로도톡신(Tetrodotoxin)
② 셉신(Sepsine)
③ 베네루핀(Venerupin)
④ 삭시톡신(Saxitoxin)

섭조개 : 삭시톡신

오답 피하기

① 테트로도톡신 : 복어
② 셉신 : 부패된 감자
③ 베네루핀 : 바지락, 굴

난이도 하 | 문제 진단 ○△✕

03 어패류의 선도 평가에 이용되는 지표성분은?

① 헤모글로빈
② 트리메틸아민
③ 메탄올
④ 이산화탄소

TMA(트리메틸아민)의 값이 1μg이면 맛이 저하되고, 2~3μg 정도이면 부패된 어류이다.

난이도 중 | 문제 진단 ○△✕

04 식품에서 자연적으로 발생하는 유독물질을 통해 식중독을 일으킬 수 있는 식품과 가장 거리가 먼 것은?

① 피마자
② 표고버섯
③ 미숙한 매실
④ 모시조개

표고버섯에는 유독성분이 없다.

오답 피하기

① 피마자 : 리신
③ 미숙한 매실 : 아미그달린
④ 모시조개 : 베네루핀

난이도 하 | 문제 진단 ○△✕

05 과거 일본 미나마타병의 집단발병 원인이 되는 중금속은?

① 카드뮴
② 납
③ 수은
④ 비소

1956년 일본 규수 미나마타시에서 한 해에만 52만 명에게 발생한 미나마타병이 대표적이다. 일본질소비료에서 강으로 흘려 보낸 유기수은이 어패류에 축적되었다가 오염된 어패류를 섭취한 인근 주민들에게 언어장애, 보행장애, 난청 등의 증상이 나타나면서 사망하였다.

정답 01 ① 02 ④ 03 ② 04 ② 05 ③

중요 ✔ **난이도** 하 **문제 진단** ⃝△✕

06 소시지 등 가공육 제품의 육색을 고정하기 위해 사용하는 식품첨가물은?

① 발색제
② 착색제
③ 강화제
④ 보존제

> 발색제는 색의 변색 방지와 발색을 위해 사용한다. 식육에 사용하는 발색제 종류로는 아질산나트륨, 질산나트륨, 질산칼륨이 있다.

난이도 하 **문제 진단** ⃝△✕

07 소독의 지표가 되는 소독제는?

① 석탄산
② 크레졸
③ 과산화수소
④ 포르말린

> 석탄산은 비교적 안정적이고 유기물에도 소독력이 약화되지 않으므로 살균력의 지표가 된다.

난이도 하 **문제 진단** ⃝△✕

08 식품의 변화현상에 대한 설명 중 틀린 것은?

① 산패 : 유지식품의 지방질 산화
② 발효 : 화학물질에 의한 유기화합물의 분해
③ 변질 : 식품의 품질 저하
④ 부패 : 단백질과 유기물이 부패 미생물에 의해 분해

> 발효 : 탄수화물 식품이 미생물에 의해 알코올과 유기산을 생성하여 유용한 물질을 만들어 내는 현상

난이도 중 **문제 진단** ⃝△✕

09 파라티온(Parathion), 말라티온(Malathion)과 같이 독성이 강하지만 빨리 분해되어 만성중독을 일으키지 않는 농약은?

① 유기인제 농약
② 유기염소제 농약
③ 유기불소제 농약
④ 유기수은제 농약

농약	종류
유기인제	파라티온, 말라티온, 다이아지논, TEPP
유기염소제	DDT, BHC
비소화합물	산성비산납, 비산석회
카바메이트제	BPMC, MIMC, NAC

난이도 중 **문제 진단** ⃝△✕

10 식품첨가물의 주요 용도 연결이 옳은 것은?

① 삼이산화철 – 표백제
② 이산화티타늄 – 발색제
③ 명반 – 보존료
④ 호박산 – 산도조절제

> 호박산은 산도조절제이면서 감칠맛의 성분이다.
>
> **오답 피하기**
> • 삼이산화철, 이산화티타늄 : 착색료
> • 명반 : 팽창제

11 식품위생법상 식중독 환자를 진단한 의사는 누구에게 이 사실을 제일 먼저 보고하여야 하는가?

① 보건복지부장관
② 경찰서장
③ 보건소장
④ 관할 시장·군수·구청장

> 식중독 발생 시 의사나 한의사는 지체 없이 관할 특별자치시장·시장·군수·구청장에게 보고하여야 한다.

12 조리사 면허 취소에 해당하지 않는 것은?

① 식중독이나 그 밖에 위생과 관련한 중대한 사고 발생에 직무상의 책임이 있는 경우
② 면허를 타인에게 대여하여 사용하게 한 경우
③ 조리사가 마약이나 그 밖의 약물에 중독이 된 경우
④ 조리사 면허의 취소처분을 받고 그 취소된 날부터 2년이 지나지 아니한 경우

> 조리사 면허의 취소처분을 받고 그 취소된 날로부터 1년이 지나지 아니한 경우

13 식품위생법상 식품 등의 위생적인 취급에 관한 기준이 아닌 것은?

① 식품 등을 취급하는 원료보관실·제조가공실·조리실·포장실 등의 내부는 항상 청결하게 관리하여야 한다.
② 식품 등의 원료 및 제품 중 부패·변질되기 쉬운 것은 냉동·냉장시설에 보관·관리하여야 한다.
③ 유통기한이 경과된 식품 등을 판매하거나 판매의 목적으로 전시하여 진열·보관하여서는 아니 된다.
④ 모든 식품 및 원료는 냉장·냉동시설에 보관·관리하여야 한다.

> 실온에서 보관해야 하는 식품도 있으므로 모든 식품이라고 말할 수는 없다.

14 식품위생법상 허위표시, 과대광고, 비방광고 및 과대포장의 범위에 해당하지 않는 것은?

① 허가·신고 또는 보고한 사항이나 수입신고한 사항과 다른 내용의 표시·광고
② 제조방법에 관하여 연구하거나 발견한 사실로서 식품학·영양학 등의 분야에서 공인된 사항의 표시
③ 제품의 원재료 또는 성분과 다른 내용의 표시·광고
④ 제조연월일 또는 유통기한을 표시함에 있어서 사실과 다른 내용의 표시·광고

> **허위표시 등의 금지**
> • 허위표시, 과대광고, 비방광고 및 과대포장의 범위와 그 밖에 필요한 사항은 총리령으로 정한다.
> • 질병의 예방 및 치료에 효능·효과가 있거나 의약품 또는 건강기능식품으로 오인·혼동할 우려가 있는 내용의 표시·광고
> • 사실과 다르거나 과장된 표시·광고
> • 소비자를 기만하거나 오인·혼동시킬 우려가 있는 표시·광고
> • 다른 업체 또는 그 제품을 비방하는 광고

15 식품위생법상 '식품을 제조·가공 또는 보존하는 과정에서 감미, 착색, 표백 또는 산화 방지 등을 목적으로 식품에 사용되는 물질로 정의된 것은?

① 식품첨가물
② 화학적 합성품
③ 항생제
④ 의약품

> 식품첨가물 : 식품을 제조·가공 또는 보존하는 과정에서 감미, 착색, 표백 또는 산화 방지 등을 목적으로 식품에 사용되는 물질. 이 경우 기구·용기·포장을 살균·소독하는 데 사용되어 간접적으로 식품으로 옮아갈 수 있는 물질 포함
>
> **오답 피하기**
> ② 화학적 합성품 : 화학적 수단으로 원소 또는 화합물에 분해 반응 외의 화학 반응을 일으켜서 얻은 물질

16

난이도 하 문제 진단 ○△X

16 β─전분이 가열에 의해 α─전분으로 되는 현상은?

① 호화
② 호정화
③ 산화
④ 노화

> 전분이 날것인 상태를 베타전분(β─전분)이라고 한다. 이 베타전분을 물로 가열하면 분자에 금이 가며 물 분자가 전분으로 들어가서 팽윤한 상태가 되고 점성이 높은 반투명의 콜로이드 상태가 되는데 이것을 전분의 호화라고 한다.

난이도 중 문제 진단 ○△X

17 중성지방의 구성 성분은?

① 탄소와 질소
② 아미노산
③ 지방산과 글리세롤
④ 포도당과 지방산

> 지방은 '지방산 3분자 + 글리세롤의 에스테르' 결합이다.

난이도 중 문제 진단 ○△X

18 젓갈의 숙성에 대한 설명으로 틀린 것은?

① 농도가 묽으면 부패하기 쉽다.
② 새우젓의 소금 사용량은 60% 정도가 적당하다.
③ 자기소화 효소작용에 의한 것이다.
④ 호염균의 작용이 일어날 수 있다.

> 새우젓의 소금 사용량은 20% 정도가 적당하다.

난이도 중 문제 진단 ○△X

19 결합수의 특징이 아닌 것은?

① 전해질을 잘 녹여 용매로 작용한다.
② 자유수보다 밀도가 크다.
③ 식품에서 미생물의 번식과 발아에 이용되지 못한다.
④ 동·식물의 조직에 존재할 때 그 조직에 큰 압력을 가하여 압착해도 제거되지 않는다.

결합수	자유수
용질에 대하여 용매로 작용하지 않음	전해질을 잘 녹임(용매 작용)
건조로 쉽게 제거되지 않음	건조로 쉽게 제거됨
−20℃에서도 동결되지 않음	0℃ 이하에서 쉽게 동결됨
미생물 증식에 이용되지 못함	미생물의 번식과 발아에 이용됨
밀도가 큼	표면 장력, 점성, 비열이 큼

난이도 중 문제 진단 ○△X

20 요구르트 제조는 우유 단백질의 어떤 성질을 이용하는가?

① 응고성
② 용해성
③ 팽윤
④ 수화

> 요구르트는 발효유의 일종으로 우유류에 젖산균을 접종·발효시켜 응고시킨 제품이다.

난이도 중 문제 진단 ○△X

21 알칼리성 식품에 대한 설명으로 옳은 것은?

① Na, K, Ca, Mg이 많이 함유되어 있는 식품
② S, P, Cl이 많이 함유되어 있는 식품
③ 당질, 지질, 단백질 등이 많이 함유되어 있는 식품
④ 곡류, 육류, 치즈 등의 식품

> • 알칼리성 식품 : Ca, Mg, Na, K, Fe, Cu, Mn, Co, Zn(야채, 과일, 해조류)
> • 산성 식품 : P, S, Cl, I(육류, 곡류)

22 우유의 균질화(Homogenization)에 대한 설명이 아닌 것은?

① 지방구 크기를 0.1~2.2㎛ 정도로 균일하게 만들 수 있다.
② 탈지유를 첨가하여 지방의 함량을 맞춘다.
③ 큰 지방구의 크림층 형성을 방지한다.
④ 지방의 소화를 용이하게 한다.

> 우유의 균질화(Homogenization) : 우유 지방구에 물리적 충격을 가하여 크기를 작게 분쇄하는 작업으로 지방의 분리를 방지하기 위한 방법이다.

23 레드 캐비지로 샐러드를 만들 때 식초를 조금 넣은 물에 담그면 고운 적색을 띠는 것은 어떤 색소 때문인가?

① 안토시아닌(Anthocyanin)
② 클로로필(Chlorophyll)
③ 안토잔틴(Anthoxanthin)
④ 미오글로빈(Myoglobin)

> 적채에 있는 자색 색소는 안토시아닌이고, 안토시아닌은 산성에 안정하고 알칼리에 불안정하다.

오답 피하기

색소	산성	알칼리성
플라보노이드	안정	불안정
안토시안	안정	불안정
클로로필	불안정	안정
카로티노이드	안정	안정

24 섬유소와 한천에 대한 설명 중 틀린 것은?

① 산을 첨가하여 가열하면 분해되지 않는다.
② 체내에서 소화되지 않는다.
③ 변비를 예방한다.
④ 모두 다당류이다.

> 한천에 산은 강도를 약하게 한다. 다당류로 소화되지 않는 난소화성 식품이다.

25 과실의 젤리화 3요소와 관계가 없는 것은?

① 젤라틴
② 당
③ 펙틴
④ 산

> 젤리화 만드는 조건은 펙틴 1~1.5%, 유기산 3%를 함유한 과즙에 설탕 60% 이상을 첨가해 설탕이 펙틴을 침전시켜 형성되는 것이다.

26 탄수화물의 분류 중 5탄당이 아닌 것은?

① 갈락토오스(Galactose)
② 자일로오스(Xylose)
③ 아라비노오스(Arabinose)
④ 리보오스(Ribose)

> • 5탄당 : 리보오스(Ribose), 아라비노오스(Arabinose), 크실로스(Xylose, 자일로즈)
> • 6탄당 : 포도당, 과당, 갈락토오스, 만노오스, 소르보스

27 CA 저장에 가장 적합한 식품은?

① 육류
② 과일류
③ 우유
④ 생선류

• 산소와 탄산가스의 농도를 조절하여 과일, 난류를 저장하는 방법이다.
• 식품마다 다르지만 미생물이 번식할 수 없는 온도는 0℃, 습도는 80~85%가 적당하다.
• 사과 : 산소 15%, 탄산가스 10~15%, 혼합기체 12℃로 저장한다.
• 토마토 : 산소와 탄산가스를 각각 5%의 혼합기체로 하여 12℃에서 저장한다.
• 달걀 : 흰자의 수양화가 지연된다.

28 황함유 아미노산이 아닌 것은?

① 트레오닌(Threonine)
② 시스틴(Cystine)
③ 메티오닌(Methionine)
④ 시스테인(Cysteine)

분자에 황원자를 포함하는 아미노산의 총칭이다. 단백질의 구성성분으로는 메티오닌, 시스틴, 시스테인이 있다.

29 하루 필요 열량이 2,500kcal일 경우 이 중의 18%에 해당하는 열량을 단백질에서 얻으려 한다면, 필요한 단백질의 양은 얼마인가?

① 50.0g
② 112.5g
③ 121.5g
④ 171.3g

• 단백질 : 4kcal/g
• 단백질 하루 필요 열량 = 2,500kcal×0.18 = 450kcal
• 단백질 필요량 = 450÷4 = 112.5g

30 조리와 가공 중 천연색소의 변색 요인과 거리가 먼 것은?

① 산소
② 효소
③ 질소
④ 금속

산소와 접촉에 의한 과일이나 채소의 갈변, 효소에 의한 홍차, 감자, 우엉의 갈변, 금속에 의한 양상추의 색 변화가 있다.

31 조리에 사용하는 냉동식품의 특성이 아닌 것은?

① 완만 동결하여 조직이 좋다.
② 미생물 발육을 저지하여 장기간 보존이 가능하다.
③ 저장 중 영양가 손실이 적다.
④ 산화를 억제하여 품질 저하를 막는다.

냉동식품은 급속 냉동하는 것이 좋다.

32 조리기구의 재질 중 열전도율이 커서 열을 전달하기 쉬운 것은?

① 유리
② 도자기
③ 알루미늄
④ 석면

알루미늄이 열전도율이 커서 가열이 빠르게 쉽게 된다는 장점이 있지만, 음식이 식거나 온도가 유지되지 않는다는 단점이 있다. 알루미늄 조리기구를 손으로 접촉할 때에는 뜨거울 수 있으므로 주의해야 한다.

33 달걀을 이용한 조리식품과 관계가 없는 것은?

① 오믈렛
② 수란
③ 치즈
④ 커스터드

> 치즈는 우유에 산이나 레닌을 첨가하여 만든 제품이다.
> **오답 피하기**
> 커스터드 : 달걀, 우유, 설탕, 향료를 혼합하여 가열한 것이다.

34 소금 절임 시 저장성이 좋아지는 이유는?

① pH가 낮아져 미생물이 살아갈 수 없는 환경이 조성된다.
② pH가 높아져 미생물이 살아갈 수 없는 환경이 조성된다.
③ 고삼투성에 의한 탈수효과로 미생물의 생육이 억제된다.
④ 저삼투성에 의한 탈수효과로 미생물의 생육이 억제된다.

> 식품에 소금을 넣으면 삼투압 작용에 의해 소금은 식품 내부로 침투하고, 식품의 수분은 용출된다. 식품의 수분이 제거되므로 생육할 수 있는 조건이 억제되는 것이다.

35 밀가루의 용도별 분류는 어느 성분을 기준으로 하는가?

① 글리아딘
② 글로불린
③ 글루타민
④ 글루텐

> 밀가루의 글루텐 함량에 따라 용도별로 분류한다.
>
> | 종류 | 글루텐 함량 | 용도 |
> | --- | --- | --- |
> | 강력분 | 13% 이상 | 빵, 마카로니, 스파게티 |
> | 중력분 | 10~13% | 칼국수면, 만두피 |
> | 박력분 | 10% 이하 | 튀김옷, 케이크, 쿠키, 도너츠 |

36 소고기의 부위별 용도와 조리법 연결이 틀린 것은?

① 앞다리−불고기, 육회, 장조림
② 설도−탕, 샤브샤브, 육회
③ 목심−불고기, 국거리
④ 우둔−산적, 장조림, 육포

> 설도는 고기의 결과 질이 우둔과 비슷해서 퍽퍽하고 질긴 편이기 때문에 불고기, 육포 등으로 사용한다.

37 젤라틴의 응고에 관한 설명으로 틀린 것은?

① 젤라틴의 농도가 높을수록 빨리 응고된다.
② 설탕의 농도가 높을수록 응고가 방해된다.
③ 염류는 젤라틴의 응고를 방해한다.
④ 단백질의 분해효소를 사용하면 응고력이 약해진다.

> 젤라틴에서 약간의 소금은 응고를 시켜주는 역할을 한다.

38 과일의 일반적인 특성과는 다르게 지방 함량이 가장 높은 과일은?

① 아보카도
② 수박
③ 바나나
④ 감

> 아보카도는 어떠한 과일보다도 높은 지방분과 단백질 함유량을 가지며 단맛은 없다.

39 전자레인지의 주된 조리 원리는?

① 복사
② 전도
③ 대류
④ 초단파

> 전자레인지는 초단파를 이용하여 짧은 시간 내에 고열로 조리하는 방법이다.

40 물에 녹는 비타민은?

① 레티놀(Retinol)
② 토코페롤(Tocopherol)
③ 티아민(Thiamine)
④ 칼시페롤(Calciferol)

> 수용성 비타민 : 티아민(비타민 B₁)
>
> **오답 피하기**
>
> 지용성 비타민 : 레티놀(비타민 A), 토코페롤(비타민 E), 칼시페롤(비타민 D)

41 생선에 레몬즙을 뿌렸을 때 나타나는 현상이 아닌 것은?

① 신맛이 가해져서 생선이 부드러워진다.
② 생선의 비린내가 감소한다.
③ pH가 산성이 되어 미생물의 증식이 억제된다.
④ 단백질이 응고된다.

> 생선에 식초(산) 제품을 뿌리면 탄력이 생겨서 살이 단단해지고, 신선도가 증가한다.

42 튀김의 특징이 아닌 것은?

① 고온 단시간 가열로 영양소의 손실이 적다.
② 기름의 맛이 더해져 맛이 좋아진다.
③ 표면이 바삭바삭해 입안에서의 촉감이 좋아진다.
④ 불미성분이 제거된다.

> 튀김조리를 한다고 재료의 불미성분까지 제거되지는 않는다. 신선도가 낮은 식품은 여전히 좋지 못한 맛을 갖고 있을 수 있다.

43 생선의 조리방법에 관한 설명으로 옳은 것은?

① 생선은 결제조직의 함량이 많으므로 습열 조리법을 많이 이용한다.
② 지방 함량이 낮은 생선보다는 높은 생선으로 구이를 하는 것이 풍미가 더 좋다.
③ 생선찌개를 할 때 생선 자체의 맛을 살리기 위해서 찬물에 넣고 은근히 끓인다.
④ 선도가 낮은 생선은 조림국물의 양념을 담백하게 하여 뚜껑을 닫고 끓인다.

> 지방 함량이 높은 고등어, 꽁치 등이 구웠을 때 고소한 맛이 더 높다.
>
> **오답 피하기**
>
> ① 생선은 결체조직인 콜라겐이 적고, 습열과 건열 조리 모두에 적합하다.
> ③ 생선찌개를 할 때 생선 자체의 맛을 살리기 위해서 물이 끓으면 넣고 생선이 익을 때까지 끓여야 살이 부서지지 않고 맛이 좋다.
> ④ 선도가 낮은 생선은 조림 국물의 양념을 진하게 하여 뚜껑을 열고 끓여야 냄새가 휘발된다.

중요 ✓ **난이도 하** **문제 진단 ○△✕**

44 계량방법이 잘못된 것은?

① 된장, 흑설탕은 꼭꼭 눌러 담아 수평으로 깎아서 계량한다.
② 우유는 투명기구를 사용하여 액체 표면의 윗부분을 눈과 수평으로 하여 계량한다.
③ 저울은 반드시 수평한 곳에서 0으로 맞추고 사용한다.
④ 마가린은 실온일 때 꼭꼭 눌러 담아 평평한 것으로 깎아 계량한다.

> 우유는 투명기구를 사용하여 액체 표면의 아랫부분을 눈과 수평으로 하여 계량한다.

중요 ✓ **난이도 중** **문제 진단 ○△✕**

45 총원가에 대한 설명으로 맞는 것은?

① 제조간접비와 직접원가의 합이다.
② 판매관리비와 제조원가의 합이다.
③ 판매관리비, 제조간접비, 이익의 합이다.
④ 직접재료비, 직접노무비, 직접경비, 직접원가, 판매관리비의 합이다.

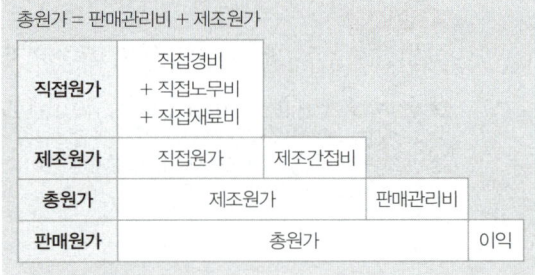

총원가 = 판매관리비 + 제조원가

직접원가	직접경비 + 직접노무비 + 직접재료비	
제조원가	직접원가	제조간접비
총원가	제조원가	판매관리비
판매원가	총원가	이익

난이도 중 **문제 진단 ○△✕**

46 대상집단의 조직체가 급식운영을 직접 하는 형태는?

① 준위탁급식
② 위탁급식
③ 직영급식
④ 협동조합급식

> **직영급식의 장단점**
> • 장점 : 정해진 예산을 효과적으로 활용, 고객의 필요와 요구를 만족
> • 단점 : 직원들의 직무 부담, 인력관리

난이도 중 **문제 진단 ○△✕**

47 수라상의 찬품 가짓수는?

① 5첩
② 7첩
③ 9첩
④ 12첩

> 사대부집에서는 9첩 반상까지만 차리도록 제한했고, 12첩 반상은 수라상이다. 밥을 주식으로 하는 상차림으로 밥, 국, 김치, 장외에 반찬의 수에 따라 3첩, 5첩, 7첩, 9첩, 12첩 반상으로 나눈다.

난이도 중 **문제 진단 ○△✕**

48 덩어리 육류를 건열로 표면에 갈색이 나도록 구워 내부의 육즙이 나오지 않게 한 후 소량의 물, 우유와 함께 습열 조리하는 것은?

① 브레이징(Braising)
② 스튜잉(Stewing)
③ 브로일링(Broiling)
④ 로스팅(Roasting)

> 습열 조리 : 끓이기(Boiling), 찌기(Steaming), 데치기(Blanching), 스튜잉(Stewing)
>
> **오답 피하기**
> 건열 조리 : 굽기(Grilling, Roasting, Broiling), 튀기기(Frying), 베이킹(Bakeing)

난이도 중 **문제 진단 ○△✕**

49 식품검수 방법의 연결이 틀린 것은?

① 화학적 방법 : 영양소의 분석, 첨가물, 유해성분 등을 검출하는 방법
② 검경적 방법 : 식품의 중량, 부피, 크기 등을 측정하는 방법
③ 물리학적 방법 : 식품의 비중, 경도, 점도, 빙점 등을 측정하는 방법
④ 생화학적 방법 : 효소반응, 효소 활성도, 수소이온농도 등을 측정하는 방법

> 검경적 방법 : 현미경을 이용하여 식품의 세포나 조직의 모양, 불순물, 병원균 등의 존재를 검사하는 것이다.

난이도 중 문제 진단 ○△✕

50 다음 중 적절한 작업 환경 안전 관리가 아닌 것은?

① 부식 및 발화 가연제 또는 위험물질은 별도로 구
분하여 보관한다.
② 적정한 상대습도는 40~60%를 유지한다.
③ 조리작업장의 권장 조도는 100Lux 이하이다.
④ 작업장 주위의 통로나 작업장은 항상 청소한 후
작업한다.

조리작업장의 권장 조도는 161~143Lux이다.

난이도 하 문제 진단 ○△✕

51 인분을 사용한 밭에서 특히 경피적 감염을 주의해야 하는 기생충은?

① 십이지장충
② 요충
③ 회충
④ 말레이사상충

십이지장충(구충)은 경피 침입될 수 있는 기생충이므로 맨발로 작업
하지 않도록 한다.

난이도 중 문제 진단 ○△✕

52 무구조충(민촌충) 감염의 올바른 예방대책은?

① 게나 가재의 가열 섭취
② 음료수의 소독
③ 채소류의 가열 섭취
④ 소고기의 가열 섭취

무구조충은 소고기에 기생하는 기생충이다.

난이도 하 문제 진단 ○△✕

53 사람이 예방접종을 통하여 얻은 면역을 무엇이라고 하는가?

① 선천면역
② 자연수동면역
③ 자연능동면역
④ 인공능동면역

	자연능동면역	• 질병 감염 후 얻은 면역 • 두창, 소아마비
능동면역	인공능동면역	• 예방접종 후 얻은 면역 • 생균 백신 : 홍역, 결핵, 황열, 폴리오, 탄저, 두창 • 사균 백신 : 파라티푸스, 장티푸스, 콜레라, 백일해, 일본뇌염 • 순화독소 접종 : 세균의 독성을 약하게 한 것. 디프테리아, 파상풍
수동면역	자연수동면역	태반, 모유 등 모체로부터 얻은 면역
	인공수동면역	• 수혈 후 얻은 면역 • 글로불린 주사, 성인 또는 회복기 환자의 혈청

중요 ✓ **난이도 중** 문제 진단 ○△✕

54 쥐에 의하여 옮겨지는 감염병은?

① 유행성이하선염
② 페스트
③ 파상풍
④ 일본뇌염

해충	감염병
파리	소화기계, 호흡기계 감염병
모기	말라리아, 사상충증, 황열, 뎅구열
이	발진티푸스, 재귀열
벼룩	발진티푸스, 페스트, 발진열, 재귀열
바퀴	소화기계 질병, 소아마비
진드기	쯔쯔가무시, 재귀열, 유행성출혈열, 양충병
쥐	유행성출혈열, 쯔쯔가무시, 페스트, 서교증, 와일씨병, 발진열

55 난이도 하 | 문제 진단 ○△✕

눈 보호를 위해 가장 좋은 인공조명 방식은?

① 직접조명
② 간접조명
③ 반직접조명
④ 전반확산조명

간접조명은 조명 효율이 낮고 설비의 유지비가 다소 많이 들지만, 눈에 안정적이다.

56 난이도 중 | 문제 진단 ○△✕

중금속과 중독 증상의 연결이 잘못된 것은?

① 카드뮴—신장기능 장애
② 크롬—비중격천공
③ 수은—홍독성 홍분
④ 납—섬유화 현상

납 중독 : 연빈혈, 칼슘대사 이상, 신장장애, 적혈구 수 증가

57 난이도 중 | 문제 진단 ○△✕

국소진동으로 인한 질병 및 직업병의 예방대책이 아닌 것은?

① 보건교육
② 완충장치
③ 방열복 착용
④ 작업시간 단축

방열복은 열을 차단하는 작업복이므로 진동과는 관련이 없다.

58 난이도 하 | 문제 진단 ○△✕

쓰레기 처리 방법 중 미생물까지 사멸할 수는 있으나 대기오염을 유발할 수 있는 것은?

① 소각법
② 투기법
③ 매립법
④ 재활용법

소각법 : 가장 위생적인 방법이지만, 대기 오염이 심하고 처리 비용이 비싸다.

59 중요 ✓ 난이도 하 | 문제 진단 ○△✕

디피티(D.P.T) 기본접종과 관계없는 질병은?

① 디프테리아
② 풍진
③ 백일해
④ 파상풍

• D : 디프테리아(Diphtheriae)
• P : 백일해(Pertussis)
• T : 파상풍(Tetanus)

60 난이도 하 | 문제 진단 ○△✕

국가의 보건수준 평가를 위하여 가장 많이 사용되고 있는 지표는?

① 조사망률
② 성인병 발생률
③ 결핵 이환율
④ 영아 사망률

• 한 지역사회나 국가의 보건수준을 나타내는 보건 지표로 영아 사망률, 조사망률, 질병 이환율, 사인별 사망률, 모성 사망률, 평균 수명 등으로 평가하는데 영아 사망률은 대표적인 지표가 된다.
• 영아 사망의 3대 원인 : 폐렴 및 기관지염, 장염 및 설사, 신생아 고 유질환 및 사고

난이도 중 문제 진단 ○△✕

01 사람이 평생 동안 매일 섭취하여도 아무런 장해가 일어나지 않는 최대량으로 1일 체중 kg당 mg수로 표시하는 것은?

① 최대무작용량(NOEL)
② 1일 섭취 허용량(ADI)
③ 50% 치사량(LD_{50})
④ 50% 유효량(ED_{50})

1일 섭취 허용량 : 인간이 한평생 매일 섭취하더라도 장해가 인정되지 않는다고 생각되는 화학물질의 1일 섭취량(mg/kg 체중/1일)

오답 피하기
① 최대무작용량 : 식품첨가물의 사용기준을 정하기 위한 각종 독성시험(급성, 만성, 발암, 변이원성 등)에서, 전혀 유해 작용이 확인되지 않는 투여량
③ 50% 치사량 : 일정한 조건하에서 시험동물의 50%를 사망시키는 물질의 양

중요 ✓ 난이도 하 문제 진단 ○△✕

02 바지락 속에 들어 있는 독성분은?

① 베네루핀(Venerupin)
② 솔라닌(Solanine)
③ 무스카린(Muscarine)
④ 아마니타톡신(Amanitatoxin)

베네루핀은 모시조개, 굴, 바지락에 있는 독성분이다.

오답 피하기
• 솔라닌 : 감자
• 무스카린, 아마니타톡신 : 독버섯

난이도 하 문제 진단 ○△✕

03 다음 중 잠복기가 가장 짧은 식중독은?

① 황색포도상구균 식중독
② 살모넬라균 식중독
③ 장염 비브리오 식중독
④ 장구균 식중독

황색포도상구균은 잠복기가 1~6시간(평균 3시간)이다.

난이도 중 문제 진단 ○△✕

04 세균 번식이 잘 되는 식품과 가장 거리가 먼 것은?

① 온도가 적당한 식품
② 수분을 함유한 식품
③ 영양분이 많은 식품
④ 산이 많은 식품

미생물에 번식에 영향을 가장 많이 끼치는 3대 요인은 온도, 영양분, 수분이다.

난이도 중 문제 진단 ○△✕

05 세균성 식중독과 병원성 소화기계 감염병을 비교한 것으로 틀린 것은?

	세균성 식중독	병원성 소화기계 감염병
①	많은 균량으로 발병	균량이 적어도 발병
②	2차 감염이 빈번함	2차 감염이 없음
③	식품위생법으로 관리	감염병 예방법으로 관리
④	비교적 짧은 잠복기	비교적 긴 잠복기

세균성 식중독은 2차 감염이 없고, 병원성 소화기계 감염병은 2차 감염이 있지만 적은 편이다.

난이도 중   문제 진단 ○△✕

06 관능을 만족시키는 식품첨가물이 아닌 것은?

① 동클로로필린나트륨
② 질산나트륨
③ 아스파탐
④ 소르빈산

관능을 만족시키는 식품첨가물은 착색제, 발색제, 착향제, 감미료가 해당된다. 소르빈산은 보존료이다.

오답 피하기
① 동클로로필린나트륨 : 착색제
② 질산나트륨 : 발색제
③ 아스파탐 : 감미료

중요 ✓   난이도 중   문제 진단 ○△✕

07 생선 및 육류의 초기부패 판정 시 지표가 되는 물질에 해당되지 않는 것은?

① 휘발성염기질소(VBN)
② 암모니아(Ammonia)
③ 트리메틸아민(Trimethylamine)
④ 아크롤레인(Acrolein)

식품의 부패 판정 : 관능검사, 생균수, VBN, TMA, K값, 히스타민, pH, 황화수소, 인돌, 암모니아, 피페리딘 등

난이도 상   문제 진단 ○△✕

08 중금속에 대한 설명으로 옳은 것은?

① 비중이 4.0 이하의 금속을 말한다.
② 생체기능유지에 전혀 필요하지 않다.
③ 다량이 축적될 때 건강장해가 일어난다.
④ 생체와의 친화성이 거의 없다.

중금속은 체내에 다량 축적되어 배출되지 않고 증상이 늦게 발견되어 위험하다.

난이도 하   문제 진단 ○△✕

09 이타이이타이병과 관계 있는 중금속 물질은?

① 수은(Hg)
② 카드뮴(Cd)
③ 크롬(Cr)
④ 납(Pb)

일본 금속광업소에서 배출한 카드뮴이 녹아 있는 폐수를 사용한 쌀을 장기간 섭취하여 일어난 병이다. 카드뮴이 뼈 속의 칼슘 성분을 녹여서 칼슘 부족, 골절, 골연화증을 일으킨다.

중요 ✓   난이도 하   문제 진단 ○△✕

10 오래된 과일이나 산성 채소 통조림에서 유래되는 화학성 식중독의 원인 물질은?

① 칼슘
② 주석
③ 철분
④ 아연

통조림에 철이 녹슨 것을 막기 위해 표면에 주석을 입히는데, 산성이 강한 과일, 캔, 주스 등에서 용출 가능성이 높다.

중요 ✓   난이도 중   문제 진단 ○△✕

11 조리사 또는 영양사 면허의 취소처분을 받고 그 취소된 날부터 얼마의 기간이 경과되어야 면허를 받을 자격이 있는가?

① 1개월
② 3개월
③ 6개월
④ 1년

조리사 면허의 취소처분을 받고 그 취소된 날부터 1년이 지나면 다시 자격이 주어진다.

중요 ✔ **난이도** 중 **문제 진단** ○△✕

12 식품위생법상 출입·검사·수거에 대한 설명 중 틀린 것은?

① 관계 공무원은 영업소에 출입하여 영업에 사용하는 식품 또는 영업시설 등에 대하여 검사를 실시한다.
② 관계 공무원은 영업상 사용하는 식품 등을 검사를 위하여 필요한 최소량이라 하더라도 무상으로 수거할 수 없다.
③ 관계 공무원은 필요에 따라 영업에 관계되는 장부 또는 서류를 열람할 수 있다.
④ 출입·검사·수거 또는 열람하려는 공무원은 그 권한을 표시하는 증표를 지니고 이를 관계인에 내보여야 한다.

소비자 등의 위생검사를 요청할 때 지정된 최소량은 무상수거가 가능하다.

난이도 중 **문제 진단** ○△✕

13 일반음식점의 모범업소의 지정기준이 아닌 것은?

① 화장실에 1회용 위생종이 또는 에어타월이 비치되어 있어야 한다.
② 주방에는 입식조리대가 설치되어 있어야 한다.
③ 1회용 물컵을 사용하여야 한다.
④ 종업원은 청결한 위생복을 입고 있어야 한다.

청결하고 안전한 업소를 모범업소로 지정한다. 1회용 물컵 사용은 모범업소의 지정기준에 해당되지 않는다.

중요 ✔ **난이도** 하 **문제 진단** ○△✕

14 우리나라 식품위생법 등 식품위생 행정업무를 담당하고 있는 기관은?

① 환경부
② 고용노동부
③ 보건복지부
④ 식품의약품안전처

식품위생법에서 식품의 공전, 표시기준 등은 식품의약품안전처에서 담당한다.

난이도 중 **문제 진단** ○△✕

15 소분업 판매를 할 수 있는 식품은?

① 전분
② 통조림 제품
③ 식초
④ 빵가루

어육제품, 특수용도식품, 통·병조림 제품, 레토르트식품, 전분, 장류 및 식초는 소분·판매하여서는 안 된다.

난이도 하 **문제 진단** ○△✕

16 탄수화물의 조리가공 중 쌀이 떡으로 변화되는 현상과 가장 관계 깊은 것은?

① 거품생성
② 호화
③ 유화
④ 산화

호화는 쌀이 밥이나 떡이 되는 과정이다.

오답 피하기
① 거품생성 : 난백의 글로불린 단백질
③ 유화 : 난황의 레시틴 단백질

난이도 하 **문제 진단 ○△⊠**

17 색소를 보존하기 위한 방법 중 틀린 것은?

① 녹색채소를 데칠 때 식초를 넣는다.
② 매실지를 담글 때 소엽(차조기 잎)을 넣는다.
③ 연근을 조릴 때 식초를 넣는다.
④ 햄 제조 시 질산칼륨을 넣는다.

녹색채소를 데칠 때에는 소금을 넣어야 색이 선명해진다.

중요 ✔ **난이도 상** **문제 진단 ○△⊠**

18 효소적 갈변 반응에 의해 색을 나타내는 식품은?

① 분말 오렌지
② 간장
③ 캐러멜
④ 홍차

효소적 갈변 반응에는 홍차, 사과와 감자의 갈변 반응이 해당된다.

오답 피하기

① 분말 오렌지 : 아스코르빅산화 반응
② 간장 : 마이야르 반응
③ 캐러멜 : 캐러멜화 반응

난이도 중 **문제 진단 ○△⊠**

19 단맛 성분에 소량의 짠맛 성분을 혼합할 때 단맛이 증가하는 현상은?

① 맛의 상쇄현상
② 맛의 억제현상
③ 맛의 변조현상
④ 맛의 대비현상

맛의 대비현상(맛의 강화) : 서로 다른 맛 성분이 혼합되어 주된 맛 성분이 강화된다.
① 맛의 상쇄현상 : 두 가지 맛이 상쇄되어 한 가지 맛을 단독으로 나타내지 못하고 약화 또는 소멸된다.
② 맛의 억제현상 : 서로 다른 맛의 혼합으로 각각의 맛이 약화된다.
③ 맛의 변조현상 : 한 가지 맛을 느낀 후 다른 종류의 맛을 보면 정상적인 맛을 느낄 수 없는 현상이다.

난이도 중 **문제 진단 ○△⊠**

20 브로멜린(Bromelin)이 함유되어 있어 고기를 연화시키는 데 이용되는 과일은?

① 사과
② 파인애플
③ 귤
④ 복숭아

브로멜린은 파인애플에 있는 단백질 분해효소로 질긴 육류를 부드럽게 한다.

난이도 상 **문제 진단 ○△⊠**

21 지방의 경화에 대한 설명으로 옳은 것은?

① 물과 지방이 서로 섞여 있는 상태이다.
② 불포화지방산에 수소를 첨가하는 것이다.
③ 기름을 7.2℃까지 냉각시켜서 지방을 여과하는 것이다.
④ 반죽 내에서 지방층을 형성하여 글루텐 형성을 막는 것이다.

식물성 유지(액체)에 수소를 첨가하고 니켈을 촉매제로 사용하여 결정화시킨 가공유지이다.

난이도 중 **문제 진단 ○△⊠**

22 어류의 염장법 중 건염법(마른간법)에 대한 설명 중 틀린 것은?

① 식염의 침투가 빠르다.
② 품질이 균일하지 못하다.
③ 선도가 낮은 어류로 염장을 할 경우 생산량이 증가한다.
④ 지방질의 산화로 변색이 쉽게 일어난다.

식품을 저장할 때에도 신선한 것으로 저장해야 한다.

23 대두를 구성하는 콩 단백질의 주성분은?

① 글리아딘
② 글루테닌
③ 글루텐
④ 글리시닌

> 콩의 단백질은 대부분이 글리시닌이다.
>
> **오답 피하기**
> • 글루텐 : 밀가루
> • 글루텐 = 글리아딘 + 글루테닌

24 간장, 다시마 등의 감칠맛을 내는 주된 아미노산은?

① 알라닌(Alanine)
② 글루탐산(Glutamic acid)
③ 리신(Lysine)
④ 트레오닌(Threonine)

> 감칠맛을 내는 글루탐산은 다시마에 많이 함유되어 있다.
>
> **오답 피하기**
> ① 알라닌 : 육류, 어패류
> ③ 리신 : 꽃게, 생선, 우유, 육류
> ④ 트레오닌 : 닭, 달걀

25 열에 의해 가장 쉽게 파괴되는 비타민은?

① 비타민 C
② 비타민 A
③ 비타민 E
④ 비타민 K

> 비타민 C는 열에 쉽게 파괴되기 때문에 가열하지 않고 생으로 섭취하는 것이 가장 많이 섭취할 수 있는 방법이다.

26 가열에 의해 고유의 냄새 성분이 생성되지 않는 것은?

① 장어구이
② 스테이크
③ 커피
④ 포도주

> 포도주는 발효에 의해 향미가 달라지므로 가열에 의한 변화는 아니다.

27 연제품 제조에서 탄력성을 주기 위해 꼭 첨가해야 하는 것은?

① 소금
② 설탕
③ 펙틴
④ 글루타민산소다

> 연제품이란 어묵 같은 식품을 말하는 것인데, 어육류의 미오신 단백질이 소금에 녹는 성질이 있어 첨가하여 어묵류를 만든다.

28 어떤 단백질의 질소함량이 18%라면 이 단백질의 질소계수는 약 얼마인가?

① 5.56
② 6.30
③ 6.47
④ 6.67

> • 질소계수 = 100 ÷ 질소함량(%)
> • 100 ÷ 18 = 5.555 = 5.56%

29 **맥아당은 어떤 성분으로 구성되어 있는가?**

① 포도당 2분자가 결합된 것
② 과당과 포도당 각 1분자가 결합된 것
③ 과당 2분자가 결합된 것
④ 포도당과 전분이 결합된 것

> 맥아당 = 포도당 + 포도당
> **오답 피하기**
> • 자당(서당) = 포도당 + 과당
> • 유당 = 포도당 + 갈락토오즈

30 **1g당 발생하는 열량이 가장 큰 것은?**

① 당질
② 단백질
③ 지방
④ 알코올

> • 탄수화물 : 4kcal/g
> • 단백질 : 4kcal/g
> • 지질 : 9kcal/g
> • 알코올 : 7kcal/g

31 **냉동 생선을 해동하는 방법으로 위생적이며 영양 손실이 가장 적은 경우는?**

① 18~22℃의 실온에 둔다.
② 40℃의 미지근한 물에 담가둔다.
③ 냉장고 속에 해동한다.
④ 23~25℃의 흐르는 물에 담가둔다.

> 냉동식품은 냉장고에서 완만 해동하는 것이 조직의 드립 용출이 적고, 맛이 좋다.

32 **식품의 감별법 중 틀린 것은?**

① 쌀알은 투명하고 앞니로 씹었을 때 강도가 센 것이 좋다.
② 생선은 안구가 돌출되어 있고 비늘이 단단하게 붙어 있는 것이 좋다.
③ 닭고기의 뼈(관절) 부위가 변색된 것은 변질된 것으로 맛이 없다.
④ 돼지고기의 색이 검붉은 것은 늙은 돼지에서 생산된 고기일 수 있다.

> 닭고기의 관절 부위의 변색은 냉동을 하였거나 헤모글로빈의 산소화에 따른 변화일 수도 있다.

33 **다음 중 신선한 달걀은?**

① 달걀을 흔들어서 소리가 나는 것
② 삶았을 때 난황의 표면이 암녹색으로 쉽게 변하는 것
③ 껍질이 매끈하고 윤기 있는 것
④ 깨보면 농후난백이 난황을 에워싸고 있는 것

> 신선한 달걀은 농후난백이 노른자를 감싸고 있는 것이 좋다.

34 **식혜를 만들 때 엿기름을 당화시키는데 가장 적합한 온도는?**

① 10~20℃
② 30~40℃
③ 50~60℃
④ 70~80℃

> 식혜의 당화온도는 50~60℃로 전기 밥솥을 이용할 수도 있다.

35 많이 익은 김치(신김치)는 오래 끓여도 쉽게 연해지지 않는 이유는?

① 김치에 존재하는 소금에 의해 섬유소가 단단해지기 때문이다.

② 김치에 존재하는 소금에 의해 팽압이 유지되기 때문이다.

③ 김치에 존재하는 산에 의해 섬유소가 단단해지기 때문이다.

④ 김치에 존재하는 산에 의해 팽압이 유지되기 때문이다.

> 신김치는 유산균의 작용으로 젖산, 초산 등에 의해 섬유소가 단단해진다.

36 조리대 배치형태 중 환풍기와 후드의 수를 최소화할 수 있는 것은?

① 일렬형

② 병렬형

③ ㄷ자형

④ 아일랜드형

> 아일랜드형은 작업대를 분리시킨 형으로 동선을 단축시킬 수 있고 융통성 있는 공간활용이 가능하다. 가스레인지가 한 쪽에만 비치되어 있어 후드의 수를 최소화할 수 있다.

37 우유를 데울 때 가장 좋은 방법은?

① 냄비에 담고 끓기 시작할 때까지 강한 불로 데운다.

② 이중냄비에 넣고 젓지 않고 데운다.

③ 냄비에 담고 약한 불에서 젓지 않고 데운다.

④ 이중냄비에 넣고 저으면서 데운다.

> 우유를 60~65℃ 이상으로 가열하면 냄새가 나고, 우유의 지방구가 단백질과 엉겨 표면에 뜨기 때문에 수분이 증발하면 피막이 형성된다. 이러한 현상은 우유를 뚜껑을 열고 약한 불에서 저어가며 끓이거나 뚜껑을 닫고 약한 불에서 은근히 끓이면 방지할 수 있다.

38 아래의 조건에서 당질 함량을 기준으로 고구마 180g을 쌀로 대치하려면 필요한 쌀의 양은?

> • 고구마 100g의 당질 함량 29.2g
> • 쌀 100g의 당질 함량 31.7g

① 165.8g

② 170.6g

③ 177.5g

④ 184.7g

> • 대치 식품량 = 원래 식품함량÷대치 식품함량×원래 식품량
> • 29.2÷31.7×180 = 165.8g

39 아래 〈보기〉 중 단체급식 조리장을 신축할 때 우선적으로 고려할 사항 순으로 배열된 것은?

> 가. 위생   나. 경제   다. 능률

① 다 → 나 → 가

② 나 → 가 → 다

③ 가 → 다 → 나

④ 나 → 다 → 가

> 조리장을 신축할 때 가장 먼저 고려해야 하는 사항은 위생이다. 위생은 식품의 안전과 밀접한 관련이 있다. 경제적인 부분은 마지막에 고려한다.

40 **난이도 하** **문제 진단 ○△X**

스파게티와 국수 등에 이용되는 문어나 오징어 먹물의 색소는?

① 타우린(Taurine)
② 멜라닌(Melanin)
③ 미오글로빈(Myoglobin)
④ 히스타민(Histamine)

오징어와 먹물의 검은색 색소는 멜라닌 색소이다.

오답 피하기

① 타우린 : 오징어, 문어에 있는 아미노산의 일종으로 피로회복제의 성분이기도 하다.
③ 미오글로빈 : 육류의 근육색소이다.
④ 히스타민 : 알레르기 반응을 할 수 있는 아미노산이다.

41 **중요 ✓** **난이도 상** **문제 진단 ○△X**

수분 70g, 당질 40g, 섬유질 7g, 단백질 5g, 무기질 4g, 지방 3g이 들어있는 식품의 열량은?

① 165kcal
② 178kcal
③ 198kcal
④ 207kcal

• 당질 : 4kcal/g, 단백질 : 4kcal/g, 지질 : 9kcal/g
• 수분과 섬유질, 무기질은 열량이 없는 식품이므로 이를 제외하고 계산을 한다.
• (40 + 5)×4kcal + 3×9kcal = 180 + 27 = 207kcal

42 **난이도 중** **문제 진단 ○△X**

조리장의 입지조건으로 적당하지 않은 곳은?

① 급·배수가 용이하고 소음, 악취, 분진, 공해 등이 없는 곳
② 사고발생 시 대피하기 쉬운 곳
③ 조리장이 지하층에 위치하여 조용한 곳
④ 재료의 반입, 오물의 반출이 편리한 곳

지하는 습하고 환기의 어려움이 있어 조리장으로는 적합한 장소가 아니다.

43 **난이도 중** **문제 진단 ○△X**

버터 대용품으로 생산되고 있는 식물성 유지는?

① 라드
② 마가린
③ 마요네즈
④ 땅콩버터

버터의 대용품인 쇼트닝이나 마가린은 식물성 유지에 수소를 첨가하여 만든 가공 유지이다.

44 **난이도 중** **문제 진단 ○△X**

조미의 기본 순서로 가장 옳은 것은?

① 설탕 → 소금 → 간장 → 식초
② 설탕 → 식초 → 간장 → 소금
③ 소금 → 식초 → 간장 → 설탕
④ 간장 → 설탕 → 식초 → 소금

설탕은 분자량이 커서 흡수 속도가 느리기 때문에 설탕부터 넣어야 골고루 양념이 잘 스며든다. 식초는 신맛이 휘발되므로 마지막에 넣는다.

45 **난이도 중** **문제 진단 ○△X**

편육을 할 때 가장 적합한 삶기 방법은?

① 끓는 물에 고기를 덩어리째 넣고 삶는다.
② 끓는 물에 고기를 잘게 썰어 넣고 삶는다.
③ 찬물에서부터 고기를 넣고 삶는다.
④ 찬물에서부터 고기와 생강을 넣고 삶는다.

편육은 고기의 맛이 용출되지 않도록 끓는 물에 덩어리째 넣고 삶고, 식은 후 써는 것이 좋다.

오답 피하기

육수는 고기의 맛이 국물로 빠져나올 수 있도록 찬물에 넣어 끓인다.

46 단체급식의 목적이 아닌 것은?

① 피급식자의 건강의 회복, 유지, 증진을 도모한다.
② 피급식자의 식비를 경감한다.
③ 피급식자에게 물질적 충족을 준다.
④ 영양교육과 음식의 중요성을 교육함으로써 바람
  직한 급식을 실현한다.

> • **학교 급식의 목적**
>   - 올바른 식생활 습관 형성으로 식생활 관리를 한다.
>   - 영양적인 식사를 제공하고 건강을 유지, 증진시킨다.
>   - 식량의 분배, 소비 등에 관하여 바른 이해력을 길러준다.
> • **산업체 급식의 목적**
>   - 연령, 성별, 노동 정도에 따라 적정한 영양이 급식되므로 영양필
>   요량을 충족시킨다.
>   - 동일한 장소에서 함께 식사를 하므로 동료 간 대화를 통해 원만
>   한 인간관계를 형성한다.
> • **병원 급식의 목적**
>   - 간접적인 치료 방법이라는 사실을 생각하여 환자에 따라 적정한
>   식사를 제공한다.
>   - 질병의 치유와 병상의 회복과 촉진을 도모한다.

47 소화흡수가 잘 되도록 하는 방법으로 가장 적절한 것은?

① 짜게 먹는다.
② 동물성 식품과 식물성 식품을 따로따로 먹는다.
③ 식품을 잘고 연하게 조리하여 먹는다.
④ 한꺼번에 많은 양을 먹는다.

> 소화흡수가 잘 되도록 조리를 하고, 입에서도 여러 번 씹어 넘겨야 소
> 화흡수가 빠르다.

48 젤라틴과 한천에 관한 설명으로 틀린 것은?

① 한천은 보통 28~35℃에서 응고되는데 온도가
  낮을수록 빨리 굳는다.
② 한천은 식물성 급원이다.
③ 젤라틴은 젤리, 양과자 등에서 응고제로 쓰인다.
④ 젤라틴에 생파인애플을 넣으면 단단하게 응고
  한다.

> 젤라틴은 단백질이므로 파인애플을 넣으면 부드러워진다. 보통 콜라
> 겐의 질긴 육류에 과일을 넣어 부드럽게 조리를 하지만, 젤라틴에는
> 첨가하지 않는다.

49 밀가루 반죽 시 넣는 첨가물에 관한 설명으로 옳은 것은?

① 유지는 글루텐 구조형성을 방해하여 반죽을 부드
  럽게 한다.
② 소금은 글루텐 단백질을 연화시켜 밀가루 반죽의
  점탄성을 떨어뜨린다.
③ 설탕은 글루텐 망사구조를 치밀하게 하여 반죽을
  질기고 단단하게 한다.
④ 달걀을 넣고 가열하면 단백질의 연화작용으로 반
  죽이 부드러워진다.

> 유지는 글루텐을 연하게 하는 연화작용이 있어 바삭하게 한다.
>
> **오답 피하기**
> ② 소금은 글루텐을 강화시켜 쫄깃하게 한다.
> ③ 설탕은 글루텐을 부드럽게 해서 바삭하고 질기지 않게 한다.
> ④ 달걀을 넣으면 점성이 생겨 반죽이 쫄깃해진다.

50 원가계산의 목적으로 옳지 않은 것은?

① 원가의 절감 방안을 모색하기 위해서
② 제품의 판매가격을 결정하기 위해서
③ 경영손실을 제품가격에서 만회하기 위해서
④ 예산편성의 기초자료로 활용하기 위해서

원가계산의 목적
• 가격결정의 목적 : 제품의 판매가격을 결정한 목적으로 원가를 계산한다.
• 원가관리의 목적 : 원가의 절감을 위한 원가관리의 기초자료를 제공한다.
• 예산편성의 목적 : 예산의 편성에 따른 자료를 제공하는 목적이다.
• 재무제표 작성의 목적 : 기업의 외부 이해 관계자에게 경영활동 결과를 보고하기 위한 재무제표를 작성하는데 기초자료 제공을 위하여 원가를 계산한다.

51 다음의 상수처리 과정에서 가장 마지막 단계는?

① 급수
② 취수
③ 정수
④ 도수

취수 → 도수 → 정수(침사 → 침전 → 여과 → 소독) → 송수 → 배수 → 급수

52 규폐증에 대한 설명으로 틀린 것은?

① 먼지 입자의 크기가 0.5~5.0㎛일 때 잘 발생한다.
② 대표적인 진폐증이다.
③ 암석가공업, 도자기 공업, 유리제조업의 근로자들이 주로 많이 발생한다.
④ 일반적으로 위험요인에 노출된 근무 경력이 1년 이후부터 자각 증상이 발생한다.

근무 경력이 15~20년 이후에 걸리지만, 분진의 농도에 따라 발병까지의 기간은 단축된다.

53 공중보건학의 목표에 관한 설명으로 틀린 것은?

① 건강 유지
② 질병 예방
③ 질병 치료
④ 지역사회 보건수준 향상

질병을 예방할 수는 있으나 치료라는 단어가 나오면 틀린 내용이다.

54 생균(Live Vaccine)을 사용하는 예방접종으로 면역이 되는 질병은?

① 파상풍
② 콜레라
③ 폴리오
④ 백일해

생균 백신 : 홍역, 결핵, 황열, 폴리오, 탄저, 두창

오답 피하기
사균 백신 : 파라티푸스, 장티푸스, 콜레라, 백일해, 일본뇌염

55 돼지고기를 날것으로 먹거나 불완전하게 가열하여 섭취할 때 감염될 수 있는 기생충은?

① 유구조충
② 무구조충
③ 광절열두조충
④ 간디스토마

돼지고기와 관련된 기생충은 유구조충, 선모충이 있다.

오답 피하기
② 무구조충 : 소
③ 광절열두조충 : 물벼룩, 연어, 송어
④ 간디스토마 : 왜우렁이, 붕어, 잉어

난이도 하 **문제 진단** ○△✕

56 소음의 측정 단위는?

① dB
② kg
③ Å
④ ℃

> • 소음 음압의 단위 : Decibel
> • 소음 음의 크기 : phon

난이도 상 **문제 진단** ○△✕

57 인수공통감염병으로 그 병원체가 세균인 것은?

① 일본뇌염
② 공수병
③ 광견병
④ 결핵

> **오답 피하기**
>
> 일본뇌염, 공수병, 광견병 : 바이러스

난이도 중 **문제 진단** ○△✕

58 음식물이나 식수에 오염되어 경구적으로 침입되는 감염병이 아닌 것은?

① 유행성이하선염
② 파라티푸스
③ 세균성 이질
④ 폴리오

> **오답 피하기**
>
> 소화기계 감염병 : 장티푸스, 파라티푸스, 세균성 이질, 콜레라, 폴리오 등

난이도 중 **문제 진단** ○△✕

59 적외선에 속하는 파장은?

① 200nm
② 400nm
③ 600nm
④ 800nm

> 적외선의 파장은 7,800 Å 이상(780nm)이다.
>
> **오답 피하기**
>
> • 자외선 : 2,000~3,800 Å
> • 가시광선 : 3,900~7,700 Å

중요 ✓ **난이도** 중 **문제 진단** ○△✕

60 매개 곤충과 질병이 잘못 연결된 것은?

① 이 – 발진티푸스
② 쥐벼룩 – 페스트
③ 모기 – 사상충증
④ 벼룩 – 렙토스피라증

> • 벼룩 : 페스트
> • 설치류 : 렙토스피라증

SELF CHECK 제한시간 60분 | 소요시간   분 | 전체 문항 수 60문항 | 맞힌 문항 수   문항

난이도 중 | 문제 진단 ○△✕

01 식품에 존재하는 유기물질을 고온으로 가열할 때 단백질이나 지방이 분해되어 생기는 유해물질은?

① 에틸카바메이트(Ethylcarbamate)
② 다환방향족탄화수소(Polycyclic aromatic hydrocarbon)
③ 엔-니트로소아민(N-nitrosoamine)
④ 메탄올(Methanol)

> 다환방향족탄화수소는 훈제육이나 태운 고기에서 다량 검출되는 발암 물질로 고온으로 가열할 때 생기는 유해물질이다.

난이도 중 | 문제 진단 ○△✕

02 식품의 위생과 관련된 곰팡이의 특징이 아닌 것은?

① 건조식품을 잘 변질시킨다.
② 대부분 생육에 산소를 요구하는 절대 호기성 미생물이다.
③ 곰팡이독을 생성하는 것도 있다.
④ 일반적으로 생육 속도가 세균에 비하여 빠르다.

> 곰팡이의 생육 속도는 세균에 비하여 느리다.
>
> **오답 피하기**
> 미생물 생육 수분활성도(Aw) : 세균(0.94) 〉효모(0.88) 〉곰팡이(0.80)

난이도 중 | 문제 진단 ○△✕

03 다음 중 대장균의 최적 증식 온도 범위는?

① 0~5℃
② 5~10℃
③ 30~40℃
④ 55~75℃

> 대장균은 중온균으로 30~40℃에서 서식한다.
>
> **오답 피하기**
> • 저온균 : 최적온도 10~20℃인 세균으로 물속이나 냉장고에서도 번식한다.
> • 중온균 : 최적온도 25~40℃인 세균으로 자연계에 가장 광범위하게 분포한다.
> • 고온균 : 55℃ 이상에서 증식이 가능하고, 온천수에서도 번식한다.

난이도 하 | 문제 진단 ○△✕

04 모든 미생물을 제거하여 무균상태로 하는 조작은?

① 소독
② 살균
③ 멸균
④ 방부

> 멸균은 병원 미생물뿐만 아니라 균, 아포, 독소 등을 사멸시키는 것이다.
>
> **오답 피하기**
> ① 소독 : 병원성 미생물을 죽이거나 병원성을 약화시키지만 아포는 죽이지 못한다.
> ② 살균 : 미생물 사멸 또는 불활성화시키는 것을 말한다.
> ④ 방부 : 미생물의 증식을 억제하여 균의 발육을 저지시켜 부패나 발효를 방지한다.

정답 01 ② 02 ④ 03 ③ 04 ③

05 60℃에서 30분간 가열하면 식품 안전에 위해가 되지 않는 세균은?

① 살모넬라균
② 클로스트리디움 보틀리늄균
③ 황색포도상구균
④ 장구균

살모넬라균은 가열에 의해 파괴되는 감염형 식중독이다.

오답 피하기

클로스트리디움 보틀리늄균, 황색포도상구균, 장구균은 열에 쉽게 파괴되지 않는 독소형 식중독이다.

06 육류의 발색제로 사용되는 아질산염이 산성 조건에서 식품 성분과 반응하여 생성되는 발암물질은?

① 지질과산화물(Aldehyde)
② 벤조피렌(Benzopyrene)
③ 니트로사민(Nitrosamine)
④ 포름알데히드(Formaldehyde)

니트로사민은 아질산염과 아민류가 산성 조건하에서 반응하여 생성하는 물질로 강한 발암성을 갖는 물질이다. 햄, 베이컨, 소시지 등에 붉은색을 내고 장기 보관할 수 있도록 발색제로 아질산염을 첨가하는데, 식품의 아민과 반응하여 생성하기도 하고 체내의 위 내에서 합성될 가능성이 있다.

07 사용이 허가된 산미료는?

① 구연산
② 계피산
③ 말톨
④ 초산에틸

산미료 : 구연산(결정), 구연산(무수), 빙초산, 이산화탄소, 젖산, 초산

오답 피하기

계피산, 말톨, 초산에틸 : 착향료

08 식품과 자연독의 연결이 맞는 것은?

① 독버섯 : 솔라닌(Solanine)
② 감자 : 무스카린(Muscarine)
③ 살구씨 : 파세오루나틴(Phaseolunatin)
④ 목화씨 : 고시폴(Gossypol)

오답 피하기

① 독버섯 : 무스카린(Muscarine)
② 감자 : 솔라닌(Solanine)
③ 살구씨 : 아미그달린(Amygdalin)

09 식품첨가물 중 보존료의 목적을 가장 잘 표현한 것은?

① 산도 조절
② 미생물에 의한 부패 방지
③ 산화에 의한 변패 방지
④ 가공과정에서 파괴되는 영양소 보충

오답 피하기

① 산도 조절 : 산미료
③ 산화에 의한 변패 방지 : 항산화제
④ 가공과정에서 파괴되는 영양소 보충 : 강화제

10 알레르기성 식중독을 유발하는 세균은?

① 병원성 대장균(E.Coli O157:H7)
② 프로테우스 모르가니(Proteus Morganii)
③ 엔테로박터 사카자키(Enterobacter saka-zakii)
④ 비브리오 콜레라(Vibrio cholera)

알레르기성 식중독은 세균이 직접적인 원인이 아니라 세균의 효소작용에 의해 유독 물질이 생산되어 발생하며, 식품 중의 아미노산의 분해로 히스타민이 생성된다. 원인균은 프로테우스 모르가니균이다.

오답 피하기

① 병원성 대장균 : 감염형 식중독
③ 엔테로박터 사카자키 : 감염형 식중독
④ 비브리오 콜레라 : 감염형 식중독

11 식품위생법상 식품위생 수준의 향상을 위하여 필요한 경우 조리사에게 교육을 받을 것을 명할 수 있는 자는?

① 관할시장
② 보건복지부장관
③ 식품의약품안전처장
④ 관할 경찰서장

> 영업자 및 유흥종사자를 둘 수 있는 식품접객업 영업자의 종업원은 매년 식품위생에 관한 교육을 받아야 한다. 또한 영업을 하려는 자는 미리 식품위생교육을 받아야 한다. 이는 식품의약품안전처장이 지정한다.

12 식품위생법의 정의에 따른 '기구'에 해당하지 않는 것은?

① 식품 섭취에 사용되는 기구
② 식품 또는 식품첨가물에 직접 닿는 기구
③ 농산품 채취에 사용되는 기구
④ 식품 운반에 사용되는 기구

> 식품위생법의 정의에 따른 기구란 식품 또는 식품첨가물에 직접 닿는 기계 · 기구나 그 밖의 물건이라고 명시되어 있다. 농산품 채취에 사용되는 기구는 해당하지 않는다.

13 즉석판매제조 · 가공업소 내에서 소비자에게 원하는 만큼 덜어서 직접 최종 소비자에게 판매하는 대상 식품이 아닌 것은?

① 된장
② 식빵
③ 우동
④ 어육제품

> **즉석판매제조 · 가공 대상식품**
> 소비자가 원하는 만큼 덜어서 직접 최종 소비자에게 판매하는 식품을 말한다. 단, 통 · 병조림 제품, 레토르트식품, 냉동식품, 어육제품, 특수용도식품(체중조절용 조제식품은 제외), 식초, 전분은 제외한다.

14 식품위생법상 조리사가 식중독이나 그 밖에 위생과 관련한 중대한 사고 발생의 직무상 책임에 대한 1차 위반 시 행정처분기준은?

① 시정명령
② 업무정지 1개월
③ 업무정지 2개월
④ 면허취소

위반 사항	1차 위반	2차 위반	3차 위반
식중독이나 위생과 관련한 중대한 사고 발생에 직무상의 책임이 있는 경우	업무정지 1개월	업무정지 2개월	면허취소

15 식품위생법상 식품접객업 영업을 하려는 자는 몇 시간의 식품위생교육을 미리 받아야 하는가?

① 2시간
② 4시간
③ 6시간
④ 8시간

> **영업자의 교육시간**
> • 식품제조 · 가공업, 식품첨가물제조업 : 8시간
> • 식품운반업, 식품소분 · 판매업 등 영업자, 식품보존업, 용기 · 포장류제조업 : 4시간
> • 즉석판매제조 · 가공업, 식품접객업 : 6시간
> • 집단급식소를 설치 · 운영하려는 자 : 6시간

16 카세인(Casein)은 어떤 단백질에 속하는가?

① 당단백질
② 지단백질
③ 유도단백질
④ 인단백질

> 카세인(Casein)은 칼슘과 결합된 형태로 존재하며 인단백질이다.

난이도 하 문제 진단 ○△⊗

17 전분 식품의 노화를 억제하는 방법으로 적합하지 않은 것은?

① 설탕을 첨가한다.
② 식품을 냉장 보관한다.
③ 식품의 수분함량을 15% 이하로 한다.
④ 유화제를 사용한다.

식품을 냉장 보관하면 노화가 촉진되므로, 냉동 보관이나 온장고에 보관해야 한다.

난이도 상 문제 진단 ○△⊗

18 과실 저장고의 온도, 습도, 기체 조성 등을 조절하여 장기간 동안 과실을 저장하는 방법은?

① 산 저장
② 자외선 저장
③ 무균포장 저장
④ CA 저장

CA 저장은 산소와 탄산가스의 농도를 조절하여 과일, 난류를 저장하는 방법이다. 식품마다 다르지만 미생물이 번식할 수 없는 환경은 온도 0℃, 습도 80~85%가 적당하다.

난이도 중 문제 진단 ○△⊗

19 유지를 가열할 때 생기는 변화에 대한 설명으로 틀린 것은?

① 유리지방산의 함량이 높아지므로 발연점이 낮아진다.
② 연기 성분으로 알데히드(aldehyde), 케톤(ketone) 등이 생성된다.
③ 요오드값이 높아진다.
④ 중합반응에 의해 점도가 증가한다.

유지를 가열하면 불포화지방산이 분해되므로 요오드값은 낮아진다.

난이도 중 문제 진단 ○△⊗

20 완두콩 통조림을 가열하여도 녹색이 유지되는 것은 어떤 색소 때문인가?

① Chlorophyll(클로로필)
② Cu-chlorophyll(구리-클로로필)
③ Fe-chlorophyll(철-클로로필)
④ Chlorophylline(클로로필린)

클로로필(엽록소)의 포르피린 고리에 결합하고 있는 마그네슘을 구리 이온으로 치환한 것으로 매우 안정적인 녹색이다.

난이도 중 문제 진단 ○△⊗

21 신맛 성분과 주요 소재 식품의 연결이 틀린 것은?

① 구연산(Citric acid) - 감귤류
② 젖산(Lactic acid) - 김치류
③ 호박산(Succinic acid) - 늙은 호박
④ 주석산(Tartaric acid) - 포도

호박산 : 조개

난이도 하 문제 진단 ○△⊗

22 미생물의 생육에 필요한 수분활성도의 크기로 옳은 것은?

① 세균 〉 효모 〉 곰팡이
② 곰팡이 〉 세균 〉 효모
③ 효모 〉 곰팡이 〉 세균
④ 세균 〉 곰팡이 〉 효모

미생물 생육 수분활성도(Aw) : 세균(0.94) 〉 효모(0.88) 〉 곰팡이(0.80)

중요 ✓ **난이도** 중 **문제 진단** ○△☓

23 달걀 100g 중에 당질 5g, 단백질 8g, 지질 4.4g이 함유되어 있다면 달걀 5개의 열량은 얼마인가? (단, 달걀 1개의 무게는 50g이다.)

① 91.6kcal

② 229kcal

③ 274kcal

④ 458kcal

> • 단백질 4kcal, 당질 4kcal, 지방 9kcal
> • 달걀 100g의 열량 = {(단백질 8g+당질 5g)×4kcal} + (지질 4.4g ×9kcal) = 91.6kcal
> • 달걀 5개 = 1개 50g×5개 = 250g
> • 달걀 250g의 열량 = 91.6×2.5 = 229kcal

난이도 중 **문제 진단** ○△☓

24 근채류 중 생식하는 것보다 기름에 볶는 조리법을 적용하는 것이 좋은 식품은?

① 무

② 고구마

③ 토란

④ 당근

> 당근은 지용성 비타민 A가 많아 기름에 볶으면 지용성 비타민 흡수율이 높아진다.

중요 ✓ **난이도** 중 **문제 진단** ○△☓

25 다음 중 단백가가 가장 높은 것은?

① 쇠고기

② 달걀

③ 대두

④ 버터

> 달걀과 우유는 단백가가 100으로 단백가가 가장 높은 완전식품이다.

난이도 상 **문제 진단** ○△☓

26 가정에서 많이 사용되는 다목적 밀가루는?

① 강력분

② 중력분

③ 박력분

④ 초강력분

> 중력분이 가정에서 많이 사용하는 다목적용이다.

종류	글루텐 함량	용도
강력분	13% 이상	빵, 마카로니, 스파게티
중력분	10~13%	칼국수면, 만두피
박력분	10% 이하	튀김옷, 케이크, 쿠키, 도너츠

난이도 중 **문제 진단** ○△☓

27 산성 식품에 해당하는 것은?

① 곡류

② 사과

③ 감자

④ 시금치

> P, S, Cl, I가 많이 함유된 육류와 곡류는 산성 식품이다.

난이도 중 **문제 진단** ○△☓

28 아미노산, 단백질 등이 당류와 반응하여 갈색 물질을 생성하는 반응은?

① 폴리페놀 옥시다아제(Polyphenol oxidase)

② 마이야르(Maillard) 반응

③ 캐러멜화(Caramelization) 반응

④ 티로시나아제(Tyrosinase) 반응

> 카르보닐화합물(탄수화물, 당질)과 단백질 같은 질소 화합물의 반응을 마이야르 반응이라고 한다.

29 제조 과정 중 단백질 변성에 의한 응고 작용이 일어나지 않는 것은?

① 치즈 가공
② 두부 제조
③ 달걀 삶기
④ 딸기잼 제조

딸기잼은 펙틴, 당, 산에 의해 젤라틴화 되는 것이다.

30 난황에 주로 함유되어 있는 색소는?

① 클로로필
② 안토시아닌
③ 카로티노이드
④ 플라보노이드

난황(달걀의 노른자)의 황색 색소는 카로티노이드계열 색소이다.

오답 피하기

① 클로로필 : 녹색
② 안토시아닌 : 자색, 보라색
④ 플라보노이드 : 흰색

31 튀김옷의 재료에 관한 설명으로 틀린 것은?

① 중조를 넣으면 탄산가스가 발생하면서 수분도 증발되어 바삭하게 된다.
② 달걀을 넣으면 달걀 단백질의 응고로 수분 흡수가 방해되어 바삭하게 된다.
③ 글루텐 함량이 높은 밀가루가 오랫동안 바삭한 상태를 유지한다.
④ 얼음물에 반죽을 하면 점도를 낮게 유지하여 바삭하게 된다.

글루텐의 함량이 낮은 박력분이 튀김을 바삭하게 한다.

32 식품구매 시 폐기율을 고려한 총발주량을 구하는 식은?

① 총발주량 = (100-폐기율)×100×인원수
② 총발주량 = [(정미중량-폐기율)/(100-가식률)]×100
③ 총발주량 = (1인당 사용량-폐기율)×인원수
④ 총발주량 = [정미중량/(100-폐기율)]×100×인원수

발주량 = {정미중량÷(100-폐기율)}×인원수×100

오답 피하기

• 폐기율(%) = (폐기량÷전체 중량)×100
• 출고계수 = 1÷정미율×100

33 달걀의 기능을 이용한 음식의 연결이 잘못된 것은?

① 응고성 – 달걀찜
② 팽창제 – 시폰케이크
③ 간섭제 – 맑은 장국
④ 유화성 – 마요네즈

간섭제 : 결정체 형성을 방해하여 매끄럽고 부드럽게 하는 역할을 하는 것으로 캔디나 셔벗을 만들 때 사용

오답 피하기

① 응고성 : 난백은 60~65℃, 난황은 65~70℃에서 응고한다.
② 팽창제 : 달걀 흰자의 머랭을 이용하여 시폰케이크, 머랭쿠키를 만드는 데 쓰인다.
④ 유화성 : 달걀 노른자의 레시틴이 유화제 역할을 한다.

34 냉장고 사용 방법으로 틀린 것은?

① 뜨거운 음식은 식혀서 냉장고에 보관한다.
② 문을 여닫는 횟수를 가능한 한 줄인다.
③ 온도가 낮으므로 식품을 장기간 보관해도 안전하다.
④ 식품의 수분이 건조되므로 밀봉하여 보관한다.

식품을 냉장/냉동 보관하여도 세균의 번식과 침입이 일어나므로 유통기한, 포장일, 제조일 등을 표시하여 보관해야 한다.

35 식품을 고를 때 채소류의 감별법으로 틀린 것은?

① 오이는 굵기가 고르며 만졌을 때 가시가 있고 무거운 느낌이 나는 것이 좋다.

② 당근은 일정한 굵기로 통통하고 마디나 뿔이 없는 것이 좋다.

③ 양배추는 가볍고 잎이 얇으며 신선하고 광택이 있는 것이 좋다.

④ 우엉은 껍질이 매끈하고 수염뿌리가 없는 것으로 굵기가 일정한 것이 좋다.

> 양배추는 무겁고 안이 꽉 차있는 것이 좋다.

36 조리장의 설비에 대한 설명 중 부적합한 것은?

① 조리장의 내벽은 바닥으로부터 5cm까지 내수성 자재로 한다.

② 충분한 내구력이 있는 구조여야 한다.

③ 조리장에는 식품 및 식기류의 세척을 위한 위생적인 세척 시설을 갖춘다.

④ 조리원 전용의 위생적 수세 시설을 갖춘다.

> 조리장의 내벽은 바닥으로부터 1.5m까지 밝은 색의 내수성으로 설비하거나 세균 방지용 페인트로 도색한다.

37 고추장에 대한 설명으로 틀린 것은?

① 고추장은 곡류, 메주가루, 소금, 고춧가루, 물을 원료로 제조한다.

② 고추장의 구수한 맛은 단백질이 분해하여 생긴 맛이다.

③ 고추장은 된장보다 단맛이 더 약하다.

④ 고추장의 전분 원료로 찹쌀가루, 보릿가루, 밀가루를 사용한다.

> 고추장에는 엿기름, 쌀 등이 들어가서 단맛이 있다.

38 다음 원가의 구성에 해당하는 것은?

> 직접원가＋제조간접비

① 판매가격

② 간접원가

③ 제조원가

④ 총원가

제조원가 = 직접재료비 + 직접노무비 + 직접경비 + 간접재료비 + 간접노무비 + 간접경비

직접원가	직접경비 + 직접노무비 + 직접재료비		
제조원가	직접원가	제조간접비	
총원가	제조원가		판매관리비
판매원가	총원가		이익

39 조리 시 일어나는 현상과 그 원인으로 연결이 틀린 것은?

① 장조림 고기가 단단하고 잘 찢어지지 않음 : 물에서 먼저 삶은 후 양념간장을 넣어 약한 불로 서서히 조렸기 때문

② 튀긴 도넛에 기름 흡수가 많음 : 낮은 온도에서 튀겼기 때문

③ 오이무침의 색이 누렇게 변함 : 식초를 미리 넣었기 때문

④ 생선을 굽는데 석쇠에 붙어 잘 떨어지지 않음 : 석쇠를 달구지 않았기 때문

> 장조림에 처음부터 간장과 설탕을 넣으면 콜라겐이 젤라틴화 되기 전에 고기 내의 수분이 빠져나오면서 근육 섬유가 수축하므로 단단해진다.

40 난이도 하 문제 진단 ○△☓

식단을 작성할 때 구비해야 하는 자료로 가장 거리가 먼 것은?

① 계절 식품표
② 설비, 기기 위생점검표
③ 대치 식품표
④ 식품영양구성표

> 위생 점검은 식단 작성할 때 필요하지는 않고, 수시로 점검해야 한다.

41 난이도 중 문제 진단 ○△☓

탈수가 일어나지 않으면서 간이 맞도록 생선을 구우려면 일반적으로 생선 중량 대비 소금의 양은 얼마가 가장 적당한가?

① 0.1%
② 2%
③ 16%
④ 20%

> 생선에 1~2%의 간을 하면 살이 단단해지고 수분이 빠져서, 구울 때 부서지지 않고 간이 배어든다.

42 중요 ✓ 난이도 중 문제 진단 ○△☓

쇠고기 40g을 두부로 대체하고자 할 때 필요한 두부의 양은 약 얼마인가? (단, 100g당 쇠고기 단백질 함량은 20.1g, 두부 단백질 함량은 8.6g으로 계산한다.)

① 70g
② 74g
③ 90g
④ 94g

> • 대치 식품량 = 원래 식품함량÷대치 식품함량×원래 식품량
> • $40 \div 8.6 \times 20.1 = 93.4g = $ 약 94g

43 난이도 중 문제 진단 ○△☓

약과를 반죽할 때 필요 이상으로 기름과 설탕을 넣으면 어떤 현상이 일어나는가?

① 매끈하고 모양이 좋아진다.
② 튀길 때 둥글게 부푼다.
③ 튀길 때 모양이 풀어진다.
④ 켜가 좋게 생긴다.

> 약과에서 기름과 설탕은 크루아상이나 파이처럼 결을 만들고 글루텐을 약하게 하고, 바삭한 질감을 준다. 그러나 지나치게 많이 넣으면 반죽이 뭉쳐지지 않아 풀어지는 현상이 일어난다.

44 난이도 상 문제 진단 ○△☓

육류 조리에 대한 설명으로 맞는 것은?

① 육류를 오래 끓이면 질긴 지방 조직인 콜라겐이 젤라틴화 되어 국물이 맛있게 된다.
② 목심, 양지, 사태는 건열조리에 적당하다.
③ 편육을 만들 때 고기는 처음부터 찬물에서 끓인다.
④ 육류를 찬물에 넣어 끓이면 맛 성분 용출이 용이해져 국물 맛이 좋아진다.

> ① 육류를 오래 끓이면 질긴 단백질 조직인 콜라겐이 젤라틴화 된다.
> ② 목심, 양지, 사태는 질겨서 습열조리에 적당하다.
> ③ 편육을 만들 때에는 고기 맛이 용출되지 않도록 끓는 물에 넣어 끓인다.

45 난이도 중 문제 진단 ○△☓

단체급식에서 식품의 재고관리에 대한 설명으로 틀린 것은?

① 각 식품에 적당한 재고기간을 파악하여 이용하도록 한다.
② 식품의 특성이나 사용 빈도 등을 고려하여 저장 장소를 정한다.
③ 비상시를 대비하여 가능한 한 많은 재고량을 확보할 필요가 있다.
④ 먼저 구입한 것은 먼저 소비한다.

> 단체급식에서 재고관리를 하여 필요할 때마다 매일, 1주일, 1개월 단위로 구입하여 사용한다.

46 식혜에 대한 설명으로 틀린 것은?

① 전분이 아밀라아제에 의해 가수분해되어 맥아당과 포도당을 생성한다.

② 밥을 지은 후 엿기름을 부어 효소반응이 잘 일어나도록 한다.

③ 80℃의 온도가 유지되어야 효소반응이 잘 일어나 밥알이 뜨기 시작한다.

④ 식혜 물에 뜨기 시작한 밥알은 건져내어 냉수에 헹구어 놓았다가 차게 식힌 식혜에 띄워 낸다.

> 식혜의 당화온도는 50~60℃이다.

47 중조를 넣어 콩을 삶을 때 가장 문제가 되는 것은?

① 비타민 B1의 파괴가 촉진됨

② 콩이 잘 무르지 않음

③ 조리수가 많이 필요함

④ 조리시간이 길어짐

> 콩을 삶거나 녹색채소를 데칠 때 중조(중탄산수소나트륨)를 넣으면 색이 보존되고 빨리 익는다는 장점이 있지만, 비타민 B1이 파괴된다는 단점도 있다.

48 고기를 연하게 하기 위해 사용하는 과일에 들어 있는 단백질 분해효소가 아닌 것은?

① 피신(Ficin)

② 브로멜린(Bromelin)

③ 파파인(Papain)

④ 아밀라아제(Amylase)

> 아밀라아제는 아밀로오즈(탄수화물)를 분해하는 효소이다.

49 찹쌀떡이 멥쌀떡보다 더 늦게 굳는 이유는?

① pH가 낮기 때문에

② 수분함량이 적기 때문에

③ 아밀로오스의 함량이 많기 때문에

④ 아밀로펙틴의 함량이 많기 때문에

> 찹쌀떡에는 아밀로펙틴이 거의 100%, 멥쌀떡에는 아밀로펙틴이 80%와 아밀로오즈가 20%가 있다. 아밀로펙틴이 많고 아밀로오즈의 함량이 적을수록 노화가 더디다.

50 다음 중 일반적으로 폐기율이 가장 높은 식품은?

① 살코기

② 달걀

③ 생선

④ 곡류

> 생선은 가시, 뼈, 내장의 양이 다른 식품에 비하여 많기 때문에 폐기율이 높다.

51 하수오염 조사 방법과 관련이 없는 것은?

① THM의 측정

② COD의 측정

③ DO의 측정

④ BOD의 측정

> **하수의 위생 검사**
> - 화학적 산소요구량(COD) : 수치가 높을수록 오염 정도가 크고 산소량은 5ppm 이하여야 한다.
> - 용존 산소(DO) : 수중에 용해되어 있는 산소량을 말하며 DO의 수치가 낮으면 하수 오염도가 높다는 말로 4~5ppm 이상이어야 한다.
> - 생화학적 산소요구량(BOD) : 하수의 오염도를 나타내는 방법이며 수중 유기물을 20℃에서 5일간 측정한다. BOD의 수치가 높으면 하수 오염도가 높다는 말로 20ppm 이하여야 한다.

난이도 하 **문제 진단** ○△☒

52 다음 중 가장 강한 살균력을 갖는 것은?

① 적외선
② 자외선
③ 가시광선
④ 근적외선

> 살균력이 있는 일광은 자외선으로, 살균 파장은 2500~2800 Å 이다.

중요 ✓ **난이도** 중 **문제 진단** ○△☒

53 호흡기계 감염병이 아닌 것은?

① 폴리오
② 홍역
③ 백일해
④ 디프테리아

> 폴리오는 소화기계 감염병이다.
>
> **오답 피하기**
> • 호흡기계 침입 : 인플루엔자, 천연두(두창), 홍역, 백일해, 디프테리아, 유행성 이하선염 등
> • 소화기계 침입 : 급성회백수염(소아마비=폴리오), 유행성 간염 등

난이도 하 **문제 진단** ○△☒

54 학교 급식의 교육 목적으로 옳지 않은 것은?

① 편식 교육
② 올바른 식생활 교육
③ 빈곤 아동들의 급식 교육
④ 영양에 대한 올바른 교육

> **학교 급식 교육 목적**
> • 올바른 식생활 습관 형성으로 식생활 관리를 한다.
> • 영양적인 식사를 제공하고 건강을 유지, 증진시킨다.
> • 식량의 분배, 소비 등에 관하여 바른 이해력을 길러준다.

중요 ✓ **난이도** 중 **문제 진단** ○△☒

55 채소로부터 감염되는 기생충으로 짝지어진 것은?

① 편충, 동양모양선충
② 폐흡충, 회충
③ 구충, 선모충
④ 회충, 무구조충

> **오답 피하기**
> • 폐흡충 : 다슬기, 가재, 게
> • 선모충 : 돼지
> • 무구조충 : 소

난이도 하 **문제 진단** ○△☒

56 감각온도의 3요소가 아닌 것은?

① 기온
② 기습
③ 기류
④ 기압

> 감각온도의 3요소 : 기온, 기습, 기류
>
> **오답 피하기**
> 온열조건인자 : 기온, 기습, 기류, 복사열

정답 52 ② 53 ① 54 ③ 55 ① 56 ④

57 인수공통감염병에 속하지 않는 것은?

① 광견병

② 탄저

③ 고병원성조류인플루엔자

④ 백일해

인수공통감염병이란 사람과 동물 사이에서 동일한 병원체에 의해 발생하는 질병을 말한다.

질병	가축(품목)
결핵	소
탄저, 비저	양, 말
살모넬라증, 돈단독, 선모충, Q열	돼지
광견병	개
페스트	쥐, 벼룩
야토병	산토끼, 쥐, 다람쥐
파상열(부루셀라)	사람, 소, 양, 돼지

58 아메바에 의해서 발생되는 질병은?

① 장티푸스

② 콜레라

③ 유행성 간염

④ 이질

아메바성 이질이 있다.

59 폐기물 소각 처리 시의 가장 큰 문제점은?

① 악취가 발생되며 수질이 오염된다.

② 다이옥신이 발생한다.

③ 처리 방법이 불쾌하다.

④ 지반이 약화되어 균열이 생길 수 있다.

석탄, 석유 쓰는 발전소, 쓰레기 소각, 염소계 표백공정, 자동차나 도시가스, 염소 등의 세정수에서 다이옥신이 검출된다.

60 공중보건사업과 거리가 먼 것은?

① 보건교육

② 인구보건

③ 감염병 치료

④ 보건행정

공중보건은 질병 치료, 격리 치료, 환자 치료, 감염병 치료 등과 관련이 없다. 치료라는 단어가 나오면 공중보건과 거리가 먼 것이다.

SELF CHECK | 제한시간 60분 | 소요시간　　분 | 전체 문항 수 60문항 | 맞힌 문항 수　　문항

난이도 하 │ 문제 진단 ○△✕

01 식품위생법규상 우수업소의 지정기준으로 틀린 것은?

① 건물은 작업에 필요한 공간을 확보하여야 하며, 환기가 잘 되어야 한다.

② 원료처리실·제조가공실·포장실 등 작업장은 분리·구획되어야 한다.

③ 작업장·냉장시설·냉동시설 등에는 온도를 측정할 수 있는 계기가 눈에 잘 보이지 않는 곳에 설치되어야 한다.

④ 작업장의 바닥·내벽 및 천장은 내부처리를 하여야 하며, 항상 청결하게 관리되어야 한다.

> 작업장·냉장시설·냉동시설 등에는 온도를 측정할 수 있는 계기가 눈에 잘 보여야 한다.

난이도 하 │ 문제 진단 ○△✕

02 식품 등의 위생적 취급에 관한 기준으로 틀린 것은?

① 식품 등을 취급하는 원료보관실·제조가공실·포장실 등의 내부는 항상 청결하게 관리하여야 한다.

② 식품 등의 원료 및 제품 중 부패·변질이 되기 쉬운 것은 냉동·냉장시설에 보관·관리하여야 한다.

③ 식품 등의 제조·가공·조리 또는 포장에 직접 종사하는 자는 위생모를 착용하는 등 개인위생관리를 철저히 하여야 한다.

④ 유통기한이 경과된 식품 등은 판매의 목적으로 전시하여 진열·보관하여도 된다.

> 유통기한이 경과된 식품 등은 판매의 목적으로 전시하여 진열 및 보관하여서는 아니 된다.

중요 ✓ │ 난이도 중 │ 문제 진단 ○△✕

03 식품접객업 중 단란주점영업을 허가하는 자는?

① 시장·군수·구청장

② 시·도지사

③ 보건복지가족부장관

④ 식품의약품 안전처장

> **허가를 받아야 하는 영업 및 허가관청**
> • 식품조사처리업 : 식품의약품안전처장
> • 단란주점영업과 유흥주점영업 : 특별자치시장·특별자치도지사 또는 시장·군수·구청장

중요 ✓ │ 난이도 하 │ 문제 진단 ○△✕

04 집단급식소를 설치·운영하는 자는 조리한 식품의 매회 1인분 분량을 보건복지가족부령이 정하는 바에 따라 몇 시간 이상 보관해야 하는가?

① 12시간

② 24시간

③ 144시간

④ 1,000시간

> 조리·제공한 식품의 매회 1인분 분량을 144시간 이상 보관한다.
> **오답 피하기**
> 보존식은 섭씨 영하 18℃ 이하에서 144시간 이상 보관하여야 한다.

정답 **01** ③ **02** ④ **03** ① **04** ③

중요 ✔ 난이도 중 문제 진단 ○△✕

05 다음 중 조리사 면허를 받을 수 없는 사람은?

① 미성년자
② 마약중독자
③ 비전염성 간염환자
④ 조리사 면허의 취소처분을 받고 그 취소된 날부터 1년이 지난 자

> **조리사 결격사유**
> • 정신질환자
> • 감염병환자(B형 간염환자는 제외한다)
> • 약물 중독자
> • 조리사 면허의 취소처분을 받고 그 취소된 날부터 1년이 지나지 아니한 자

난이도 중 문제 진단 ○△✕

06 칼슘(Ca)과 인(P)의 대사이상을 초래하여 골연화증을 유발하는 유해금속은?

① 철(Fe)
② 카드뮴(Cd)
③ 은(Ag)
④ 주석(Sn)

> 카드뮴(Cd) : 칼슘(Ca)과 인(P)의 대사이상을 초래하여 골연화증과 같은 이타이이타이병을 유발하는 유해금속이다.

난이도 중 문제 진단 ○△✕

07 살모넬라 식중독 원인균의 주요 감염원은?

① 채소
② 바다생선
③ 식육
④ 과일

> 살모넬라 식중독 : 어패류, 달걀, 육류 등의 식품에서 기인된다.

난이도 중 문제 진단 ○△✕

08 다음 중 국내에서 허가된 인공감미료는?

① 둘신(Dulcin)
② 사카린나트륨(Sodium Saccharin)
③ 사이클라민산나트륨(Sodium Cyclamate)
④ 에틸렌글리콜(Ethylene Glycol)

> 허가된 인공감미료 : 사카린나트륨, D-소르비톨액, 글리실리진산 2 나트륨, 아스파탐
>
> **오답 피하기**
> 유해감미료 : 에틸렌글리콜, 파라니트로오르토톨루이딘(설탕의 200배), 둘신(설탕의 250배), 페릴라틴(설탕의 2,000배), 사이클라메이트(설탕의 40~50배), 니트로아닐린

난이도 중 문제 진단 ○△✕

09 황색포도상구균에 의한 식중독에 대한 설명으로 틀린 것은?

① 잠복기는 1~5시간 정도이다.
② 감염형 식중독을 유발하며 사망률이 높다.
③ 주요 증상은 구토, 설사, 복통 등이다.
④ 장독소(Enterotoxin)에 의한 독소형이다.

> 독소형 : 포도상구균(엔테로톡신), 보툴리누스균(뉴로톡신)
>
> **오답 피하기**
> 감염형 : 살모넬라균, 장염비브리오균, 병원성대장균, 웰치균

정답 05 ② 06 ② 07 ③ 08 ② 09 ②

10 화학 물질을 시험동물에 1회 또는 24시간 안에 반복 투여하거나, 흡입될 수 있는 화학 물질을 24시간 안에 노출시켰을 때 1일~2주 안에 나타나는 독성은?

① 급성독성
② 만성독성
③ 아급성독성
④ 특수독성

급성독성 : 화학 물질을 시험동물에 1회 또는 24시간 안에 반복 투여하거나, 흡입될 수 있는 화학물질을 24시간 안에 노출시켰을 때 1일 ~2주 안에 나타나는 독성이다.

오답 피하기
② 만성독성 : 시험동물에게 6개월 또는 그 이상, 검사물을 연속적으로 투여하여 장기간에 나타나는 독성이다.
③ 아급성독성 : 시험동물에게 시험물질을 3개월 이상 연속적으로 투여하여 나타나는 독성이다.
④ 특수독성 : 발암성, 최기형성, 변이원성 등을 통틀어 특수독성이라 한다.

11 일반적으로 식품 1g 중 생균수가 약 얼마 이상일 때 초기부패로 판정하는가?

① 10^2개
② 10^4개
③ 10^7개
④ 10^{15}개

식품 1g 중 생균수가 10^7~10^8이면 초기부패로 판정한다.

12 신선도가 저하된 꽁치, 고등어 등의 섭취로 인한 알레르기성 식중독의 원인 성분은?

① 트리메틸아민(Trimethylamine)
② 히스타민(Histamine)
③ 엔테로톡신(Enterotoxin)
④ 시큐톡신(Cicutoxin)

히스타민 : 어육 중 4~10mg%이 축적되면 알레르기성 식중독을 일으킨다.

오답 피하기
① 트리메틸아민(TMA) : 어패류의 신선도 검사
③ 엔테로톡신 : 포도상구균 독소
④ 시큐톡신 : 독미나리 식중독 독소

13 유동파라핀의 사용 용도는?

① 껌기초제
② 이형제
③ 소포제
④ 추출제

이형제 : 빵을 제조할 때 형태를 손상시키지 않고 빵을 분리해 내기 위한 식품첨가물이다.

14 음식물과 함께 섭취된 미생물이 식품이나 체내에서 다량 증식하여 장관 점막에 위해를 끼침으로써 일어나는 식중독은?

① 독소형 세균성 식중독
② 감염형 세균성 식중독
③ 식물성 자연독 식중독
④ 동물성 자연독 식중독

감염형 세균성 식중독 : 음식물과 함께 섭취된 미생물이 식품이나 체내에서 다량 증식하여 장관 점막에 위해를 끼침으로써 일어나는 식중독이다.

15 난이도 중 | 문제 진단 ○△×

장마철 후 저장 쌀이 적홍색 또는 황색으로 착색된 현상에 대한 설명으로 틀린 것은?

① 수분 함량이 15% 이상 되는 조건에서 저장할 때 발생한다.
② 기후 조건 때문에 동남아시아 지역에서 발생하기 쉽다.
③ 저장된 쌀에 곰팡이류가 오염되어 그 대사산물에 의해 쌀이 황색으로 변한 것이다.
④ 황변미는 일시적인 현상이므로 위생적으로 무해한다.

> 황변미 중독 : 페니실리움 속 곰팡이가 기생하면서 유독한 독성물질을 생성하는데 신경독 증상을 일으키며 위생적으로 유해하다. 곰팡이가 비정상적으로 핀 식품은 버려야 한다.

16 난이도 하 | 문제 진단 ○△×

유화(Emulsion)와 관련이 적은 식품은?

① 버터
② 마요네즈
③ 두부
④ 우유

> 대두단백질 글리시닌은 황산칼슘($CaSO_4$), 염화마그네슘($MgCl_2$), 염화칼슘($CaCl_2$) 등의 두부응고제와 열(70℃)에 응고되는 성질을 이용하여 두부를 만든다.

17 난이도 중 | 문제 진단 ○△×

생선의 신선도가 저하되었을 때의 변화로 틀린 것은?

① 살이 물러지고 뼈와 쉽게 분리된다.
② 표피의 비늘이 떨어지거나 잘 벗겨진다.
③ 아가미의 빛깔이 선홍색으로 단단하여 꽉 닫혀 있다.
④ 휘발성 염기물질이 생성된다.

> 아가미의 빛깔이 선홍색으로 단단하여 꽉 닫혀있으면 신선한 생선이다.

18 중요 ✓ | 난이도 하 | 문제 진단 ○△×

먹다 남은 찹쌀떡을 보관하려고 할 때 노화가 가장 빨리 일어나는 보관 방법은?

① 상온 보관
② 온장고 보관
③ 냉동고 보관
④ 냉장고 보관

> 전분은 온도가 0~5℃일 때, 수분이 30~60%일 때, 아밀로오스의 함량 비율이 높을수록, pH가 낮을수록 노화되기 쉽다.

19 난이도 하 | 문제 진단 ○△×

다음 영양소 중 열량소에 해당하지 않는 것은?

① 비타민
② 단백질
③ 지방
④ 탄수화물

> 열량소 : 단백질, 탄수화물, 지방
>
> 오답 피하기
>
> 조절소 : 비타민

20 난이도 중 | 문제 진단 ○△×

캐러멜화(Caramelization) 반응을 일으키는 것은?

① 당류
② 아미노산
③ 지방질
④ 비타민

> 캐러멜화 : 당의 농후액을 가열하면 분해반응을 일으켜 갈색으로 착색하는 현상이다.

21 난이도 중 문제 진단 ○△✕

가열에 의해 고유의 냄새 성분이 생성되지 않는 것은?

① 장어구이
② 스테이크
③ 커피
④ 포도주

포도주 : 발효에 의한 냄새 성분이 생성된다.

22 난이도 중 문제 진단 ○△✕

동물성 식품의 시간에 따른 변화 경로는?

① 사후강직 → 자기소화 → 부패
② 자기소화 → 사후강직 → 부패
③ 사후강직 → 부패 → 자기소화
④ 자기소화 → 부패 → 사후강직

어육류의 부패 과정 : 사후강직(어육이 맛있는 시점) → 자가소화(숙성단계/연화과정 효소분해로 숙성돼서 어육류가 맛있는 시점) → 부패

23 난이도 중 문제 진단 ○△✕

다음 중 이당류가 아닌 것은?

① 설탕(Sucrose)
② 유당(Lactose)
③ 과당(Fructose)
④ 맥아당(Maltose)

과당은 단당류이다.

24 난이도 중 문제 진단 ○△✕

각 식품에 대한 설명 중 틀린 것은?

① 쌀은 라이신, 트레오닌 등의 필수 아미노산이 부족하다.
② 당근은 비타민 A의 급원 식품이다.
③ 우유는 단백질과 칼슘의 급원 식품이다.
④ 육류는 알칼리성 식품이다.

육류는 산성 식품이다.

25 중요 ✅ 난이도 중 문제 진단 ○△✕

하루 동안 섭취한 음식 중에 단백질 70g, 지질 35g, 당질 400g이 있었다면 이때 얻을 수 있는 열량은?

① 1,995kcal
② 2,095kcal
③ 2,195kcal
④ 2,295kcal

• 단백질 4kcal, 탄수화물 4kcal, 지방 9kcal
• {(단백질 70g + 당질 400g) × 4kcal} + (지질 35g × 9kcal) = 2,195kcal

26 난이도 중 문제 진단 ○△✕

곡류의 특성에 관한 설명으로 틀린 것은?

① 곡류의 호분층에는 단백질, 지질, 비타민, 무기질, 효소 등이 풍부하다.
② 멥쌀의 아밀로오스와 아밀로펙틴의 비율은 보통 80:20이다.
③ 밀가루로 면을 만들었을 때 잘 늘어나는 이유는 글루텐 성분의 특성 때문이다.
④ 맥아는 보리의 싹을 틔운 것으로서 맥주 제조에 이용된다.

멥쌀의 아밀로오스와 아밀로펙틴의 비율은 보통 20 : 80이다.

27 난이도 하 문제 진단 ○△✕

박력분에 대한 설명으로 맞는 것은?

① 경질의 밀로 만든다.
② 다목적으로 사용된다.
③ 탄력성과 점성이 약하다.
④ 마카로니, 식빵 제조에 알맞다.

종류	글루텐 함량	용도
강력분	13% 이상	빵, 마카로니, 스파게티
중력분	10~13%	칼국수면, 만두피
박력분	10% 이하	튀김옷, 케이크, 쿠키, 도너츠

28 난이도 중 문제 진단 ○△✕

아밀로펙틴에 대한 설명으로 틀린 것은?

① 찹쌀은 아밀로펙틴으로만 구성되어 있다.
② 기본단위는 포도당이다.
③ α−1,4 결합과 α−1,6 결합으로 되어 있다.
④ 요오드와 반응하면 보라색을 띤다.

아밀로펙틴은 요오드와 반응하면 적갈색을 띤다.

29 난이도 중 문제 진단 ○△✕

식소다(Baking Soda)를 넣어 만든 빵의 색깔이 누렇게 되는 이유는?

① 밀가루의 플라본 색소가 산에 의해서 변색된다.
② 밀가루의 플라본 색소가 알칼리에 의해서 변색된다.
③ 밀가루의 안토시아닌 색소가 가열에 의해서 변색된다.
④ 밀가루의 안토시아닌 색소가 시간이 지나면서 퇴색된다.

플라보노이드는 알칼리에 불안정하여 밀가루 반죽에 소다를 넣으면 황색으로 변한다.

30 난이도 중 문제 진단 ○△✕

훈연에 대한 설명으로 틀린 것은?

① 햄, 베이컨, 소시지가 훈연 제품이다.
② 훈연 목적은 육제품의 풍미와 외관 향상이다.
③ 훈연 재료는 침엽수인 소나무가 좋다.
④ 훈연하면 보존성이 좋아진다.

훈제 나무는 사과나무, 참나무, 피칸나무, 체리나무, 단풍나무, 히코리, 벚나무, 떡갈나무, 향나무 등이 좋다.

31 난이도 중 문제 진단 ○△✕

전분의 호정화(Dextrinization)가 일어난 예로 적합하지 않은 것은?

① 누룽지
② 토스트
③ 미숫가루
④ 묵

전분의 호정화 : 전분에 160℃ 이상의 건열로 가열하면 여러 단계의 가용성 전분을 거쳐 덱스트린으로 분해되는 과정이다.

32 난이도 중 문제 진단 ○△✕

식품과 주요 특수 성분 간의 연결이 옳은 것은?

① 마늘 : 알리신
② 무 : 진저론
③ 후추 : 메틸메르캅탄
④ 고추 : 차비신

오답 피하기
• 생강 : 진저론
• 후추 : 캐비신
• 고추 : 캡사이신

난이도 **상** | 문제 진단 ○△✕

33 집단급식소에 해당하지 않는 것은?

① 군부대의 급식소
② 양로원의 급식소
③ 초등학교의 급식소
④ 호텔의 이벤트 급식소

집단급식소 : 비영리 목적으로 계속적으로 특정 다수인에게 음식을 제공하는 기숙사, 학교, 병원, 기타 후생기관 등의 급시시설이다.

난이도 **상** | 문제 진단 ○△✕

34 다음 중 신선한 달걀의 특징에 해당하는 것은?

① 껍질이 매끈하고 윤기가 흐른다.
② 식염수에 넣었더니 가라앉는다.
③ 깨뜨렸더니 난백이 넓게 퍼진다.
④ 노른자의 점도가 낮고 묽다.

오답 피하기
① 껍질이 까칠한 것이 신선하다.
③ 난백이 퍼지지 않고 농후난백이 많은 것이 좋다.
④ 계란의 점도가 높다.

중요 ✔ | 난이도 **중** | 문제 진단 ○△✕

35 다음 원가요소에 따라 산출한 총 원가는?

- 직접재료비 : 250,000원
- 직접노무비 : 100,000원
- 직접경비 : 40,000원
- 제조간접비 : 120,000원
- 판매관리비 : 60,000원
- 이익 : 100,000원

① 390,000원
② 510,000원
③ 570,000원
④ 610,000원

총 원가 = 직접재료비 + 직접노무비 + 직접경비 + 제조간접비 + 판매관리비 = 250,000 + 120,000 + 100,000 + 40,000 + 60,000 = 570,000원

난이도 **중** | 문제 진단 ○△✕

36 미역에 대한 설명으로 틀린 것은?

① 칼슘과 요오드가 많이 함유되어 있다.
② 알칼리성 식품이다.
③ 갈조 식물이다.
④ 점액질 물질인 알긴산은 중요한 열량급원이다.

알긴산 : 저칼로리 식품이며 식이섬유가 있어 배변 작용을 원활하게 한다.

난이도 **중** | 문제 진단 ○△✕

37 식품의 풍미를 증진시키는 방법으로 적합하지 않은 것은?

① 부드러운 채소 조리 시 그 맛을 제대로 유지하려면 조리시간을 단축해야 한다.
② 빵을 갈색이 나게 잘 구우려면 건열로 갈색반응이 일어날 때까지 충분히 구워야 한다.
③ 사태나 양지머리와 같은 질긴 고기의 국물을 맛있게 맛을 내기 위해서는 약한 불에 서서히 끓인다.
④ 빵은 증기로 찌거나 전자 오븐으로 시간을 단축시켜 조리한다.

증기나 오븐으로 시간을 단축시킬 경우 갈색 반응 등의 풍미가 충분히 나타나지 않는다.

38 식품의 냉동에 대한 설명 중 틀린 것은?

① 완두는 씻어서 소금물에 살짝 데쳐 식힌 후 냉동시키면 선명한 녹색을 유지할 수 있다.
② 조리된 케이크, 빵, 떡 등은 부드러운 상태에서 밀봉하여 냉동 저장하였다가 상온에서 그대로 녹이면 거의 원상태로 돌아간다.
③ 파이껍질 반죽, 쿠키 반죽 등과 같은 반조리된 식품은 밀봉하여 냉동 저장하였다가 다시 사용할 수 없다.
④ 사과 등의 과일은 정량의 설탕이나 설탕시럽을 사용하여 냉동하면 향기나 질감의 손상을 어느 정도 막을 수 있다.

> 반조리된 식품은 냉동 저장 후 다시 해동하여 사용할 수 있다.

39 안토시아닌 색소가 함유된 채소를 알칼리 용액에서 가열하면 어떻게 변색하는가?

① 붉은색
② 황갈색
③ 무색
④ 청색

> 알칼리에 불안정하여 가지를 삶을 때 백반을 넣으면 청자색이 된다.

40 식단의 형태 중 자유선택식단(카페테리아 식단)의 특징이 아닌 것은?

① 피급식자가 기호에 따라 음식을 선택한다.
② 적온급식설비와 개별식기의 사용은 필요하지 않다.
③ 셀프서비스가 전제되어야 한다.
④ 조리 생산성은 고정 메뉴식보다 낮다.

> 자유선택식단이라도 적온급식설비와 개별식기는 필요하다.

41 시금치를 데칠 때 색을 보존하기 위한 조리 방법으로 옳은 것은?

① 뚜껑을 열고 다량의 조리수를 사용한다.
② 뚜껑을 열고 소량의 조리수를 사용한다.
③ 뚜껑을 덮고 다량의 조리수를 사용한다.
④ 뚜껑을 덮고 소량의 조리수를 사용한다.

> **시금치를 데칠 때 색을 보존하기 위한 방법**
> • 삶는 물의 양은 재료의 5배가 좋고, 끓는 물에 넣어 단시간 내 데친 다음 찬물로 헹군다.
> • 수산(옥살산)을 제거하기 위해 뚜껑을 열고 데친다. 수산은 체내에서 칼슘의 흡수를 방해하여 신장결석을 일으킨다.
> • 중탄 산소다를 넣으면 색이 선명해지나, 비타민의 파괴와 조직의 연화가 있다.
> • 1%의 식염수에 데치면 색이 선명해지고 물러지지 않으며 조직이 파괴되지 않는다.

42 식초의 기능에 대한 설명으로 틀린 것은?

① 생선에 사용하면 생선살이 단단해진다.
② 붉은 비츠(Beets)에 사용하면 선명한 적색이 된다.
③ 양파에 사용하면 황색이 된다.
④ 마요네즈를 만들 때 사용하면 유화액을 안정시켜 준다.

> 양파는 식초에 안정하여 반응을 일으키지 않는다.

43 식품 조리의 목적으로 부적합한 것은?

① 영양소의 함량 증가
② 풍미향상
③ 식욕증진
④ 소화되기 쉬운 형태로 변화

> **식품 조리의 목적**
> • 기호성 : 식품의 외관을 좋게 하며 맛있게 하기 위함이다.
> • 소화성 : 소화를 용이하게 하여 영양 효율을 높이기 위함이다.
> • 안전성 : 위생상 안전한 음식으로 만들기 위함이다.
> • 저장성 : 저장성을 높이기 위함이다.

44 [난이도 중] [문제 진단 ○△✕]

달걀을 삶았을 때 난황 주위에 일어나는 암녹색의 변색에 대한 설명으로 옳은 것은?

① 100℃의 물에서 5분 이상 가열 시 나타난다.
② 신선한 달걀일수록 색이 진해진다.
③ 난황의 철과 난백의 황화수소가 결합하여 생성된다.
④ 낮은 온도에서 가열할 때 색이 더욱 진해진다.

> **오답 피하기**
> ① 5분을 가열하면 달걀은 반숙이 되고, 오래 삶았을 경우 암녹색화된다.
> ② 오래된 달걀일수록 색이 진해진다.
> ④ 높은 온도에서 가열할 때 색이 진해진다.

45 [난이도 중] [문제 진단 ○△✕]

조리장의 설비 및 관리에 대한 설명 중 틀린 것은?

① 조리장 내에는 배수시설이 잘 되어야 한다.
② 하수구에는 덮개를 설치한다.
③ 폐기물 용기는 목재 재질을 사용한다.
④ 폐기물 용기는 덮개가 있어야 한다.

> 폐기물 용기는 오물, 악취 등이 누출되지 않도록 내수성 재질을 사용한다.

46 [난이도 중] [문제 진단 ○△✕]

우리 몸 안에서 수분의 작용을 바르게 설명한 것은?

① 영양소를 운반하는 작용을 한다.
② 5대 영양소에 속하는 영양소이다.
③ 높은 열량을 공급하여 추위를 막을 수 있다.
④ 호르몬의 주요 구성성분이다.

> **물의 기능**
> • 영양소 운반, 노폐물 배출, 고열이 있을 때 수분을 섭취하면 열이 내려간다.
> • 성인은 1일 2~3L 정도의 물이 필요하다.

47 [난이도 중] [문제 진단 ○△✕]

마요네즈를 만들 때 유화제 역할을 하는 것은?

① 식초
② 샐러드유
③ 설탕
④ 난황

> 난황의 유화성은 주로 레시틴(Lecithin)에 의한다.

48 [난이도 중] [문제 진단 ○△✕]

튀김에 대한 설명으로 맞는 것은?

① 기름의 온도를 일정하게 유지하기 위해 가능한 적은 양의 기름을 사용한다.
② 기름은 비열이 낮기 때문에 온도가 쉽게 변화된다.
③ 튀김에 사용했던 기름은 철로 된 튀김용 그릇에 담아 그대로 보관한다.
④ 튀김 시 직경이 넓고, 얇은 용기를 사용하면 온도 변화가 작다.

> **오답 피하기**
> ① 가능한 많은 양의 기름을 사용하는 것이 온도를 유지하고 바삭한 튀김을 하는 데 좋다.
> ③ 튀김에 사용했던 기름은 유리병에 담고 밀폐시켜 직사광선을 피해 보관한다.
> ④ 튀김 시 직경이 넓고, 두꺼운 용기를 사용하는 것이 좋다.

49 [난이도 상] [문제 진단 ○△✕]

취식자 1인당 취식면적을 1.3m², 식기회수 공간을 취식면적의 10%로 할 때, 1회 350인을 수용하는 식당의 면적은?

① 500.5m²
② 455.5m²
③ 485.5m²
④ 525.5m²

> • 필요면적 + 식기회수공간 10% = 식당의 면적
> • (1.3 + 0.13) × 350 = 500.5m²

50

오징어 12kg을 25,000원에 구입하였다. 모두 손질한 후의 폐기율이 35%였다면 실사용량의 kg당 단가는 얼마인가?

① 5,556원

② 3,205원

③ 2,083원

④ 714원

- 실제사용량(정미량) $= \dfrac{\text{발주량} \times \text{정미량}}{100} = \dfrac{12(kg) \times 65}{100} = 7.8kg$

- $\dfrac{25,000원}{7.8(kg)} = 3,205원$

51

순화독소(Toxoid)를 사용하는 예방접종으로 면역이 되는 질병은?

① 파상풍

② 콜레라

③ 폴리오

④ 백일해

파상풍, 디프테리아는 예방접종으로 면역이 가능하다.

52

B형 간염에 대한 설명 중 틀린 것은?

① 제3군 감염병이다.

② 후기에는 황달증상이 나타난다.

③ 감염된 사람의 혈액에 의해 전염된다.

④ 세균성 감염이다.

B형 간염의 병원체는 바이러스이다.

53

중간숙주가 제1중간숙주와 제2중간숙주로 두 가지인 기생충은?

① 요충

② 간디스토마

③ 회충

④ 아메바성 이질

중간숙주가 2개인 것으로는 간디스토마, 페디스토마, 광절열두조충, 요꼬가와흡충이 있다.

오답 피하기

요충, 회충은 중간숙주가 없다.

54

먹는 물의 수질기준으로 틀린 것은?

① 색도는 7도 이상이어야 한다.

② 소독으로 인한 냄새와 맛 이외의 냄새와 맛이 있어서는 안 된다.

③ 대장균·분원성 대장균군은 100㎖에서 검출되지 않아야 한다(단, 샘물·먹는 샘물 및 먹는 해양심층수 제외).

④ 수소이온의 농도는 pH5.8 이상 8.5 이하이어야 한다.

먹는 물의 수질 기준으로 색도는 5도, 탁도는 2도 이하여야 한다.

55

어패류 매개 기생충 질환의 가장 확실한 예방법은?

① 환경위생 관리

② 생식금지

③ 보건교육

④ 개인위생 철저

가장 확실한 예방법은 생식을 금지하는 것이고, 그밖에 조리 기구를 소독하고 개인위생을 철저히 하는 방법이 있다.

56 세계보건기구(WHO)의 주요 기능이 아닌 것은?

① 국제적인 보건사업의 지휘 및 조정
② 회원국에 대한 기술지원 및 자료공급
③ 개인의 정신질환 치료 및 정신보건 향상
④ 전문가 파견에 의한 기술자문 활동

세계보건기구(WHO)의 주요 기능
• 국제적인 보건사업의 지휘 및 조정
• 회원국에 대한 기술 지원 및 자원공급
• 전문가 파견에 의한 기술자문 활동

57 아래에서 설명하는 소독법은?

> 드라이오븐을 이용하여 유리 기구, 주사침, 유지, 글리
> 세린, 분말 등에 주로 사용하며 보통 170℃에서 1~2시
> 간 처리한다.

① 자비소독법
② 고압증기멸균법
③ 건열멸균법
④ 유통증기멸균법

오답 피하기
① 자비소독법 : 100℃에서 10~20분간 식기, 행주 등을 소독한다.
② 고압증기멸균법 : 121℃에서 15~20분간 멸균하고 통조림, 고무제
   품 등에 사용한다.
④ 유통증기멸균법 : 100℃의 증기에서 30분씩 3회간 멸균한다.

58 소독약과 유효한 농도의 연결이 적합하지 않은 것은?

① 알코올 : 5%
② 과산화수소 : 3%
③ 석탄산 : 3%
④ 승홍수 : 0.1%

에틸알코올을 70% 희석한다.

59 하천수의 용존 산소량이 적을 때의 원인으로 가장 적합한 것은?

① 하천수의 온도가 하강하였다.
② 가정하수, 공장폐수 등에 의해 오염되었다.
③ 중금속의 오염이 심각하였다.
④ 비가 내린 지 얼마 안 되었다.

• 용존 산소량이 적으면 오염된 하수이다.
• 오염된 물은 유기물, BOD(생화학적 산소요구량), COD(화학적 산소
  요구량)가 높고 산소, DO(용존 산소량)는 낮다.

60 심한 설사로 인하여 탈수 증상을 나타내는 감염병은?

① 콜레라
② 백일해
③ 결핵
④ 홍역

콜레라 : 콜레라균에 의하여 일어나는 소화기 계통의 감염병으로 증
세로는 심한 설사와 구토를 수반한다.

SELF CHECK 제한시간 60분 | 소요시간 　분 | 전체 문항 수 60문항 | 맞힌 문항 수 　문항

난이도 상 　문제 진단 ○△✕

01 식품첨가물에 대한 설명으로 틀린 것은?

① 보존료는 식품의 미생물에 의한 부패를 방지할 목적으로 사용된다.
② 규소수지는 주로 산화방지제로 사용된다.
③ 과산화벤조일(희석)은 밀가루 이외의 식품에 사용하여서는 안 된다.
④ 과황산암모늄은 밀가루 이외의 식품에 사용하여서는 안 된다.

산화방지제 : 식품의 산화에 의한 변질 현상을 방지하기 위한 식품첨가물이다.

오답 피하기
규소수지(실리콘수지) : 소포제, 거품을 없애는 목적으로 사용한다.

난이도 중 　문제 진단 ○△✕

02 다음에서 설명하는 중금속은?

> • 도료, 제련, 배터리, 인쇄 등의 작업에 많이 사용되며 유약을 바른 도자기 등에서 중독이 일어날 수 있다.
> • 중독 시 안면 창백, 연연(鉛緣), 말초 신경염 등의 증상이 나타난다.

① 납
② 주석
③ 구리
④ 비소

납 : 인체 섭취의 60%가 음식으로부터 섭취하게 된다. 중독 식품으로는 쌀, 어패류, 통조림 식품이 있고, 소변에서 코프로포르피린이 검출된다.

오답 피하기
④ 비소 : 발열, 구토, 탈수증상, 복통, 혈압저하, 체온저하, 사망

난이도 중 　문제 진단 ○△✕

03 통조림, 병조림과 같은 밀봉 식품의 부패가 원인이 되는 식중독과 가장 관계 깊은 것은?

① 살모넬라 식중독
② 클로스트리디움 보툴리늄 식중독
③ 포도상구균 식중독
④ 리스테리아균 식중독

클로스트리디움 보툴리늄 식중독 : 살균이 불충분한 저산성 통조림 식품에 의해 발생되는 세균성 식중독의 원인균이기도 하다.

오답 피하기
① 살모넬라 : 닭고기, 달걀에 균이 존재할 때
③ 포도상구균 : 화농성질환자가 식품을 조리 · 가공할 때
④ 리스테리아균 : 비살균우유, 식육 및 식육가공품, 채소, 치즈, 수산가공품

중요 ✓　난이도 중 　문제 진단 ○△✕

04 냉장고에 식품을 저장하는 방법에 대한 설명으로 옳은 것은?

① 생선과 버터는 가까이 두는 것이 좋다.
② 식품을 냉장고에 저장하면 세균이 완전히 사멸된다.
③ 조리하지 않은 식품과 조리한 식품은 분리해서 저장한다.
④ 오랫동안 저장해야 할 식품은 냉장고 중에서 가장 온도가 높은 곳에 저장한다.

오답 피하기
② 식품을 냉장고에 저장하면 부패를 방지하지만, 오랫동안 보관하면 상할 수 있다.
④ 오랫동안 저장해야 할 식품은 냉장고 중에서 낮은 온도에 보관을 하거나, 냉동한다.

정답 01 ② 02 ① 03 ② 04 ③

05 빵 반죽 시 효모와 함께 물에 녹여 사용하면 효모의 작용을 약화시키는 식품첨가물은?

① 프로피온산 칼슘(Calcium Propionate)

② 2초산나트륨(Sodium Diaconate)

③ 파라옥시안식향산 에스테르
(P-oxy benzoic Acid Ester)

④ 소르빈산(Sorbic Acid)

> 프로피온산 칼슘을 사용하면 빵 효모의 활성저해가 일어나 발효가 지연되고, 발효를 약간 억제하기 때문에 가능한 나중에 첨가하는 것이 바람직하다.

06 알코올 발효에서 펙틴이 있으면 생성되기 때문에 과실주에 함유되어 있으며, 과잉 섭취 시 두통, 현기증 등의 증상을 나타내는 것은?

① 붕산

② 승홍

③ 메탄

④ 포르말린

> • 각종 술의 메탄올 함량은 소주, 맥주, 막걸리에서 0.01mg 이하로 가장 낮았고, 위스키에서 0.04mg, 포도주에서 0.26mg이 검출된다.
> • 메탄올은 간의 소화효소에 의해 포름알데하이드로 분해되는데, 눈과 코, 뇌를 자극하여 심할 경우 실명하거나 사망하기도 한다.

07 감염형 식중독의 원인균이 아닌 것은?

① 살모넬라균

② 장염비브리오균

③ 병원성대장균

④ 포도상구균

> 포도상구균은 독소형 식중독이다.

08 식품첨가물에 대한 설명으로 틀린 것은?

① 식품의 변질을 방지하기 위한 것이다.

② 식품 제조에 필요한 것이다.

③ 식품의 기호성 등을 높이는 것이다.

④ 우발적 오염물을 포함한다.

> 식품첨가물 : 식품을 제조·가공 또는 보존하는 과정에서 식품에 넣거나 섞는 물질 또는 식품을 적시는 등에 사용되는 물질을 말한다.

09 덜 익은 매실, 살구씨, 복숭아씨 등에 들어 있으며, 인체 장내에서 청산을 생산하는 것은?

① 솔라닌(Solanine)

② 고시폴(Gossypol)

③ 시큐톡신(Cicutoxin)

④ 아미그달린(Amygdalin)

> **오답 피하기**
> ① 솔라닌 : 감자
> ② 고시폴 : 목화씨
> ③ 시큐톡신 : 독미나리

10 식인성 병해 생성요인 중 유기성 원인 물질에 해당되는 것은?

① 세균성 식중독균

② 방사선 물질

③ 엔-니트로소(N-nitroso) 화합물

④ 복어독

> 엔-니트로소(N-nitroso) : 식육 및 어육제품의 가공 시 첨가되는 아질산과 이급아민이 반응하여 생기는 발암물질이다.

난이도 하 | 문제 진단 ○△X

11 중국에서 수입한 배추(절인 배추 포함)를 사용하여 국내에서 배추김치로 조리하여 판매하는 경우, 메뉴판 및 게시판에 표시하여야 하는 원산지 표시 방법은?

① 배추김치(중국산)
② 배추김치(배추 중국산)
③ 배추김치(국내산과 중국산을 섞음)
④ 배추김치(국내산)

배추김치의 원산지 표시 방법
• 국내산 배추를 사용하여 국내에서 배추김치를 조리하여 판매 · 제공한 경우 : 배추김치(배추 국내산)
• 중국에서 제조 · 가공한 배추김치를 수입하여 조리하여 판매 · 제공한 경우 : 배추김치(중국산)
• 고춧가루 등 모든 원료가 국내산인 경우 : 배추김치(국내산)

난이도 중 | 문제 진단 ○△X

12 식품 등의 표시기준에 의거하여 식품의 내용량을 표시할 경우, 내용물이 고체 또는 반고체일 때 표시하는 방법은?

① 중량
② 용량
③ 개수
④ 부피

식품 등의 표시 기준에 따라 내용량은 내용물의 성상에 따라 중량 · 용량 또는 개수로 표시하여야 하며, 이 경우 내용물이 고체 또는 반고체일 경우 중량으로, 액체일 경우 용량으로, 고체와 액체의 혼합물(직접 음용하지 아니하는 액체를 포함한다)일 경우 중량 또는 용량으로 표시하고, 개수로 표시할 때에는 중량 또는 용량을 괄호 속에 표시하여야 한다.

난이도 중 | 문제 진단 ○△X

13 식품의 조리 가공, 저장 중에 생성되는 유해 물질 중 아민이나 아미드류와 반응하여 니트로소 화합물을 생성하는 성분은?

① 지질
② 아황산
③ 아질산염
④ 삼염화질소

• 식품에서는 안정하지만, pH2 이상에서 불안정하여 파괴된다.
• 아민과 아질산의 반응에 의해 생성된다.
• 가열하면 증가한다.
• 육류의 발색제인 아질산염과 질산염은 클로스트리디움 보툴리눔의 억제효과를 가지는 유용한 첨가물이긴 하나 다른 형태의 발암물질이다.

중요 ✓ | 난이도 중 | 문제 진단 ○△X

14 식품접객업을 신규로 하고자 하는 경우 몇 시간의 위생교육을 받아야 하는가?

① 2시간
② 4시간
③ 6시간
④ 8시간

영업자
• 식품제조 · 가공업, 식품첨가물제조업 : 8시간
• 식품운반업, 식품소분 · 판매업 등 영업자, 식품보존업, 용기 · 포장류제조업 : 4시간
• 즉석판매제조 · 가공업, 식품접객업 : 6시간
• 집단급식소를 설치 · 운영하려는 자 : 6시간

난이도 하 | 문제 진단 ○△X

15 식품위생법상 식품위생의 정의는?

① 음식과 의약품에 관한 위생을 말한다.
② 농산물, 기구 또는 용기 · 포장의 위생을 말한다.
③ 식품 및 식품첨가물만을 대상으로 하는 위생을 말한다.
④ 식품, 식품첨가물, 기구 또는 용기 · 포장을 대상으로 하는 음식에 관한 위생을 말한다.

의약으로 섭취하는 것은 제외한다.

16 난이도 중 문제 진단 ○△✕

어육연제품의 결착제로 사용되는 것은?

① 소금, 한천
② 설탕, MSG
③ 전분, 달걀
④ 솔비톨, 물

섬유상 단백질의 미오신 함량은 가용성 단백질의 60%를 차지하고 소금에 녹는 성질이 있어 어묵 형성에 이용된다. 이때 점탄성을 부여하기 위해 전분을 첨가한다.

17 난이도 상 문제 진단 ○△✕

식품에서 다음과 같은 기능을 갖는 성분은?

유화성, 거품생성능력, 젤화, 수화성

① 단백질
② 지방
③ 탄수화물
④ 비타민

• 유화성 : 난황의 레시틴
• 거품생성능(기포성) : 난백
• 젤화 : 젤라틴
• 수화성 : 열

18 난이도 상 문제 진단 ○△✕

동물성 식품의 색에 관한 설명 중 틀린 것은?

① 식육의 붉은 색은 Myoglobin과 Hemoglobin에 의한 것이다.
② Heme은 페로프로토포피린(Ferroprotoporphyrin)과 단백질인 글로빈(Globin)이 결합된 복합 단백질이다.
③ Myoglobin은 적자색이지만 공기와 오래 접촉하여 Fe로 산화되면 선홍색의 Oxymyoglobin이 된다.
④ 아질산염으로 처리하면 가열에도 안정한 선홍색의 Nitrosomyoglobin이 된다.

고기가 노출되면 미오글로빈(Myoglobin)의 Fe에 산소가 결합하게 되어 선홍색을 띠는 옥시미오글로빈(Oxymyoglobin)이 된다. Fe로 산화된다는 내용이 잘못되었다.

19 중요 ✓ 난이도 중 문제 진단 ○△✕

식품의 조리 및 가공 시 발생되는 갈변 현상의 설명으로 틀린 것은?

① 설탕 등의 당류를 160~180℃로 가열하면 마이야르(Maillard) 반응으로 갈색 물질이 생성된다.
② 사과, 가지, 고구마 등의 껍질을 벗길 때 폴리페놀성 물질을 산화시키는 효소 작용으로 갈변 물질이 생성된다.
③ 감자를 절단하면 효소 작용으로 흑갈색의 멜라닌 색소가 생성되며, 갈변을 막으려면 물에 담근다.
④ 아미노-카르보닐 반응으로 간장과 된장의 갈변 물질이 생성된다.

설탕 등의 당류를 160~180℃로 가열하면 캐러멜화로 갈색 물질이 생성된다.

오답 피하기

마이야르 반응 : 아미노산과 환원당(포도당, 과당, 맥아당 등)이 작용하여 갈색의 중합체인 멜라노이딘(Melanoidin : 갈변 물질)을 만드는 반응이다.

20 난이도 하 문제 진단 ○△✕

동·식물체에 자외선을 쪼이면 활성화되는 비타민은?

① 비타민 A
② 비타민 D
③ 비타민 E
④ 비타민 K

자외선은 비타민 D를 형성하여 구루병을 예방하고, 관절염 치료에 효과적이다.

21 난이도 중 문제 진단 ○△✕

조리 시 산패의 우려가 가장 큰 지방산은?

① 카프롤레산(Caproleic Acid)
② 리놀레산(Linoleic Acid)
③ 리놀렌산(Linolenic Acid)
④ 아이코사펜타에노산(Eicosapentaenoic Acid)

등푸른 생선에는 어유가 많은데 이 기름인 EPA(아이코사펜타에노산)는 심혈관 질환 발생을 억제하는 효과가 있다.

정답 16 ③ 17 ① 18 ③ 19 ① 20 ② 21 ④

난이도 중 문제 진단 ○△✕

22 다음의 당류 중 영양소를 공급할 수 없으나 식이섬유소로서 인체에 중요한 기능을 하는 것은?

① 전분
② 설탕
③ 맥아당
④ 펙틴

펙틴 : 다당류의 한 종류로 과실류, 감귤류의 껍질에 많다.

난이도 중 문제 진단 ○△✕

23 어패류 가공에서 북어의 제조법은?

① 염건법
② 소건법
③ 동건법
④ 염장법

동건법 : 얼렸다 건조하는 방법이다.

오답 피하기
① 염건법 : 소금간하여 말리는 방법이다.
② 소건법 : 날것을 불로 가열하거나 햇볕을 쪼여 말리는 방법이다.
④ 염장법 : 소금 10% 정도의 농도에서 저장하는 방법이다.

난이도 하 문제 진단 ○△✕

24 양갱 제조에서 팥소를 굳히는 작용을 하는 재료는?

① 젤라틴
② 회분
③ 한천
④ 밀가루

한천 : 우뭇가사리 등의 홍조류를 삶아서 얻은 액을 냉각, 동결, 건조한 것이다.

난이도 하 문제 진단 ○△✕

25 강화 식품에 대한 설명으로 틀린 것은?

① 식품에 원래 적게 들어 있는 영양소를 보충한다.
② 식품의 가공 중 손실되기 쉬운 영양소를 보충한다.
③ 강화영양소로 비타민 A, 비타민 B, 칼슘(Ca) 등을 이용한다.
④ α-화 쌀은 대표적인 강화 식품이다.

α-화 쌀은 호화된 쌀을 말한다.

난이도 중 문제 진단 ○△✕

26 다음 중 감미도가 가장 높은 것은?

① 설탕
② 과당
③ 포도당
④ 맥아당

감미도가 높은 순서 : 과당 → 설탕 → 포도당 → 맥아당

난이도 중 문제 진단 ○△✕

27 우유 가공품 중 발효유에 속하는 것은?

① 가당연유
② 무당연유
③ 전지분유
④ 요구르트

오답 피하기
① 가당연유 : 우유를 ⅓로 농축시키고 설탕을 첨가한 가공품이다.
② 무당연유 : 우유를 ⅓로 농축시킨 가공품이다.
③ 전지분유 : 원유를 가루 형태, 즉 분말화시킨 제품이다.

28 하루 필요 열량이 2,700kcal일 때 이중 12%에 해당하는 열량을 단백질에서 얻으려 한다. 이때 필요한 단백질의 양은?

① 61g
② 71g
③ 81g
④ 91g

- 단백질에서 얻고자 하는 양 = 2,700kcal × 0.12 = 324kcal
- 단백질은 1g당 4kcal의 열량을 내므로 324kcal ÷ 4 = 81g이 된다.

29 식품의 수분활성도(Aw)에 관련된 설명으로 틀린 것은?

① 임의의 온도에서 순수한 물에 대한 그 식품이 나타내는 수분 함량의 비율로 나타낸다.
② 소금 절임은 수분 활성을 낮게, 삼투압을 높게 하여 미생물의 생육을 억제하는 방법이다.
③ 식품 중의 수분 활성은 식품 중 효소 작용의 속도에 영향을 준다.
④ 식품 중 여러 화학 반응은 수분 활성에 큰 영향을 받는다.

수분활성도는 동일 온도에서 순수한 물의 증기압에 대한 그 식품 중에 수분의 증기압 비율이다.

30 생선의 훈연 가공에 대한 설명으로 틀린 것은?

① 훈연 특유의 맛과 향을 얻게 된다.
② 연기 성분의 살균 작용으로 미생물 증식이 억제된다.
③ 열훈법이 냉훈법보다 제품의 장기 저장이 가능하다.
④ 생선의 건조가 일어난다.

냉훈법 : 제품의 장기 저장을 목적으로 행하는 방법으로 훈연 기간이 길어서 중량의 감소가 큰 결점이나 훈연 공정 중에 건조와 숙성이 일어나므로 보존성이 좋고 향이 뛰어나다.

31 식당의 원가 요소 중 급식 재료비에 속하는 것은?

① 급료
② 조리 식품비
③ 수도 광열비
④ 연구 재료비

오답 피하기
① 급료 : 노무비, 수도 광열비
④ 연구 재료비 : 경비

32 녹색 채소의 데치기에 대한 설명으로 틀린 것은?

① 데치는 조리수의 양이 많으면 영양소, 특히 비타민 C의 손실이 크다.
② 데칠 때 식소다를 넣으면 엽록소가 페오피틴으로 변해 선명한 녹색이 된다.
③ 데치는 조리수의 양이 적으면 비점으로 올라가는 시간이 길어져 유기산과 많이 접촉하게 된다.
④ 데칠 때 소금을 넣으면 비타민 C의 산화도 억제하고 채소의 색을 선명하게 한다.

페오피틴은 산이나 가열에 의해 엽록소가 변한 것으로 갈색이다.

33 다음 중 신선한 우유의 특징은?

① 투명한 백색으로 약간의 감미를 가지고 있다.
② 물이 담긴 컵 속에 한 방울 떨어뜨렸을 때 구름같이 퍼져가며 내려간다.
③ 진한 황색이며 특유한 냄새를 가지고 있다.
④ 알코올과 우유를 동량으로 섞었을 때 백색의 응고가 일어난다.

우유를 떨어뜨렸을 때 뿌옇게 흩어지면 신선하지 않은 것이다.

34 식단 작성 시 공급열량의 구성비로 가장 적절한 것은?

① 당질 50%, 지질 25%, 단백질 25%
② 당질 65%, 지질 20%, 단백질 15%
③ 당질 75%, 지질 15%, 단백질 10%
④ 당질 80%, 지질 10%, 단백질 10%

성별, 연령, 노동의 강도에 따라 다르지만 일반인은 '당질:지질:단백질 = 65:20:15'로 권장하고 있다.

---

35 오징어에 대한 설명으로 틀린 것은?

① 가로로 형성되어 있는 근육섬유는 열을 가하면 줄어드는 성질이 있다.
② 무늬를 내고자 오징어에 칼집을 넣을 때에는 껍질이 붙어있던 바깥쪽으로 넣어야 한다.
③ 오징어의 4겹 껍질 중 제일 안쪽의 진피는 몸의 축 방향으로 크게 수축한다.
④ 오징어는 가로방향으로 평행하게 근섬유가 발달되어 있어 말린 오징어는 옆으로 잘 찢어진다.

칼집을 넣을 때에는 내장이 있던 안쪽에 넣어야 한다.

---

36 튀김유의 보관 방법으로 옳지 않은 것은?

① 갈색병에 담아 서늘한 곳에 보관한다.
② 직경이 넓은 팬에 담아 서늘한 곳에 보관한다.
③ 이 물질을 걸러서 광선의 접촉을 피해 보관한다.
④ 철제 팬에 튀긴 기름은 다른 그릇에 옮겨서 보관한다.

표면적이 넓으면 산패가 일어난다.

---

37 다음의 식단 구성 중 편중되어 있는 영양가의 식품군은?

완두콩밥, 된장국, 장조림, 명란알찜, 두부조림, 생선구이

① 탄수화물군
② 단백질군
③ 비타민/무기질군
④ 지방군

단백질 식품 : 콩, 된장, 쇠고기, 달걀, 두부, 생선 등

---

38 다음 중 빵 반죽의 발효 시 가장 적합한 온도는?

① 15~20℃
② 25~30℃
③ 45~50℃
④ 55~60℃

효모(Yeast)의 발효온도는 25~30℃이다.

---

39 조리된 상태의 냉동식품을 해동하는 가장 좋은 방법은?

① 실온해동
② 가열해동
③ 저온해동
④ 청수해동

조리된 상태의 냉동식품은 데치거나 익혀서 가열하여 해동한다.

---

40 난이도 중 문제 진단 ○△×

트랜스지방은 식물성 기름에 어떤 원소를 첨가하는 과정에서 발생하는가?

① 수소
② 질소
③ 산소
④ 탄소

식물성유지에 수소와 촉매제를 첨가하여 경화유인 마가린, 쇼트닝을 만드는 과정 중에 생긴다.

41 난이도 중 문제 진단 ○△×

난백의 기포성에 대한 설명으로 틀린 것은?

① 난백에 올리브유를 소량 첨가하면 거품이 잘 생기고 윤기도 난다.
② 난백은 냉장 온도보다 실내온도에 저장했을 때 점도가 낮고 표면장력이 작아져 거품이 잘 생긴다.
③ 신선한 달걀보다는 어느 정도 묵은 달걀이 수양난백이 많아 거품이 쉽게 형성된다.
④ 난백의 거품이 형성된 후 설탕을 서서히 소량씩 첨가하면 안정성 있는 거품이 형성된다.

올리브유와 기포성은 관계가 없다.

42 난이도 중 문제 진단 ○△×

염화마그네슘을 함유하고 있으며 김치나 생선절임용으로 주로 사용하는 소금은?

① 호렴
② 정제염
③ 식탁염
④ 가공염

호렴 : 알이 굵고 정제되지 않은 천일염이다.

오답 피하기
② 정제염 : 불순물과 중금속을 제거한 정제한 소금이다.
③ 식탁염 : 식성에 따라 간을 맞추어 먹도록 식탁 위에 놓아두는 고운 소금이다.
④ 가공염 : 볶음, 태움 등의 방법으로 원형을 변형하거나 식품첨가물을 더하여 가공한 소금이다.

43 중요 ✓ 난이도 중 문제 진단 ○△×

생선의 신선도를 판별하는 방법으로 틀린 것은?

① 생선의 육질이 단단하고 탄력성이 있는 것이 신선하다.
② 눈의 수정체가 투명하지 않고 아가미색이 어두운 것은 신선하지 않다.
③ 어체의 특유한 빛을 띠는 것이 신선하다.
④ 트리메틸아민(TMA)이 많이 생성된 것이 신선하다.

트리메틸아민(TMA) : 비린내 성분으로 수용성이어서 물에 씻으면 어취가 감소한다.

44 난이도 중 문제 진단 ○△×

밀가루 반죽에 사용되는 물의 기능이 아닌 것은?

① 탄산가스 형성을 촉진한다.
② 소금의 용해를 도와 반죽에 골고루 섞이게 한다.
③ 글루텐의 형성을 돕는다.
④ 전분의 호화를 방지한다.

물은 전분의 호화를 돕는다.

45 난이도 하 문제 진단 ○△×

버터와 마가린의 지방 함량은 얼마인가?

① 50% 이상
② 60% 이상
③ 70% 이상
④ 80% 이상

버터는 100g당 약 715kcal를 내는 고열량 식품으로서 지방 함량이 80% 이상으로 매우 높고 단백질 함량은 낮다.

46 계량컵을 사용하여 밀가루를 계량할 때 가장 올바른 방법은?

① 체로 쳐서 가만히 수북하게 담아 주걱으로 깎아서 측정한다.

② 계량컵에 그대로 담아 주걱으로 깎아서 측정한다.

③ 계량컵에 꼭꼭 눌러 담은 후 주걱으로 깎아서 측정한다.

④ 계량컵을 가볍게 흔들어 주면서 담은 후, 주걱으로 깎아서 측정한다.

> **오답 피하기**
> • 지방 : 버터, 마가린과 지방은 저울로 계량하는 것이 바람직하나, 컵이나 스푼으로 계량할 때는 실온에서 계량컵에 꼭꼭 눌러 담아 깎아서 계량한다.
> • 설탕 : 흑설탕은 꼭꼭 눌러서 계량한다.
> • 액체 : 물엿, 꿀과 같은 점성이 큰 것은 큰 계량컵을 사용하고 눈금과 액체 표면의 아래 부분을 눈과 같은 높이로 맞추어 계량한다.

47 급식인원이 500명인 단체급식소에서 가지조림을 하려고 한다. 가지의 1인당 중량이 30g이고, 폐기율이 6%일 때 총 발주량은?

① 약 15kg

② 약 16kg

③ 약 20kg

④ 약 25kg

> • 가식부율(정미율)은 94%이고, 정미량은 30g이다.
> • 1인 발주량 $= \dfrac{\text{정미량}}{\text{정미율}} \times 100 = \dfrac{30}{94} \times 100 = $ 약 31.9g
> • 500명 $\times$ 31.9 = 15950g = 약 16kg

48 다음 중 원가의 구성으로 틀린 것은?

① 직접원가 = 직접재료비 + 직접노무비 + 직접경비

② 제조원가 = 직접원가 + 제조간접비

③ 총원가 = 제조원가 + 판매경비 + 일반관리비

④ 판매가격 = 총원가 + 판매경비

> 판매가격 = 총원가 + 이익

49 음식의 색을 고려하여 녹색 채소를 무칠 때 가장 나중에 넣어야 하는 조미료는?

① 설탕

② 식초

③ 소금

④ 고추장

> 산은 엽록소가 페오피틴(Pheophytin)으로 변해서 갈색으로 변하므로 식초는 먹기 직전에 첨가한다.

50 두류 조리 시 두류를 연화시키는 방법으로 틀린 것은?

① 1% 정도의 식염용액에 담갔다가 그 용액으로 가열한다.

② 초산용액에 담근 후 칼슘, 마그네슘이온을 첨가한다.

③ 약알칼리성의 중조수에 담갔다가 그 용액으로 가열한다.

④ 습열 조리 시 연수를 사용한다.

> 대두단백질 글리시닌은 황산칼슘($CaSO_4$), 염화마그네슘($MgCl_2$), 염화칼슘($CaCl_2$) 등의 두부응고제와 열(70℃)에 응고되는 성질을 이용하여 두부를 만든다. 연화시키는 방법과는 거리가 있다.

난이도 상 문제 진단 ○△☒

51 규폐증에 대한 설명으로 틀린 것은?

① 먼지 입자의 크기가 0.5~5.0㎛일 때 잘 발생한다.

② 대표적인 진폐증이다.

③ 납 중독, 벤젠 중독과 함께 3대 직업병이라고 하기도 한다.

④ 위험요인에 노출된 근무 경력이 1년 이후에 잘 발생한다.

> 근무 경력이 15~20년 이후에 걸리지만, 분진의 농도에 따라 발병까지의 기간은 단축된다.

난이도 중 문제 진단 ○△☒

52 병원체를 보유하였으나 임상 증상은 없으면서 병원체를 배출하는 자는?

① 환자

② 보균자

③ 무증상감염자

④ 불현성감염자

> 보균자 : 병원체를 보유하고 있지만 증상은 나타나지 않는 자로 관리가 어렵다.

난이도 중 문제 진단 ○△☒

53 식품과 함께 입을 통해 감염되거나 피부로 직접 침입하는 기생충은?

① 회충

② 십이지장충

③ 요충

④ 동양모양선충

> 구충(십이지장충) : 오염된 토양에서 맨발로 작업할 경우 피부로 감염될 수 있다.
>
> **오답 피하기**
> ① 회충 : 경구 침입을 통해 감염된다.
> ③ 요충 : 감염자의 항문 주위나 사용한 침구, 물건 등을 만져 요충 알이 묻어 구강을 통해 감염된다.
> ④ 동양모양선충 : 내염성, 절임채소에도 붙어 감염된다.

난이도 중 문제 진단 ○△☒

54 직업과 직업병과의 연결이 옳지 않은 것은?

① 용접공 – 백내장

② 인쇄공 – 진폐증

③ 채석공 – 규폐증

④ 용광로공 – 열쇠약

> 진폐증 : 건축공사장, 채석장

난이도 중 문제 진단 ○△☒

55 다음 중 공공부조에 해당하는 것은?

① 의료급여

② 건강보험

③ 산업재해 보상보험

④ 고용보험

> 생활능력이 없는 빈곤층에 대한 국가적 차원의 책임규정으로 최저생활보장의 원칙을 두고 있다.

난이도 중 문제 진단 ○△☒

56 건강선(Dorno Ray)이란?

① 감각온도를 표시한 도표

② 가시광선

③ 강력한 진동으로 살균 작용을 하는 음파

④ 자외선 중 살균 효과를 가지는 파장

> 건강선 : 자외선에 해당되는 파장으로 살균력이 강하여 소독에 이용된다.
>
> **오답 피하기**
> • 감각온도 : 적외선
> • 건강선에는 진동 음파가 없다.

난이도 하 **문제 진단** ○△✕

57 우리나라에서 출생 후 가장 먼저 인공능동면역을 실시하는 것은?

① 파상풍
② 결핵
③ 백일해
④ 홍역

> 인공능동면역은 예방접종 후 얻은 면역으로 출생 후 BCG(결핵) 주사를 먼저 맞는다.

난이도 중 **문제 진단** ○△✕

58 공기의 자정 작용에 속하지 않는 것은?

① 산소, 오존 및 과산화수소에 의한 산화 작용
② 공기자체의 희석 작용
③ 세정 작용
④ 여과 작용

> **공기의 자정 작용**
> • 자외선에 의한 살균 작용
> • CO_2와 O_2의 교환 작용 : 광합성에 의한 교환

난이도 중 **문제 진단** ○△✕

59 물의 정수법 중 완속여과법과 급속여과법을 비교할 때 급속여과법의 특징은?

① 여과 속도가 느리다.
② 광대한 면적이 필요하다.
③ 건설비는 많이 들지만 유지비는 적게 든다.
④ 추운 지방이나 대도시에서 이용하기에 적당하다.

완속사여과법	급속사여과법
사면대치	역류세척
보통침전	약품침전
넓은 면적이 필요	좁은 면적이 필요

중요 ✓ **난이도** 중 **문제 진단** ○△✕

60 다음 중 제1 및 제2중간숙주가 있는 것은?

① 구충, 요충
② 사상충, 회충
③ 간흡충, 유구조충
④ 폐흡충, 광절열두조충

기생충	제1중간숙주	제2중간숙주
간흡충(간디스토마)	왜우렁이	붕어, 잉어
요꼬가와흡충	다슬기	담수어, 은어, 잉어
광절열두조충(긴촌충)	물버룩	연어, 송어

오답 피하기
• 중간숙주가 없는 것 : 구충, 요충, 회충, 사상충
• 중간숙주가 하나인 것 : 유구조충
• 중간숙주가 두 개인 것 : 간흡충

해설과 따로 보는
최신 기출문제

해설과 따로 보는 2024년 최신 기출문제 01회

SELF CHECK   제한시간 60분 | 소요시간   분 | 전체 문항 수 60문항 | 맞힌 문항 수   문항

난이도 중 | 문제 진단 ○△✕

01 식품접객업소의 조리판매 등에 대한 기준 및 규격에 의한 조리용 칼, 도마, 식기류의 미생물 규격은? (단, 사용 중인 것은 제외함)

① 살모넬라 음성, 대장균 양성
② 살모넬라 음성, 대장균 음성
③ 황색포도당 구균 양성, 대장균 음성
④ 황색포도당 구균 음성, 대장균 양성

난이도 중 | 문제 진단 ○△✕

02 식품위생 감시원의 직무가 아닌 것은?

① 식품 등의 위생적 취급기준의 이행지도
② 수입 판매 또는 사용 등이 금지된 식품 등의 취급 여부에 관한 단속
③ 시설 기준의 적합 여부의 확인 검사
④ 식품 등의 기준 및 규격에 관한 사항 작성

난이도 중 | 문제 진단 ○△✕

03 생선을 프라이팬이나 석쇠에 구울 때 들러붙지 않도록 하는 방법으로 옳지 않은 것은?

① 낮은 온도에서 서서히 굽는다.
② 기구의 금속면을 테프론으로 처리한 것을 사용한다.
③ 기구의 표면에 기름을 칠하여 막을 만들어 준다.
④ 기구를 먼저 달구어서 사용한다.

중요 ✓ 난이도 중 | 문제 진단 ○△✕

04 식품위생법령상 영업허가 대상인 업종은?

① 일반음식점영업
② 식품조사처리업
③ 식품소분판매업
④ 즉석판매 제조 가공업

난이도 중 | 문제 진단 ○△✕

05 구입한 식품의 포장에 아래와 같은 표시가 있었다. 어떤 종류의 식품 표시인가?

① 방사선조사식품
② 녹색신고식품
③ 자진회수식품
④ 유기가공식품

난이도 중 | 문제 진단 ○△✕

06 식품위생의 대상에 해당하지 않는 것은?

① 영양제
② 비빔밥
③ 과자봉지
④ 합성착색료

난이도 상   문제 진단 ○△✕

07 클로스트리디움 보툴리눔(Clostridium Botulinum) 식중독에 대한 설명으로 옳은 것은?

① 독소는 독성이 강한 단백질 성분으로 열에 강하다.
② 주요증상은 현기증, 두통, 신경장애, 호흡곤란이다.
③ 음식물 섭취 후 3~5시간 이내 증상이 나타난다.
④ 균은 아포를 형성하지 않는다.

중요✅   난이도 상   문제 진단 ○△✕

08 장염 비브리오균 식중독에 대한 예방법이 아닌 것은?

① 비브리오 중독 유행기에는 어패류를 생식하지 않는다.
② 저온 저장하여 균의 증식을 억제한다.
③ 식품을 먹기 전에 충분히 가열한다.
④ 쥐, 바퀴벌레, 파리가 매개체이므로 해충을 구제한다.

난이도 중   문제 진단 ○△✕

09 오래된 과일이나 산성 채소 통조림에서 유래한 화학성 식중독의 원인물질은?

① 칼슘
② 주석
③ 철분
④ 아연

난이도 상   문제 진단 ○△✕

10 식품첨가물의 사용이 잘못된 경우는?

① 값이 싸고 색이 아름다우며 사용상 편리하여 과자를 만들 때 아우라민(Auramine)을 사용하였다.
② 허용된 첨가물이라도 과용하면 식중독이 유발될 수 있으므로 사용량을 잘 지켜 사용하였다.
③ 롱가릿은 밀가루 또는 물엿의 표백작용이 있으나, 독성 물질의 잔류 때문에 사용하지 않았다.
④ 보존료로서 식품첨가물로 지정된 것은 사용 기준이 정해져 있으므로 이를 잘 지켜 사용하였다.

난이도 중   문제 진단 ○△✕

11 단백질과 탈취작용의 관계를 고려하여 돼지고기나 생선의 조리 시 생강을 사용하는 가장 적합한 방법은?

① 처음부터 생강을 함께 넣는다.
② 생강을 먼저 끓여낸 후 고기를 넣는다.
③ 고기나 생선이 거의 익은 후에 생강을 넣는다.
④ 생강즙을 내어 물에 혼합한 후 고기를 넣고 끓인다.

난이도 중   문제 진단 ○△✕

12 다음 중 미생물에 의한 식품의 부패 원인과 가장 관계가 깊은 것은?

① 습도
② 냄새
③ 색도
④ 광택

13 다음 중 위해요소중점관리기준(HACCP)을 수행하는 단계에 있어서 가장 먼저 실시하는 것은?

① 중점 관리점 규명
② 관리기준의 설정
③ 기록유지 방법의 설정
④ 식품의 위해요소를 분석

14 식품과 자연독의 연결이 옳지 않은 것은?

① 독버섯 – 무스카린(Muscarine)
② 감자 – 솔라닌(Solanine)
③ 살구씨 – 파세오루나틴(Phaseolunatin)
④ 목화씨 – 고시폴(Gossypol)

15 사카린나트륨을 사용할 수 없는 식품은?

① 된장
② 김치류
③ 어육가공품
④ 음료류

16 유지의 산패도를 나타내는 값으로 짝지어진 것은?

① 비누화가, 요오드가
② 요오드가, 아세틸가
③ 과산화물가, 비누화가
④ 산가, 과산화물가

17 보리를 할맥 도정하는 이유가 아닌 것은?

① 소화율을 증가시키기 위해
② 간편한 조리를 위해
③ 수분 흡수를 빠르게 하기 위해
④ 부스러짐을 방지하기 위해

18 시금치나물을 조리할 때 1인당 80g이 필요하다면, 식수 인원 1,500명에 적합한 시금치 발주량은?(단, 시금치 폐기율은 4%이다.)

① 100kg
② 110kg
③ 125kg
④ 132kg

19 오징어에 대한 설명으로 옳지 않은 것은?

① 오징어는 가열하면 근육섬유와 콜라겐섬유 때문에 수축하거나 둥글게 말린다.
② 오징어의 살이 붉은색을 띠는 것은 색소포에 의한 것으로 신선도와는 상관이 없다.
③ 신선한 오징어는 무색투명하며, 껍질에는 짙은 적갈색의 색소포가 있다.
④ 오징어의 근육은 평활근으로 색소를 가지지 않으므로 껍질을 벗긴 오징어는 가열하면 백색이 된다.

20 밀가루를 물로 반죽하여 면을 만들 때 반죽의 점성에 관계하는 주성분은?

① 글로불린(Globulin)
② 글루텐(Gluten)
③ 아밀로펙틴(Amylopectin)
④ 덱스트린(Dextrin)

21 비타민 A의 전구물질로 당근, 호박 고구마, 시금치에 많이 들어 있는 성분은?

① 안토시아닌
② 카로틴
③ 리코펜
④ 에르고스테롤

22 육류 조리 시 향미성분과 관계가 먼 것은?

① 핵산분해물질
② 유기산
③ 유리아미노산
④ 전분

23 식품의 조리 가공 시 발생하는 갈변현상 중 효소가 관계하는 것은?

① 페놀성 물질의 산화 축합에 의한 멜라닌(Melanin) 형성반응
② 마이야르(Maillard) 반응
③ 캐러멜화(Caramelization) 반응
④ 아스코르빈산(Ascorbic acid) 산화 반응

24 영양소와 그 기능의 연결이 올바르지 않은 것은?

① 유당(젖당) – 정장작용
② 셀룰로오스 – 변비예방
③ 비타민 K – 혈액응고
④ 칼슘 – 헤모글로빈 구성성분

25 어취의 성분인 트리메틸아민(TMA: Trimethylamine)에 대한 설명으로 옳은 것은?

① 어취는 트리메틸아민의 함량과 반비례한다.
② 지용성이므로 물에 씻어도 없어지지 않는다.
③ 주로 해수어의 비린내 성분이다.
④ 트리메틸아민 옥사이드(Trimethylamine Oxide)가 산화되어 생성된다.

26 쓰거나 신 음식을 맛본 후 금방 물을 마시면 물이 달게 느껴지는데 이는 어떤 원리에 의한 것인가?

① 변조현상
② 대비효과
③ 순응현상
④ 억제현상

27 육류를 연화시키는 방법으로 적합하지 않은 것은?

① 생파인애플즙에 재워 놓는다.
② 칼등으로 두드린다.
③ 소금을 적당히 사용한다.
④ 끓여서 식힌 배즙에 재워 놓는다.

28 난이도 중 문제 진단 ○△✕

완전 단백질(Complete Protein)이란?

① 필수아미노산과 불필수아미노산을 모두 함유한 단백질
② 함유 황아미노산을 다량 함유한 단백질
③ 성장을 돕지는 못하나 생명을 유지하는 단백질
④ 정상적인 성장을 돕는 필수아미노산이 충분히 함유된 단백질

29 난이도 중 문제 진단 ○△✕

지방의 산패를 촉진하는 요인이 아닌 것은?

① 효소
② 자외선
③ 금속
④ 토코페롤

30 난이도 중 문제 진단 ○△✕

전화당의 구성성분과 그 비율로 옳은 것은?

① 포도당 : 과당이 3 : 1인당
② 포도당 : 맥아당이 2 : 1인당
③ 포도당 : 과당이 1 : 1인당
④ 포도당 : 자당이 1 : 2인당

31 난이도 중 문제 진단 ○△✕

예비조리식 급식제도의 일반적인 장점은?

① 다량 구입으로 비용을 절감할 수 있다.
② 음식을 데우는 기기가 있으면 덜 숙련된 조리사를 이용할 수 있다.
③ 가스, 전기, 물 사용에 대한 관리비가 다른 제도에 비해서 적게 든다.
④ 음식의 저장이 필요 없으므로 분배비용을 최소한 할 수 있다.

32 난이도 중 문제 진단 ○△✕

각 식품을 냉장고에서 보관할 때 나타나는 현상의 연결이 틀린 것은?

① 바나나 : 껍질이 검게 변한다.
② 고구마 : 전분이 변해서 맛이 없어진다.
③ 식빵 : 딱딱해진다.
④ 감자 : 솔라닌이 생성된다.

33 난이도 하 문제 진단 ○△✕

신선한 생선의 특징이 아닌 것은?

① 눈알이 밖으로 돌출된 것
② 아가미의 빛깔이 선홍색인 것
③ 비늘이 잘 떨어지면 광택이 있는 것
④ 손가락으로 눌렀을 때 탄력성이 있는 것

34 난이도 중 문제 진단 ○△✕

튀김 조리에 대한 설명으로 옳지 않은 것은?

① 튀김을 할 때 재료의 투입은 기름양의 80%를 넘지 않게 한다.
② 두꺼운 팬을 사용하여 온도의 변화가 적게 한다.
③ 튀김 재료의 수분은 제거하여 안전하게 한다.
④ 재료 표면에 전분 가루를 묻히면 재료 표면에 마찰력이 커져 튀김옷이 잘 붙는다.

35 난이도 하 문제 진단 ○△✕

단체 급식시설의 작업장별 관리에 대한 설명으로 잘못된 것은?

① 개수대는 생선용과 채소용을 구분하는 것이 식중독균의 교차오염을 방지하는 데 효과적이다.
② 가열, 조리하는 곳에는 환기장치가 필요하다.
③ 식품 보관 창고에 식품 보관 시 바닥과 벽에 식품이 직접 닿지 않게 하여 오염을 방지한다.
④ 자외선 등은 모든 기구와 식품 내부의 완전살균에 매우 효과적이다.

36 튀김옷에 대한 설명으로 옳지 않은 것은?

① 글루텐의 함량이 많은 강력분을 사용하면 튀김 내부에서 수분이 증발하지 못하므로 바삭하게 튀겨지지 않는다.

② 달걀은 튀김옷의 경도를 도와주고 맛을 좋게 한다.

③ 식소다를 소량 넣으면 가열 중 이산화탄소를 발생함과 동시에 수분도 방출되어 튀김이 바삭해진다.

④ 튀김옷에 사용하는 물의 온도는 30℃ 전후로 해야 튀김옷의 점도를 높여 내용물을 잘 감싸고 바삭해진다.

37 다음 중 급식 부분의 간접 원가에 속하지 않는 것은?

① 외주가공비
② 보험료
③ 연구연수비
④ 감가상각비

38 성인병 예방을 위한 급식에서 식단 작성을 할 때 가장 고려해야 할 점은?

① 전체적인 영양의 균형을 생각하여 식단을 작성하며, 소금이나 지나친 동물성 지방의 섭취를 제한한다.

② 좋은 맛을 위하여 시중에서 파는 천연 또는 화학 조미료를 사용하도록 한다.

③ 영양에 중점을 두어 맛있고 변화가 풍부한 식단을 작성하며, 특히 기호에 중점을 둔다.

④ 계절식품과 지역적 배려에 신경을 쓰며, 새로운 메뉴 개발에 노력한다.

39 4가지 기본적인 맛이 아닌 것은?

① 단맛
② 신맛
③ 떫은맛
④ 쓴맛

40 냉동된 육·어류의 해동방법으로 가장 바람직한 것은?

① 5~10℃에서 자연해동
② 0℃ 이하 저온해동
③ 전자레인지 고주파 해동
④ 비닐팩에 넣어 온탕 해동

41 난백으로 거품을 만들 때의 설명으로 옳은 것은?

① 레몬즙을 1~2방울 떨어뜨리면 거품 형성을 용이하게 한다.

② 지방은 거품 형성을 용이하게 한다.

③ 소금은 거품의 안정성에 기여한다.

④ 오래된 달걀보다 신선란이 거품 형성을 용이하게 한다.

42 다음 중 간장의 지미 성분은?

① 포도당(Glucose)
② 전분(Starch)
③ 글루탐산(Glutamic Acid)
④ 아스코르빈산(Ascorbic Acid)

난이도 하 문제 진단 ○△✕

43 채소를 데치는 요령으로 적합하지 않은 것은?

① 1~2% 식염을 첨가하면 채소가 부드러워지고 푸른색을 유지할 수 있다.
② 연근을 데칠 때 식초를 3~5% 첨가하면 조직이 단단해져서 씹을 때의 질감이 좋아진다.
③ 죽순을 쌀뜨물에 삶으면 불미 성분이 제거된다.
④ 고구마를 삶을 때 설탕을 넣으면 잘 부스러지지 않는다.

중요 ✓ 난이도 중 문제 진단 ○△✕

44 어떤 제품의 원가구성이 다음과 같을 때 제조원가는?

이익	20,000원	제조간접비	15,000원
판매관리비	17,000원	직접재료비	10,000원
직접노무비	23,000원	직접경비	15,000원

① 40,000원
② 63,000원
③ 80,000원
④ 10,000원

난이도 하 문제 진단 ○△✕

45 식단 작성 시 무기질과 비타민을 공급하려면 다음 중 어떤 식품으로 구성하는 것이 가장 좋은가?

① 곡류, 감자류
② 채소류, 과일류
③ 유지류, 어패류
④ 육류, 두류

난이도 중 문제 진단 ○△✕

46 미역국을 끓일 때 1인분에 사용되는 재료의 필요량, 가격이 아래와 같다면 미역국 10인분에 필요한 재료비는? (단, 총 조미료의 가격 70원은 1인분 기준임)

재료	필요량(g)	가격(원/100g당)
미역	20	150
쇠고기	60	850
총 조미료	-	70(1인분)

① 610원
② 6,100원
③ 870원
④ 8,700원

난이도 하 문제 진단 ○△✕

47 꽃게를 익히면 껍질은 붉은색으로 변하는데, 이 현상과 관련된 꽃게에 함유된 색소는?

① 루테인(Lutein)
② 멜라닌(Melanin)
③ 아스타잔틴(Astaxanthin)
④ 구아닌(Guanine)

난이도 중 문제 진단 ○△✕

48 육류를 가열 조리할 때 일어나는 변화로 옳은 것은?

① 보수성의 증가
② 단백질의 변패
③ 육단백질의 응고
④ 미오글로빈이 옥시미오글로빈으로 변화

49 주방 설비 구역 중 특히 다음과 같은 점에 유의하여 설비해야 하는 곳은?

> • 물을 많이 사용하므로 급·배수 시설이 중요하다.
> • 흙이나 오물, 쓰레기 등의 처리가 용이해야 한다.
> • 냉장 보관시설이 잘 되어야 한다.

① 가열조리 구역
② 식기세척 구역
③ 육류처리 구역
④ 채소·과일처리 구역

50 열원의 사용방법에 따라 직접구이와 간접구이로 분류할 때 직접구이에 속하는 것은?

① 오븐을 사용하는 방법
② 프라이팬에 기름을 두르고 굽는 방법
③ 숯불 위에서 굽는 방법
④ 철판을 이용하여 굽는 방법

51 찹쌀떡이 멥쌀떡보다 더 늦게 굳는 이유는?

① pH가 낮기 때문에
② 수분함량이 적기 때문에
③ 아밀로오스의 함량이 많이 때문에
④ 아밀로펙틴의 함량이 많기 때문에

52 작업환경 조건에 따른 질병이 바르게 연결된 것은?

① 고기압 – 고산병
② 저기압 – 잠함병
③ 조리장 – 열쇠약
④ 채석장 – 소화불량

53 간흡충의 제2 중간숙주는?

① 다슬기
② 가재
③ 고등어
④ 붕어

54 다음 물질 중 소독의 효과가 가장 낮은 것은?

① 석탄산
② 중성세제
③ 크레졸
④ 알코올

55 평균수명에서 질병이나 부상으로 인하여 활동하지 못하는 기간을 뺀 수명은?

① 기대수명
② 건강수명
③ 비례수명
④ 자연수명

56 난이도 중 | 문제 진단 ○△✕

자외선의 작용과 거리가 먼 것은?

① 구루병의 예방
② 혈압강하작용
③ 피부암 유발
④ 안구진탕증 유발

57 난이도 중 | 문제 진단 ○△✕

미나마타(Minamata)병의 원인이 되는 오염유형과 물질의 연결이 옳은 것은?

① 수질오염 – 수은
② 수질오염 – 카드뮴
③ 방사능오염 – 구리
④ 방사능오염 – 아연

58 난이도 중 | 문제 진단 ○△✕

먹는 물 소독 시 염소 소독으로 사멸되지 않는 병원체로 전파되는 감염병은?

① 세균성이질
② 콜레라
③ 장티푸스
④ 전염성 간염

59 중요 ✔ 난이도 중 | 문제 진단 ○△✕

개나 고양이 등과 같은 애완동물의 침을 통해서 사람에게 감염될 수 있는 인수공통감염병은?

① 결핵
② 탄저
③ 야토병
④ 전염성간염

60 난이도 중 | 문제 진단 ○△✕

감염병 환자가 회복 후에 형성되는 면역은?

① 자연능동면역
② 자연수동면역
③ 인공능동면역
④ 선천성 면역

빠른 정답표	확인하기
	① 모바일로 QR 코드를 스캔합니다.
	② 해당 회차의 정답표를 확인합니다.
	③ 빠르고 간편하게 채점해 보세요.

해설과 따로 보는 2024년 최신 기출문제 02회

SELF CHECK 제한시간 60분 | 소요시간   분 | 전체 문항 수 60문항 | 맞힌 문항 수   문항

난이도 중 문제 진단 ○△✕
01 다음 중 보존료가 아닌 것은?
① 안식향산(Benzoic Acid)
② 소르빈산(Sorbic Acid)
③ 프로피온산(Propionic Acid)
④ 구아닐산(Guanylic Acid)

난이도 중 문제 진단 ○△✕
02 식품 등의 표시기준상 과자류에 포함되지 않는 것은?
① 캔디류
② 츄잉껌
③ 유바
④ 빙과류

난이도 하 문제 진단 ○△✕
03 그 질병으로 인하여 죽은 동물의 고기·뼈·젖·장기 또는 혈액을 식품으로 판매하거나 판매할 목적으로 채취·수입·가공·사용·조리·저장 또는 운반하거나 진열하지 못하는 질병과 관련이 없는 것은?
① 리스테리아병
② 살모넬라병
③ 선모충증
④ 아니사키스

난이도 하 문제 진단 ○△✕
04 5'-이노신산나트륨, 5'-구아닐산나트륨, L-글루탐산나트륨의 주요 용도는?
① 표백제
② 조미료
③ 보존료
④ 산화방지제

난이도 하 문제 진단 ○△✕
05 다음 세균성식중독 중 독소형은?
① 살모넬라 식중독
② 장염비브리오 식중독
③ 알레르기성 식중독
④ 포도상구균 식중독

중요 ✓ 난이도 하 문제 진단 ○△✕
06 감자의 싹과 녹색부위에서 생성되는 독성 물질은?
① 솔라닌(Solanine)
② 리신(Ricin)
③ 시큐톡신(Cicutoxin)
④ 아미그달린(Amygdalin)

07 전통적인 식혜 제조 방법에서 엿기름에 대한 설명이 잘못된 것은?

① 엿기름의 효소는 수용성이므로 물에 담그면 용출된다.

② 엿기름을 가루로 만들면 효소가 더 쉽게 용출된다.

③ 엿기름가루를 물에 담가 두면서 주물러 주면 효소가 더 빠르게 용출된다.

④ 식혜 제조에 사용되는 엿기름의 농도가 낮을수록 당화 속도가 빨라진다.

08 굴을 먹고 식중독에 걸렸을 때 관계되는 독성물질은?

① 시큐톡신(Cicutoxin)

② 베네루핀(Venerupin)

③ 테트라민(Tetramine)

④ 테무린(Temuline)

09 식품의 부패 시 생성되는 물질과 거리가 먼 것은?

① 암모니아(Ammonia)

② 트리메틸아민(Trimethylamine)

③ 글리코겐(Glycogen)

④ 아민(Amine)

10 곰팡이독소(Mycotoxin)에 대한 설명으로 옳지 않은 것은?

① 곰팡이가 생산하는 2차 대사산물로 사람과 가축에 질병이나 이상생리작용을 유발하는 물질이다.

② 온도 24~35℃, 수분 7% 이상의 환경조건에서는 발생하지 않는다.

③ 곡류, 견과류와 곰팡이가 번식하기 쉬운 식품에서 주로 발생한다.

④ 아플라톡신(Aflatoxin)은 간암을 유발하는 곰팡이독소이다.

11 식품 첨가물 중 주요 목적이 다른 것은?

① 과산화벤조일

② 과황산암모늄

③ 이산화염소

④ 아질산나트륨

12 일반 가열 조리법으로 예방하기에 가장 어려운 식중독은?

① 살모넬라에 의한 식중독

② 웰치균에 의한 식중독

③ 포도상구균에 의한 식중독

④ 병원성 대장균에 의한 식중독

난이도 중 문제 진단 ○△✕

13 화학 물질을 조금씩 장기간에 걸쳐 실험동물에게 투여했을 때 장기나 기관에 어떠한 장해나 중독이 일어나는가를 알아보는 시험으로, 최대무작용량을 구할 수 있는 것은?

① 급성독성시험
② 만성독성시험
③ 안전독성시험
④ 아급성독성시험

난이도 중 문제 진단 ○△✕

14 중국에서 멜라민 오염 식품에 의해 유아가 사망한 이유는?

① 강력한 발암물질이기 때문이다.
② 유아의 간에 축적되어 간독성을 나타내기 때문이다.
③ 배설되지 않고 생채 내에 전량이 잔류하기 때문이다.
④ 분유를 주식으로 하는 유아가 고농도의 멜라민에 노출되었기 때문이다.

난이도 하 문제 진단 ○△✕

15 식육 및 어육제품의 가공 시 첨가되는 아질산과 이급아민이 반응하여 생기는 발암물질은?

① 벤조피렌(Benzopyrene)
② PCB(PolychlorInated Biphenyl)
③ 니트로사민(N-nitrosamine)
④ 말론알데히드(Malonaldehyde)

난이도 하 문제 진단 ○△✕

16 냉장의 목적과 가장 거리가 먼 것은?

① 미생물의 사멸
② 신선도 유지
③ 미생물의 증식억제
④ 자기소화 지연 및 억제

중요 ✅ 난이도 중 문제 진단 ○△✕

17 꽁치 160g의 단백질량은? (단, 꽁치 100g당 단백질량은 24.9g임)

① 28.7g
② 34.6g
③ 39.8g
④ 43.2g

난이도 중 문제 진단 ○△✕

18 경단백질로서 가열에 의해 젤라틴으로 변하는 것은?

① 케라틴(Keratin)
② 콜라겐(Collagen)
③ 엘라스틴(Elastin)
④ 히스톤(Histone)

난이도 중 문제 진단 ○△✕

19 과실 중 밀감이 쉽게 갈변되지 않는 가장 주된 이유는?

① 비타민 A의 함량이 많으므로
② Cu, Fe 등의 금속이온이 많으므로
③ 섬유소 함량이 많으므로
④ 비타민C의 함량이 많으므로

20 고추의 매운맛 성분은?

① 무스카린(Muscarine)

② 캡사이신(Capsaicin)

③ 뉴린(Neurine)

④ 몰핀(Morphine)

21 다음 식품의 분류 중 곡류에 속하지 않는 것은?

① 보리

② 조

③ 완두

④ 수수

22 곡류에 관한 설명으로 옳은 것은?

① 강력분은 글루텐의 함량이 13% 이상으로 케이크 제조에 알맞다.

② 박력분은 글루텐의 함량이 10% 이하로 과자, 비스킷 제조에 알맞다.

③ 보리의 고유한 단백질은 오르제닌(Oryzenin)이다.

④ 압맥, 할맥은 소화율을 저하시킨다.

23 고구마 등의 전분으로 만든 얇고 부드러운 전분피로 냉채 등에 이용되는 것은?

① 양장피

② 해파리

③ 한천

④ 무

24 난황에 들어 있으며, 마요네즈 제조 시 유화제 역할을 하는 성분은?

① 레시틴

② 오브알부민

③ 글로불린

③ 갈락토오스

25 철과 마그네슘을 함유하는 색소를 순서대로 나열한 것은?

① 안토시아닌, 플라보노이드

② 카로티노이드, 미오글로빈

③ 클로로필, 안토시아닌

④ 미오글로빈, 클로로필

26 생선의 자기소화 원인은?

① 세균의 작용

② 단백질 분해효소

③ 염류

④ 질소

27 조리방법에 대한 설명 중 틀린 것은?

① 무 초절이 쌈을 할 때 얇게 썬 무를 식소다 물에 담가두면 무의 색소성분이 알칼리에 의해 더욱 희게 유지된다.

② 양파를 썬 후 강한 향을 없애기 위해 식초를 뿌려 효소 작용을 억제 시켰다.

③ 사골의 핏물을 우려내기 위해 찬물에 담가 혈색소인 수용성 헤모글로빈을 용출시켰다.

④ 모양을 내어 썬 양송이에 레몬즙을 뿌려 색이 변하는 것을 억제시켰다.

28 젓갈의 부패를 방지하기 위한 방법이 아닌 것은?

① 고농도의 소금을 사용한다.
② 방습, 차광포장을 한다.
③ 합성보존료를 사용한다.
④ 수분활성도를 증가시킨다.

29 곡물의 저장 과정에서의 변화에 대한 설명으로 옳은 것은?

① 곡류는 저장 시 호흡작용을 하지 않는다.
② 곡물 저장 시 벌레에 의한 피해는 거의 없다.
③ 쌀의 변질에 가장 관계가 깊은 것은 곰팡이이다.
④ 수분과 온도는 저장에 큰 영향을 주지 못한다.

30 함유된 주요 영양소가 바르게 짝지어진 것은?

① 뱅어포 – 당질, 비타민 B_1
② 밀가루 – 지방, 지용성 비타민
③ 사골 – 칼슘, 비타민 B_2
④ 두부 – 지방, 철분

31 식품을 삶는 방법에 대한 설명으로 옳지 않은 것은?

① 연근을 엷은 식초 물에 삶으면 하얗게 삶아진다.
② 가지를 백반이나 철분이 녹아있는 물에 삶으면 색이 안정된다.
③ 완두콩은 황산구리를 적당량 넣은 물에 삶으면 푸른빛이 고정된다.
④ 시금치를 저온에서 오래 삶으면 비타민 C의 손실이 적다.

32 끓이는 조리법의 단점으로 옳은 것은?

① 식품의 중심부까지 열이 전도되기 어려워 조직이 단단한 식품의 가열이 어렵다.
② 영양분의 손실이 비교적 많고 식품의 모양이 변형되기 쉽다.
③ 식품의 수용성분이 국물 속으로 유출되지 않는다.
④ 가열 중 재료식품에 조미료의 충분한 침투가 어렵다.

33 계란프라이를 하기 위해 프라이팬에 계란을 깨뜨려 놓았을 때 다음 중 가장 신선한 달걀은?

① 난황이 터져 나왔다.
② 난백이 넓게 퍼졌다.
③ 난황은 둥글고 주위에 농후난백이 많았다.
④ 작은 혈액덩어리가 있다.

34 녹색채소를 데칠 때 색을 선명하게 하기 위한 조리방법으로 부적합한 것은?

① 휘발성 유기산을 휘발시키기 위해 뚜껑을 열고 끓는 물에 데친다.
② 산을 희석시키기 위해 조리수를 다량 사용하여 데친다.
③ 섬유소가 알맞게 연해지면 가열을 중지하고 냉수에 헹군다.
④ 조리수의 양을 최소로 하여 색소의 유출을 막는다.

35 다음 중 어떤 무기질이 결핍되면 갑상선증이 발생 될 수 있는가?

① 칼슘(Ca)

② 요오드(I)

③ 인(P)

④ 마그네슘(Mg)

36 비타민 B_2가 부족하면 어떤 증상이 생기는가?

① 구각염

② 괴혈병

③ 야맹증

④ 각기병

37 급식재료의 소비량을 계산하는 방법이 아닌 것은?

① 선입선출법

② 재고조사법

③ 계속기록법

④ 역계산법

38 다음 중 집단 급식소에 속하지 않는 것은?

① 초등학교의 급식시설

② 병원의 구내식당

③ 기숙사의 구내식당

④ 대중음식점

39 아래에서 설명하는 조미료는?

> • 수란을 뜰 때 끓는 물에 이것을 넣고 달걀을 넣으면 난백의 응고를 돕는다.
> • 작은 생선을 사용할 때 이것을 소량 가하면 뼈가 부드러워진다.
> • 기름기 많은 재료에 이것을 사용하면 맛이 부드럽고 산뜻해진다.

① 설탕

② 후추

③ 식초

④ 소금

40 가공식품, 반제품, 급식 원재료 및 조미료 등 급식에 소요되는 모든 재료에 대한 비용은?

① 관리비

② 급식재료비

③ 소모품비

④ 노무비

41 다음 중 배식하기 전 음식이 식지 않도록 보관하는 온장고 내의 유지 온도로 가장 적합한 것은?

① 15~20℃

② 35~40℃

③ 65~70℃

④ 105~110℃

42 냉동식품과 관계가 없는 내용은?

① 전처리를 하고 품온이 −18℃ 이하가 되도록 급속 동결하여 포장한 식품

② 유통 시에 낭비가 없는 인스턴트성 식품

③ 수확기나 어획기와 관계없이 항상 구입할 수 있는 식품

④ 일반적으로 온도가 10℃ 정도 상승해도 품질의 변화가 없는 식품

43 구이에 의한 식품의 변화 중 틀린 것은?

① 살이 단단해진다.

② 기름이 녹아 나온다.

③ 수용성 성분의 유출이 매우 크다.

④ 식욕을 돋우는 맛있는 냄새가 난다.

44 침수 조리에 대한 설명으로 틀린 것은?

① 곡류, 두류 등은 조리 전에 충분히 침수시켜 조미료의 침투를 용이하게 하고 조리시간을 단축시킨다.

② 불필요한 성분을 용출시킬 수 있다.

③ 간장, 술, 식초, 조미액, 기름 등에 담가 필요한 성분을 침투시켜 맛을 좋게 해준다.

④ 당장법, 염장법 등은 보존성을 높일 수 있고, 식품을 장시간 담가둘수록 영양성분이 많이 침투되어 좋다.

45 생선조리 방법으로 적합하지 않은 것은?

① 탕을 끓일 경우 국물을 먼저 끓인 후에 생선을 넣는다.

② 생강은 처음부터 넣어야 어취 제거에 효과적이다.

③ 생선조림은 간장을 먼저 살짝 끓이다가 생선을 넣는다.

④ 생선 표면을 물로 씻으면 어취가 많이 감소된다.

46 유지의 산패에 영향을 미치는 인자에 대한 설명으로 맞는 것은?

① 저장 온도가 0℃ 이하가 되면 산패가 방지된다.

② 광선은 산패를 촉진하나 그 중 자외선은 산패에 영향을 미치지 않는다.

③ 구리, 철은 산패를 촉진하나 납, 알루미늄은 산패를 영향을 미치지 않는다.

④ 유지의 불포화도가 높을수록 산패가 활발하게 일어난다.

47 1일 총 급여 열량 2,000kcal 중 탄수화물 섭취 비율을 65%로 한다면, 하루 세끼를 먹을 경우 한 끼당 쌀 섭취량은 약 얼마인가?(단, 쌀 100g 당 371kcal임)

① 98g

② 107g

③ 117g

④ 125g

48 아래의 조건에서 1회에 750명을 수용하는 식당의 면적을 구하면?

> 피급식자 1인당 필요면적은 1.0m²이며, 식기회수 공간은 필요면적의 10%, 통로의 폭은 1.0~1.5m이다.

① 750m²
② 760m²
③ 825m²
④ 835m²

49 가정에서 식품의 급속 냉동방법으로 부적절한 것은?

① 충분히 식혀 냉동한다.
② 식품의 두께를 얇게 하여 냉동한다.
③ 열전도율이 낮은 용기에 넣어 냉동한다.
④ 식품 사이에 적절한 간격을 두고 냉동한다.

50 육수 생산 시 주의 사항으로 옳지 않은 것은?

① 찬물에서 뼛속에 남아 있는 핏기와 불순물을 용해시킨다.
② 처음에는 강한 불로 끓이고 끓기 시작하면 불의 세기를 낮춰 은근하게 끓인다.
③ 육수 표면 위로 떠오르는 불순물은 처음 끓어오르기 시작할 때 제거한다.
④ 육수는 천천히 식혀 맛과 향이 날아가지 않게 한다.

51 먹다 남은 찹쌀떡을 보관하려고 할 때 노화가 가장 빨리 일어나는 보관 방법은?

① 상온보관
② 온장고 보관
③ 냉동고 보관
④ 냉장고 보관

52 물로 전파되는 수인성감염병에 속하지 않는 것은?

① 장티푸스
② 홍역
③ 세균성 이질
④ 콜레라

53 수인성감염병의 유행 특성에 대한 설명으로 옳지 않은 것은?

① 연령과 직업에 따른 이환율에 차이가 있다.
② 2~3일 내에 환자발생이 폭발적이다.
③ 환자발생은 급수지역에 한정되어 있다.
④ 계절에 직접적인 관계없이 발생한다.

54 위생해충과 이들이 전파하는 질병과의 관계가 잘못 연결된 것은?

① 바퀴 : 사상충
② 모기 : 말라리아
③ 쥐 : 유행성 출혈열
④ 파리 : 장티푸스

55 난이도 중 문제 진단 ○△✕

오염된 토양에서 맨발로 작업을 할 경우 감염될 수 있는 기생충은?

① 회충
② 간흡충
③ 폐흡충
④ 구충

56 중요 ✓ 난이도 하 문제 진단 ○△✕

D.P.T 예방접종과 관계없는 감염병은?

① 파상풍
② 백일해
③ 페스트
④ 디프테리아

57 난이도 하 문제 진단 ○△✕

다음 감염병 중 생후 가장 먼저 예방접종을 실시하는 것은?

① 백일해
② 파상풍
③ 홍역
④ 결핵

58 중요 ✓ 난이도 중 문제 진단 ○△✕

간디스토마는 제2중간숙주인 민물고기 내에서 어떤 형태로 존재하다가 인체에 감염을 일으키는가?

① 피낭유충(Metacercaria)
② 레디아(Redia)
③ 유모유충(Miracidium)
④ 포자유충(Sporocyst)

59 난이도 중 문제 진단 ○△✕

다음 중 급수 설비 시 1인당 사용수량이 가장 많은 곳은?

① 학교급식
② 병원급식
③ 기숙사 급식
④ 사업체급식

60 난이도 하 문제 진단 ○△✕

다음 중 자외선을 이용한 살균 시 가장 유효한 파장은?

① 250~260nm
② 350~360nm
③ 450~460nm
④ 550~560nm

빠른 정답표 확인하기

① 모바일로 QR 코드를 스캔합니다.
② 해당 회차의 정답표를 확인합니다.
③ 빠르고 간편하게 채점해 보세요.

해설과 따로 보는 2024년 최신 기출문제 03회

SELF CHECK | 제한시간 60분 | 소요시간　분 | 전체 문항 수 60문항 | 맞힌 문항 수　문항

난이도 중 **문제 진단 ○△✕**

01 과일 통조림으로부터 용출되어 다량 섭취 시 구토, 설사, 복통 등을 일으킬 가능성이 있는 물질은?

① 아연(Zn)
② 납(Pb)
③ 구리(Cu)
④ 주석(Sn)

난이도 중 **문제 진단 ○△✕**

02 증식에 필요한 최저 수분활성도(Aw)가 높은 미생물부터 바르게 나열된 것은?

① 세균 - 효모 - 곰팡이
② 곰팡이 - 효모 - 세균
③ 효모 - 곰팡이 - 세균
④ 세균 - 곰팡이 - 효모

난이도 중 **문제 진단 ○△✕**

03 곰팡이 독으로서 간장에 장해를 일으키는 것은?

① 시트리닌(Citrinin)
② 파툴린(Patulin)
③ 아플라톡신(Aflatoxin)
④ 솔라렌(Psoralene)

난이도 중 **문제 진단 ○△✕**

04 어육의 초기 부패 시에 나타나는 휘발성 염기질소의 양은?

① 5~10mg%
② 15~25mg%
③ 30~40mg%
④ 50mg% 이상

난이도 중 **문제 진단 ○△✕**

05 맥각중독을 일으키는 원인물질은?

① 루브라톡신(Rubratoxin)
② 오크라톡신(Ochratoxin)
③ 에르고톡신(Ergotoxin)
④ 파툴린(Patulin)

난이도 하 **문제 진단 ○△✕**

06 산업장, 소각장 등에서 발생하는 발암성 환경오염 물질은?

① 안티몬(Antimon)
② 벤조피렌(Benzopyrene)
③ PBB(Polybrominated Bipheny1)
④ 다이옥신(Dioxin)

07 혐기성균으로 열과 소독약에 저항성이 강한 아포를 생산하는 독소형 식중독은?

① 장염 비브리오균
② 클로스트리디움 보툴리늄
③ 살모넬라균
④ 포도상구균

08 유해감미료에 속하는 것은?

① 둘신
② D−소르비톨
③ 자일리톨
④ 아스파탐

09 유지나 지질을 많이 함유한 식품이 빛, 열, 산소등과 접촉하여 산패를 일으키는 것을 막기 위하여 사용하는 첨가물은?

① 피막제
② 착색제
③ 산미료
④ 산화방지제

10 다음 중 식품의 가공 중에 형성되는 독성 물질은?

① Tetrodotoxin
② Solanine
③ Nitrosoamine
④ Trypsin Inhibitor

11 식품 또는 식품첨가물의 완제품을 나누어 유통할 목적으로 재포장, 판매하는 영업은?

① 식품제조가공업
② 식품운반업
③ 식품소분업
④ 즉석판매제조가공업

12 아래 식품들의 표시기준상 영양성분별 세부표시방법에서 ( ) 안에 알맞은 것은?

> 열량의 단위는 킬로칼로리(kcal)로 표시하되, 그 값을 그대로 표시하거나 그 값에 가장 가까운 ( ) 단위로 표시하여야 한다. 이 경우 ( ) 미만은 "0"으로 표시할 수 있다.

① 5kcal
② 10kcal
③ 15kcal
④ 20kcal

13 식품접객업 중 시설기준상 객실을 설치할 수 없는 영업은?

① 유흥주점영업
② 일반음식점영업
③ 단란주점영업
④ 휴게음식점영업

난이도 중 문제 진단 ○△✕

14 된장이 숙성된 후 얼마 안 되어 산패가 일어나 신맛이 생기거나 색이 진하게 되는 이유가 아닌 것은?

① 프로테아제 생산
② Fe_2+ 또는 Cu_2+가 많은 물 사용
③ 수분 과다
④ 염분 부족

중요 ✔ 난이도 상 문제 진단 ○△✕

15 당근 구입단가는 kg당 1,300원이다. 10kg 구매 시 표준수율이 86%이라면, 당근 1인분(80g)의 원가는 얼마인가?

① 51원
② 125원
③ 151원
④ 185원

난이도 중 문제 진단 ○△✕

16 생선을 조리하는 방법에 대한 설명으로 틀린 것은?

① 생강과 술은 비린내를 없애는 용도로 사용한다.
② 처음 가열할 때 수분간은 뚜껑을 약간 열어 비린내를 휘발시킨다.
③ 모양을 유지하고 맛 성분이 밖으로 유출되지 않도록 양념간장이 끓을 때 생선을 넣기도 한다.
④ 선도가 약간 저하된 생선은 조미를 비교적 약하게 하여 뚜껑을 덮고 짧은 시간 내에 끓인다.

난이도 하 문제 진단 ○△✕

17 우유 가공품이 아닌 것은?

① 치즈
② 버터
③ 마요네즈
④ 액상 발효유

난이도 하 문제 진단 ○△✕

18 튀김에 사용한 기름을 보관하는 방법으로 가장 적절한 것은?

① 식힌 후 그대로 서늘한 곳에 보관한다.
② 공기와의 접촉면을 넓게 하여 보관한다.
③ 망에 거른 후 갈색 병에 담아 보관한다.
④ 철제 팬에 담아 보관한다.

난이도 중 문제 진단 ○△✕

19 다음 중 오탄당이 아닌 것은?

① 리보오즈(Ribose)
② 자일로오즈(Xylose)
③ 갈락토오즈(Galactose)
④ 아라비노오즈(Arabinose)

난이도 상 문제 진단 ○△✕

20 20%의 수분(분자량 : 18)과 20%의 포도당(분자량 : 180)을 함유하는 식품의 이온적인 수분활성도는 약 얼마인가?

① 0.82
② 0.88
③ 0.92
④ 1

21 난이도 중 문제 진단 ○△✕

젤 형성을 이용한 식품과 젤 형성 주체정순의 바르게 연결된 것은?

① 양갱 – 펙틴
② 도토리묵 – 한천
③ 과일잼 – 전분
④ 족편 – 젤라틴

22 난이도 하 문제 진단 ○△✕

밀의 주요 단백질이 아닌 것은?

① 알부민(Albumin)
② 글리아딘(Gliadin)
③ 글루테닌(Glutenin)
④ 덱스트린(Dextrin)

23 난이도 중 문제 진단 ○△✕

육류나 어류의 구수한 맛을 내는 성분은?

① 이노신산
② 호박산
③ 알리신
④ 나린진

24 난이도 중 문제 진단 ○△✕

식품의 변화에 관한 설명 중 옳은 것은?

① 일부 유지가 외부로부터 냄새를 흡수하지 않아도 이취현상을 갖는 것은 호정화이다.
② 천연의 단백질이 물리, 화학적 작용을 받아 고유의 구조가 변하는 것은 변향이다.
③ 당질을 180~200℃의 고온으로 가열했을 때 갈색이 되는 것은 효소적 갈변이다.
④ 마이야르 반응, 캐러멜화 반응은 비효소적 갈변이다.

25 난이도 중 문제 진단 ○△✕

탈기, 밀봉의 공정과정을 거치는 제품이 아닌 것은?

① 통조림
② 병조림
③ 레토르트 파우치
④ CA저장 과일

26 난이도 중 문제 진단 ○△✕

식품의 가공, 저장 시 일어나는 마이야르(Maillard) 갈변 반응은 어떤 성분의 작용에 의한 것인가?

① 수분과 단백질
② 당류와 단백질
③ 당류와 지방
④ 지방과 단백질

27 중요 ✅ 난이도 중 문제 진단 ○△✕

다음 중 전분이 노화되기 가장 쉬운 온도는?

① 0~5℃
② 10~15℃
③ 20~25℃
④ 30~35℃

28 난이도 하 문제 진단 ○△✕

감미재료와 거리가 먼 것은?

① 사탕무
② 정향
③ 사탕수수
④ 스테비아

29 전분에 물을 가하지 않고 160℃ 이상으로 가열하면 가용성 전분을 거쳐 덱스트린으로 분해되는 반응은 무엇이며, 그 예로 바르게 짝지어진 것은?

① 호화 : 식빵
② 호화 : 미숫가루
③ 호정화 : 찐빵
④ 호정화 : 뻥튀기

30 다음 중 결합수의 특징이 아닌 것은?

① 용질에 대해 용매로 작용하지 않는다.
② 자유수보다 밀도가 크다.
③ 식품에서 미생물의 번식과 발아에 이용되지 못한다.
④ 대기 중에서 100℃로 가열하면 쉽게 수증기가 된다.

31 다음 중 기름의 발연점이 낮아지는 경우는?

① 유리지방산 함량이 많을수록
② 기름을 사용한 횟수가 적을수록
③ 기름 속에 이물질의 유입이 적을수록
④ 튀김용기의 표면적이 좁을수록

32 완숙한 계란의 난황 주위가 변색하는 경우를 잘못 설명한 것은?

① 난백의 유황과 난황의 철분이 결합하여 황화철(FeS)을 형성하기 때문이다.
② pH가 산성일 때 더 신속히 일어난다.
③ 신선한 계란에서는 변색이 거의 일어나지 않는다.
④ 오랫동안 가열하여 그대로 두었을 때 많이 일어난다.

33 쌀에서 섭취한 전분이 체내에서 에너지를 발생하기 위해서 반드시 필요한 것은?

① 비타민 A
② 비타민 B_1
③ 비타민 C
④ 비타민 D

34 과일의 조리에서 열에 의해 가장 영향을 많이 받는 비타민은?

① 비타민 C
② 비타민 A
③ 비타민 B_1
④ 비타민 E

35 다음 중 식품의 냉동 보관에 대한 설명으로 옳지 않은 것은?

① 미생물의 번식을 억제할 수 있다.
② 식품 중의 효소작용을 억제하여 품질 저하를 막는다.
③ 급속 냉동 시 얼음 결정이 작게 형성되어 식품의 조직 파괴가 적다.
④ 완만 냉동 시 드립(Drip) 현상을 줄여 식품의 질 저하를 방지할 수 있다.

36 다음 중 계량방법으로 옳지 않은 것은?

① 저울은 수평으로 놓고 눈금은 정면에서 읽으며 바늘은 0에 고정시킨다.

② 가루상태의 식품은 계량기에 꼭꼭 눌러 담은 다음 윗면이 수평이 되도록 주걱으로 깎아서 잰다.

③ 액체식품은 투명한 계량 용기를 사용하여 계량컵의 눈금과 눈높이를 맞추어서 계량한다.

④ 된장이나 다진 고기 등의 식품재료는 계량기구에 눌러 담아 빈 공간이 없도록 채워서 깎아 잰다.

37 생선의 조리 방법에 관한 설명으로 옳은 것은?

① 선도가 낮은 생선은 양념을 담백하게 하고 뚜껑을 닫고 잠깐 끓인다.

② 지방함량이 높은 생선보다는 낮은 생선으로 구이를 하는 것이 풍미가 더 좋다.

③ 생선조림은 오래 가열해야 단백질이 단단하게 응고되어 맛이 좋아진다.

④ 양념간장이 끓을 때 생선을 넣어야 맛 성분의 유출을 막을 수 있다.

38 전분에 물을 붓고 열을 가하여 70~75℃ 정도가 되면 전분입자는 크게 팽창하여 점성이 높은 반투명의 콜로이드 상태가 되는 현상은?

① 전분의 호화

② 전분의 노화

③ 전분의 호정화

④ 전분의 결정

39 식품원가율을 40%로 정하고 햄버거의 1인당 식품단가를 1000원으로 할 때 햄버거의 판매가격은?

① 4,000원

② 2,500원

③ 2,250원

④ 1,250원

40 다음 중 상온에서 보관해야 하는 식품은?

① 바나나

② 사과

③ 포도

④ 딸기

41 우리나라의 전통적인 향신료가 아닌 것은?

① 겨자

② 생강

③ 고추

④ 팔각

42 뜨거워진 공기를 팬(Fan)으로 강제 대류시켜 균일하게 열이 순환되므로 조리시간이 짧고 대량조리에 적당하나 식품표면이 건조해지기 쉬운 조리기기는?

① 틸팅튀김팬(Tilting Fry Pan)

② 튀김기(Fryer)

③ 증기솥(Steam Kettles)

④ 컨벡션오븐(Convection Oven)

43 직영급식과 비교하여 위탁급식의 단점에 해당하지 않는 것은?

① 인건비가 증가하고 서비스가 잘 되지 않는다.
② 기업이나 단체의 권한이 축소된다.
③ 급식경영을 지나치게 영리화하여 운영할 수 있다.
④ 영양관리에 문제가 발생할 수 있다.

44 다음 중 열량을 내지 않는 영양소로만 짝지어진 것은?

① 단백질, 당질
② 당질, 지질
③ 비타민, 무기질
④ 지질, 비타민

45 두부 50g을 돼지고기로 대치할 때 필요한 돼지고기의 양은? (단, 100g당 두부 단백질 함량 15g, 돼지고기 단백질 함량 18g이다.)

① 39.45g
② 40.52g
③ 41.67g
④ 42.81g

46 다음 중 신선한 달걀은?

① 달걀 프라이를 하려고 깨보니 난백이 넓게 퍼진다.
② 난황과 난백을 분리하려는데, 난황막이 터져 분리가 어렵다.
③ 삶아 껍질을 벗겨보니 기공이 있는 부분이 움푹 들어갔다.
④ 삶아 반으로 잘라보니 노른자가 가운데에 있다.

47 채소류, 두부, 생선 등 저장성이 낮고 가격변동이 큰 식품 구매 시 적합한 계약방법은?

① 수의계약
② 장기계약
③ 일반경쟁계약
④ 지명경쟁입찰계약

48 육류를 가열조리 할 때 일어나는 변화로 옳은 것은?

① 보수성의 증가
② 단백질의 변패
③ 육단백질의 응고
④ 미오글로빈이 옥시미오글로빈으로 변화

49 국수를 삶는 방법으로 부적합한 것은?

① 끓는 물에 넣는 국수의 양이 지나치게 많아서는 안 된다.
② 국수 무게의 6~7배 정도의 물에서 삶는다.
③ 국수를 넣은 후 물이 다시 끓기 시작하면 찬물을 넣는다.
④ 국수가 다 익으면 많은 양의 냉수에서 천천히 식힌다.

50 쌀의 조리에 관한 설명으로 옳은 것은?

① 쌀을 너무 문질러 씻으면 지용성 비타민의 손실이 크다.
② pH 3~4의 산성물을 사용해야 밥맛이 좋아진다.
③ 수세한 쌀은 3시간 이상 물에 담가 놓아야 흡수량이 적당하다.
④ 묵은 쌀로 밥을 할 때는 햅쌀보다 밥 물량을 더 많이 한다.

중요 ✓ 난이도 중 문제 진단 ○△✕

51 레이노드현상이란?

① 손가락의 말초혈관 운동 장애로 일어나는 국소진통증이다.

② 각종 소음으로 일어나는 신경장애 현상이다.

③ 혈액순환 장애로 전신이 곧아지는 현상이다.

④ 소음에 적응을 할 수 없어 발생하는 현상을 총칭하는 것이다.

난이도 하 문제 진단 ○△✕

52 세계보건기구(WHO) 보건헌장에 의한 건강의 의미로 가장 적합한 것은?

① 질병과 허약의 부재상태를 포함한 육체적으로 완전무결한 상태

② 육체적으로 완전하며 사회적 안녕이 유지되는 상태

③ 단순한 질병이나 허약의 부재상태를 포함한 육체적, 정신적 및 사회적 안녕의 완전한 상태

④ 각 개인의 건강을 제외한 사회적 안녕이 유지되는 상태

중요 ✓ 난이도 하 문제 진단 ○△✕

53 검역질병의 검역기간의 그 감염병의 어떤 기간과 동일한가?

① 유행기간

② 최장 잠복기간

③ 이환기간

④ 세대기간

난이도 중 문제 진단 ○△✕

54 생활쓰레기의 품목별 분류 중에서 동물의 사료로 이용 가능한 것은?

① 주개

② 가연성 진개

③ 불연성 진개

④ 재활용성 진개

난이도 중 문제 진단 ○△✕

55 분변 소독에 가장 적합한 것은?

① 과산화수소

② 알코올

③ 생석회

④ 머큐로크롬

난이도 중 문제 진단 ○△✕

56 대기오염 중 2차 오염물질로만 짝지어진 것은?

① 먼지, 탄화수소

② 오존, 알데히드

③ 연무, 일산화탄소

④ 일산화탄소, 이산화탄소

난이도 하 문제 진단 ○△✕

57 돼지고기를 완전히 익히지 않고 먹을 경우 감염될 수 있는 기생충은?

① 아니사키스

② 무구낭미충

③ 선모충

④ 광절열두조충

58 복사선의 파장이 가장 크며, 열선이라고 불리는 것은?

① 자외선

② 가시광선

③ 적외선

④ 도르노선(Dorno Ray)

60 광절열두조충의 중간숙주(제1중간숙주–제2중간숙주)와 인체 감염 부위는?

① 다슬기 – 가재 – 폐

② 물벼룩 – 연어 – 소장

③ 왜우렁이 – 붕어 – 간

④ 다슬기 – 은어 – 소장

59 병원체가 생활, 증식, 생존을 계속하여 인간에게 전파될 수 있는 상태로 저장되는 곳을 무엇이라 하는가?

① 숙주

② 보균자

③ 환경

④ 병원소

빠른 정답표 ｜ 확인하기

① 모바일로 QR 코드를 스캔합니다.

② 해당 회차의 정답표를 확인합니다.

③ 빠르고 간편하게 채점해 보세요.

해설과 따로 보는 2024년 최신 기출문제 04회

SELF CHECK 제한시간 60분 | 소요시간   분 | 전체 문항 수 60문항 | 맞힌 문항 수   문항

01 난이도 하 문제 진단 ○△✕
세균성 식중독의 예방 방법으로 적합하지 않은 것은?
① 시설 및 식품을 위생적으로 취급한다.
② 일단 조리한 식품은 빠른 시간 내에 섭취하도록 한다.
③ 식품을 냉동고에 보관할 때는 덩어리째 보관하여 사용 시마다 냉동 및 해동을 반복하여 조리한다.
④ 식기, 도마 등은 세척과 소독을 철저히 한다.

02 난이도 중 문제 진단 ○△✕
다음 산화방지제 중 사용제한이 없는 것은?
① L-아스코르빈산나트륨
② 아스코르빅 팔미테이트
③ 디부틸히드록시톨루엔
④ 이디티에이 2 나트륨

03 난이도 중 문제 진단 ○△✕
식품과 독성분의 연결이 틀린 것은?
① 매실 - 베네루핀(Venerupin)
② 섭조개 - 삭시톡신(Saxitoxin)
③ 독버섯 - 무스카린(Muscarine)
④ 독보리 - 테물린(Temuline)

04 난이도 중 문제 진단 ○△✕
다음의 균에 의해 식사 후 식중독이 발생했을 경우 평균적으로 가장 빨리 식중독을 유발할 수 있는 원인균은?
① 살모넬라균
② 리스테리아
③ 포도상구균
④ 장구균

05 난이도 하 문제 진단 ○△✕
부패된 어류에 나타나는 현상은?
① 아가미의 색깔이 선홍색이다.
② 육질은 탄력성이 있다.
③ 눈알이 맑지 않다.
④ 바늘은 광택이 있고, 점액이 별로 없다.

06 난이도 중 문제 진단 ○△✕
식품을 조리 또는 가공할 때 생성되는 유해물질과 그 생성 원인을 잘못 짝지은 것은?
① 엔니트로소아민 : 육가공품의 발색제 사용으로 인한 아질산과 아민과의 반응 생성물
② 다환방향족탄화수소 : 유기물질을 고온으로 가열할 때 생성되는 단백질이나 지방의 분해생성물
③ 아크릴아미드 : 전분식품을 가열시 아미노산과 당의 열에 의한 결합반응 생성물
④ 헤테로고리아민 : 주류 제조 시 에탄올과 카바밀기의 반응에 의한 생성물

07 난이도 중 문제 진단 ○△✕

보존제의 설명으로 옳은 것은?

① 식품에 발생하는 해충을 사멸시키는 물질
② 식품의 변질 및 부패의 원인이 되는 미생물을 사멸 시키거나 증식을 억제하는 작용을 가진 물질
③ 식품 중의 부패세균이나 감염병의 원인균을 사멸 시키는 물질
④ 곰팡이의 발육을 억제시키는 물질

08 난이도 중 문제 진단 ○△✕

세균성 식중독의 가장 대표적인 증상은?

① 중추신경마비
② 급성 위장염
③ 언어 장애
④ 시력 장애

09 중요 ✓ 난이도 하 문제 진단 ○△✕

우리나라 식품위생법에서 정의하는 식품첨가물에 대한 설명으로 옳지 않은 것은?

① 식품의 조리과정에서 첨가되는 양념
② 식품의 가공과정에서 첨가되는 천연물
③ 식품의 제조과정에서 첨가되는 화학적 합성품
④ 식품의 보존과정에서 저장성을 증가시키는 물질

10 난이도 하 문제 진단 ○△✕

식품취급자가 손 씻는 방법으로 적합하지 않은 것은?

① 살균효과를 증대시키기 위해 역성 비누액에 일반 비누액을 섞어 사용한다.
② 팔에서 손으로 씻어 내려온다.
③ 손을 씻은 후 비눗물을 흐르는 물에 충분히 씻는다.
④ 역성비누원액을 몇 방울 손에 받아 30초 이상 문지르고 흐르는 물로 씻는다.

11 난이도 중 문제 진단 ○△✕

소분업 판매를 할 수 있는 식품은?

① 전분
② 식용유지
③ 식초
④ 빵가루

12 난이도 하 문제 진단 ○△✕

다음 중 식품위생법에 명시된 목적이 아닌 것은?

① 위생상의 위해를 방지
② 건전한 유통·판매를 도모
③ 식품영양의 질적 향상을 도모
④ 식품에 관한 올바른 정보를 제공

13 중요 ✓ 난이도 하 문제 진단 ○△✕

집단급식소란 영리를 목적으로 하지 아니하면서 특정다수인에게 계속하여 음식물을 공급하는 기숙사·학교·병원 그 밖의 후생기관 등의 급식시설로서 1회 몇 인 이상에게 식사를 제공하는 급식소를 말하는가?

① 30명
② 40명
③ 50명
④ 60명

14 중요 ✓ 난이도 중 문제 진단 ○△✕

영업신고를 하여야 하는 업종은?

① 단란주점영업
② 유흥주점영업
③ 일반음식점영업
④ 식품조사처리업

15 아미노 카르보닐 반응에 대한 설명 중 틀린 것은?

① 마이야르 반응(Maillard Reaction)이라고도 한다.
② 당의 카르보닐 화합물과 단백질 등의 아미노기가 관여하는 반응이다.
③ 갈색 색소인 캐러멜을 형성하는 반응이다.
④ 비효소적 갈변반응이다.

16 꽁치 160g의 단백질량은?(단, 꽁치 100g당 단백질량은 24.9g임)

① 28.7g
② 34.6g
③ 39.8g
④ 43.2g

17 찹쌀에 있어 아밀로오스와 아밀로펙틴에 대한 설명으로 옳은 것은?

① 아밀로오스 함량이 더 많다.
② 아밀로오스 함량과 아밀로펙틴의 함량이 거의 같다.
③ 아밀로펙틴으로 이루어져 있다.
④ 아밀로펙틴은 존재하지 않는다.

18 아래의 안토시아닌(Anthocyanin)의 화학적 성질에 대한 설명에서 ( ) 안에 들어갈 내용으로 옳은 것을 순서대로 나열한 것은?

> Anthocyanin은 산성에서는 ( ), 중성에서는 ( ), 알칼리성에서는 ( )을 나타낸다.

① 적색 – 자색 – 청색
② 청색 – 적색 – 자색
③ 노란색 – 파란색 – 검정색
④ 검정색 – 파란색 – 노란색

19 다음 중 천연 항산화제와 거리가 먼 것은?

① 토코페롤
② 스테비아 추출물
③ 플라본 유도체
④ 고시폴

20 전분의 변화에 대한 설명으로 옳은 것은?

① 호정화란 전분에 물을 넣고 가열시켜 전분입자가 붕괴되고 미셀구조가 파괴되는 것이다.
② 호화란 전분을 묽은 산이나 효소로 가수분해시키거나 수분이 없는 상태에서 160~170℃로 가열하는 것이다.
③ 전분의 노화를 방지하려면 호화전분을 0℃ 이하로 급속 동결시키거나 수분을 15℃ 이하로 감소시킨다.
④ 아밀로오스의 함량이 많은 전분이 아밀로펙틴이 많은 전분보다 노화되기 어렵다.

21 난이도 중 문제 진단 ○△✕

결합수에 대한 설명으로 틀린 것은?

① 용매로 작용한다.

② 100℃로 가열해도 제거되지 않는다.

③ 0℃의 온도에서도 얼지 않는다.

④ 미생물의 번식에 이용되지 못한다.

22 난이도 중 문제 진단 ○△✕

다음 중 알칼리성 식품의 성분에 해당하는 것은?

① 유즙의 칼슘(Ca)

② 생선의 유황(S)

③ 곡류의 염소(Cl)

④ 육류의 산소(O)

23 난이도 중 문제 진단 ○△✕

질긴 부위의 고기를 물속에서 끓일 때 고기가 연하게 되는데, 이에 관여하는 주된 원인물질은?

① 헤모글로빈

② 젤라틴

③ 엘라스틴

④ 미오글로빈

24 난이도 중 문제 진단 ○△✕

유지의 신선도를 측정하기 위한 수치는?

① 검화가

② 산가

③ 요오드가

④ 아세틸가

25 난이도 중 문제 진단 ○△✕

다음 중 효소가 아닌 것은?

① 말타아제(Maltase)

② 펩신(Pepsin)

③ 레닌(Rennin)

④ 유당(Lactose)

26 난이도 중 문제 진단 ○△✕

α-Amylase에 대한 설명으로 틀린 것은?

① 전분의 α-1,4 결합을 가수분해 한다.

② 전분으로부터 덱스트린을 형성한다.

③ 발아중인 곡류의 종자에 많이 있다.

④ 당화효소라 한다.

27 난이도 중 문제 진단 ○△✕

과일잼 가공 시 펙틴은 주로 어떤 역할을 하는가?

① 신맛 증가

② 구조 형성

③ 향 보존

④ 색소 보존

28 난이도 중 문제 진단 ○△✕

아이코사펜타노익산(EPA : Eicosapentaenoic Acid)과 같은 다가불포화지방산을 많이 함유하고 있는 생선은?

① 고등어

② 갈치

③ 조기

④ 대구

29 국이 짜게 되었을 때 국물의 짠맛을 감소시킬 수 있는 방법으로 타당한 것은?

① 달걀흰자를 거품 내어 끓을 때 넣어준다.
② 잘 저은 젤라틴 용액을 끓을 때 넣어준다.
③ 2% 설탕물이나 술을 넣어준다.
④ 건조된 월계수 잎을 끓을 때 넣어준다.

30 다음 동물성 지방의 종류와 급원식품이 잘못 연결된 것은?

① 라드 – 돼지고기의 지방조직
② 우지 – 소고기의 지방조직
③ 마가린 – 우유의 지방
④ DHA – 생선 기름

31 일반적으로 폐기율이 가장 높은 식품은?

① 소고기
② 계란
③ 생선
④ 곡류

32 비린내가 심한 어류의 조리방법으로 옳지 않은 것은?

① 정종이나 포도주를 첨가하여 조리한다.
② 물에 씻을수록 비린내가 많이 나므로 재빨리 씻어 조리한다.
③ 식초와 레몬즙 등의 신맛을 내는 조미료를 사용하여 조리한다.
④ 황화합물을 함유한 마늘, 파 및 양파를 양념으로 첨가하여 조리한다.

33 음식을 제공할 때 온도를 고려해야 한다. 다음 중 맛있게 느끼는 식품의 온도가 가장 높은 것은?

① 전골
② 국
③ 커피
④ 밥

34 단맛을 내는 조미료에 속하지 않는 것은?

① 올리고당(Oligosaccharide)
② 설탕(Sucrose)
③ 스테비오사이드(Stevioside)
④ 타우린(Taurine)

35 채소를 데칠 때 뭉그러짐을 방지하기 위한 가장 적당한 소금의 농도는?

① 1%
② 10%
③ 20%
④ 30%

중요 ✓ **난이도** 중 **문제 진단** ○△✕

36
다음 자료에 의해서 총원가를 산출하면 얼마인가?

직접재료비	150,000원
간접재료비	50,000원
직접노무비	100,000원
간접노무비	20,000원
직접경비	5,000원
간접경비	100,000원
판매 및 일반관리비	10,000원

① 435,000원
② 365,000원
③ 265,000원
④ 180,000원

난이도 중 **문제 진단** ○△✕

37
가자미식혜의 가공원리는?

① 건조법
② 당장법
③ 냉동법
④ 염장법

난이도 중 **문제 진단** ○△✕

38
미숫가루를 만들 때 건열로 가열하면 전분이 열분해되어 덱스트린이 만들어진다. 이 열분해과정을 무엇이라고 하는가?

① 호화
② 노화
③ 호정화
④ 전화

난이도 중 **문제 진단** ○△✕

39
식혜는 엿기름 중에 어떠한 성분에 의하여 전분이 당화를 일으키게 되는가?

① 지방
② 단백질
③ 무기질
④ 효소

난이도 하 **문제 진단** ○△✕

40
어패류에 소금을 넣고 발효 숙성시켜 원료 자체 내 효소의 작용으로 풍미를 내는 식품은?

① 어육소시지
② 어묵
③ 통조림
④ 젓갈

난이도 중 **문제 진단** ○△✕

41
다음의 냉동 방법 중 얼음결정이 미세하여 조직의 파괴와 단백질 변성이 적어 원상유지가 가능하며 물리적, 화학적, 품질 변화가 적은 것은?

① 침지동결법
② 급속동결법
③ 접촉동결법
④ 공기동결법

42 단체급식에서 생길 수 있는 문제점과 거리가 먼 것은?

① 심리 면에서 가정식에 대한 향수를 느낄 수 있다.
② 비용 면에서 물가 상승 시 재료비가 충분하지 않을 수 있다.
③ 청결하지 않게 관리할 경우 위생상의 사고위험이 있다.
④ 불특정인을 대상으로 하므로 영양관리가 안 된다.

43 근육의 주성분이며 면역과 관계가 깊은 영양소는?

① 비타민
② 지질
③ 단백질
④ 무기질

44 육류, 채소 등 식품을 다지는 기구를 무엇이라고 하는가?

① 쵸퍼(Chopper)
② 슬라이서(Slicer)
③ 야채절단기(Cutter)
④ 필러(Peeler)

45 겨자를 갤 때 매운맛을 가장 강하게 느낄 수 있는 온도는?

① 20~25℃
② 30~35℃
③ 40~45℃
④ 50~55℃

46 식품 감별 시 품질이 좋지 않은 것은?

① 석이버섯은 봉우리가 작고 줄기가 단단한 것
② 무는 가벼우며 어두운 빛깔을 띠는 것
③ 토란은 껍질을 벗겼을 때 희색으로 단단하고 끈적끈적한 감이 강한 것
④ 파는 굵기가 고르고 뿌리에 가까운 부분의 흰색이 긴 것

47 다음 중 젤라틴을 이용하는 음식이 아닌 것은?

① 두부
② 족편
③ 과일젤리
④ 아이스크림

48 육류조리에 대한 설명으로 옳지 않은 것은?

① 탕 조리 시 찬물에 고기를 넣고 끓여야 추출물이 최대한 용출된다.
② 장조림 조리 시 간장을 처음부터 넣으면 고기가 단단해지고 잘 찢기지 않는다.
③ 편육 조리 시 찬물에 넣고 끓여야 잘 익고 고기 맛이 좋다.
④ 불고기용으로는 결합조직이 되도록 적은 부위가 적당하다.

49 난백의 기포성에 영향을 주는 인자에 대한 설명으로 옳은 것은?

① 난백의 온도가 낮을수록 기포 생성이 용이하다.
② 설탕은 난백의 기포성은 증진되나 안정성이 감소한다.
③ 레몬즙을 넣으면 단백질 정도가 저하되어 기포성이 좋아진다.
④ 물을 40% 첨가하면 기포성은 저하되고 안정성은 증가한다.

50 다음 중 기름의 산패가 촉진되는 경우는?

① 밝은 창가에 보관할 때
② 갈색병에 넣어 보관할 때
③ 저온에서 보관할 때
④ 뚜껑을 꼭 막아 보관할 때

51 상수를 정수하는 일반적인 순서는?

① 침전 → 여과 → 소독
② 예비처리 → 본처리 → 오니처리
③ 예비처리 → 여과처리 → 소독
④ 예비처리 → 침전 → 여과 → 소독

52 쓰레기 소각처리 시 공중보건상 가장 문제가 되는 것은?

① 대기오염과 다이옥신
② 화재발생
③ 사후 폐기물 발생
④ 높은 열의 발생

53 병원체가 세균인 감염병은?

① 전염성 감염
② 백일해
③ 폴리오
④ 홍역

54 자외선의 인체에 대한 내용 설명으로 틀린 것은?

① 살균작용과 피부암을 유발한다.
② 체내에서 비타민 D를 생성시킨다.
③ 피부결핵이나 관절염에 유해하다.
④ 신진대사촉진과 적혈구 생성을 촉진시킨다.

55 심한 설사로 인하여 탈수 증상을 나타내는 감염병은?

① 콜레라
② 백일해
③ 결핵
④ 홍역

56 포자 형성균의 멸균에 알맞은 소독법은?

① 자비소독법
② 저온소독법
③ 고압증기멸균법
④ 희석법

57 다음 중 중간숙주의 단계가 하나인 기생충은?

① 간디스토마
② 폐디스토마
③ 무구조충
④ 광절열두조충

58 굴착, 착암작업 등에서 발생하는 진동으로 인해 발생할 수 있는 직업병은?

① 공업중독
② 잠함병
③ 레이노드병
④ 금속열

59 병원체가 인체에 침입한 후 지각적, 타각적 임상증상이 발병할 때까지의 기간은?

① 세대기
② 이환기
③ 잠복기
④ 점염기

60 채소류로부터 감염되는 기생충은?

① 동양모양선충, 편충
② 회충, 무구조충
③ 십이지장충, 선모충
④ 요충, 유구조충

SELF CHECK | 제한시간 60분 | 소요시간　　분 | 전체 문항 수 60문항 | 맞힌 문항 수　　문항

난이도 중 **문제 진단 ○△☒**

01 클로스트리디움 보툴리눔의 어떤 균형에 의해 식중독이 발생할 수 있는가?

① C형
② D형
③ E형
④ G형

난이도 중 **문제 진단 ○△☒**

02 식품 중에 존재하는 색소단백질과 결합함으로써 식품의 색을 보다 선명하게 하거나 안정화시키는 첨가물은?

① 질산나트륨
② 동클로로필린나트륨
③ 삼이산화철
④ 이산화티타늄

난이도 하 **문제 진단 ○△☒**

03 살균이 불충분한 저산성 통조림 식품에 의해 발생하는 세균성 식중독의 원인균은?

① 포도상구균
② 젖산균
③ 클로스트리디움 보툴리눔
④ 병원성 대장균

난이도 하 **문제 진단 ○△☒**

04 식품첨가물의 사용 목적과 거리가 먼 것은?

① 식품의 상품가치 향상
② 영양강화
③ 보존성 향상
④ 질병의 치료

난이도 중 **문제 진단 ○△☒**

05 납중독에 대한 설명으로 옳지 않은 것은?

① 대부분 만성중독이다.
② 뼈에 축적되거나 골수에 대해 독성을 나타내므로 혈액장애를 일으킬 수 있다.
③ 손과 발의 각화증 등을 일으킨다.
④ 잇몸의 가장자리가 흑자색으로 착색된다.

난이도 중 **문제 진단 ○△☒**

06 식품의 산패에 관한 설명으로 잘못된 것은?

① 식품에 들어있는 지방질이 산화되는 현상이다.
② 맛, 냄새가 변한다.
③ 유지가 가수분해되어 일어나기도 한다.
④ 부패와 반응 기질이 같다.

07 다음 진균독소 중 간암을 일으키는 것은?

① 시트리닌
② 아플라톡신
③ 스포리데스민
④ 에르고톡신

08 조리작업자 및 배식자의 손 소독에 가장 적합한 것은?

① 역성비누
② 생석회
③ 경성세제
④ 승홍수

09 여성이 임신 중에 감염될 경우 유산과 불임을 포함하여 태아에 이상을 유발할 수 있는 인수공통감염병과 관계되는 기생충은?

① 회충
② 십이지장충
③ 간디스토마
④ 톡소플라스마

10 다음 중 식품위생과 관련된 미생물이 아닌 것은?

① 세균
② 곰팡이
③ 효모
④ 기생충

11 다음 중 조리사 또는 영양사의 면허를 발급 받을 수 있는 자는?

① 정신질환자(전문의가 적합하다고 인정하는 자 제외)
② 2군 감염병환자(B형 간염환자 제외)
③ 마약중독자
④ 파산선고자

12 영업허가를 받거나 신고를 하지 않아도 되는 경우는?

① 주로 주류를 조리·판매하는 영업으로서 손님이 노래를 부르는 행위가 허용되는 영업을 하려는 경우
② 보건복지부령이 정하는 식품 또는 식품첨가물의 완제품을 나누어 유통을 목적으로 재포장·판매하려는 경우
③ 방사선을 쬐어 식품의 보존성을 물리적으로 높이려는 경우
④ 식품첨가물이나 다른 원료를 사용하지 아니하고 농산물을 단순히 껍질을 벗겨 가공하려는 경우

13 다음의 정의에 해당하는 것은?

> 식품의 원료관리, 제조·가공·조리·유통의 모든 과정에서 위해한 물질이 식품에 섞이거나 식품이 오염되는 것을 방지하기 위하여 각 과정을 중점적으로 관리하는 기준

① 위해요소중점관리기준(HACCP)
② 식품 Recall 제도
③ 식품 CODEX 기준
④ ISO 인증 제도

14 일반음식점영업 중 모범업소를 지정할 수 있는 권한을 가진 자는?

① 시장
② 경찰서장
③ 보건소장
④ 세무서장

15 곰국이나 스톡을 조리하는 방법으로 은근하게 오랫동안 끓이는 조리법은?

① 포우칭(Poaching)
② 스티밍(Steaming)
③ 블랜칭(Blanching)
④ 시머링(Simmering)

16 쇠고기의 부위별 용도의 연결이 적합하지 않은 것은?

① 앞다리 – 불고기, 육회, 구이
② 설도 – 스테이크, 샤브샤브
③ 목심 – 불고기, 국거리
④ 우둔 – 산적, 장조림, 육포

17 난황에 함유된 색소는?

① 클로로필
② 안토시아닌
③ 카로티노이드
④ 플라보노이드

18 영양소와 급원식품의 연결이 옳은 것은?

① 동물성 단백질 – 두부, 소고기
② 비타민 A – 당근, 미역
③ 필수지방산 – 대두유, 버터
④ 칼슘 – 우유, 뱅어포

19 생선의 육질이 육류보다 연한 주된 이유는?

① 콜라겐과 엘라스틴의 함량이 적으므로
② 미오신과 액틴의 함량이 많으므로
③ 포화지방산의 함량이 많으므로
④ 미오글로빈 함량이 적으므로

20 질긴 부위의 고기를 물속에서 끓일 때 고기가 연하게 되는데, 이에 관여하는 주된 원인물질은?

① 헤모글로빈
② 젤라틴
③ 엘라스틴
④ 미오글로빈

21 클로로필에 대한 설명으로 틀린 것은?

① 산을 가해주면 페오피틴이 생성된다.
② 엽록소 분해효소가 작용하면 클로로필리드가 된다.
③ 수용성 색소이다.
④ 엽록체 안에 들어있다.

22 식품이 나타내는 수증기압이 0.75기압이고, 그 온도에서 순수한 물의 수증기압이 1.5기압일 때 식품의 수분활성도(Aw)는?

① 0.5
② 0.6
③ 0.7
④ 0.8

난이도 중 문제 진단 ○△✕

23 아이스크림 제조 시 사용되는 안정제는?

① 전화당
② 바닐라
③ 레시틴
④ 젤라틴

난이도 중 문제 진단 ○△✕

24 장기간의 식품보존방법과 가장 관계가 먼 것은?

① 소금절임(염장)
② 건조
③ 설탕절임(당장)
④ 찜요리

난이도 중 문제 진단 ○△✕

25 생강을 식초에 절이면 적색으로 변하는데 이 현상에 관계되는 물질은?

① 안토시안
② 세사몰
③ 진저롤
④ 아밀라아제

난이도 중 문제 진단 ○△✕

26 생선의 신선도가 저하될 때 나타나는 현상이 아닌 것은?

① 근육이 뼈에 밀착되어 잘 떨어지지 않는다.
② 아민류가 많이 생성된다.
③ 어육이 약알칼리성이다.
④ 복부가 물렁하고 부드럽다.

난이도 중 문제 진단 ○△✕

27 한천에 대한 설명으로 틀린 것은?

① 겔은 고온에서 잘 견디므로 안정제로 사용된다.
② 홍조류의 세포벽 성분인 점질성의 복합다당류를 추출하여 만든다.
③ 30℃부근에서 굳어져 겔화된다.
④ 일단 겔화되면 100℃이하에서는 녹지 않는다.

난이도 중 문제 진단 ○△✕

28 곡물을 이용해 발효시킨 식초로 향이 좋고 맛이 순하며 가열해도 쉽게 풍미가 날아가지 않는 특징이 있는 식초의 종류는?

① 합성 식초
② 양조 식초
③ 두배 식초
④ 발사믹 식초

난이도 중 문제 진단 ○△✕

29 묵에 대한 설명으로 틀린 것은?

① 전분의 겔(Gel)화를 이용한 우리나라 전통음식이다.
② 가루의 10배 정도의 물을 가하여 쑨다.
③ 전분의 농도는 묵의 질에 영향을 준다.
④ 메밀, 녹두, 도토리 등의 가루를 이용하여 만든다.

30 갈비구이를 하기 위한 양념장을 만드는 데 사용되는 양념 중 육질의 연화작용을 돕는 역할을 하는 재료로 짝지어진 것은?

① 참기름, 후춧가루
② 배, 설탕
③ 양파, 청주
④ 간장, 마늘

31 육류를 저온숙성(Aging)할 때 적합한 습도와 온도 범위는?

① 습도 85~90%, 온도 1~3℃
② 습도 70~85%, 온도 10~15℃
③ 습도 65~70%, 온도 10~15℃
④ 습도 55~60%, 온도 15~21℃

32 식품감별 중 아가미 색깔이 선홍색인 생선은?

① 부패한 생선
② 초기 부패의 생선
③ 점액이 많은 생선
④ 신선한 생선

33 100인분의 멸치조림에 소요된 재료의 양이라면 총 재료비는 얼마인가?

재료	사용 재료량 (g)	1kg 단가(원)
멸치	1,000	10,000
풋고추	2,000	7,000
기름	100	2,000
간장	100	2,000
깨소금	100	5,000

① 17,900원
② 24,900원
③ 26,000원
④ 33,000원

34 녹색채소를 데칠 때 소다를 넣을 경우 나타나는 현상이 아닌 것은?

① 채소의 질감이 유지된다.
② 채소의 색을 푸르게 고정시킨다.
③ 비타민 C가 파괴된다.
④ 채소의 섬유질을 연화시킨다.

35 고구마 가열시 단맛이 증가하는 이유는?

① Protease가 활성화되어서
② Sucrase가 활성화되어서
③ α−Amylase가 활성화되어서
④ β−Amylase가 활성화되어서

36 냉동육에 대한 설명으로 옳지 않은 것은?

① 냉동육은 일단 해동 후에는 다시 냉동하지 않는 것이 좋다.

② 냉동육의 해동 방법에는 여러 가지가 있으나 냉장고에서 해동하는 것이 좋다.

③ 냉동육은 해동 후 조리하는 것이 조리시간을 단축시킬 수 있다.

④ 냉동육은 신선한 고기보다 더 좋은 맛과 질감을 갖는다.

37 영양소에 대한 설명으로 옳지 않은 것은?

① 영양소는 식품의 성분으로 생명현상과 건강을 유지하는데 필요한 요소이다.

② 건강이라 함은 신체적, 정신적, 사회적으로 건전한 상태를 말한다.

③ 물은 체조직 구성요소로서 보통 성인체중의 2/3를 차지하고 있다.

④ 조절소란 열량을 내는 무기질과 비타민을 말한다.

38 김치류의 신맛 성분이 아닌 것은?

① 초산(Acetic acid)

② 호박산(Succinic acid)

③ 젖산(Lactic acid)

④ 수산(Oxalic acid)

39 유지를 가열할 때 유지 표면에서 엷은 푸른 연기가 나기 시작할 때의 온도는?

① 팽창점

② 연화점

③ 용해점

④ 발연점

40 어류의 신선도에 관한 설명으로 옳지 않은 것은?

① 어류는 사후경직 전 또는 경직 중이 신선하다.

② 경직이 풀려야 탄력이 있어 신선하다.

③ 신선한 어류는 살이 단단하고 비린내가 적다.

④ 신선도가 떨어지면 조림이나 튀김조리가 좋다.

41 다음은 한 급식소에서 한 달 동안 참기름을 구입한 내역이며, 월말의 재고는 7개이다. 선입선출법에 의하여 재고자산을 평가하면 얼마인가?

날짜	구입량(병)	단가(원)
11월 1일	10	5,300
11월 10일	15	5,700
11월 20일	5	5,500
11월 30일	5	5,000

① 32,000원

② 34,000원

③ 36,000원

④ 38,000원

42 식품의 계량방법으로 옳은 것은?

① 흑설탕은 계량컵에 살살 퍼 담은 후, 수평으로 깎아서 계량한다.
② 밀가루는 체에 친 후 눌러 담아 수평으로 깎아서 계량한다.
③ 조청, 기름, 꿀과 같이 점성이 높은 식품은 분할된 컵으로 계량한다.
④ 고체지방은 냉장고에서 꺼내어 액체화한 후, 계량컵에 담아 계량한다.

43 다음 중 한천을 이용한 조리 시 겔 강도를 증가시킬 수 있는 성분은?

① 설탕
② 과즙
③ 지방
④ 수분

44 제품의 제조수량 증감과 관계없이 매월 일정액이 발생하는 원가는?

① 고정비
② 비례비
③ 변동비
④ 체감비

45 다음 중 발연점이 가장 높은 것은?

① 옥수수유
② 들기름
③ 참기름
④ 올리브유

46 급식대상별로 분류한 단체급식 중 산업체 급식에 대한 설명으로 옳은 것은?

① 가정적인 식사 분위기를 제공함으로써 식욕을 충족시키고 피급식자의 정신·위생 면에 기여한다.
② 피급식자의 심신의 발달과 식습관 지도를 통해 국민 식생활 개선과 국가 식량정책에 기여한다.
③ 적절한 식사를 제공하여 질병의 치유와 병상회복 촉진을 도모한다.
④ 종업원의 건강증진에 도움을 주어 생산의욕과 직업에 대한 능률을 높인다.

47 주방의 바닥조건으로 맞는 것은?

① 산이나 알칼리에 약하고 습기, 열에 강해야 한다.
② 바닥전체의 물매는 1/20이 적당하다.
③ 조리작업을 드라이 시스템화 할 경우의 물매는 1/100 정도가 적당하다.
④ 고무타일, 합성수지타일 등이 잘 미끄러지지 않으므로 적합하다.

48 튀김요리 시 튀김냄비 내의 기름 온도를 측정하려고 할 때 온도계를 꽂는 위치로 가장 적합한 것은?

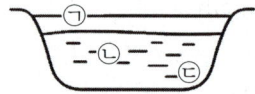

① ㉠의 위치
② ㉡의 위치
③ ㉢의 위치
④ 어느 곳이든 좋다.

49 어떤 음식의 직접원가는 500원, 제조원가는 800원, 총 원가는 1,000원이다. 이 음식의 판매관리비는?

① 200원
② 300원
③ 400원
④ 500원

50 전분을 주 재료로 이용하여 만든 음식이 아닌 것은?

① 도토리묵
② 크림스프
③ 두부
④ 죽

51 다음 중 회복기보균자에 대한 설명으로 옳은 것은?

① 병원체에 감염되어 있지만 임상 증상이 아직 나타나지 않은 상태의 사람
② 병원체를 몸에 지니고 있으나 겉으로는 증상이 나타나지 않는 건강한 사람
③ 질병의 임상 증상이 회복되는 시기에도 여전히 병원체를 지닌 사람
④ 몸에 세균 등 병원체를 오랫동안 보유하고 있으면서 자신은 병의 증상을 나타내지 아니하고 다른 사람에게 옮기는 사람

52 음료수의 오염과 가장 관계 깊은 감염병은?

① 홍역
② 백일해
③ 발진티푸스
④ 장티푸스

53 의료급여의 수급권자에 해당하지 않는 자는?

① 6개월 미만의 실업자
② 국민기초생활 보장법에 의한 수급자
③ 재해구호법에 의한 이재민
④ 생활유지의 능력이 없거나 생활이 어려운 자로서 대통령령이 정하는 자

54 일광 중 가장 강한 살균력을 가지고 있는 자외선 파장은?

① 1,000~1,800 Å
② 1,800~2,300 Å
③ 2,300~2,600 Å
④ 2,600~2,800 Å

55 급속사여과법에 대한 설명으로 옳은 것은?

① 보통 침전법을 한다.
② 사면대치를 한다.
③ 역류세척을 한다.
④ 넓은 면적이 필요하다.

56 질산염이나 인물질 등이 증가해서 오는 수질오염 현상은?

① 수온상승현상
② 수인성 병원체 증가 현상
③ 부영양화현상
④ 난분해물 축적 현상

57 공기 중에 일산화탄소가 많으면 중독을 일으키게 되는데 중독 증상의 주된 원인은?

① 근육의 경직
② 조직세포의 산소부족
③ 혈압의 상승
④ 간세포의 섬유화

58 다음 기생충 중 돌고래의 기생충인 것은?

① 유극악구충
② 유구조충
③ 아니사키스충
④ 선모충

59 구충의 감염예방과 관계가 없는 것은?

① 분변 비료 사용금지
② 밭에서 맨발 작업금지
③ 청정채소의 장려
④ 모기에 물리지 않도록 주의

60 자외선에 대한 설명으로 틀린 것은?

① 가시광선보다 짧은 파장이다.
② 피부의 홍반 및 색소 침착을 일으킨다.
③ 인체 내 비타민 D를 형성하게 하여 구루병을 예방한다.
④ 고열물체의 복사열을 운반하므로 열선이라고도 하며, 피부온도의 상승을 일으킨다.

빠른 정답표 / **확인하기**

① 모바일로 QR 코드를 스캔합니다.
② 해당 회차의 정답표를 확인합니다.
③ 빠르고 간편하게 채점해 보세요.

해설과 따로 보는 2025년 최신 기출문제 01회

SELF CHECK 제한시간 60분 | 소요시간   분 | 전체 문항 수 60문항 | 맞힌 문항 수   문항

난이도 중 | 문제 진단 ○△×

01 칼슘(Ca)과 인(P)의 대사 이상을 초래하여 골연화증을 유발하는 유해 금속은?

① 철(Fe)
② 카드뮴(Cd)
③ 은(Ag)
④ 주석(Sn)

중요 ✓ | 난이도 하 | 문제 진단 ○△×

02 미생물학적으로 식품 1g당 세균수가 얼마일 때 초기 부패 단계로 판정하는가?

① $10^3 \sim 10^4$
② $10^4 \sim 10^5$
③ $10^7 \sim 10^8$
④ $10^{12} \sim 10^{13}$

난이도 하 | 문제 진단 ○△×

03 혐기 상태에서 생산된 독소에 의해 신경 증상이 나타나는 세균성 식중독은?

① 황색포도상구균 식중독
② 클로스트리디움 보툴리눔 식중독
③ 장염비브리오 식중독
④ 살모넬라 식중독

난이도 중 | 문제 진단 ○△×

04 식품과 독성분이 잘못 연결된 것은?

① 감자 – 솔라닌(Solanine)
② 조개류 – 삭시톡신(Saxitoxin)
③ 독미나리 – 베네루핀(Venerupin)
④ 복어 – 테트로도록신(Tetrodotoxin)

난이도 중 | 문제 진단 ○△×

05 식품첨가물의 사용 목적과 이에 따른 첨가물의 종류가 바르게 연결된 것은?

① 식품의 영양 강화를 위한 것 – 착색료
② 식품의 관능을 만족시키기 위한 것 – 조미료
③ 식품의 변질이나 변패를 방지하기 위한 것 – 감미료
④ 식품의 품질을 개량하거나 유지하기 위한 것 – 산미료

난이도 중 | 문제 진단 ○△×

06 다음 식품첨가물 중 주요 목적이 다른 것은?

① 과산화벤조일
② 과황산암모늄
③ 이산화염소
④ 아질산나트륨

07 식품의 변화 현상에 대한 설명 중 틀린 것은?

① 산패 : 유지 식품의 지방질 산화
② 발효 : 화학 물질에 의한 유기 화합물의 분해
③ 변질 : 식품의 품질 저하
④ 부패 : 단백질과 유기물이 부패 미생물에 의해 분해

08 바이러스에 의한 감염이 아닌 것은?

① 폴리오
② 인플루엔자
③ 장티푸스
④ 유행성 감염

09 통조림 식품의 통조림관에서 유래될 수 있는 식중독 원인 물질은?

① 카드뮴
② 주석
③ 페놀
④ 수은

10 곰팡이의 대사산물에 의해 질병이나 생리 작용에 이상을 일으키는 원인이 아닌 것은?

① 청매 중독
② 아플라톡신 중독
③ 황변미 중독
④ 오크라톡신 중독

11 식품위생법상 위해식품 등의 판매 등 금지내용이 아닌 것은?

① 불결하거나 다른 물질이 섞이거나 첨가된 것으로 인체의 건강을 해칠 우려가 있는 것
② 유독·유해 물질이 들어 있으나 식품의약품안전처장이 인체의 건강을 해할 우려가 없다고 인정한 것
③ 병원 미생물에 의하여 오염되었거나 그 염려가 있어 인체의 건강을 해칠 우려가 있는 것
④ 썩거나 상하거나 설익어서 인체의 건강을 해칠 우려가 있는 것

12 식품의 부패 과정에서 생성되는 불쾌한 냄새 물질과 거리가 먼 것은?

① 포르말린
② 암모니아
③ 황화수소
④ 인돌

13 식품위생법규상 무상수거 대상 식품은?

① 도·소매업소에서 판매하는 식품 등을 시험검사용으로 수거할 때
② 식품 등의 기준 및 규격 제정을 위한 참고용으로 수거할 때
③ 식품 등을 검사할 목적으로 수거할 때
④ 식품 등의 기준 및 규격 개정을 위한 참고용으로 수거할 때

14 난이도 중 문제 진단 ○△✕

식품위생법상 명시된 영업의 종류에 포함되지 않는 것은?

① 식품조사처리업
② 식품접객업
③ 즉석판매제조·가공업
④ 먹는샘물제조업

15 중요 ✔ 난이도 중 문제 진단 ○△✕

식품위생법상 조리사 면허를 받을 수 없는 사람은?

① 미성년자
② 마약중독자
③ B형간염환자
④ 조리사 면허의 취소 처분을 받고 그 취소된 날부터 1년이 지난 자

16 난이도 중 문제 진단 ○△✕

결합수의 특성으로 옳은 것은?

① 식품 조직을 압착하여도 제거되지 않는다.
② 점성이 크다.
③ 미생물의 번식과 발아에 이용된다.
④ 보통의 물보다 밀도가 작다.

17 난이도 중 문제 진단 ○△✕

사과, 바나나, 파인애플 등의 주요 향미 성분은?

① 에스테르(Ester)류
② 고급지방산류
③ 유황화합물류
④ 퓨란(Furan)류

18 난이도 중 문제 진단 ○△✕

다당류에 속하는 탄수화물은?

① 펙틴
② 포도당
③ 과당
④ 갈락토오스

19 중요 ✔ 난이도 하 문제 진단 ○△✕

알코올 1g당 열량산출 기준은?

① 0kcal
② 4kcal
③ 7kcal
④ 9kcal

20 난이도 중 문제 진단 ○△✕

유지를 가열하면 점차 점도가 증가하게 되는데 이것은 유지 분자들의 어떤 반응 때문인가?

① 산화 반응
② 열분해 반응
③ 중합 반응
④ 가수분해 반응

21 난이도 중 문제 진단 ○△✕

젤라틴과 관계없는 것은?

① 양갱
② 족편
③ 아이스크림
④ 젤리

22 다음 중 일반적으로 꽃 부분을 주요 식용 부위로 하는 화채류는?

① 비트(Beets)
② 파슬리(Parsley)
③ 브로콜리(Broccoli)
④ 아스파라거스(Asparagus)

23 색소 성분의 변화에 대한 설명 중 맞는 것은?

① 엽록소는 알칼리성에서 갈색화
② 플라본 색소는 알칼리성에서 황색화
③ 안토시안 색소는 산성에서 청색화
④ 카로틴 색소는 산성에서 흰색화

24 칼슘과 단백질의 흡수를 돕고 정장 효과가 있는 것은?

① 설탕
② 과당
③ 유당
④ 맥아당

25 두부를 만들 때 간수에 의해 응고되는 것은 단백질의 변성 중 무엇에 의한 변성인가?

① 산
② 효소
③ 염류
④ 동결

26 호화와 노화에 관한 설명 중 틀린 것은?

① 전분의 가열 온도가 높을수록 호화 시간이 빠르며, 점도는 낮아진다.
② 전분 입자가 크고 지질 함량이 많을수록 빨리 호화된다.
③ 수분 함량이 0~60%, 온도가 0~4℃일 때 전분의 노화는 쉽게 일어난다.
④ 60℃ 이상에서는 노화가 잘 일어나지 않는다.

27 쓴 약을 먹은 직후 물을 마시면 단맛이 나는 것처럼 느끼게 되는 현상은?

① 변조 현상
② 소실 현상
③ 대비 현상
④ 미맹 현상

28 오이나 배추의 녹색이 김치를 담갔을 때 점차 갈색을 띄게 되는 것은 어떤 색소의 변화 때문인가?

① 카로티노이드(Carotenoid)
② 클로로필(Chlorophyll)
③ 안토시아닌(Anthocyanin)
④ 안토잔틴(Anthoxanthin)

29 난이도 상 문제 진단 ○△✕

가공치즈(Processed Cheese)의 설명으로 틀린 것은?

① 자연 치즈에 유화제를 가하여 가열한 것이다.
② 일반적으로 자연 치즈보다 저장성이 높다.
③ 약 85℃에서 살균하여 Pasteurized Cheese라고도 한다.
④ 가공 치즈는 매일 지속적으로 발효가 일어난다.

30 난이도 중 문제 진단 ○△✕

달걀에 가스 저장을 실시하는 가장 중요한 이유는?

① 알껍질이 매끄러워짐을 방지하기 위하여
② 알껍질의 이산화탄소 발산을 억제하기 위하여
③ 알껍질의 수분 증발을 방지하기 위하여
④ 알껍질의 기공을 통한 미생물 침입을 방지하기 위하여

31 난이도 하 문제 진단 ○△✕

굵은 소금이라고도 하며, 오이지를 담글 때나 김장 배추를 절이는 용도로 사용하는 소금은?

① 천일염
② 재제염
③ 정제염
④ 꽃소금

32 중요 ✓ 난이도 중 문제 진단 ○△✕

제품의 제조를 위하여 소비된 노동의 가치를 말하며 임금, 수당, 복리 후생비 등이 포함되는 것은?

① 노무비
② 재료비
③ 경비
④ 훈련비

33 난이도 중 문제 진단 ○△✕

국이나 전골 등에 국물 맛을 독특하게 내는 조개류의 성분은?

① 요오드
② 주석산
③ 구연산
④ 호박산

34 난이도 중 문제 진단 ○△✕

우유에 대한 설명으로 틀린 것은?

① 시판되고 있는 전유는 유지방 함량이 3.0% 이상이다.
② 저지방우유는 유지방을 0.1% 이하로 낮춘 우유이다.
③ 유당소화장애증이 있으면 유당을 분해한 우유를 이용한다.
④ 저염우유란 전유 속의 Na(나트륨)을 K(칼륨)과 교환시킨 우유를 말한다.

35 난이도 하 문제 진단 ○△✕

냉동식품의 조리에 대한 설명 중 틀린 것은?

① 쇠고기의 드립(Drip)을 막기 위해 높은 온도에서 빨리 해동하여 조리한다.
② 채소류는 가열 처리가 되어 있어 조리하는 시간이 절약된다.
③ 조리된 냉동식품은 녹기 직전에 가열한다.
④ 빵, 케이크는 실내 온도에서 자연 해동한다.

36 다음 중 조리용 기기 사용이 틀린 것은?

① 필러(Peeler) : 감자, 당근 껍질 벗기기
② 슬라이서(Slicer) : 쇠고기 갈기
③ 세미기 : 쌀의 세척
④ 믹서 : 재료의 혼합

37 김장용 배추포기김치 46kg을 담그려는데 배추 구입에 필요한 비용은 얼마인가? [단, 배추 5포기(13kg)의 값은 13,260원, 폐기률은 8%임]

① 23,920원
② 38,934원
③ 46,000원
④ 51,000원

38 날콩에 함유된 단백질의 체내 이용을 저해하는 것은?

① 펩신
② 트립신
③ 글로불린
④ 안티트립신

39 식빵에 버터를 펴서 바를 때처럼 버터에 힘을 가한 후 그 힘을 제거해도 원래 상태로 돌아오지 않고 변형된 상태로 유지하는 성질은?

① 유화성
② 가소성
③ 쇼트닝성
④ 크리밍성

40 쇠고기 부위 중 결체 조직이 많아 구이에 가장 부적당한 것은?

① 등심
② 갈비
③ 사태
④ 채끝

41 버터나 마가린의 계량 방법으로 가장 옳은 것은?

① 냉장고에서 꺼내어 계량컵에 눌러 담은 후 윗면을 직선으로 된 칼로 깎아 계량한다.
② 실온에서 부드럽게 하여 계량컵에 담아 계량한다.
③ 실온에서 부드럽게 하여 계량컵에 눌러 담은 후 윗면을 직선으로 된 칼로 깎아 계량한다.
④ 냉장고에서 꺼내어 계량컵의 눈금까지 담아 계량한다.

42 무나 양파를 오랫동안 익힐 때 색을 희게 하려면 다음 중 무엇을 첨가하는 것이 가장 좋은가?

① 소금
② 소다
③ 생수
④ 식초

43 생선을 껍질이 있는 상태로 구울 때 껍질이 수축되는 주원인 물질과 그 처리 방법은?

① 생선살의 색소 단백질, 소금에 절이기
② 생선살의 염용성 단백질, 소금에 절이기
③ 생선 껍질의 지방, 껍질에 칼집 넣기
④ 생선 껍질의 콜라겐, 껍질에 칼집 넣기

44 육류 조리에 대한 설명으로 틀린 것은?

① 탕 조리 시 찬물에 고기를 넣고 끓여야 추출물이 최대한 용출된다.
② 장조림 조리 시 간장을 처음부터 넣으면 고기가 단단해지고 잘 찢기지 않는다.
③ 편육 조리 시 찬물에 넣고 끓여야 잘 익은 고기 맛이 좋다.
④ 불고기용으로는 결합 조직이 되도록 적은 부위가 적당하다.

45 다음 중 영양소의 손실이 가장 큰 조리법은?

① 바삭바삭한 튀김을 위해 튀김옷에 중조를 첨가한다.
② 푸른 채소를 데칠 때 약간의 소금을 첨가한다.
③ 감자를 껍질째 삶은 후 절단한다.
④ 쌀을 담가놓았던 물을 밥물로 사용한다.

46 다음 중 원가 계산의 원칙이 아닌 것은?

① 진실성의 원칙
② 확실성의 원칙
③ 발생 기준의 원칙
④ 비정상성의 원칙

47 마요네즈에 대한 설명으로 틀린 것은?

① 식초는 산미를 주고, 방부성을 부여한다.
② 마요네즈를 만들 때 너무 빨리 저어주면 분리되므로 주의한다.
③ 사용되는 기름은 냄새가 없고, 고도로 분리 정제가 된 것을 사용한다.
④ 새로운 난황에 분리된 마요네즈를 조금씩 넣으면서 저어주면, 마요네즈 재생이 가능하다.

48 조절 영양소가 비교적 많이 함유된 식품으로 구성된 것은?

① 시금치, 미역, 귤
② 쇠고기, 달걀, 두부
③ 두부, 감자, 쇠고기
④ 쌀, 감자, 밀가루

49 소금 절임 시 저장성이 좋아지는 이유는?

① pH가 낮아져 미생물이 살아갈 수 없는 환경이 조성된다.
② pH가 높아져 미생물이 살아갈 수 없는 환경이 조성된다.
③ 고삼투성에 의한 탈수 효과에 미생물의 생육이 억제된다.
④ 저삼투성에 의한 탈수 효과로 미생물의 생육이 억제된다.

중요 ✓ 난이도 상 문제 진단 ○△⨉

50 성인 여자의 1일 필요 열량을 2,000kcal라고 가정할 때, 이 중 15%를 단백질로 섭취할 경우 동물성 단백질의 섭취량은? (단, 동물성 단백질량은 일일단백질양의 1/3로 계산한다.)

① 25g
② 35g
③ 75g
④ 100g

난이도 중 문제 진단 ○△⨉

51 인공능동면역의 방법에 해당하지 않는 것은?

① 생균 백신 접종
② 글로불린 접종
③ 사균 백신 접종
④ 순화독소 접종

난이도 중 문제 진단 ○△⨉

52 주로 동물성 식품에서 기인하는 기생충은?

① 구충
② 회충
③ 동양모양선충
④ 유구조충

난이도 중 문제 진단 ○△⨉

53 인구정지형으로 출생률과 사망률이 모두 낮은 인구형은?

① 피라미드형
② 별형
③ 항아리형
④ 종형

난이도 중 문제 진단 ○△⨉

54 공기의 자정 작용과 관계가 없는 것은?

① 희석 작용
② 세정 작용
③ 환원 작용
④ 살균 작용

난이도 중 문제 진단 ○△⨉

55 '예비 처리 - 본 처리 - 오니 처리' 순서로 진행되는 것은?

① 하수 처리
② 쓰레기 처리
③ 상수도 처리
④ 지하수 처리

난이도 중 문제 진단 ○△✕

56 이산화탄소(CO$_2$)를 실내 공기의 오탁지표로 사용하는 가장 주된 이유는?

① 유독성이 강하므로
② 실내 공기 조성의 전반적인 상태를 알 수 있으므로
③ 일산화탄소로 변화되므로
④ 항상 산소량과 반비례하므로

난이도 중 문제 진단 ○△✕

57 폐기물 관리법에서 소각로 소각법의 장점으로 틀린 것은?

① 위생적인 방법으로 처리할 수 있다.
② 다이옥신(Dioxin)의 발생이 없다.
③ 잔류물이 적어 매립하기에 적당하다.
④ 매립법에 비해 설치 면적이 적다.

난이도 중 문제 진단 ○△✕

58 진동이 심한 작업을 하는 사람에게 국소진동 장애로 생길 수 있는 직업병은?

① 진폐증
② 파킨슨씨병
③ 잠함병
④ 레이노드병

난이도 중 문제 진단 ○△✕

59 조명이 불충분할 때는 시력저하, 눈의 피로를 일으키고 지나치게 강렬할 때는 어두운 곳에서 암순응능력을 저하시키는 태양 광선은?

① 전자파
② 자외선
③ 적외선
④ 가시광선

난이도 중 문제 진단 ○△✕

60 감수성지수(접촉감염지수)가 가장 높은 감염병은?

① 폴리오
② 홍역
③ 백일해
④ 디프테리아

빠른 정답표 확인하기

① 모바일로 QR 코드를 스캔합니다.
② 해당 회차의 정답표를 확인합니다.
③ 빠르고 간편하게 채점해 보세요.

해설과 따로 보는 2025년 최신 기출문제 02회

SELF CHECK 제한시간 60분 | 소요시간   분 | 전체 문항 수 60문항 | 맞힌 문항 수   문항

---

01 난이도 중 | 문제 진단 ○△✕

우리나라에서 허가된 발색제가 아닌 것은?

① 아질산나트륨
② 황산제일철
③ 질산칼륨
④ 아질산칼륨

02 난이도 중 | 문제 진단 ○△✕

다환방향족 탄화수소이며, 훈제육이나 태운 고기에서 다량 검출되는 발암 작용을 일으키는 것은?

① 질산염
② 알코올
③ 벤조피렌
④ 포름알데히드

03 난이도 중 | 문제 진단 ○△✕

에탄올 발효 시 생성되는 메탄올의 가장 심각한 중독 증상은?

① 구토
② 경기
③ 실명
④ 환각

04 난이도 중 | 문제 진단 ○△✕

식품의 변질 현상에 대한 설명 중 틀린 것은?

① 통조림 식품의 부패에 관여하는 세균에는 내열성인 것이 많다.
② 우유의 부패 시 세균류가 관계하여 적변을 일으키기도 한다.
③ 식품의 부패에는 대부분 한 종류의 세균이 관계한다.
④ 가금육은 주로 저온성 세균이 주된 부패균이다.

05 중요 ✓ | 난이도 하 | 문제 진단 ○△✕

일반적으로 식품 1g 중 생균수가 약 얼마 이상일 때 초기 부패로 판정하는가?

① 10^2개
② 10^4개
③ 10^7개
④ 10^{15}개

06 난이도 하 | 문제 진단 ○△✕

독소형 세균성 식중독으로 짝지어진 것은?

① 살모넬라 식중독, 장염비브리오 식중독
② 리스테리아 식중독, 복어독 식중독
③ 황색포도상구균 식중독, 클로스트리디움 보툴리늄균 식중독
④ 맥각독 식중독, 콜리균 식중독

07 난이도 하 문제 진단 ○△✕

복어독 중독의 치료법으로 적합하지 않은 것은?

① 호흡촉진제 투여
② 진통제 투여
③ 위세척
④ 최토제 투여

08 난이도 하 문제 진단 ○△✕

식품 취급자의 화농성 질환에 의해 감염되는 식중독은?

① 살모넬라 식중독
② 황색포도상구균 식중독
③ 장염비브리오 식중독
④ 병원성대장균 식중독

09 난이도 중 문제 진단 ○△✕

과실류, 채소류 등 식품의 살균 목적으로 사용되는 것은?

① 초산비닐수지(Polyvinyl Acetate)
② 이산화염소(Chlorine Dioxide)
③ 규소수지(Silicone Resin)
④ 차아염소산나트륨(Sodium Hypochlorite)

10 난이도 중 문제 진단 ○△✕

다음 중 내인성 위해 식품은?

① 지나치게 구운 생선
② 푸른곰팡이에 오염된 쌀
③ 싹이 튼 감자
④ 농약을 많이 뿌린 채소

11 난이도 중 문제 진단 ○△✕

김치를 담근 배추와 무가 물러졌을 때 그 원인에 해당하지 않는 것은?

① 김치를 담글 때 배추와 무를 충분히 씻지 않았다.
② 김칫국물이 적어 국물 위로 김치가 노출되었다.
③ 김치를 꺼낼 때마다 꾹꾹 눌러 놓지 않았다.
④ 김치 숙성의 적기가 지났다.

12 난이도 하 문제 진단 ○△✕

우리나라 식품 위생법의 목적과 거리가 먼 것은?

① 식품으로 인한 위생상의 위해 방지
② 식품 영양의 질적 향상 도모
③ 국민 보건의 증진에 이바지
④ 부정 식품 제조에 대한 가중 처벌

13 난이도 하 문제 진단 ○△✕

식품위생법상에서 정의하는 '집단급식소'에 대한 정의로 옳은 것은?

① 영리를 목적으로 하는 모든 급식 시설을 일컫는 용어이다.
② 영리를 목적으로 하지 않고 비정기적으로 1개월에 1회씩 음식물을 공급하는 급식 시설도 포함된다.
③ 영리를 목적으로 하지 아니하면서 특정 다수인에게 계속하여 음식을 공급하는 급식 시설을 말한다.
④ 영리를 목적으로 하지 않고 계속적으로 불특정 다수인에게 음식물을 공급하는 급식 시설을 말한다.

14 **식품위생법상 식품위생감시원의 직무가 아닌 것은?**

① 영업소의 폐쇄를 위한 간판 제거 등의 조치
② 영업의 건전한 발전과 공동의 이익을 도모하는 조치
③ 영업자 및 종업원의 건강 진단 및 위생 교육의 이행 여부의 확인, 지도
④ 조리사 및 영양사의 법령 준수사항 이행 여부의 확인, 지도

중요 ✓ 난이도 중 문제 진단 ○△✕

15 **식품위생법상 영업 신고를 하지 않는 업종은?**

① 즉석 판매 제조, 가공업
② 양곡관리법에 따른 양곡가공업 중 도정업
③ 식품운반법
④ 식품소분, 판매업

난이도 중 문제 진단 ○△✕

16 **마이야르(Maillard) 반응에 영향을 주는 인자가 아닌 것은?**

① 수분
② 온도
③ 당의 종류
④ 효소

난이도 중 문제 진단 ○△✕

17 **다음 중 쌀 가공 식품이 아닌 것은?**

① 현미
② 강화미
③ 팽화미
④ α-화미

난이도 하 문제 진단 ○△✕

18 **다음 중 발효 식품은?**

① 치즈
② 수정과
③ 사이다
④ 우유

난이도 중 문제 진단 ○△✕

19 **채소와 과일의 가스 저장(CA 저장) 시 필수 요건이 아닌 것은?**

① pH 조절
② 기체의 조절
③ 냉장 온도 유지
④ 습도 유지

난이도 중 문제 진단 ○△✕

20 **단백질에 관한 설명 중 옳은 것은?**

① 인단백질은 단순단백질에 인산이 결합한 단백질이다.
② 지단백질은 단순단백질에 당이 결합한 단백질이다.
③ 당단백질은 단순단백질에 지방이 결합한 단백질이다.
④ 핵단백질은 단순단백질 또는 복합단백질이 화학적 또는 산소에 의해 변화된 단백질이다.

난이도 중 문제 진단 ○△✕

21 **한천의 용도가 아닌 것은?**

① 훈연 제품의 산화방지제
② 푸딩, 양갱 등의 젤화제
③ 유제품, 청량 음료 등의 안정제
④ 곰팡이, 세균 등의 배지

22 식품의 수분 활성도(Aw)에 대한 설명으로 틀린 것은?

① 식품이 나타내는 수증기압과 순수한 물의 수증기압의 비를 말한다.

② 일반적인 식품의 Aw 값은 1보다 크다.

③ Aw의 값이 작을수록 미생물의 이용이 쉽지 않다.

④ 어패류의 Aw의 0.99~0.98 정도이다.

23 장기간의 식품 보존 방법과 가장 관계가 먼 것은?

① 배건법

② 염장법

③ 산저장법(초지법)

④ 냉장법

24 대표적인 콩 단백질인 글로불린(Globulin)이 가장 많이 함유하고 있는 성분은?

① 글리시닌(Glycinin)

② 알부민(Albumin)

③ 글루텐(Gluten)

④ 제인(Zein)

25 라면류, 건빵류, 비스킷 등은 상온에서 비교적 장시간 저장해 두어도 노화가 잘 일어나지 않는데, 그 주된 이유는?

① 낮은 수분 함량

② 낮은 pH

③ 높은 수분 함량

④ 높은 pH

26 신맛 성분에 유기산인 아미노기(−NH₂)가 있으면 어떤 맛이 가해진 산미가 되는가?

① 단맛

② 신맛

③ 쓴맛

④ 짠맛

27 유지의 발연점에 영향을 주는 인자와 거리가 먼 것은?

① 용해도

② 유리지방산의 함량

③ 노출된 유지의 표면적

④ 불순물의 함량

28 다음 당류 중 단맛이 가장 약한 것은?

① 포도당

② 과당

③ 맥아당

④ 설탕

29 다음 쇠고기 성분 중 일반적으로 살코기에 비해 간에 특히 더 많은 것은?

① 비타민 A, 무기질

② 단백질, 전분

③ 섬유소, 비타민 C

④ 전분, 비타민 A

30 오징어 먹물 색소의 주 색소는?

① 안토잔틴
② 클로로필
③ 유멜라닌
④ 플라보노이드

31 급식인원이 1,000명인 단체급식소에서 1인당 60g의 풋고추조림을 주려고 한다. 발주할 풋고추의 양은? (단, 풋고추의 폐기율은 9%임)

① 55kg
② 60kg
③ 66kg
④ 68kg

32 단체급식이 갖는 운영상의 문제점이 아닌 것은?

① 단시간 내에 다량의 음식조리
② 식중독 등 대형 위생사고
③ 대량구매로 인한 재고관리
④ 적온 급식의 어려움으로 음식의 맛 저하

33 완두콩을 조리할 때 정량의 황산구리를 첨가하면 특히 어떤 효과가 있는가?

① 비타민이 보강된다.
② 무기질이 보강된다.
③ 냄새를 보유할 수 있다.
④ 녹색을 보유할 수 있다.

34 신선한 달걀의 감별법 중 틀린 것은?

① 햇빛(전등)에 비출 때 공기집의 크기가 작다.
② 흔들 때 내용물이 흔들리지 않는다.
③ 6% 소금물에 넣어서 떠오른다.
④ 깨뜨려 접시에 놓으면 노른자가 볼록하고 흰자의 점도가 높다.

35 다음 중 계량 방법이 올바른 것은?

① 마가린을 잴 때는 실온일 때 계량컵에 꼭꼭 눌러 담고, 직선으로 된 칼이나 Spatula로 깎아 계량한다.
② 밀가루를 잴 때는 측정 직전에 체로 친 뒤 눌러서 담아 직선 Spatula로 깎아 측정한다.
③ 흑설탕을 측정할 때는 체로 친 뒤 누르지 말고 가만히 수북하게 담고 직선 Spatula로 깎아 측정한다.
④ 쇼트닝을 계량할 때는 냉장 온도에서 계량컵에 꼭 눌러 담은 뒤, 직선 Spatula로 깎아 측정한다.

36 육류, 생선류, 알류 및 콩류에 함유된 주된 영양소는?

① 단백질
② 탄수화물
③ 지방
④ 비타민

37 젤라틴의 응고에 관한 내용으로 틀린 것은?

① 젤라틴의 농도가 높을수록 빨리 응고된다.

② 설탕의 농도가 높을수록 빨리 응고된다.

③ 염류는 젤라틴이 물을 흡수하는 것을 막아 단단하게 응고시킨다.

④ 단백질 분해효소를 사용하면 응고력이 약해진다.

38 난백으로 거품을 만들 때의 설명으로 옳은 것은?

① 레몬즙을 1~2 방울 떨어뜨리면 거품 형성을 용이하게 한다.

② 지방은 거품 형성을 용이하게 한다.

③ 소금은 거품의 안정성에 기여한다.

④ 묽은 달걀보다 신선란이 거품 형성을 용이하게 한다.

39 다음 중 간장의 지미 성분은?

① 포도당(Glucose)

② 전분(Starch)

③ 글루탐산(Glutamic Acid)

④ 아스코리빈산(Ascorbic Acid)

40 홍조류에 속하며 무기질이 골고루 함유되어 있고 단백질도 많이 함유된 해조류는?

① 김

② 미역

③ 우뭇가사리

④ 다시마

41 식품의 구매 방법으로 필요한 품목, 수량을 표시하여 업자에게 견적서를 제출받고 품질이나 가격을 검토한 후 낙찰자를 정하여 계약을 체결하는 것은?

① 수의계약

② 경쟁입찰

③ 대량구매

④ 계약구입

42 떡의 노화를 방지할 수 있는 방법이 아닌 것은?

① 찹쌀가루의 함량을 높인다.

② 설탕의 첨가량을 늘린다.

③ 급속 냉동시켜 보관한다.

④ 수분 함량을 30~60%로 유지한다.

43 우유에 산을 넣으면 응고물이 생기는데 이 응고물의 주체는?

① 유당

② 레닌

③ 카제인

④ 유지방

44 불고기를 만들어 파는 데 비용으로 1kg 기준으로 등심은 18,000원, 양념비는 3,500원이 소요되었다. 1인분에 200g을 사용하고 식재료 비율을 40%로 하려고 할 때 판매 가격은?

① 9,000원

② 8,600원

③ 17,750원

④ 10,750원

45 육류 조리 과정 중 색소의 변화 단계가 바르게 연결된 것은?

① 미오글로빈 – 메트미오글로빈 – 옥시미오글로빈
　– 헤마틴
② 메트미오글로빈 – 옥시미오글로빈 – 미오글로빈
　– 헤마틴
③ 미오글로빈 – 옥시미오글로빈 – 메트미오글로빈
　– 헤마틴
④ 옥시미오글로빈 – 메트미오글로빈 – 미오글로빈
　– 헤마틴

46 머랭을 만들고자 할 때 설탕 첨가는 어느 단계에 하는 것이 가장 효과적인가?

① 처음 젓기 시작할 때
② 거품이 생기려고 할 때
③ 충분히 거품이 생겼을 때
④ 거품이 없어졌을 때

47 마요네즈를 만들 때 기름의 분리를 막아주는 것은?

① 난황
② 난백
③ 소금
④ 식초

48 고체화 한 지방을 여과 처리하는 방법으로 샐러드유 제조 시 이용되며, 유화 상태를 유지하기 위한 가공 처리 방법은?

① 용출 처리
② 동유 처리
③ 정제 처리
④ 경화 처리

49 주방의 바닥 조건으로 맞는 것은?

① 산이나 알칼리에 약하고 습기, 열에 강해야 한다.
② 바닥 전체의 물매는 1/20이 적당하다.
③ 조리 작업을 드라이 시스템화 할 경우의 물매는
　1/100 정도가 적당하다.
④ 고무 타일, 합성 수지 타일 등이 잘 미끄러지지
　않으므로 적당하다.

50 다음 중 돼지고기에만 존재하는 부위명은?

① 사태살
② 갈매기살
③ 채끝살
④ 안심살

51 상수도와 관계된 보건 문제가 아닌 것은?

① 수도열
② 반상치
③ 레이노드병
④ 수인성 감염병

52 규폐증과 관계가 먼 것은?

① 유리규산
② 암석가공업
③ 골연화증
④ 폐조직의 섬유화

53 감염병 관리상 환자의 격리를 요하지 않는 것은?

① 콜레라
② 디프테리아
③ 파상풍
④ 장티푸스

54 (   ) 안에 차례대로 들어갈 알맞은 내용은?

생물화학적 산소요구량(BOD)은 일반적으로 (   )을
(   )에서 (   )간 안정화 시키는 데 소비한 산소량
을 말한다.

① 무기 물질, 15℃, 5일
② 무기 물질, 15℃, 7일
③ 유기 물질, 20℃, 5일
④ 유기 물질, 20℃, 7일

55 실내 공기의 오염지표로 사용되는 것은?

① 일산화탄소
② 이산화탄소
③ 질소
④ 오존

56 수인성 감염병의 특징을 설명한 것 중 틀린 것은?

① 단시간에 다수의 환자가 발생한다.
② 환자의 발생은 그 급수지역과 관계가 깊다.
③ 발생률이 남녀노소, 성별, 연령별로 차이가 크다.
④ 오염원의 제거로 일시에 종식될 수 있다.

57 기생충과 인체감염원인 식품의 연결이 틀린 것은?

① 유구조충 – 돼지고기
② 무구조충 – 쇠고기
③ 동양모양선충 – 민물고기
④ 아니사키스 – 바다생선

58 감염병 발생의 3대 요인이 아닌 것은?

① 예방접종
② 환경
③ 숙주
④ 병인

59 기생충에 오염된 논, 밭에서 맨발로 작업할 때 감염될
수 있는 가능성이 가장 높은 것은?

① 간흡충
② 폐흡충
③ 구충
④ 광절열두조충

60 4대 온열 요소에 속하지 않는 것은?

① 기류
② 기압
③ 기습
④ 복사열

빠른 정답표 **확인하기**

① 모바일로 QR 코드를 스캔합니다.
② 해당 회차의 정답표를 확인합니다.
③ 빠르고 간편하게 채점해 보세요.

해설과 따로 보는 **2025년 최신 기출문제 03회**

SELF CHECK   제한시간 60분 | 소요시간   분 | 전체 문항 수 60문항 | 맞힌 문항 수   문항

난이도 중 문제 진단 ○△✕

01 음식을 먹기 전에 가열하여도 식중독 예방이 가장 어려운 균은?

① 포도상구균
② 살모넬라균
③ 장염비브리오균
④ 병원성대장균

난이도 중 문제 진단 ○△✕

02 미생물이 자라는 데 필요한 조건이 아닌 것은?

① 온도
② 햇빛
③ 수분
④ 영양분

난이도 하 문제 진단 ○△✕

03 황변미 중독을 일으키는 오염 미생물은?

① 곰팡이
② 효모
③ 세균
④ 기생충

난이도 하 문제 진단 ○△✕

04 식품첨가물 중 보존제의 목적과 가장 거리가 먼 것은?

① 수분 감소의 방지
② 신선도 유지
③ 식품의 영양가 보존
④ 변질 및 부패 방지

난이도 하 문제 진단 ○△✕

05 체내에서 흡수되면 신장의 재흡수장애를 일으켜 칼슘 배설을 증가시키는 중금속은?

① 납
② 수은
③ 비소
④ 카드뮴

난이도 하 문제 진단 ○△✕

06 소독의 지표가 되는 소독제는?

① 석탄산
② 크레졸
③ 과산화수소
④ 포르말린

난이도 중 문제 진단 ○△✕

07 감자, 고구마 및 양파와 같은 식품에 뿌리가 나고 싹이 트는 것을 억제하는 효과가 있는 것은?

① 자외선 살균법
② 적외선 살균법
③ 일광 소독법
④ 방사선 살균법

---

08 주류 발효 과정에서 존재하면 포도주, 사과주 등에 메탄올이 생성되어 함유될 수 있으며, 중독 증상은 구토, 복통, 설사 및 심하면 실명하게 되는 성분은?

① 펙틴
② 구연산
③ 지방산
④ 아미노산

---

09 식품첨가물의 사용 목적이 아닌 것은?

① 변질, 부패방지
② 관능개선
③ 질병예방
④ 품질개량, 유지

---

10 육류의 직화구이 및 훈연 중에 발생하는 발암 물질은?

① 아크릴아마이드(Acrylamide)
② 니트로사민(N-nitrosamine)
③ 에틸카바메이트(Ethylcarbamate)
④ 벤조피렌(Benzopyrene)

---

11 식품위생수준 및 자질향상을 위하여 조리사 및 영양사에게 교육받을 것을 명할 수 있는 자는?

① 보건소장
② 시장·군수·구청장
③ 식품의약품안전처장
④ 국무총리

---

12 일반음식점을 개업하기 위하여 수행하여야 할 사항과 관할 관청은?

① 영업허가 – 지방식품의약품안전청
② 영업신고 – 지방식품의약품안전청
③ 영업허가 – 특별자치도·시·군·구청
④ 영업신고 – 특별자치도·시·군·구청

---

13 어패류 조립방법으로 옳지 않은 것은?

① 조개류는 낮은 온도에서 서서히 조리하여야 단백질의 급격한 응고로 인한 수축을 막을 수 있다.
② 생선은 결체조직의 함량이 높으므로 주로 습열조리법을 사용해야 한다.
③ 생선조리 시 식초를 넣으면 생선이 단단해진다.
④ 생선조리에 사용하는 파, 마늘은 비린내 제거에 효과적이다.

---

14 다음 중 전분의 정의가 잘못된 것은?

① 정맥 : 깨끗하게 껍질을 벗긴 보리이다.
② 할맥 : 보리를 2등분한 후 쌀처럼 정제한 보리쌀이다.
③ 압맥 : 기계로 누른 보리쌀이다.
④ 현미 : 벼에서 외피를 100% 제거한 쌀이다.

---

15 식품위생법상 조리사를 두어야 하는 영업장은?

① 유흥주점
② 단란주점
③ 일반 레스토랑
④ 복어조리점

---

16 불포화지방산을 포화지방산으로 변화시키는 경화유에는 어떤 물질이 첨가되는가?

① 산소
② 수소
③ 질소
④ 칼슘

17 치즈 제품을 굳기에 따라 구분할 때 일반적으로 가장 경도가 높은 것은?

① 체다 치즈(Cheddar Cheese)
② 블루 치즈(Blue Cheese)
③ 까망베르 치즈(Camembert Cheese)
④ 크림 치즈(Cream Cheese)

18 식품의 수분 활성도(Aw)란?

① 식품의 수증기압과 그 온도에서의 물의 수증기압의 비
② 자유수와 결합수의 비
③ 식품의 단위시간당 수분증발량
④ 식품의 상대습도와 주위의 온도와의 비

19 녹색 채소의 색소고정에 관계하는 무기질은?

① 알루미늄(Al)
② 염소(Cl)
③ 구리(Cu)
④ 코발트(Co)

20 식품을 구성하는 성분 중 특수 성분인 것은?

① 수분
② 효소
③ 섬유소
④ 단백질

21 두부의 응고제 중 간수의 주성분은?

① KOH
② KCl
③ $NaOH$
④ $MgCl_2$

22 신맛 성분과 주요 소재 식품의 연결이 틀린 것은?

① 초산(Acetic Acid) – 식초
② 젖산(Lactic Acid) – 김치류
③ 구연산(Citric Acid) – 시금치
④ 주석산(Tartaric Acid) – 포도

23 카로티노이드에 대한 설명으로 옳은 것은?

① 클로로필과 공존하는 경우가 많다.
② 산화효소에 의해 쉽게 산화되지 않는다.
③ 자외선에 대해서 안정하다.
④ 물에 쉽게 용해된다.

24 난이도 중 문제 진단 ○△✕

한천의 용도가 아닌 것은?

① 훈연제품의 산화방지제
② 푸딩, 양갱의 겔화제
③ 유제품, 청량음료 등의 안정제
④ 곰팡이, 세균 등의 배지

25 난이도 중 문제 진단 ○△✕

당류 가공품 중 결정형 캔디는?

① 퐁당(Fondant)
② 캐러멜(Caramel)
③ 마쉬멜로우(Marshmellow)
④ 젤리(Jelly)

26 중요 ✓ 난이도 상 문제 진단 ○△✕

우유 100g 중에 당질 5g, 단백질 3.5g, 지방 3.7g이 들어있다면 우유 170g은 몇 kcal를 내는가?

① 114.4kcal
② 167.3kcal
③ 174.3kcal
④ 182.3kcal

27 난이도 중 문제 진단 ○△✕

간장이나 된장의 착색은 주로 어떤 반응이 관계하는가?

① 아미노 카르보닐(Aminocarbonyl) 반응
② 캐러멜(Caramel)화 반응
③ 아스코르빈산(Ascorbic Acid) 산화 반응
④ 페놀(Phenol) 산화 반응

28 난이도 중 문제 진단 ○△✕

검정콩밥을 섭취하면 쌀밥을 먹었을 때보다 쌀에서 부족한 어떤 영양소를 보충할 수 있는가?

① 단백질
② 탄수화물
③ 지방
④ 비타민

29 난이도 중 문제 진단 ○△✕

사과의 갈변촉진 현상에 영향을 주는 효소는?

① 아밀라아제(Amylase)
② 리파아제(Lipase)
③ 아스코르비나아제(Ascorbinase)
④ 폴리페놀 옥시다아제(Polyphenol Oxidase)

30 난이도 중 문제 진단 ○△✕

유화액의 상태가 같은 것으로 묶여진 것은?

① 우유, 버터, 마요네즈
② 버터, 아이스크림, 마가린
③ 크림수프, 마가린, 마요네즈
④ 우유, 마요네즈, 아이스크림

31 중요 ✓ 난이도 상 문제 진단 ○△✕

삼치구이를 하려고 한다. 정미중량 60g을 조리하고자 할 때 1인당 발주량은 약 얼마인가? (단, 삼치의 폐기율은 34%임)

① 43g
② 67g
③ 91g
④ 110g

32 다음 식품 중 직접 가열하는 급속해동법이 많이 이용되는 것은?

① 생선류
② 육류
③ 반조리 식품
④ 계육

33 전분의 호화와 점성에 대한 설명 중 틀린 것은?

① 곡류는 서류보다 호화온도가 높다.
② 전분의 입자가 클수록 빨리 호화된다.
③ 소금은 전분의 호화와 점도를 억제한다.
④ 산첨가는 가수분해를 일으켜 호화를 촉진시킨다.

34 난백에 기포가 생기는 것에 영향을 주는 것은?

① 난백에 거품을 낼 때 식초를 조금 넣으면 거품이 잘 생긴다.
② 난백에 거품을 낼 때 녹인 버터를 1큰술 넣으면 거품이 잘 생긴다.
③ 머랭을 만들 때 설탕은 맨 처음에 넣는다.
④ 난백은 0℃에서 가장 안정적이고 기포가 잘 생긴다.

35 필수지방산에 속하는 것은?

① 리놀렌산
② 올레산
③ 스테아르산
④ 팔미트산

36 우유를 응고시키는 요인과 거리가 먼 것은?

① 가열
② 레닌(Rennin)
③ 산
④ 당류

37 육류의 근원섬유에 들어있으며, 근육의 수축이완에 관여하는 단백질은?

① 미오겐(Myogen)
② 미오신(Myosin)
③ 미오글로빈(Myoglobin)
④ 콜라겐(collagen)

38 해조류에서 추출한 성분으로 식품에 점성을 주고 안정제, 유화제로서 널리 이용되는 것은?

① 알긴산(Alginic Acid)
② 펙틴(Pectin)
③ 젤라틴(Gelatin)
④ 이눌린(Inulin)

39 습열 조리법으로 조리하지 않는 것은?

① 편육
② 장조림
③ 불고기
④ 꼬리곰탕

40 햇볕에 말린 생선이나 버섯에 특히 많은 비타민은?

① 비타민 C
② 비타민 K
③ 비타민 D
④ 비타민 E

41 어취 제거 방법에 대한 설명으로 틀린 것은?

① 식초나 레몬즙을 이용하여 어취를 약화시킨다.
② 된장, 고추장의 흡착성은 어취 제거 효과가 있다.
③ 술을 넣으면 알코올에 의하여 어취가 더 심해진다.
④ 우유에 미리 담가두면 어취가 약화된다.

42 밀가루로 빵을 만들 때 첨가하는 다음 물질 중 글루텐 (Gluten) 형성을 도와주는 것은?

① 설탕
② 지방
③ 중조
④ 달걀

43 콩이나 콩나물을 삶을 때 뚜껑을 닫으면 콩 비린내 생성을 방지할 수 있다. 그 이유는?

① 건조를 방지해서
② 산소를 차단해서
③ 색의 변화를 차단해서
④ 오래 삶을 수 있어서

44 식품을 계량하는 방법으로 틀린 것은?

① 밀가루 계량은 부피보다 무게가 더 정확하다.
② 흑설탕은 계량 전 체로 친 다음 계량한다.
③ 고체 지방은 계량 후 고무주걱으로 잘 긁어 옮긴다.
④ 꿀같이 점성이 있는 것은 계량컵을 이용한다.

45 기름성분이 하수구로 들어가는 것을 방지하기 위해 가장 바람직한 하수관의 형태는?

① S 트랩
② P 트랩
③ 드럼
④ 그리스 트랩

46 폐기율이 20%인 식품의 출고계수는 얼마인가?

① 0.5
② 1.0
③ 1.25
④ 2.0

47 일반적인 식품의 구매 방법으로 가장 옳은 것은?

① 고등어는 2주일분을 한꺼번에 구입한다.
② 느타리버섯은 3일에 한 번씩 구입한다.
③ 쌀은 1개월분을 한꺼번에 구입한다.
④ 쇠고기는 1개월분을 한꺼번에 구입한다.

48 급식시설의 유형 중 1인 1식을 제공하는 데 사용하는 물의 양이 가장 많은 곳은?

① 학교급식
② 병원급식
③ 사업체급식
④ 기숙사급식

49 고기의 질긴 결합조직 부위를 물과 함께 장시간 끓였을 때 연해지는 이유는?

① 엘라스틴이 알부민으로 변화되어 용출되어서
② 엘라스틴이 젤라틴으로 변화되어 용출되어서
③ 콜라겐이 알부민으로 변화되어 용출되어서
④ 콜라겐이 젤라틴으로 변화되어 용출되어서

50 무기질만으로 짝지어진 것은?

① 지방, 나트륨, 비타민 A
② 칼슘, 인, 철
③ 지방산, 염소, 비타민 B
④ 아미노산, 요오드, 지방

51 질병의 감염 경로로 틀린 것은?

① 아메바성 이질 – 환자·보균자의 분변·음식물
② 유행성 간염 A형 – 환자·보균자의 분변·음식물
③ 폴리오 – 환자·보균자의 콧물과 분변·음식물
④ 세균성이질 – 환자·보균자의 콧물·재채기 등의 분비물·음식물

52 회복기 보균자에 대한 설명으로 옳은 것은?

① 병원체에 감염되어 있지만 임상증상이 아직 나타나지 않은 상태의 사람
② 병원체를 몸에 지니고 있으나 겉으로는 증상이 나타나지 않는 건강한 사람
③ 질병의 임상 증상이 회복되는 시기에도 여전히 병원체를 지닌 사람
④ 몸에 세균 등 병원체를 오랫동안 보유하고 있으면서 자신은 병의 증상을 나타내지 아니하고 다른 사람에게 옮기는 사람

53 간디스토마와 폐디스토마의 제1중간숙주를 순서대로 짝지어 놓은 것은?

① 우렁이 – 다슬기
② 잉어 – 가재
③ 사람 – 가재
④ 붕어 – 참게

54 다음 감염병 중 바이러스(Virus)가 병원체인 것은?

① 세균성 이질
② 폴리오
③ 파라티푸스
④ 장티푸스

난이도 하 **문제 진단** ○△×

55 음의 강도(음압)의 단위는?

① Decibel
② Phon
③ Sone
④ Hertz

난이도 중 **문제 진단** ○△×

56 만성감염병과 비교할 때 급성감염병의 역학적 특성은?

① 발생률은 낮고 유병률은 높다.
② 발생률은 높고 유병률은 낮다.
③ 발생률과 유병률이 모두 높다.
④ 발생률과 유병률이 모두 낮다.

난이도 하 **문제 진단** ○△×

57 집단감염이 잘 되며 항문 부위의 소양증을 유발하는 기생충은?

① 회충
② 구충
③ 요충
④ 간흡충

난이도 중 **문제 진단** ○△×

58 중독될 경우 소변에서 코프로포르피린(Coproporphy-rin)이 검출될 수 있는 중금속은?

① 철(Fe)
② 크롬(Cr)
③ 납(Pb)
④ 시안화합물(CN)

난이도 중 **문제 진단** ○△×

59 자외선의 작용과 거리가 먼 것은?

① 피부암 유발
② 관절염 유발
③ 살균 작용
④ 비타민 D 형성

난이도 중 **문제 진단** ○△×

60 물의 자정 작용에 해당되지 않는 것은?

① 희석 작용
② 침전 작용
③ 소독 작용
④ 산화 작용

빠른 정답표 확인하기

① 모바일로 QR 코드를 스캔합니다.
② 해당 회차의 정답표를 확인합니다.
③ 빠르고 간편하게 채점해 보세요.

해설과 따로 보는 2025년 최신 기출문제 04회

SELF CHECK 제한시간 60분 | 소요시간   분 | 전체 문항 수 60문항 | 맞힌 문항 수   문항

난이도 중 문제 진단 ○△✕

01 중금속에 의한 중독과 증상을 바르게 연결한 것은?

① 납 중독 – 빈혈 등의 조혈장애
② 수은 중독 – 골연화증
③ 카드뮴 중독 – 흑피증, 각화증
④ 비소 중독 – 사지마비, 보행장애

중요 ✓ 난이도 중 문제 진단 ○△✕

02 HACCP의 의무적용 대상 식품에 해당하지 않는 것은?

① 빙과류
② 비가열 음료
③ 껌류
④ 레토르트 식품

난이도 중 문제 진단 ○△✕

03 식품첨가물 중 보존료의 목적을 가장 잘 표현한 것은?

① 산도 조절
② 미생물에 의한 부패 방지
③ 산화에 의한 변패 방지
④ 가공 과정에서 파괴되는 영양소 보충

난이도 중 문제 진단 ○△✕

04 식품에 다음과 같은 현상이 나타났을 때 품질 저하와 관계가 먼 것은?

① 생선의 휘발성 염기질소량 증가
② 콩단백질의 금속염에 의한 응고 현상
③ 쌀의 황색 착색
④ 어두운 곳에서 어육 연제품의 인광 발생

중요 ✓ 난이도 중 문제 진단 ○△✕

05 미숙한 매실이나 살구 씨에 존재하는 독성분은?

① 라이코린
② 하이오사이어마인
③ 리신
④ 아미그달린

난이도 중 문제 진단 ○△✕

06 내열성이 강한 아포를 형성하며 식품의 부패 식중독을 일으키는 혐기성 균은?

① 리스테리아속
② 비브리오속
③ 살모넬라속
④ 클로스트리디움속

07 식품첨가물이 갖추어야 할 조건으로 옳지 않은 것은?

① 식품에 나쁜 영향을 주지 않을 것
② 다량 사용하였을 때 효과가 나타날 것
③ 상품의 가치를 향상시킬 것
④ 식품 성분 등에 의해서 그 첨가물을 확인할 수 있을 것

08 황색포도상구균에 의한 식중독 예방 대책으로 적합한 것은?

① 토양의 오염을 방지하고 특히 통조림의 살균을 철저히 해야 한다.
② 쥐나 곤충 및 조류의 접근을 막아야 한다.
③ 어패류를 저온에서 보존하며 생식하지 않는다.
④ 화농성질환자의 식품 취급을 금지한다.

09 껌 기초제로 사용되며 피막제로도 사용되는 식품첨가물은?

① 초산비닐수지
② 에스테르검
③ 폴리이소부틸렌
④ 폴리소르베이트

10 부패가 진행됨에 따라 식품은 특유의 부패취를 내는데 그 성분이 아닌 것은?

① 아민류
② 아세톤
③ 황화수소
④ 인돌

11 출입·검사·수거 등에 관한 사항 중 틀린 것은?

① 식품의약품안전처장은 검사에 필요한 최소량의 식품 등을 무상으로 수거하게 할 수 있다.
② 출입·검사·수거 또는 장부 열람을 하고자 하는 공무원은 그 권한을 표시하는 증표를 지녀야 하며 관계인에게 이를 내보여야 한다.
③ 시장·군수·구청장은 필요에 따라 영업을 하는 자에 대하여 필요한 서류나 그 밖의 자료의 제출 요구를 할 수 있다.
④ 행정 응원의 절차, 비용 부담 방법 그 밖에 필요한 사항은 검사를 실시하는 담당 공무원이 임의로 정한다.

12 식품위생법상 식품 위생의 대상이 되지 않는 것은?

① 식품 및 식품첨가물
② 의약품
③ 식품, 용기 및 포장
④ 식품, 기구

13 총리령이 정하는 위생 등급 기준에 따라 위생 관리 상태 등이 우수한 집단 급식소를 우수 업소 또는 모범 업소로 지정할 수 없는 자는?

① 식품의약품안전처장
② 보건환경연구원장
③ 시장
④ 군수

14 식품위생법상 집단 급식소에 근무하는 영양사의 직무가
아닌 것은?

① 종업원에 대한 식품 위생 교육
② 식단 작성, 검식 및 배식 관리
③ 조리사의 보수 교육
④ 급식 시설의 위생적 관리

15 식품 접객업 조리장의 시설 기준으로 적합하지 않은 것
은? (단, 제과점 영업소와 관광 호텔업 및 관광 공연장
업의 조리장의 경우는 제외한다.)

① 조리장은 손님이 그 내부를 볼 수 있는 구조로 되
어있어야 한다.
② 조리장 바닥에 배수구가 있는 경우에는 덮개를
설치하여야 한다.
③ 조리장 안에는 조리 시설·세척 시설·폐기물 용
기 및 손 씻는 시설을 각각 설치하여야 한다.
④ 폐기물 용기는 수용성 또는 친수성 재질로 된 것
이어야 한다.

16 어취의 성분인 트리메틸아민(TMA ; Trimetyl- amine)
에 대한 설명 중 틀린 것은?

① 불쾌한 어취는 트리메틸아민의 함량과 비례한다.
② 수용성이므로 물로 씻으면 많이 없어진다.
③ 해수어보다 담수어에서 더 많이 생성된다.
④ 트리메틸아민 옥사이드(TrimethylamineOxi-
de)가 환원되어 생성된다.

17 밀가루 제품의 가공 특성에 가장 큰 영향을 미치는 것
은?

① 라이신
② 글로불린
③ 트립토판
④ 글루텐

18 식품의 성분을 일반 성분과 특수 성분으로 나눌 때 특수
성분에 해당하는 것은?

① 탄수화물
② 향기 성분
③ 단백질
④ 무기질

19 식품의 효소적 갈변에 대한 설명으로 맞는 것은?

① 간장, 된장 등의 제조 과정에서 발생한다.
② 블랜칭(Blanching)에 의해 반응이 억제된다.
③ 기질은 주로 아민(Amine)류와 카르보닐(Car-
bonyl) 화합물이다.
④ 아스코르빈산의 산화 반응에 의한 갈변이다.

20 발효 식품이 아닌 것은?

① 두부
② 식빵
③ 치즈
④ 맥주

21 카세인(Casein)이 효소에 의하여 응고되는 성질을 이용한 식품은?

① 아이스크림
② 치즈
③ 버터
④ 크림스프

22 25g의 버터(지방 80%, 수분 20%)가 내는 열량은?

① 36kcal
② 100kcal
③ 180kcal
④ 225kcal

23 베이컨류는 돼지고기의 어느 부위를 가공한 것인가?

① 볼기 부위
② 어깨살
③ 복부육
④ 다리살

24 환원성이 없는 당은?

① 포도당(Glucose)
② 과당(Fructose)
③ 설탕(Sucrose)
④ 맥아당(Maltose)

25 홍조류에 속하는 해조류는?

① 김
② 청각
③ 미역
④ 다시마

26 물에 녹는 비타민은?

① 레티놀(Retinol)
② 토코페롤(Tocopherol)
③ 티아민(Thiamine)
④ 칼시페롤(Calciferol)

27 달걀에 관한 설명으로 틀린 것은?

① 흰자의 단백질은 대부분이 오보뮤신(Ovomucin)으로 기포성에 영향을 준다.
② 난황은 인지질인 레시틴(Lecithin), 세팔린(Cephalin)을 많이 함유한다.
③ 신선도가 떨어지면 흰자의 점성이 감소한다.
④ 신선도가 떨어지면 달걀흰자는 알칼리성이 된다.

28 아린 맛은 어느 맛의 혼합인가?

① 신맛과 쓴맛
② 쓴맛과 단맛
③ 신맛과 떫은맛
④ 쓴맛과 떫은맛

난이도 중 **문제 진단 ○△✕**

29 유화(Emulsion)와 관련이 적은 식품은?

① 버터
② 생크림
③ 묵
④ 우유

난이도 중 **문제 진단 ○△✕**

30 식품의 산성 및 알칼리성을 결정하는 기준 성분은?

① 필수지방산 존재 여부
② 필수아미노산 존재 여부
③ 구성 탄수화물
④ 구성 무기질

난이도 중 **문제 진단 ○△✕**

31 향신료의 매운맛 성분 연결이 틀린 것은?

① 고추 – 캡사이신(Capsaicin)
② 겨자 – 차비신(Chavicine)
③ 울금(Curry 분) – 커큐민(Curcumin)
④ 생강 – 진저롤(Gingerol)

난이도 중 **문제 진단 ○△✕**

32 식품을 구매하는 방법 중 경쟁입찰과 비교하여 수의계약의 장점이 아닌 것은?

① 절차가 간편하다.
② 경쟁이나 입찰이 필요 없다.
③ 싼 가격으로 구매할 수 있다.
④ 경비와 인원을 줄일 수 있다.

난이도 중 **문제 진단 ○△✕**

33 냉장했던 딸기의 색깔을 선명하게 보존할 수 있는 조리법은?

① 서서히 가열한다.
② 짧은 시간에 가열한다.
③ 높은 온도로 가열한다.
④ 전자레인지에서 가열한다.

난이도 중 **문제 진단 ○△✕**

34 버터의 특성이 아닌 것은?

① 독특한 맛과 향기를 가져 음식에 풍미를 준다.
② 냄새를 빨리 흡수하므로 밀폐하여 저장하여야 한다.
③ 유중수적형이다.
④ 성분은 단백질이 80% 이상이다.

난이도 중 **문제 진단 ○△✕**

35 어패류에 관한 설명 중 틀린 것은?

① 붉은살 생선은 깊은 바다에 서식하며 지방 함량이 5% 이하이다.
② 문어, 꼴뚜기, 오징어는 연체류에 속한다.
③ 연어의 분홍살색은 카로티노이드 색소에 기인한다.
④ 생선은 자가 소화에 의하여 품질이 저하된다.

난이도 중 **문제 진단 ○△✕**

36 호화 전분이 노화를 일으키기 어려운 조건은?

① 온도가 0~4℃일 때
② 수분 함량이 15% 이하일 때
③ 수분 함량이 30~60%일 때
④ 전분의 아밀로오스 함량이 높을 때

37 신선한 달걀에 대한 설명으로 옳은 것은?

① 깨뜨려 보았을 때 난황계수가 작은 것
② 흔들어 보았을 때 진동 소리가 나는 것
③ 표면이 까칠까칠하고 광택이 없는 것
④ 수양난백의 비율이 높은 것

38 곡류의 영양 성분을 강화할 때 쓰이는 영양소가 아닌 것은?

① 비타민 B_1
② 비타민 B_2
③ Niacin
④ 비타민 B_{12}

39 강력분을 사용하지 않는 것은?

① 케이크
② 식빵
③ 마카로니
④ 피자

40 못처럼 생겨서 정향이라고도 하며 양고기, 피클, 청어절임, 마리네이드 절임 등에 이용되는 향신료는?

① 클로브
② 코리앤더
③ 캐러웨이
④ 아니스

41 다음의 육류 요리 중 영양분의 손실이 가장 적은 것은?

① 탕
② 편육
③ 장조림
④ 산적

42 유화의 형태가 나머지 셋과 다른 것은?

① 우유
② 마가린
③ 마요네즈
④ 아이스크림

43 다음은 간장의 재고 대상이다. 간장의 재고가 10병일 때 선입선출법에 의한 간장의 재고자산은 얼마인가?

입고일자	수량	단가
5일	5병	3,500원
12일	10병	3,000원
20일	8병	3,000원
27일	3병	3,500원

① 25,500원
② 26,000원
③ 31,500원
④ 35,000원

44 오징어 12kg을 45,000원에 구입하여 모두 손질한 후의 폐기율이 35%였다면 실사용량의 kg당 단가는 약 얼마인가?

① 1,666원
② 3,205원
③ 5,769원
④ 6,123원

45 음식을 제공할 때에는 온도를 고려해야 하는데, 다음 중 맛있게 느끼는 식품의 온도가 가장 높은 것은?

① 전골
② 국
③ 커피
④ 밥

46 서양 요리 조리 방법 중 습열 조리와 거리가 먼 것은?

① 브로일링(Broiling)
② 스티밍(Steaming)
③ 보일링(Boiling)
④ 시머링(Simmering)

47 육류를 끓여 국물을 만들 때 설명으로 맞는 것은?

① 육류를 오래 끓이면 근육 조직인 젤라틴이 콜라겐으로 용출되어 맛있는 국물을 만든다.
② 육류를 찬물에 넣어 끓이면 맛 성분의 용출이 잘 되어 맛있는 국물을 만든다.
③ 육류를 끓는 물에 넣고 설탕을 넣어 끓이면 맛 성분의 용출이 잘 되어 맛있는 국물을 만든다.
④ 육류를 오래 끓이면 질긴 지방 조직인 콜라겐이 젤라틴화 되어 맛있는 국물을 만든다.

48 어패류 조리 방법 중 틀린 것은?

① 조개류는 낮은 온도에서 서서히 조리하여야 단백질의 급격한 응고로 인한 수축을 막을 수 있다.
② 생선은 결체 조직의 함량이 높으므로 주로 습열 조리법을 사용해야 한다.
③ 생선 조리 시 식초를 넣으면 생선이 단단해진다.
④ 생선 조리에 사용하는 파, 마늘은 비린내 제거에 효과적이다.

49 메주용으로 대두를 단시간 내에 연하고 색이 곱도록 삶는 방법이 아닌 것은?

① 소금물에 담갔다가 그 물로 삶아준다.
② 콩을 불릴 때 연수를 사용한다.
③ 설탕물을 섞어주면서 삶아준다.
④ $NaHCO_3$ 등 알칼리성 물질을 섞어서 삶아준다.

50 급식시설별 1인 1식 사용수 양이 가장 많은 곳은?

① 학교 급식
② 병원 급식
③ 기숙사 급식
④ 사업체 급식

51 실내공기의 오염 지표인 CO₂(이산화탄소)의 실내(8시간 기준) 서한량은?

① 0.001%
② 0.01%
③ 0.1%
④ 1%

52 열 작용을 갖는 특징이 있어 일명 열선이라고도 하는 복사선은?

① 자외선
② 가시광선
③ 적외선
④ X-선

53 우리나라에서 발생하는 장티푸스의 가장 효과적인 관리 방법은?

① 환경위생 철저
② 공기정화
③ 순화독소(Toxoid) 접종
④ 농약사용 자제

54 쥐의 매개에 의한 질병이 아닌 것은?

① 쯔쯔가무시병
② 유행성출혈열
③ 페스트
④ 규폐증

55 공중보건 사업을 하기 위한 최소 단위가 되는 것은?

① 가정
② 개인
③ 시·군·구
④ 국가

56 유리규산의 분진 흡입으로 폐에 만성섬유증식을 유발하는 질병은?

① 규폐증
② 철폐증
③ 면폐증
④ 농부폐증

57 수인성 감염병의 유행 특징이 아닌 것은?

① 일반적으로 성별, 연령별 이환율의 차이가 적다.
② 발생 지역이 음료수 사용 지역과 거의 일치한다.
③ 발병률과 치명률이 높다.
④ 폭발적으로 발생한다.

난이도 중 문제 진단 ○△×

58 기온 역전 현상의 발생 조건은?

① 상부 기온이 하부 기온보다 낮을 때
② 상부 기온이 하부 기온보다 높을 때
③ 상부 기온과 하부 기온이 같을 때
④ 안개와 매연이 심할 때

난이도 중 문제 진단 ○△×

59 녹조를 일으키는 부영양화 현상과 가장 밀접한 관계가 있는 것은?

① 황산염
② 인산염
③ 탄산염
④ 수산염

난이도 중 문제 진단 ○△×

60 채소로 감염되는 기생충이 아닌 것은?

① 편충
② 회충
③ 동양모양선충
④ 사상충

빠른 정답표 **확인하기**

① 모바일로 QR 코드를 스캔합니다.
② 해당 회차의 정답표를 확인합니다.
③ 빠르고 간편하게 채점해 보세요.

해설과 따로 보는 2025년 최신 기출문제 05회

01 난이도 중 | 문제 진단 ○△✕
식육 및 어육 등의 가공육제품의 육색을 안전하게 유지하기 위하여 사용되는 식품첨가물은?

① 아황산나트륨
② 질산나트륨
③ 몰식자산프로필
④ 이산화염소

02 난이도 하 | 문제 진단 ○△✕
식품위생의 목적이 아닌 것은?

① 위생상의 위해방지
② 식품 영양의 질적 향상 도모
③ 국민보건의 증진
④ 식품 산업의 발전

03 난이도 중 | 문제 진단 ○△✕
다음 보기에서 설명하는 곰팡이 독소 물질은?

1960년 영국에서 10만 마리의 칠면조가 간장 장해를 일으켜 대량 폐사한 사고가 발생하여 원인을 조사한 결과, 땅콩박에서 Aspergillus favus가 번식하여 생성한 독소가 원인 물질로 밝혀졌다.

① 오클라톡신(Ochratoxin)
② 에르고톡신(Ergotoxin)
③ 아플라톡신(Aflatoxin)
④ 루브라톡신(Rubratoxin)

04 난이도 중 | 문제 진단 ○△✕
식육 및 어육 제품의 가공 시 첨가되는 아질산염과 제2급 아민이 반응하여 생기는 발암물질은?

① 벤조피렌(Benzopyrene)
② PCB(Polychlorinated Biphrnyl)
③ 엔니트로사민(N-nitrosamine)
④ 말론알데히드(Malonaldehyde)

05 난이도 중 | 문제 진단 ○△✕
알레르기성 식중독에 관계되는 원인 물질과 균은?

① 아세토인, 살모넬라균
② 지방, 장염비브리오균
③ 엔테로톡신, 포도상구균
④ 히스타민, 모르가니균

06 난이도 중 | 문제 진단 ○△✕
초기에 두통, 구토, 설사 증상을 보이다가 심하면 실명을 유발하는 것은?

① 아우라민
② 메탄올
③ 무스카린
④ 에르고타민

07 감자의 부패에 관여하는 물질은?

① 솔라닌
② 셉신
③ 아코니틴
④ 시큐톡신

08 발육 최적 온도가 25~37℃인 균은?

① 저온균
② 중온균
③ 고온균
④ 내열균

09 우리나라에서 간장에 사용할 수 있는 보존료는?

① 프로피온산(Propionic Acid)
② 이초산나트륨(Sodium Diacetate)
③ 안식향산(Benzoic Acid)
④ 소르빈산(Sorbic Acid)

10 세균의 장독소(Enterotoxin)에 의해 유발되는 식중독은?

① 황색포도상구균 식중독
② 살모넬라 식중독
③ 복어 식중독
④ 장염비브리오 식중독

11 다음 중 살모넬라에 오염되기 쉬운 대표적인 식품은?

① 과실류
② 해초류
③ 난류
④ 통조림

12 조리사 면허의 취소처분을 받은 때 면허증 반납은 누구에게 하는가?

① 보건복지부장관
② 특별자치도지사, 시장·군수·구청장
③ 식품의약품안전처장
④ 보건소장

13 영업허가를 받아야 하는 업종은?

① 식품운반업
② 유흥주점영업
③ 식품제조, 가공업
④ 식품소분, 판매업

14 식품위생법에서 정하고 있는 식품 등의 위생적인 취급에 관한 기준에 대한 설명으로 틀린 것은?

① 식품 등의 제조, 가공, 조리에 직접 사용되는 기계, 기구 및 음식기는 사용 후에 세척, 살균하는 등 항상 청결하게 유지, 관리하여야 한다.
② 어류, 육류, 채소류를 취급하는 칼, 도마는 각각 구분하여 사용하여야 한다.
③ 제조, 가공하여 최소판매 단위로 포장된 식품을 허가 받지 아니하고 포장을 뜯어 분할하여 판매하여서는 아니 되나, 컵라면 등 그 밖의 음식류에 뜨거운 물을 부어주기 위하여 분할하는 경우는 가능하다.
④ 식품 등의 원료 및 제품은 모두 냉동, 냉장시설에 보관, 관리하여야 한다.

15 식품 등을 제조, 가공하는 영업을 하는 자가 제조, 가공하는 식품 등의 식품위생법 규정에 의한 기준, 규격에 적합한지 여부를 검사한 기록서를 보관해야 하는 기간은?

① 6개월
② 1년
③ 2년
④ 3년

16 탄수화물의 구성 요소가 아닌 것은?

① 탄소
② 질소
③ 산소
④ 수소

17 라이코펜은 무슨 색이며 어떤 식품에 많이 들어 있는가?

① 붉은색 – 당근, 호박, 살구
② 붉은색 – 토마토, 수박, 감
③ 노란색 – 옥수수, 고추, 감
④ 노란색 – 새우, 녹차, 노른자

18 알칼리성 식품의 성분에 해당되는 것은?

① 유즙의 칼슘(Ca)
② 생선의 황(S)
③ 곡류의 염소(Cl)
④ 육류의 인(P)

19 함유된 주요 영양소가 잘못 짝지어진 것은?

① 북어포 – 당질, 지방
② 우유 – 칼슘, 단백질
③ 두유 – 지방, 단백질
④ 밀가루 – 당질, 단백질

20 이당류인 것은?

① 설탕(Sucrose)
② 전분(Starch)
③ 과당(Fructose)
④ 갈락토오스(Galactose)

21 훈연 시 육류의 보존성과 풍미 향상에 가장 많이 관여하는 것은?

① 유기산
② 숯 성분
③ 탄소
④ 페놀류

22 동물이 도축된 후 화학 변화가 일어나 근육이 긴장되어 굳어지는 현상은?

① 사후경직
② 자기소화
③ 산화
④ 팽화

23 클로로필(Chlorophyll) 색소의 포르피린 고리에 결합되어 있는 이온은?

① Cu
② Mg
③ Fe
④ Na

24 생선 육질이 쇠고기 육질보다 연한 것은 주로 어떤 성분의 차이에 의한 것인가?

① 글리코겐
② 헤모글로빈
③ 포도당
④ 콜라겐

25 식품의 단백질이 변성되었을 때 나타나는 현상이 아닌 것은?

① 소화 효소의 작용을 받기 어려워진다.
② 용해도가 감소한다.
③ 점도가 증가한다.
④ 폴리펩티드사슬이 풀어진다.

26 고구마 100g이 72kcal의 열량을 낼 때, 고구마 350g은 얼마의 열량을 공급하는가?

① 234kcal
② 252kcal
③ 324kcal
④ 384kcal

27 치즈 제조에 사용되는 우유단백질을 응고시키는 효소는?

① 프로테아제
② 레닌
③ 아밀라아제
④ 말타아제

28 쌀의 도정도가 증가할 때 나타나는 현상은?

① 빛깔이 좋아진다.
② 조리 시간이 증가한다.
③ 소화율이 낮아진다.
④ 영양분이 증가한다.

29 비타민에 대한 설명 중 틀린 것은?

① 카로틴은 프로비타민 A이다.

② 비타민 E는 토코페롤이라고도 한다.

③ 비타민 B는 망간(Mn)을 함유한다.

④ 비타민 C가 결핍되는 괴혈병이 발생한다.

30 생선묵의 점탄성을 부여하기 위해 첨가하는 물질은?

① 소금

② 전분

③ 설탕

④ 술

31 육류 조리에 대한 설명으로 맞는 것은?

① 목심, 양지, 사태는 건열 조리에 적당하다.

② 안심, 등심, 염통, 콩팥은 습열 조리에 적당하다.

③ 편육은 고기를 냉수에서 끓이기 시작한다.

④ 탕류는 고기를 찬물에 넣고 끓이며, 끓기 시작하면 약한 불에서 끓인다.

32 냄새나 증기를 배출시키기 위한 환기 시설은?

① 트랩

② 트랜치

③ 후드

④ 컨베이어

33 시금치 나물을 조리할 때 1인당 80g이 필요하다면, 식수인원 1,500명에 적합한 시금치 발주량은? (단, 시금치 폐기율은 5%임)

① 100kg

② 122kg

③ 127kg

④ 132kg

34 신체의 근육이나 혈액을 합성하는 구성 영양소는?

① 단백질

② 무기질

③ 물

④ 비타민

35 단당류에서 부제탄소원자가 3개 존재하면 이론적인 입체이성체수는?

① 2개

② 4개

③ 6개

④ 8개

36 전분의 호화와 점성에 대한 설명 중 옳은 것은?

① 곡류는 서류보다 호화 온도가 낮다.

② 전분의 입자가 클수록 빨리 호화된다.

③ 소금은 전분의 호화와 점도를 촉진시킨다.

④ 산 첨가는 가수분해를 일으켜 호화를 촉진시킨다.

37 난이도 중 문제 진단 ○△✕

점성이 없고 보슬보슬한 메쉬드포테이토용 감자로 가장 알맞은 것은?

① 충분히 숙성한 분질의 감자
② 전분의 숙성이 불충분한 수확 직후의 햇감자
③ 소금 1컵:물 11컵의 소금물에서 표면에 뜨는 감자
④ 10℃ 이하의 찬 곳에서 저장한 감자

38 난이도 중 문제 진단 ○△✕

김치를 담근 배추와 무가 물러졌을 때 그 원인에 해당되지 않는 것은?

① 김치 담글 때 배추와 무를 충분히 씻지 않았다.
② 김치 국물이 적어 국물 위로 김치가 노출되었다.
③ 김치를 꺼낼 때마다 꾹꾹 눌러 놓지 않았다.
④ 김치 숙성의 적기가 경과되었다.

39 난이도 중 문제 진단 ○△✕

난백의 기포성에 관한 설명으로 옳은 것은?

① 신선한 달걀의 난백이 기포 형성이 잘 된다.
② 수양난백이 농후난백보다 기포 형성이 잘 된다.
③ 난백거품을 낼 때 다량의 설탕을 넣으면 기포 형성이 잘 된다.
④ 실온에 둔 것보다 냉장고에서 꺼낸 난백의 기포 형성이 쉽다.

40 난이도 중 문제 진단 ○△✕

식품의 감별법 중 틀린 것은?

① 감자 – 병충해, 발아, 외상, 부패 등이 없는 것
② 송이버섯 – 봉오리가 크고 줄기가 부드러운 것
③ 생과일 – 성숙하고 신선하며 청결한 것
④ 달걀 – 표면이 거칠고 광택이 없는 것

41 난이도 하 문제 진단 ○△✕

식물성 유지가 아닌 것은?

① 올리브유
② 면실유
③ 피마자유
④ 버터

42 난이도 하 문제 진단 ○△✕

조리기기 및 기구와 그 용도의 연결이 틀린 것은?

① 필러(Peeler) – 채소의 껍질을 벗길 때
② 믹서(Mixer) – 재료를 혼합할 때
③ 슬라이서(Slicer) – 채소를 다질 때
④ 육류파운더(Meat Pounder) – 육류를 연화시킬 때

43 난이도 중 문제 진단 ○△✕

알칼로이드성 물질로 커피의 자극성을 나타내고 쓴 맛에도 영향을 미치는 성분은?

① 주석산(Tartaric Acid)
② 카페인(Caffein)
③ 탄닌(Tannin)
④ 개미산(Formic Acid)

44 난이도 하 문제 진단 ○△✕

전분을 주재료로 이용하여 만든 음식이 아닌 것은?

① 도토리묵
② 크림스프
③ 두부
④ 죽

45 에너지 전달에 대한 설명으로 틀린 것은?

① 물체가 열원에 직접적으로 접촉됨으로써 가열되는 것을 전도라고 한다.

② 대류에 의한 열의 전달은 매개체를 통해서 일어난다.

③ 대부분의 음식은 전도, 대류, 복사 등 복합적 방법에 의해 에너지가 전달되어 조리된다.

④ 열의 전달 속도는 대류가 가장 빨라 복사, 전도보다 효율적이다.

46 냉동육류를 해동시키는 방법 중 영양소 파괴가 가장 적은 것은?

① 실온에서 해동한다.

② 40℃의 미지근한 물에 담근다.

③ 냉장고에서 해동한다.

④ 비닐봉지에 싸서 물속에 담근다.

47 쌀을 지나치게 문질러서 씻을 때 가장 손실이 큰 비타민은?

① 비타민 A

② 비타민 B

③ 비타민 D

④ 비타민 E

48 단체급식의 문제점이 아닌 것은?

① 영양가의 산출 오류나 조리 기술의 부족은 영양 저하를 일으킬 수 있다.

② 식중독 및 유독 물질이나 세균의 혼입으로 위생 사고가 발생할 수 있다.

③ 짧은 시간 내에 다량의 음식을 준비하므로 다양한 음식의 개발이 어렵다.

④ 국가의 식량정책에 협조하여 식단을 작성하므로 제철 식품의 사용이 어렵다.

49 생선 조리 방법으로 적합하지 않은 것은?

① 탕을 끓일 경우 국물을 먼저 끓인 후에 생선을 넣는다.

② 생강은 처음부터 넣어야 어취제거에 효과적이다.

③ 생선조림은 양념장을 끓이다가 생선을 넣는다.

④ 생선 표면을 물로 씻으면 어취가 감소된다.

50 육류의 사후강직과 숙성에 대한 설명으로 틀린 것은?

① 사후강직은 근섬유가 미오글로빈(Myoglobin)을 형성하여 근육이 수축되는 상태이다.

② 도살 후 글리코겐이 혐기적 상태에서 젖산을 생성하여 pH가 저하된다.

③ 사후강직 시기에는 보수성이 저하되고 육질이 많이 유출된다.

④ 자가분해효소인 카텝신(Cathepsin)에 의해 연해지고 맛이 좋아진다.

51 감염병의 병원체를 내포하고 있어 감수성 숙주에게 병원체를 전파시킬 수 있는 근원이 되는 모든 것을 의미하는 용어는?

① 감염 경로
② 병원소
③ 감염원
④ 미생물

52 채소류로부터 감염되는 기생충은?

① 동양모양선충, 편충
② 회충, 무구조충
③ 십이지장충, 선모충
④ 요충, 유구조충

53 모기에 의해 전파되는 감염병은?

① 콜레라
② 장티푸스
③ 말라리아
④ 결핵

54 광화학적 오염 물질에 해당되지 않는 것은?

① 오존
② 케톤
③ 알데히드
④ 탄화수소

55 소음에 있어서 음의 크기를 측정하는 단위는?

① 데시벨(dB)
② 폰(phon)
③ 실(SIL)
④ 주파수(Hz)

56 모체로부터 태반이나 수유를 통해 얻어지는 면역은?

① 자연능동면역
② 인공능동면역
③ 자연수동면역
④ 인공수동면역

57 질병을 매개하는 위생해충과 그 질병의 연결이 틀린 것은?

① 모기 – 사상충증, 말라리아
② 파리 – 장티푸스, 발진티푸스
③ 진드기 – 유행성출혈열, 쯔쯔가무시증
④ 벼룩 – 페스트, 발진열

58 다수인이 밀집한 실내 공기가 물리, 화학적 조성의 변화로 불쾌감, 두통, 권태, 현기증 등을 일으키는 것은?

① 자연독
② 진균독
③ 산소중독
④ 군집독

59 온열 요소가 아닌 것은?

① 기온
② 기습
③ 기류
④ 기압

60 공중보건에 대한 설명으로 틀린 것은?

① 목적은 질병예방, 수명연장, 정신적 신체적 효율의 증진이다.
② 공중보건의 최소단위는 지역사회이다.
③ 환경위생 향상, 감염병 관리 등이 포함된다.
④ 주요 사업대상은 개인의 질병치료이다.

빠른 정답표	확인하기

 ① 모바일로 QR 코드를 스캔합니다.
② 해당 회차의 정답표를 확인합니다.
③ 빠르고 간편하게 채점해 보세요.

이기적과 함께 또, 기적
또, 합격

정답 & 해설

정답 & 해설

01 ②	02 ④	03 ①	04 ②	05 ①
06 ①	07 ②	08 ④	09 ②	10 ①
11 ③	12 ①	13 ④	14 ③	15 ①
16 ④	17 ④	18 ③	19 ②	20 ②
21 ②	22 ④	23 ①	24 ④	25 ②
26 ①	27 ④	28 ④	29 ④	30 ③
31 ②	32 ④	33 ③	34 ①	35 ④
36 ④	37 ①	38 ①	39 ③	40 ①
41 ①	42 ③	43 ④	44 ②	45 ②
46 ②	47 ④	48 ③	49 ④	50 ③
51 ④	52 ④	53 ④	54 ②	55 ②
56 ④	57 ①	58 ④	59 ④	60 ①

01 ②

오답 피하기

식품접객업소의 조리판매식품 등에 대한 미생물 권장 규격
- 냉면육수 : 살모넬라, 대장균 O157:H7 음성
- 접객용 음용수 : 대장균, 살모넬라 음성
- 행주(사용 중의 것은 제외) : 대장균 음성
- 칼, 도마 및 식기류(사용 중의 것은 제외) : 살모넬라, 대장균 음성

02 ④

식품감시원의 직무
- 식품 등의 위생적인 취급에 관한 기준의 이행 지도
- 수입·판매 또는 사용 등이 금지된 식품 등의 취급 여부에 관한 단속
- 출입·검사 및 검사에 필요한 식품 등의 수거
- 시설기준의 적합 여부의 확인·검사
- 영업자 및 종업원의 건강진단 및 위생교육의 이행 여부의 확인·지도
- 조리사 및 영양사의 법령 준수사항 이행 여부의 확인·지도

오답 피하기

식품의약품안전처장은 식품 또는 식품첨가물의 기준 및 성분에 관한 규격을 정하여 고시한다.

03 ①

낮은 온도에서 서서히 구우면 육즙이 빠져나와 들러붙게 된다.

04 ②

허가를 받아야 하는 영업 : 식품조사처리업, 단란주점영업, 유흥주점영업

05 ①

방사선조사식품 : 방사능 물질의 오염과 전혀 다른 것으로 미생물 살균 등의 목적으로 쪼여 방사선이 잔류되지 않는다.

06 ①

식품 : 모든 음식물을 말하며, 의약으로 쓰이는 것은 예외로 한다(식품위생법 제1장 1조 2항).

07 ②

클로스트리디움 보툴리늄 식중독의 주요 증상 : 특이한 신경증상, 눈의 시력 저하, 동공확대, 청각마비, 언어장애

오답 피하기

①④ 독소는 열에 약해 80℃ 30분 가열하면 파괴되고, 아포는 열에 강해 120℃에서 20분 이상 가열해야 한다.
③ 잠복기는 12~36시간이다.

08 ④

오답 피하기

해충의 구제는 감염병 예방대책 중 환경에 대한 예방대책이다.

09 ②

주석도금한 통조림의 내용물 중 질산이온이 높은 경우에 캔으로부터 주석이 용출되어 중독을 일으키며 구토, 복통, 설사 증상을 보인다.

10 ①

오답 피하기

아우라민은 유해착색제로 사용이 금지되어 있다.

11 ③

비린내 감소를 위해 생강을 넣을 때는 생선이 익은 후 넣어야 탈취 효과가 있다.

12 ①

미생물의 발육 조건 : 영양소, 온도, 습도, 산소, pH, 삼투압

13 ④

HACCP 7가지 원칙 중 1단계 : 모든 잠재위해요소의 열거, 위해요소 분석, 관리방법의 결정

14 ③

살구씨 : 아미그달린

15 ①

사카린나트륨 : 젓갈류, 절임식품, 김치, 음료류, 건강기능식품, 뻥튀기에 사용됨

16 ④

• 산가 : 유리지방산의 함량을 측정하여 지방질 식품 품질 지표로 삼고 있다.
• 과산화물가 : 지방산화의 정도를 나타낸다.

오답 피하기

요오드가는 불포화도, 비누화가는 지방산과 알콜의 에스터 결합도를 나타낸다.

17 ④

할맥 : 섬유소를 제거한 것으로, 부스러짐을 방지하기 위함이 아니다.

18 ③

$$발주량 = \frac{정미중량 \times 100}{정미율} \times 인원수 = \frac{80 \times 100}{96} \times 1,500$$
$$= 125,000g = 125kg$$

19 ②

오징어의 신선도가 나빠지면 붉은색을 띤다.

20 ②

글루텐은 밀가루의 단백질 성분으로 반죽의 점성에 관계하는 주성분이다.

21 ②

비타민 A의 전구물질로 당근, 호박, 고구마, 시금치에 많이 들어 있는 성분은 카로틴이다.

오답 피하기

① 안토시아닌 : 과일, 채소의 보라, 자주색 계열의 색소이다.
④ 에르고스테롤 : 비타민D의 전구물질인 에르고스테롤은 프로비타민이라고도 한다.

22 ④

육류 조리시의 향미성분 : 핵산분해물질, 유기산, 유리아미노산

23 ①

효소적 갈변현상 : 페놀성 물질의 산화 축합에 의한 멜라닌(Melanin) 형성반응

오답 피하기

비효소적 갈변현상 : 마이야르반응, 캐러멜화, 아스코르브산 반응

24 ④

오답 피하기

• 칼슘 결핍증상 : 구루병, 골다공증, 골연화증, 경련성 마비
• 철분 : 헤모글로빈 구성성분

25 ③

트리메틸아민(TMA)
• 생선 비린내 성분이다.
• 수용성이므로 물에 씻으면 어취가 없어진다.
• 해수·담수어 공통의 비린내 성분이다.
• 트리메틸아민 옥사이드가 환원되어 생성된다.

26 ①

한 가지 맛을 느낀 후 다른 종류의 맛을 보면 정상적인 맛을 느낄 수 없는 현상이다.

27 ④

오답 피하기

배를 끓이면 육류를 연화시키는 프로테아제 효소가 파괴된다.

28 ④

완전 단백질(Complete Protein) : 정상적인 성장을 돕는 필수아미노산이 충분히 함유된 단백질이다.

29 ④

유지의 산패에 영향을 끼치는 인자
• 온도가 높을수록 반응속도가 증가한다.
• 광선 및 자외선은 산패를 촉진한다.
• 수분이 많으면 촉매작용이 강해진다.
• 금속류는 유지의 산화를 촉진한다.
• 불포화도가 심하면 유지의 산패가 일어난다.

오답 피하기

④ 토코페롤 : 항산화제로 산패를 늦춘다.

30 ③

전화당 : 수크로오스를 가수분해하여 얻은 포도당과 과당의 등량 혼합물이다.

31 ②

예비조리식 : 미리 조리, 생산, 조리된 식품을 재 가열하여 제공하는 방법으로 덜 숙련된 조리사가 이용하기 편리하다.

32 ④

감자는 냉장보관하면 당분이 증가하여 단맛이 난다.

33 ③

오답 피하기

비늘이 잘 떨어지면 신선하지 못한 생선이다.

34 ①

튀김팬에 기름양은 60%를 넘지 않게 한다. 한꺼번에 많은 양을 넣으면 기름 온도가 떨어져 재료에 기름이 많이 흡수되고 눅눅한 튀김이 된다.

35 ④

오답 피하기

식품의 변질을 막기 위해 자외선을 피해 직사광선이 없는 곳에 보관하는 것이 좋다.

36 ④

오답 피하기

물은 낮은 온도의 물이나 얼음물로 튀김을 해야 글루텐 형성을 억제해서 바삭한 튀김이 된다.

37 ①

외주가공비는 직접경비이다.

38 ①

오답 피하기

② 조미료 사용을 줄이고 짜지 않도록 한다.
③ 기호식품보다는 영양의 균형을 신경 쓴다.
④ 성인병 예방을 위해서 새로운 메뉴 개발에 노력할 필요는 없다.

39 ③

기본적인 맛에는 단맛, 신맛, 쓴맛, 짠맛이 있다.

40 ①

높은 온도에서 해동하면 조직 세포가 손상되고 단백질의 변성이 생겨 드립(Drip)이 생기므로 냉장고(5℃)에서 완만 해동하는 것이 좋다.

41 ①

산(식초, 레몬즙)에서 기포는 더 잘 일어난다.

42 ③

간장의 감칠맛 성분은 글루탐산이다.

오답 피하기

포도당은 단당류, 전분은 다당류이고, 아스코르빈산은 비타민 C이다.

43 ④

고구마를 삶을 때 설탕과 소금을 동시에 넣으면 단맛이 강해진다.

44 ②

제조원가 = 직접재료비 + 직접노무비 + 직접경비 + 제조간접비
$$= 10,000 + 23,000 + 15,000 + 15,000$$
$$= 63,000원$$

45 ②

오답 피하기

① 곡류, 감자류 : 탄수화물
③ 유지류, 어패류 : 지방
④ 육류, 두류 : 단백질

46 ②

필요량은 1g 단위이고, 가격은 100g 단위이므로 단위를 통일한다.
• 1인분의 재료비 = (20 × 1.5) + (60 × 8.5) + 70 = 610원
• 10인분의 재료비 = 610 × 10 = 6,100원

47 ③

새우나 게같은 갑각류의 색소는 가열하면 회색인 아스타잔틴(Astaxanthin)에서 적색의 아스타신(Astacin)이 된다.

48 ③

단백질이 응고되면서 수축, 분해된다.

오답 피하기

① 중량이 감소되고 육단백질의 보수성이 감소한다.
② 단백질의 변패는 신선하지 못한 경우에 일어난다.
④ 가열 조리 시 메트미오글로빈으로 변화한다.

49 ④

채소·과일은 물을 많이 사용하고, 냉장보관하여야 한다.

50 ③

• 직접구이 : 재료를 불 위에서 직접 굽는 조리법
• 간접구이 : 팬, 석쇠 등 도구를 매개체로 굽는 조리법

51 ④

찹쌀은 아밀로펙틴의 함량이 100%, 멥쌀은 아밀로펙틴 80%, 아밀로오스 20%이다.

52 ③

조리장에서 고열환경으로 열쇠약증, 열경련증의 질병을 일으킨다.

오답 피하기

① 고기압 : 잠함병, 잠수병
② 저기압 : 고산병
④ 채석장 : 진폐증, 규폐증

53 ④

기생충	제1중간숙주	제2중간숙주
간흡충(간디스토마)	왜우렁이	붕어, 잉어
폐흡충(폐디스토마)	다슬기	가재, 게
요꼬가와흡충	다슬기	담수어, 은어, 잉어
광절열두조충(긴촌충)	물벼룩	연어, 송어

54 ②

중성세제의 자체 살균력은 없다.

오답 피하기

① 석탄산 : 소독약의 소독력을 나타내는 지표이다.
③ 크레졸 : 석탄산에 비해 소독력이 2배 강하다.
④ 알코올 : 소독력이 강하다.

55 ②

건강수명 : 실제로 활동을 하며 건강하게 산 기간이 어느 정도인지를 나타내는 지표로 선진국에서는 평균수명보다 중요한 지표로 인용된다.

56 ④

안구진탕증은 부적당한 조명으로 인한 직업병이다.

57 ①

수은중독 : 미나마타병

오답 피하기

• 카드뮴중독 : 이타이이타이병
• PCB중독 : 가네미유증 (= 미강유중독 = 쌀겨유중독)

58 ④

염소소독은 전염성 간염을 포함한 뇌염, 홍역, 천연두 등 바이러스를 죽이지 못한다.

59 ④

오답 피하기

① 결핵 : 소
② 탄저 : 양, 말
③ 야토병 : 산토끼, 쥐 다람쥐

60 ①

능동면역	자연능동면역	질병감염 후 얻은 면역(두창, 소아마비)
	인공능동면역	예방접종 후 얻은 면역
수동면역	자연수동면역	태반, 모유 등 모체로부터 얻은 면역
	인공수동면역	수혈 후 얻은 면역

2024년 최신 기출문제 02회 · p.151

01 ④	02 ③	03 ④	04 ②	05 ④
06 ①	07 ④	08 ②	09 ③	10 ②
11 ④	12 ③	13 ②	14 ④	15 ③
16 ①	17 ③	18 ②	19 ④	20 ②
21 ③	22 ②	23 ①	24 ①	25 ④
26 ②	27 ①	28 ④	29 ③	30 ③
31 ④	32 ②	33 ③	34 ④	35 ②
36 ①	37 ①	38 ④	39 ③	40 ②
41 ③	42 ④	43 ③	44 ④	45 ②
46 ④	47 ③	48 ③	49 ③	50 ④
51 ④	52 ②	53 ①	54 ①	55 ④
56 ③	57 ④	58 ①	59 ②	60 ①

01 ④

구아닐산 : 감칠맛 나는 조미료 성분

오답 피하기

보존료 : 데히드로초산, 안식향산, 소르빈산, 프로피온산

02 ③

두부류 또는 묵류 : 유바, 두부, 전두부, 가공두부, 묵류

오답 피하기

과자류 : 과자, 캔디류, 츄잉껌, 빙과류

03 ④

병든 동물 고기 등의 판매 등 금지되는 질병

• 축산물가공처리법 시행규칙에 따라 도축이 금지되는 가축감염병
• 리스테리아병, 살모넬라병, 파스튜렐라병 및 선모충증

오답 피하기

아니사키스 : 기생충 중 하나인 고래회충

04 ②

5'-이노신산나트륨, 5'-구아닐산나트륨, L-글루탐산나트륨의 주요 용도는 조미료로 식품의 향미를 강화 또는 증진시키기 위하여 사용한다.

05 ④

독소형 : 포도상구균(엔테로톡신), 보툴리누스균(뉴로톡신)

오답 피하기

• 감염형 : 살모넬라균, 장염비브리오균, 병원성 대장균, 웰치균
• 부패산물형 : 알레르기성 식중독

06 ①

감자의 싹과 녹색부위에서 생성되는 독성 물질은 솔라닌(Solanine)이다.

② 리신(Ricin) : 피마자
③ 시큐톡신(Cicutoxin) : 독미나리
④ 아미그달린(Amygdalin) : 청매

07 ④

엿기름 사용 농도가 높을수록 당화 속도가 빨라진다.

08 ②

모시조개, 굴, 바지락을 먹고 식중독에 걸렸을 때 관계되는 독성물질은 베네루핀(Venerupin)이다.

09 ③

글리코겐(Glycogen) : 동물의 간, 근육에 존재하는 다당류이다.

10 ②

곰팡이는 13~18%에서도 쉽게 발육하여 변패시킨다.

11 ④

아질산나트륨은 발색제이다.

과산화벤조일, 과황산암모늄, 이산화염소는 소맥분 개량제이다.

12 ③

• 포도상구균의 독소 엔테로톡신은 열에 강하므로 가열 조리해서 예방하기 어렵다.
• 포도상구균의 예방법은 식품 중에서 엔테로톡신의 생산을 방지하면 예방은 가능하다. 따라서, 독소의 식품오염방지를 위해서 조리자에게 마스크, 위생복을 착용하게 하고, 화농성 질환이 있는 자의 식품 취급 금지, 6℃ 이하에서 보관하면 예방할 수 있다.

13 ②

만성독성시험 : 실험동물에게 6개월 또는 그 이상 검사물을 연속적으로 투여하여 그때 나타나는 동물의 장애를 규명하는 시험이다.

14 ④

중국에서 멜라민 오염 식품에 의해 유아가 사망한 이유는 분유를 주식으로 하는 유아가 고농도의 멜라민에 노출되었기 때문이다.

15 ③

N-니트로사민

• 식품에서는 안정하지만, pH 2 이상에서 불안정하여 파괴된다.
• 아민과 아질산의 반응에 의해 생성된다.
• 가열하면 증가한다.
• 육류의 발색제인 아질산염과 질산염은 클로스트리디움 보툴리늄의 억제 효과를 가지는 유용한 첨가물이긴 하나 다른 형태의 발암물질이다.

16 ①

냉장의 목적 : 신선도 유지, 미생물의 증식 억제, 자기소화 지연 및 억제 등

17 ③

꽁치 100g : 단백질 24.9g = 꽁치 160g : 단백질 xg
단백질 xg $= 160 \times 24.9 \div 100 ≒ 39.8$g

18 ②

결합조직의 콜라겐이 젤라틴화 되면서 조직이 부드러워진다.

19 ④

과실 중 밀감이 쉽게 갈변되지 않는 이유 : 비타민 C의 함량이 많기 때문이다. 비타민 C는 다른 물질의 산화를 막는 항산화 작용을 하므로 갈변현상을 억제한다.

20 ②

① 무스카린 : 독버섯
③ 뉴린 : 난황 및 썩은 고기
④ 몰핀 : 아편의 주성분인 알칼로이드

21 ③

완두는 두류에 속한다.

22 ②

종류	글루텐 함량	용도
강력분	13% 이상	빵, 마카로니, 스파게티
중력분	10~13%	칼국수면, 만두피
박력분	10% 이하	튀김옷, 케이크, 쿠키, 도너츠

23 ①

고구마 등의 전분으로 만든 얇고 부드러운 전분피로 냉채 등에 이용되는 것은 양장피이다.

24 ①

레시틴 : 난황에 들어 있으며, 마요네즈 제조 시 유화제 역할을 하는 성분이다.

25 ④

- 미오글로빈 : 근세포 속에 있는 헤모글로빈과 비슷한 핵단백질이다.
- 클로로필 : 녹색 야채에 있는 Mg을 함유한 엽록소 색소이다.

26 ②

생선의 자기소화 원인은 단백질 분해효소이다.

27 ①

무는 플라보노이드계색소로 식초에 담가놓으면 하얗게 유지된다.

28 ④

생선류에 소금을 20% 첨가하여 젓갈을 만들면 수분활성도가 줄어든다.

29 ③

쌀의 변질에 가장 관계가 깊은 것은 곰팡이이다.

30 ③

오답 피하기

① 뱅어포 : 칼슘, 비타민 D
② 밀가루 : 탄수화물
④ 두부 : 단백질

31 ④

녹색 야채는 끓는 물에 소금을 넣고 살짝 데치고 찬물에 헹구는 것이 비타민 C의 손실을 적게 할 수 있다.

32 ②

끓이는 조리법

- 어떤 열원이라도 가능하고, 한 번에 많은 음식을 조리할 수 있다.
- 수용성분의 유출이 심하고 영양소 파괴가 일어난다.
- 조미가 편리하다.

33 ③

수양난백보다 농후난백이 많으면 신선한 달걀이다.

34 ④

녹색 채소를 데칠 때 색을 선명하게 하기 위한 조리 방법

- 삶는 물의 양은 재료의 5배가 좋고 끓는 물에 넣어 단시간 내 데친 다음 찬물로 헹군다.
- 수산(옥살산)을 제거하기 위해 뚜껑을 열고 데친다. 수산은 체내에서 칼슘의 흡수를 방해하여 신장결석을 일으킨다.
- 중탄산소다를 넣으면 색이 선명해지나, 비타민의 파괴와 조직의 연화가 있다.
- 1%의 식염수에 데치면 색이 선명해지고 물러지지 않으며 조직이 파괴되지 않는다.

35 ②

요오드 결핍 시 갑상선증, 크레틴병이 발생한다.

36 ①

오답 피하기

② 괴혈병 : 비타민 C의 부족
③ 야맹증 : 비타민 A의 부족
④ 각기병 : 비타민 D의 부족

37 ①

선입선출법은 재고자산 방법에 해당한다.

38 ④

집단급식소

- 1회에 50인 이상, 비영리 목적으로 계속적으로 식사를 제공한다.
- 공장, 사업장, 학교, 병원, 기숙사와 같은 특정 단체에 소속된 사람들을 대상으로 한다.
- 단체급식에서는 조리사와 영양사를 두어야 한다.

39 ③

식초는 응고성이 있어 수란을 만들거나 달걀을 삶을 때 식초를 넣으면 좋다.

40 ②

제품의 제조를 위하여 소비되는 물품의 원가를 말한다.

오답 피하기

- 노무비 : 제품의 제조를 위하여 소비되는 노동의 가치를 말한다.
- 경비 : 제품의 제조를 위하여 소비되는 재료비, 노무비 이외의 가치를 말한다.

41 ③

배식하기 전 온장고의 온도는 65~70℃로 유지하고 온도 시간은 3~4시간이 적당하다.

42 ④

냉동식품 : 일반적으로 −18℃ 이하에서 유지·보관되는 식품이다.

43 ③

구이에 의한 식품의 변화
- 열효율이 나쁘고 온도 조절이 어렵다.
- 비교적 고온에서 가열되므로 성분의 변화가 심하다.
- 당질의 캐러멜화가 일어나고, 식품 중의 단백질 응고로 인하여 수분이 침출된다.

44 ④

식품을 장시간 담가둘수록 영양성분이 많이 유출될 수 있다.

45 ②

비린내 감소를 위해 생강을 넣을 때는 생선이 익은 후 넣어야 탈취 효과가 있으며 열변성하지 않은 단백질은 생강의 어취 제거 효과를 방해한다.

46 ④

유지 산패에 영향을 주는 인자
- 온도가 높을수록 반응속도가 증가한다.
- 광선 및 자외선은 산패를 촉진한다.
- 수분이 많으면 촉매작용이 강해진다.
- 금속류는 유지의 산화를 촉진한다.
- 불포화도가 심하면 유지의 산패가 일어난다.

47 ③

- 탄수화물의 1일 섭취 열량 $= 2,000\text{kcal} \times \dfrac{65}{100} = 1,300\text{kcal}$
- 한 끼의 열량 $= \dfrac{1,300}{3} ≒ 433.3\text{kcal}$
- $100\text{g} : 371\text{kcal} = x : 433$
- $x = \dfrac{100 \times 433}{371} ≒ 116.7\text{g}$

48 ③

- 통로의 폭은 면적과 관계가 없다.
- 필요면적 + 식기회수공간 10% = 식당의 면적
- $(1 + 0.1) \times 750 = 825\text{m}^2$

49 ③

열전도율이 높은 스테인리스 용기에 넣어 냉동한다.

50 ④

열전달이 빠른 스테인리스를 사용하여 빠르게 식히는 것이 박테리아 증식을 줄일 수 있다.

51 ④

찹쌀로 만든 떡은 냉장 보관 시 노화가 빨리 일어난다.

52 ②

수인성 감염병 : 장티푸스, 파라티푸스, 콜레라, 세균성 이질, 아메바성 이질, 전염성 설사, 유행성 간염이 해당한다.

53 ①

지역적 발생이 폭발적이고 연령과 직업에 관계없다.

54 ①

바퀴는 소화기계 질병, 소아마비의 질병과 관련 있다.

55 ④

구충(십이지장충)은 피부로 감염될 수 있다.

56 ③

D는 디프테리아, P는 파상풍, T는 백일해이다.

57 ④

구분	연령	예방 접종의 종류
기본접종	4주 이내	BCG(결핵)
	2, 4, 6개월	경구용 소아마비, DPT
	15개월	홍역, 볼거리, 풍진 (MMR)
	3~15세	일본뇌염
추가접종	18개월, 4~6세, 11~13세	경구용 소아마비, DPT
	매년	일본뇌염

58 ①

간디스토마의 제1중간숙주는 왜우렁이, 제2중간숙주는 붕어와 잉어이다. 왜우렁이에서 부화하여 애벌레가 되고 붕어와 잉어의 근육 속에서 피낭유충의 형태로 존재한다.

59 ②

병원급식은 15리터로 사용수의 양이 가장 많다.

학교급식은 5리터, 공장급식은 7리터, 기숙사 급식은 8리터이다.

60 ①

- 2,500~2,800 Å에서 살균력이 강해서, 소독에 이용되기도 한다.
- 옹스트롱(Å)의 단위와 나노미터(nm)의 단위에 유의한다.

01 ④	02 ①	03 ③	04 ③	05 ③
06 ④	07 ②	08 ①	09 ④	10 ③
11 ③	12 ①	13 ④	14 ①	15 ②
16 ④	17 ③	18 ③	19 ③	20 ③
21 ④	22 ④	23 ①	24 ④	25 ②
26 ②	27 ①	28 ②	29 ④	30 ④
31 ①	32 ②	33 ②	34 ①	35 ④
36 ②	37 ④	38 ①	39 ②	40 ①
41 ④	42 ④	43 ①	44 ③	45 ③
46 ④	47 ①	48 ③	49 ④	50 ④
51 ①	52 ③	53 ②	54 ①	55 ③
56 ②	57 ③	58 ③	59 ④	60 ②

01 ④

통조림에 철이 녹스는 것을 막기 위해 표면에 주석을 입힌다. 이 주석은 산성이 강한 과일, 캔, 주스 등에서 용출 가능성이 높다.

02 ①

수분활성도에 따른 미생물 번식
- 세균 : 0.90~0.95
- 효모 : 0.88~0.90
- 곰팡이 : 0.65~0.8

03 ③

아스퍼질러스속의 독소로 재래식 된장, 간장, 고추장, 밀가루 등 식품에 있다.

오답 피하기

① 시트리닌 : 신장독
② 파툴린 : 신경독
④ 솔라렌 : 피부병 치료에 사용

04 ③

VBN (휘발성 염기질소)의 초기부패 어육은 30~40mg%, 부패생선은 50mg% 이상이다.

05 ③

오답 피하기

① 루브라톡신 : 곡류, 콩류
② 오크라톡신 : 쌀, 보리, 밀, 옥수수
④ 파툴린 : 젖소

06 ④

석탄, 석유를 쓰는 발전소, 쓰레기 소각, 염소계 표백공정, 자동차나 도시가스, 염소 등의 세정수에서 검출된다.

07 ②

오답 피하기

감염형 식중독 : 장염비브리오균, 살모넬라균, 포도상구균

08 ①

유해감미료 : 에틸렌 글리콜, 파라니트로오르토톨루이딘, 둘신, 페릴라틴, 사이클라메이트, 니트로아닐린, 메타니트로아니린

09 ④

식품의 산화에 의한 변질현상 방지하는 첨가물로 항산화제라고도 하며, 종류로는 천연 첨가물 아스코르브산, 비타민E, BHA, BHT, 에르소르브산염, L-아스코르브산나트륨, 몰식자산프로필, 아스코르빌팔미테이트 등이 있다.

10 ③

아질산염과 아민류가 산성조건하에서 반응하여 생성하는 물질로 강한 발암성을 갖는 물질이다.

오답 피하기

① 테트로도톡신(Tetrodotoxin) : 복어독
② 솔라닌(Solanine) : 감자독
④ 트립신저해제(Typsin Inhibitor) : 콩의 소화 저해 물질

11 ③

제품을 나누어 포장하는 것을 소분업이라고 하는데, 신고대상은 식품 또는 식품첨가물과 벌꿀이다. 다만, 어육제품, 식용유지, 특수용도식품, 통·병조림 제품, 레토르트식품, 전분, 장류 및 식초는 소분·판매하여서는 아니 된다.

12 ①

- 열량 : 킬로칼로리(kcal)로 표시하되, 그 값을 그대로 표시하거나 그 값에 가장 가까운 5kcal 단위로 표시하여야 한다. 이 경우 5kcal 미만은 "0"으로 표시할 수 있다.
- 콜레스테롤 : 밀리그램(mg)으로 표시하되, 그 값을 그대로 표시하거나, 그 값에 가장 가까운 5mg 단위로 표시하여야 한다. 이 경우 5mg 미만은 "5mg 미만"으로, 2mg 미만은 "0"으로 표시할 수 있다.

13 ④

휴게음식점은 신고대상으로 음주행위, 노래를 하면 안 되고, 유흥종사자를 두어선 안 된다.

14 ①

프로테아제(Protease)는 단백질의 분해효소이다.

15 ②

1kg 구매 시, 10kg 구매 시 표준수율은 86%로 동일하다.

1kg(1,000g)의 원가 $= \dfrac{1,300원}{0.83} ≒ 1,566.3원$

80g의 원가 $= \dfrac{1,566원}{1,000g} ×80g = 125.28원 = 약 125원$

16 ④

뚜껑을 열고 끓여야 비린내를 제거할 수 있다.

• 산(레몬즙, 식초)을 첨가하면 비린내가 감소하고 생선 가시가 연해진다.
• 마늘, 파, 양파는 황 화합물을 함유하고 있어 비린내를 감소한다.
• 된장, 간장은 비린내 억제 효과가 있다.
• 알코올은 생선의 어취를 없애고 맛의 향상에 도움을 준다.

17 ③

마요네즈는 달걀과 유지의 가공품이다.

18 ③

기름을 사용하고 망에 걸러 이물질을 거르고 식힌 후 밀폐용기(갈색병)에 담아 서늘한 곳에 보관한다.

19 ③

단당류 중에서 탄소가 5개인 것을 오탄당, 6개인 것을 육탄당이라고 한다. 갈락토오스는 육탄당이다.

20 ③

$$\dfrac{\text{용매의 } \dfrac{농도}{분자량}}{\text{용매의 } \dfrac{농도}{분자량} + \text{용질의 } \dfrac{농도}{분자량}} = \dfrac{\dfrac{0.2}{18}}{\dfrac{0.2}{18} + \dfrac{0.2}{180}}$$

$≒ \dfrac{0.0111}{0.0111 + 0.001} = \dfrac{0.0111}{0.0121}$

$= 약 0.917 = 0.92$

21 ④

젤라틴은 동물의 가죽, 뼈에 다량 존재하는 콜라겐을 가수분해하여 얻어진 유도단백질로 젤리, 아이스크림 등 제조에 사용한다.

22 ④

덱스트린은 녹말의 가수분해산물로 탄수화물이다.

23 ①

② 호박산 : 조개류의 감칠맛 성분
③ 알리신 : 마늘의 매운맛
④ 나린진 : 과실의 쓴맛

24 ④

① 변향
② 변성
③ 캐러멜화

25 ④

CA 저장은 산소와 탄산가스의 농도를 조절하여 과일, 난류를 저장하는 방법이다.

26 ②

탄수화물과 단백질의 반응으로 아미노카르보닐 반응이라고도 하고, 비효소적 갈변반응이다.

27 ①

전분이 노화되기 쉬운 조건

• 수분이 30~60%일 때
• 온도가 0~5℃일 때
• 전분 분자 중 아밀로오스의 함량이 많을수록

28 ②

정향은 향신료이다.

29 ④

호화 : 날 전분이 반투명의 콜로이드 상태가 되는 것으로 밥이나 떡이 되는 과정이다.

30 ④

결합수는 건조로 쉽게 제거되지 않는다.

31 ①

중성지방이 분해되어 지방산의 상태로 존재하는 것을 유리지방산이라고 한다. 기름을 사용하는 횟수가 늘어날수록 유리지방산의 함량이 많아진다.

32 ②

pH가 높을 때 녹변 현상이 더 잘 일어난다.

33 ②

비타민 B₁(티아민)은 탄수화물의 대사에 중요한 역할을 한다.

34 ①

비타민 C는 산에는 안정적이지만 알칼리와 열에는 불안정하다.

35 ④

냉동은 급속냉동, 해동을 완만 해동하는 것이 식품의 질 저하를 방지할 수 있다.

36 ②

가루를 꾹 누르지 않고, 가볍게 담아 계량한다.

37 ④

① 신선도가 낮은 생선은 뚜껑을 열어 비린내를 휘발시킨다.
② 지방이 높은 붉은살 생선이 고소하고 풍미가 좋다.
③ 오래 가열하면 생선의 맛이 빠져나가고, 살이 물러진다.

38 ①

쌀이 밥이나 떡이 되는 과정이다.

39 ②

• 햄버거의 단가가 1,000원, 원가율의 40%이다. 판매가격의 40%가 1,000원이라는 말이다.

• 판매가격 $\times \dfrac{40}{100} = 1{,}000$원

• 판매가격 $= 1{,}000 \times \dfrac{100}{40} = 1{,}000 \times 100 \div 40 = 2{,}500$원

40 ①

바나나, 파인애플, 멜론 등 열대과일은 바람이 통하는 서늘한 곳에 보관하고 냉장 보관하지 않는다.

41 ④

팔각은 중식의 향신료이다.

42 ④

① 틸팅튀김팬 : 삶기, 구이, 튀김, 볶음, 장국 등에 다양하게 사용한다. 솥을 버튼이나 기계로 작동하여 젖히고 세울 수 있는 대량조리에 적합한 기기이다.

43 ①

직영급식은 회사나 학교 등 단체에서 급식식당을 운영하는 것이고, 위탁급식은 단체가 전문 급식회사에 의뢰하는 것을 말한다.

44 ③

열량을 내는 영양소는 당질, 단백질, 지질이다.

45 ③

원래식품함량 ÷ 대치식품함량 × 원래식품 양
= 15 ÷ 18 × 50 ≒ 41.666 = 약 41.67g이다.

46 ④

① 난백이 넓게 퍼지는 것은 수양난백으로 신선도가 떨어진 달걀이다.

47 ①

수의 계약은 경매, 입찰 등 경쟁하지 않고 임의로 적당한 상대자를 선정하는 계약이다.

48 ③

육류를 가열조리하면 보수성의 감소, 메트미오글로빈으로 변화한다.

49 ④

국수가 익으면 냉수에 빨리 여러 번 식힌다.

50 ④

묵은쌀은 수분의 함량이 적어 물량을 더 많이 해야 한다.

① 쌀을 너무 문질러 씻으면 수용성 비타민의 손실이 크다.
② 산성물을 사용하면 밥맛이 떨어진다.
③ 쌀은 30분~1시간 정도 불리는 것이 적당하다.

51 ①

장시간 진동이 심한 작업환경에서 일하는 경우 발생한다.

52 ③

건강은 사회적, 정신적, 육체적 세 가지 모두 안녕한 상태를 말한다.

53 ②

• 외래 감염병의 국내침입을 막기 위해 정해진 검역질병과 검역기간은 다음과 같다.

• 콜레라 : 120시간, 페스트 : 144시간, 황열 : 144시간

54 ①

주개는 주방쓰레기로 음식물쓰레기를 말한다.

55 ③

오답 피하기

① 과산화수소 : 피부 소독
② 알코올 : 손 소독
④ 머큐로크롬 : 상처 소독

56 ②

2차 대기오염물질은 대기 중에 배출된 오염물질끼리 반응하여 변질한 것이다.
- 1차 대기오염물질 : 이산화황, 일산화탄소, 이산화질소 등
- 2차 대기오염물질 : 오존, 알데히드

57 ③

오답 피하기

① 아니사키스 : 고등어, 오징어, 고래
② 무구낭미충 : 소, 양
④ 광절열두조충 : 물벼룩, 연어, 송어

58 ③

적외선은 지상에 열을 주어 기온이 좌우된다. 적외선의 과다 노출은 일사병과 백내장을 유발한다.

59 ④

병원소는 사람, 사물, 동물 등이 될 수 있다.

60 ②

오답 피하기

기생충	제1중간숙주	제2중간숙주
간흡충(간디스토마)	왜우렁이	붕어, 잉어
폐흡충(폐디스토마)	다슬기	가재, 게
요꼬가와흡충	다슬기	담수어, 은어, 잉어
광절열두조충(긴촌충)	물벼룩	연어, 송어

2024년 최신 기출문제 04회 　p.169

01 ③	02 ①	03 ①	04 ③	05 ③
06 ④	07 ②	08 ②	09 ①	10 ①
11 ④	12 ②	13 ③	14 ③	15 ③
16 ③	17 ③	18 ①	19 ②	20 ③
21 ①	22 ①	23 ②	24 ①	25 ④
26 ④	27 ②	28 ①	29 ①	30 ③
31 ③	32 ②	33 ①	34 ④	35 ①
36 ①	37 ④	38 ③	39 ④	40 ④
41 ②	42 ④	43 ③	44 ①	45 ③
46 ②	47 ①	48 ③	49 ③	50 ①
51 ①	52 ①	53 ②	54 ①	55 ①
56 ③	57 ③	58 ③	59 ③	60 ①

01 ③

한번 해동한 제품을 재냉동하면 품질이 떨어지고 고유의 향도 떨어지고, 냉동 및 해동을 반복하면 세균이 증식할 수 있다.

02 ①

항산화제 중 에르소르브산염, L-아스코르브산나트륨은 사용기준 없다.

03 ①

베네루핀 : 바지락

04 ③

포도상구균의 잠복기 : 평균 3시간

오답 피하기

① 살모넬라 : 평균 18시간
② 리스테리아 : 1 ~ 70일
④ 장구균 : 5 ~ 10시간

05 ③

신선한 어류는 눈이 선명하고 아가미는 선홍색이다.

06 ④

헤테로고리아민 : 300℃ 이상에서 단백질 가열할 때 생성되는 물질이다.

07 ②

보존제란 식품이 미생물에 의해 변패되는 것을 방지하고 미생물의 증식을 억제하는 작용을 하는 물질을 말한다.

오답 피하기

• 방미제 : 곰팡이 발육을 억제하는 물질
• 방부제 : 부패세균의 발육을 억제하는 물질

08 ②

세균성 식중독의 대표적인 증상은 급성 위장염이다.

오답 피하기

세균성 식중독 중 독소형 식중독인 클로스트리디움 보툴리누스 식중독은 특이한 신경증상, 눈의 시력 저하, 동공확대, 청각마비, 언어장애를 일으킨다.

09 ①

식품첨가물 : 식품을 제조·가공 또는 보존하는 과정에서 식품에 넣거나 섞는 물질 또는 식품을 적시는 등에 사용되는 물질을 말한다.

10 ①

일반비누를 먼저 사용하고 역성비누를 나중에 사용하여 살균력을 높인다.

오답 피하기

역성비누는 보통 비누와 함께 사용하면 살균 효과가 떨어지므로 섞어서 쓰지 않도록 주의해야한다.

11 ④

• 식품 소분업 : 식품 또는 식품첨가물의 완제품을 나누어 유통할 목적으로 재포장·판매하는 영업이다.
• 어육제품, 식용유지, 특수용도 식품, 통·병조림 제품, 레토르트 식품, 전분, 장류 및 식초는 소분·판매하여서는 아니 된다.

12 ②

식품 위생의 목적

• 식품으로 인한 위생상의 위해 사고를 방지한다.
• 식품 영양의 질적 향상을 도모한다.
• 국민 보건의 증진에 이바지한다.

13 ③

집단급식소 : 1회 50명 이상에게 식사를 제공하는 급식소를 말한다.

14 ③

일반음식점은 영업신고를 하여야 한다.

오답 피하기

허가를 받아야 하는 영업 및 허가관청

• 식품조사처리업 : 식품의약품안전처장
• 단란주점영업과 유흥주점영업 : 특별자치도지사 또는 시장·군수·구청장

15 ③

캐러멜화 : 당류를 180~200℃로 가열하면 생기는 반응이다.

16 ③

꽁치 100g : 단백질 24.9g = 꽁치 160g : 단백질 xg
단백질 xg = 160 × 24.9 ÷ 100 ≒ 39.8g

17 ③

찹쌀은 100% 아밀로펙틴으로 이루어져 있다.

18 ①

안토시아닌은 산성에서는 적색, 중성에서는 자색, 알칼리성에서는 청색을 나타낸다.

19 ②

천연 항산화제

• 토코페롤(Tocopherol)
• 플라보노이드(Flavonoid)
• 안토시아닌(Anthocyanin)
• 카테킨류(Catechines)
• 참깨의 리그난(Lignan)

오답 피하기

스테비아 추출물은 설탕보다 400배 단맛이 있는 감미 성분이다.

20 ③

전분의 노화를 방지하려면 호화전분을 0℃ 이하로 급속 동결하거나 수분을 15℃ 이하로 감소시킨다.

오답 피하기

① 호정화란 전분에 160℃ 이상의 건열로 가열하면 여러 단계의 가용성 전분을 거쳐 덱스트린으로 분해되는 과정이다.
② 호화란 베타전분(날 것)을 물로 가열하면 분자에 금이 가고 물 분자가 전분으로 들어가서 팽윤한 상태가 되고 점성이 높은 반투명의 콜로이드 상태가 되는 것을 말한다.
④ 아밀로펙틴이 많은 전분이 아밀로오스 함량이 많은 전분보다 노화되기 어렵다.

21 ①

결합수는 용질에 대하여 용매로 작용하지 않는다.

오답 피하기

자유수는 용매로 작용해서 전해질을 잘 녹인다.

22 ①

알칼리성 식품 : 우유, 대두, 채소, 해초, 고구마, 감자, 과일, 흑설탕

오답 피하기

산성 식품 : 곡류, 육류, 알류, 치즈, 대두를 제외한 두류, 버터, 어류

23 ②
결합조직의 콜라겐이 젤라틴화되면서 조직이 부드러워진다.

24 ②
- 산가 : 산가란 유지 1g 중에 함유된 유리지방산을 중화하는 데 필요한 KOH의 mg 수이다.
- 유리지방산의 함량을 측정하여 지방질 식품 품질 지표로 삼고 있다.

> **오답 피하기**
> ① 검화가 : 유지 1g을 완전히 검화시키는 데 필요한 수산화칼륨 (KOH)의 mg 수를 나타내며, 지방산의 분자량에 반비례하므로 이는 지방산 사슬의 장단을 추정하는 척도
> ③ 요오드가 : 유지를 구성하고 있는 지방산에 함유된 이중결합의 수
> ④ 아세틸가 : 유지 혹은 납에 존재하는 유리된 히드록시기량의 척도

25 ④
유당은 우유의 탄수화물로, 이당류이다.

26 ④
α-Amylase는 액화 효소이다.

> **오답 피하기**
> β-Amylase(당화효소) : 맥아당 단위로 가수분해

27 ②
과일잼 가공 시 펙틴이 하는 역할은 구조 형성에 관여한다.

28 ①
아이코사펜타노익산 : 오메가-3 지방산으로 잘 알려져 있고, 민물 송어와 고등어, 멸치, 청어, 정어리, 참치에 함유되어 있다.

29 ①
흰자는 국물의 염도를 흡착시킨다.

> **오답 피하기**
> ② 젤라틴 용액은 응고시키는 역할을 한다.
> ④ 냄새 제거를 할 수 있다.

30 ③
마가린 : 버터의 대용품으로 식물성유지에 수소를 첨가하고 니켈을 촉매제로 사용하여 결정화시킨 가공유지이다. 이 과정 중에 수소화된 불포화 지방산인 트랜스지방이 발생한다.

31 ③
생선은 머리와 뼈를 발라내어 버리기 때문에 폐기율이 높다.

32 ②
비린내의 성분은 트리메틸아민인데, 수용성이므로 물에 씻으면 비린내가 줄어들 수 있다.

33 ①
전골, 찌개 : 95℃

> **오답 피하기**
> - 탄산음료 : 1~5℃
> - 국 : 70℃
> - 밥 : 45℃

34 ④
타우린 : 아미노산의 일종이며, 주된 생리 작용으로 담즙 생성, 콜레스테롤 농도 조절, 이온의 세포막 투과성 조절, 항산화 작용, 과도한 신경 흥분 억제 등이 있다.

35 ①
1%의 식염수에 데치면 색이 선명해지고 물러지지 않으며 조직이 파괴되지 않는다.

36 ①
총원가 = 직접경비 + 직접노무비 + 직접재료비 + 제조간접비 + 판매관리비

37 ④
가자미를 엿기름, 고춧가루, 마늘, 생강, 소금에 삭혀서 먹는 음식이다.

38 ③
호정화란 전분을 160℃ 이상의 건열로 가열하면 여러 단계의 가용성 전분을 거쳐 덱스트린으로 분해되는 과정이다.

39 ④
말타아제(Maltase)라는 효소로 쌀의 전분을 말토오즈(maltose)상태로 분해시킨다.

40 ④
어패류에 20% 내외의 소금을 넣어 부패를 억제하면서 미생물의 작용으로 분해, 발효 숙성시켜 젓갈을 만든다.

41 ②
식품을 서서히 얼리면 얼음 결정이 크게 되어 조직을 상하게 하므로 품질의 저하를 막기 위해서는 -40℃의 급속 동결을 한다.

42 ④

성별, 연령, 노동의 강도에 따라 영양량을 산출하므로 영양관리를 할 수 있다.

43 ③

근육을 키우기 위해 단백질을 충분히 섭취하는 것이 좋은데, 이것은 근육의 주성분이 바로 단백질이기 때문이다. 이러한 면역단백질에는 글로불린, 모유의 락토페린 등이 있다.

44 ①

오답 피하기

② 슬라이서 : 육류, 햄 등을 일정한 두께로 저미는 기구
③ 야채절단기 : 야채를 자르는 기구
④ 필러 : 당근, 감자, 무 등의 껍질을 벗기는 기구

45 ③

겨자의 매운맛 성분인 시니그린이 가장 활성화되는 온도는 40~45℃ 이다.

46 ②

무는 무겁고 크고 균일하며 모양이 바르고 흠집이 없는 것이 좋다.

47 ①

두부는 젤라틴과 관계가 없다.

48 ③

편육 조리 시에는 맛이 물로 용출되지 않도록 끓는 물에 넣고 끓인다.

49 ③

산(식초, 레몬즙)에서 기포는 더 잘 일어난다.

오답 피하기

① 온도가 높을수록 기포생성이 더 잘된다.
② 설탕, 우유, 기름은 기포의 발생을 저해한다.

50 ①

유지의 산패에 영향을 끼치는 인자

• 온도가 높을수록 반응 속도가 증가한다.
• 광선 및 자외선은 산패를 촉진한다.
• 수분이 많으면 촉매 작용이 강해진다.
• 금속류는 유지의 산화를 촉진한다.
• 불포화도가 심하면 유지의 산패가 일어난다.

51 ①

취수 → 도수 → 정수 (침사 → 침전 → 여과 → 소독) → 송수 → 배수 → 급수

오답 피하기

하수도처리과정 : 예비처리 → 본처리 → 오니처리

52 ①

소각하는 방법은 가장 위생적인 방법이나 대기 오염이 심하고, 처리 비용이 비싸다.

53 ②

병원체가 세균인 감염병에는 디프테리아, 백일해, 결핵, 성홍열, 폐렴, 장티푸스, 파라티푸스, 세균성이질, 콜레라 등이 있다.

오답 피하기

전염성 간염, 폴리오, 홍역의 병원체는 바이러스이다.

54 ③

자외선의 도르노선은 인체에 유익한 작용을 하고, 관절염 치료에 효과적이다.

55 ①

수질오염으로 인한 수인성감염병의 증세는 구토, 복통, 설사 등이 있다.

56 ③

121℃에서 15~20분간 멸균하는 방법으로 통조림, 고무 제품 등을 멸균하는 데 사용한다.

오답 피하기

① 자비소독법 : 100℃에서 10~20분간 가열하고 식기, 행주를 소독한다.
② 저온소독법 : 61~65℃에서 30분간 우유의 살균을 하는 저온살균법이 있다.
④ 희석법 : 염소, 승홍수, 생석회 등을 물에 희석하여 소독하는 방법이다.

57 ③

중간숙주의 단계가 하나인 기생충은 무구조충, 유구조충, 선모충 등이 있다.

오답 피하기

간디스토마, 폐디스토마, 광절열두조충은 중간숙주가 두 개이다.

58 ③

레이노드병 : 주로 진동, 스트레스에 대한 작은 동맥혈관의 과반응 수축현상 및 자가 면역계의 이상으로 발병한다.

오답 피하기

① 공업중독 : 납, 수은, 카드뮴 중독 등이 있다.
② 잠함병 : 고압환경에서의 직업병 종류이다.
④ 금속열 : 금속증기를 들이마시면 생기는 열이다.

59 ③

감염병의 잠복기

• 잠복기가 1주일 이내 : 콜레라, 이질, 성홍열, 파라티푸스, 일본뇌염, 인플루엔자
• 잠복기가 1~2주일 : 발진티푸스, 두창, 홍역, 백일해, 장티푸스, 폴리오
• 잠복기가 긴 것 : 나병, 결핵

60 ①

채소류로부터 감염되는 기생충 : 요충, 십이지장충, 회충, 편충, 동양 모양선충 등

오답 피하기

• 유구조충, 선모충 : 돼지
• 무구조충 : 소

01 ③

몸속에 유익한 균이 감소하거나 유해한 균이 늘어나 장의 균형이 깨질 수 있는데, 클로스트리디움 보툴리늄은 A, B형 그리고 E형이 있다.

02 ①

• 발색제 : 식품 중에 존재하는 색소단백질과 결합함으로써 식품의 색을 보다 선명하게 하거나 안정화시키는 첨가물을 발색제라고 한다.
• 발색제의 종류
  – 아질산나트륨, 질산나트륨, 질산칼륨, 황산제1철 등이 있다.
  – 아질산나트륨 : 식육 제품, 경육 제품, 어육소시지, 명란젓 및 연어알젓(0.005~0.07g/kg 이하)
  – 질산나트륨 : 식육가공, 고래고기, 어육소시지, 자연치즈(0.05~0.07g/kg 이하)

03 ③

통조림은 클로스트리디움 보툴리눔 식중독의 원인 식품이 된다.

오답 피하기

• 화농성질환자가 조리할 경우 포도상구균 식중독이 일어날 수 있다.
• 우유나 가정에서 만든 마요네즈는 병원성대장균을 일으킬 수 있다.

04 ④

질병 치료는 식품첨가물 사용 목적에 해당하지 않는다.

오답 피하기

식품첨가물의 사용 목적
- 식품의 부패와 변질을 방지한다.
- 기호 및 관능을 만족시키고자 한다.
- 영양을 강화하고자 한다.
- 품질 개량 및 일정 기간을 유지시킨다.
- 식품 제조에 필요하다.

05 ③

납중독은 중추신경장애, 신장 소화기능장애를 일으킨다.

06 ④

- 부패 : 단백질 식품이 변패하는 것을 말한다.
- 산패 : 지방질 식품이 변패하는 것을 말한다.

07 ②

아플라톡신은 곰팡이 유독성분으로 간암을 유발한다.

오답 피하기

① 시트리닌 : 신장독을 일으킨다.
③ 스포리데스민 : 광과민성 피부염을 유발하는 물질이다.
④ 에르고톡신 : 맥각 알칼로이드 일종 구토, 설사, 사망을 일으킬
  수 있다.

08 ①

역성비누는 과일, 야채, 식기 및 손 소독에 이용된다.

오답 피하기

② 생석회 : 변소, 하수도, 진개 등의 오물 소독에 이용된다.
③ 경성세제 : 합성세제의 일종으로 분해되기 어려워 하수처리가 곤
  란한 세제이다.
④ 승홍수 : 비금속기구 소독에 이용된다.

09 ④

톡소플라스마 : 고양이의 배설물에서 생기는 기생충으로 임신 초기
에 감염될 경우 저체중아, 황달을 유발하게 되고 태아의 뇌석회화가
진행된다.

10 ④

미생물의 종류 : 곰팡이, 효모, 스피로헤타, 세균, 리케차

11 ④

파산선고자는 조리사 또는 영양사의 면허를 받을 수 있다.

오답 피하기

조리사 결격사유
- 정신질환자
- 감염병환자(B형간염환자 제외)
- 약물 중독자
- 조리사 면허의 취소처분을 받고 그 취소된 날부터 1년이 지나지
  아니한 자

12 ④

- 허가를 받아야 하는 영업 : 식품조사처리업, 단란주점영업, 유흥
  주점영업
- 식품첨가물이나 다른 원료를 사용하지 아니하고 농산물을 단순
  히 껍질을 벗겨 가공하려는 경우는 영업신고를 하지 않아도 된다.

13 ①

HACCP 시스템에 의한 식품 위생관리는 물론 전제가 되는 시설설
비 등의 일반적 위생관리를 실천함으로써 종합적으로 위생관리 할
수 있는 식품의 제조·가공·조리방법을 의미한다.

14 ①

모범업소의 지정 : 특별자치도지사·시장·군수·구청장

오답 피하기

우수업소의 지정 : 식품의약품안전안전처 또는 특별자치도지사·시
장·군수·구청장

15 ④

시머링은 100℃보다 낮은 90℃ 정도 온도로 식품을 서서히 끓이는
방법이다.

오답 피하기

① 포우칭(Poaching) : 가볍게 데치는 것으로 끓는 점 바로 아래의
  액체 속에 음식을 넣고 조리하는 것이다.
② 스티밍(Steaming) : 찜통에서 음식을 쪄내는 조리 방법이다.
③ 블랜칭(Blanching) : 끓인 물이나 증기로 데치는 조리 방법이다.

16 ②

설도는 기름이 적은 부위로써 우둔살과 같은 용도로 사용하면 적합
하다.

17 ③

난황의 색소 카로티노이드는 불포화지방산으로부터 보호하는 역할
을 한다.

18 ④

② 미역 : 요오드가 많다.

19 ①

생선 육질이 소고기보다 연한 것은 콜라겐(Collagen)의 함량이 적기 때문이다.

20 ②

콜라겐이 열에 의해 육질이 연해져서 젤라틴으로 변한다.

21 ③

클로로필은 지용성 색소이다.

22 ①

$$수분활성도(Aw) = \frac{식품이\ 나타내는\ 수증기압(P)}{순수한\ 물의\ 최대수증기압(P_o)} = \frac{0.75}{1.5} = 0.5$$

23 ④

젤라틴 : 젤리, 아이스크림, 푸딩의 제조에 사용된다.

24 ④

장기간 식품보존방법(미생물관리에 의한 식품보존법)
- 물리적 처리에 의한 보존법 : 건조법, 냉각법, 가열살균법, 조사살균법
- 발효처리에 의한 보존법 : 발효식품, 절임식품, 곰팡이 발육식품
- 화학적 처리에 의한 저장법 : 염장법, 당장법, 산저장, 화학물질 첨가
- 종합적 처리에 의한 보존 : 훈연법

25 ①

생강을 식초에 절이면 적색으로 변하는데 안토시안 색소 때문이다.

26 ①

생선은 신선할 때 근육이 뼈에 밀착되어 잘 떨어지지 않는다.

27 ④

한천의 용해온도는 80~100℃이고 겔화되더라도 다시 녹일 수 있다.

28 ②

① 합성 식초 : 인위적으로 합성한 초산에 물을 섞은 식초로 강하고 자극적인 냄새와 맛을 가지고 있으며 떫은맛이 입안에 남고 가열하면 향미는 날아가고 신맛만 남는 특징이 있다.

29 ②

가루의 6배 정도의 물을 가하여 쑨다.

30 ②

설탕과 배의 프로테아제(Protease) 효소는 고기를 연하게 한다.

31 ①

저온숙성(냉장숙성)의 습도와 온도 : 85~100%, 온도 0~3℃에서 6~11일간 숙성한다.

고온숙성(지연냉장) : 10~20℃ 온도에서 도살 후 10시간까지 숙성한다.

32 ④

신선한 어류의 감별
- 눈이 선명하고 아가미는 선홍색으로 닫혀있어야 한다.
- 비닐에 광택이 있고 안구가 돌출된 것이 신선하다.
- 연하고 탄력이 있다.
- 색이 선명하다.
- 물에 가라앉는다.
- 뼈에 잘 밀착된 육질을 가진다.

33 ②

사용재료량을 kg의 단가에 맞게 kg으로 단위를 바꾸고 계산한다.
$(1 \times 10,000) + (2 \times 7,000) + (0.1 \times 2,000) + (0.1 \times 2,000) + (0.1 \times 5,000) = 24,900원$

34 ①

녹색 채소를 데칠 때 소다를 넣을 경우 채소의 질감이 물러진다.

35 ④

고구마의 전분이 β−Amylase에 의하여 맥아당으로 전환되면서 단맛이 증가한다. 이 효소는 55℃가 최적 온도이다.

36 ④

냉장육에 대한 설명이다.

37 ④

열량소 : 열량을 내는 단백질, 탄수화물, 지방을 말한다.

조절소 : 열량(에너지)를 내지는 않지만, 생리적작용을 조절하는 영양소로써 무기질, 비타민, 물이 여기에 해당한다.

38 ③

오답 피하기

④ 수산은 녹색 채소에 있는 성분으로 체내에서 칼슘의 흡수를 방해하여 신장결석을 일으킨다. 수산을 제거하기 위해 뚜껑을 열고 데친다.

39 ④

· 발연점 : 유지를 가열할 때 표면에서 푸른 연기가 발생할 때의 온도를 발연점이라고 한다.
· 아크롤레인 : 발연점에 도달한 경우는 청백색의 연기와 자극적인 냄새가 나는데 이것은 아크롤레인이 생성되기 때문이다.

40 ②

경직이 풀리면서 탄력과 신선도가 저하된다.

41 ③

· 선입선출법은 구입 순서에 따라 먼저 구입한 재료를 나중에 입고된 품목들보다 먼저 사용한 것이므로 7개의 재고는 11월 30일의 5병, 20일의 2병이 남은 것이다.
· (5×5,000) + (2×5,500) = 36,000원

42 ③

오답 피하기

① 흑설탕은 꼭꼭 눌러서 잰다.
② 밀가루는 체로 쳐서 누르지 않고 수북하게 담아 흔들지 말고 편편하게 깎아 측정한다.
④ 버터, 마가린 등의 고체 지방은 저울로 계량하는 것이 바람직하나, 컵이나 스푼으로 계량할 때는 실온에서 계량컵에 꼭꼭 눌러 담아 깎아서 계량한다.

43 ①

· 설탕의 첨가량이 많으면 겔의 강도가 높아진다.
· 산과 우유는 겔의 강도를 약하게 한다.

44 ①

고정비 : 일정한 기간 동안 조업도의 변동과 관계없이 항상 일정액으로 발생하는 원가로 감가상각비, 노무비, 보험료, 제세공과 등 포함된다.

45 ①

유지의 발연점 : 포도씨유 250℃, 옥수수유 240℃, 버터 208℃, 라드 190℃, 올리브유 175℃

46 ④

· 연령, 성별, 노동 정도에 따라 적정한 영양이 급식되므로 영양필요량을 충족시킨다.
· 동일한 장소와 식사를 하므로 동료 간 대화를 통해 원만한 인간형성을 이룬다.

47 ④

바닥과 바닥으로부터 1m까지의 물청소가 용이한 내수성 자재를 사용한다.

오답 피하기

① 미끄럽지 않고 산, 염, 유기용액에 강해야 한다.
②③ 배수를 위해 물매는 1/100 이상으로 한다.

48 ②

튀김냄비의 기름온도를 측정할 때 온도계는 기름 중앙에 꽂고 잰다.

49 ①

· 총원가 = 제조원가 + 판매관리비
· 판매관리비 = 총원가 − 제조원가 = 1,000 − 800 = 200원

50 ③

두부의 주 재료는 콩이며, 단백질이 주성분이다.

51 ③

회복기 보균자 : 질병의 임상증상이 회복되는 시기에도 여전히 병원체를 지닌 사람을 말한다.

52 ④

수인성감염병에는 장티푸스, 파라티푸스, 콜레라, 세균성 이질, 아메바성 이질, 전염성 설사 등이 있다.

53 ①

실업자는 수급권자에 해당하지 않는다.

54 ④

자외선은 2,600~2,800Å에서 살균력이 강해서, 소독에 이용된다.

55 ③

완속사여과법	급속사여과법
사면대치	억류세척
보통침전	약품침전
넓은 면적이 필요하다.	좁은 면적이 필요하다.

56 ③

질산염이나 인물질의 증가는 부영양화 현상으로 미생물수가 급격히 증가해 용존산소량이 감소하므로 생물이 살기 힘들어진다.

57 ②

혈액 속의 헤모글로빈(Hb)과의 친화력이 산소보다 250~300배 강하여 조직 내 산소 결핍증을 초래한다.

58 ③

아니사키스충은 갑각류나 바다생선에 기생한다.

오답 피하기

① 유극악구충의 제1중간숙주는 담수어, 제2중간숙주는 척추동물이다.
②④ 유구조충, 선모충은 돼지에 기생한다.

59 ④

구충의 예방법

• 육류나 어패류를 날것으로 먹지 않는다.
• 야채류는 희석한 중성세제로 세척 후 흐르는 물에 5회 이상 씻는다.
• 조리 기구를 잘 소독한다.
• 개인위생 관리를 철저히 한다.
• 인분뇨를 사용하지 않고 화학비료를 사용하여 재배한다.

60 ④

적외선 : 고열물체의 복사열을 운반하므로 열선이라고도 하며, 피부온도의 상승을 일으킨다.

---

01 ②	02 ③	03 ②	04 ③	05 ②
06 ④	07 ②	08 ③	09 ②	10 ①
11 ②	12 ①	13 ③	14 ④	15 ②
16 ①	17 ①	18 ①	19 ③	20 ③
21 ①	22 ③	23 ②	24 ③	25 ②
26 ①	27 ①	28 ②	29 ④	30 ②
31 ①	32 ①	33 ④	34 ②	35 ①
36 ②	37 ④	38 ④	39 ②	40 ④
41 ③	42 ④	43 ④	44 ③	45 ①
46 ④	47 ②	48 ①	49 ③	50 ①
51 ②	52 ①	53 ②	54 ③	55 ①
56 ②	57 ②	58 ④	59 ④	60 ②

01 ②

납(Pb) 중독	연빈혈, 칼슘대사이상, 신장장애, 적혈구수 증가
수은(Hg) 중독	미나마타병, 언어장애, 지각이상, 보행곤란
크롬(Cr) 중독	비염, 인두염, 기관지염
카드뮴(Cd) 중독	이타이이타이병, 신장장애, 단백뇨, 골연화증

02 ③

세균수가 10^5/g이면 신선한 때로 보고, 식품 1g당 생균 수가 $10^7 \sim 10^8$이면 초기 부패로 판정한다.

03 ②

특이한 신경 증상, 눈의 시력저하, 동공 확대, 청각마비, 언어장애, 높은 치사율이 특징이다.

04 ③

독미나리 : 시큐톡신(Cicutoxin)

05 ②

오답 피하기

① 식품의 영양 강화를 위한 것 – 강화제
③ 식품의 변질이나 변패를 방지하기 위한 것 – 보존제
④ 식품의 품질을 개량하거나 유지하기 위한 것 – 개량제

06 ④

아질산나트륨은 발색제이다.

오답 피하기

과산화벤조일, 과황상암모늄, 이산화염소는 소맥분 개량제이다.

07 ②

발효 : 탄수화물 식품이 미생물에 의해 알코올과 유기산을 생성하여 유용한 물질을 만들어 내는 것

08 ③

- 바이러스 : 인플루엔자, 천연두(두창), 홍역, 유행성이하선염, 급성 회백수염(소아마비=폴리오), 유행성 간염, 일본뇌염, 광견병(공수병), AIDS 등
- 세균 : 디프테리아, 백일해, 결핵, 성홍열, 폐렴, 나병, 장티푸스, 파라티푸스, 세균성이질, 콜레라, 페스트, 파상풍 등

09 ②

통조림에 철이 녹스는 것을 막기 위해 표면에 주석을 입힌다. 이 주석은 산성이 강한 과일, 캔, 주스 등에서 용출될 가능성이 높다.

10 ①

청매 중독은 곰팡이 중독이 아니라 식물성 식중독의 중독 증상이다.

11 ②

위해식품 등의 판매 등 금지

- 썩거나 상하거나 설익어서 인체의 건강을 해칠 우려가 있는 것
- 유독·유해 물질이 들어 있거나 묻어 있는 것 또는 그러할 염려가 있는 것. 다만, 식품의약품안전처장이 인체의 건강을 해칠 우려가 없다고 인정하는 것은 제외한다.
- 병을 일으키는 미생물에 오염되었거나 그러할 염려가 있어 인체의 건강을 해칠 우려가 있는 것
- 불결하거나 다른 물질이 섞이거나 첨가된 것 또는 그 밖의 사유로 인체의 건강을 해칠 우려가 있는 것
- 안전성 심사 대상인 농·축·수산물 등 가운데 안전성 심사를 받지 아니하였거나 안전성 심사에서 식용으로 부적합하다고 인정된 것
- 수입이 금지된 것 또는 수입 신고를 하지 아니하고 수입한 것
- 영업자가 아닌 자가 제조·가공·소분한 것

12 ①

포르말린 : 포름알데히드의 수용액으로 살균, 소독용으로 사용하고 부패 과정과 관계가 없다.

오답 피하기

③ 황화수소 : 달걀 썩는 냄새이다.
④ 인돌 : 부패한 단백질, 포유류의 배설물 속에 존재한다.

13 ③

관계 공무원으로 하여금 다음에 해당하는 출입·검사·수거 등의 조치

- 판매를 목적으로 하거나 영업에 사용하는 식품 등 또는 영업 시설 등에 대하여 하는 검사
- 검사에 필요한 최소량의 식품 등의 무상 수거
- 영업에 관계되는 장부 또는 서류의 열람

14 ④

영업 : 식품 또는 식품첨가물을 채취·제조·가공·조리·저장·소분·운반 또는 판매하거나 기구 또는 용기·포장을 제조·운반·판매하는 업(농업과 수산업에 속하는 식품 채취업은 제외한다)

15 ②

- 정신질환자
- 감염병환자(B형간염환자는 제외)
- 마약이나 그 밖의 약물 중독자
- 조리사 면허의 취소 처분을 받고 그 취소된 날부터 1년이 지나지 아니한 자

16 ①

결합수	자유수
용질에 대하여 용매로 작용하지 않는다.	전해질을 잘 녹인다(용매 작용).
건조로 쉽게 제거되지 않는다.	건조로 쉽게 제거된다.
−20℃에서도 동결되지 않는다.	0℃ 이하에서 쉽게 동결된다.
미생물 증식에 이용되지 못한다.	미생물의 번식과 발아에 이용된다.
밀도가 크다.	표면장력, 점성, 비열이 크다.

17 ①

오답 피하기

- 알코올 및 알데히드류 : 주류, 바닐라향, 감자, 오이, 복숭아, 계피
- 테르펜 : 녹차, 레몬, 오렌지
- 유황화합물 : 무, 파, 마늘, 양파, 간장
- 퓨란류 : 커피, 빵, 조리된 가금류, 카제인나트륨, 콩 등의 가열 처리 제품

18 ①

오답 피하기

포도당, 과당, 갈락토오스는 단당류이다.

19 ③

참고로 탄수화물의 열량은 4kcal/g, 단백질은 4kcal/g, 지질은 9kcal/g이다.

20 ③

간단한 분자들이 서로 결합하여 거대한 고분자 물질을 만드는 반응이다.

오답 피하기
① 산소와의 결합, 수소가 빠져나가는 반응이다.
② 열에 의해 결합이 끊어지고 새로운 물질을 만드는 반응이다.
④ 일반적으로 염이 물과 반응하여 산과 염기로 분해하는 반응이다.

21 ①

양갱은 한천으로 만든다.

22 ③

오답 피하기
비트는 뿌리식품, 파슬리는 잎, 아스라파라거스는 줄기를 먹는다.

23 ②

오답 피하기
엽록소는 산성에서 갈색화, 안토시안 색소는 알칼리성에서 청색화, 카로틴 색소는 산성과 알칼리에서 안정하다.

24 ③

유당(lactose)
• 갈락토오스와 포도당의 결합
• 체내 성장 촉진, 뇌신경 조직에 중요한 역할
• 살균 작용, 정장 작용에 도움

25 ③

두부응고제 : 황산칼슘($CaSO_4$), 염화마그네슘($MgCl_2$), 염화칼슘($CaCl_2$) 등

26 ①

전분의 가열 온도가 높을수록 호화시간이 빠르고, 점도는 높아진다.

27 ①

오답 피하기
• 맛의 대비 효과(맛의 강화) : 서로 다른 맛 성분이 혼합되어 주된 맛 성분을 강화시킨다.
• 맛의 억제 효과 : 서로 다른 맛의 혼합으로 각각의 맛이 약화된다.
• 맛의 상쇄 : 두 가지 맛이 상쇄되어 한 가지 맛을 단독으로 나타내지 못하고 약화 또는 소멸시킨다.

28 ②

클로로필 색소는 산에 불안정하여 식초를 사용하면 누런색으로 변하고, 알칼리에 안정해서 식소다를 사용하면 녹색을 유지한다.

29 ④

매일 지속적으로 발효가 일어나는 것은 자연 치즈의 특징이다.

30 ②

가스 저장은 산소와 탄산가스의 농도를 조절하여 과일, 난류를 저장하는 방법이다. 달걀에서 이산화탄소가 발산하면 기공이 커지고 신선도가 저하된다.

31 ①

천일염은 가공되지 않은 굵고 무기질이 많은 소금이다.

오답 피하기
• 정제염 : 불순물과 중금속을 제거한 정제한 소금이다.
• 식탁염 : 식성에 따라 간을 맞추어 먹도록 식탁 위에 놓아두는 고운 소금이다.
• 가공염 : 볶음, 태움 등의 방법으로 원형을 변형하거나 식품첨가물을 더하여 가공한 소금이다.

32 ①

오답 피하기
② 재료비 : 제품의 제조를 위하여 소비되는 물품의 원가
③ 경비 : 제품의 제조를 위하여 소비되는 재료비, 노무비 이외의 가치

33 ④

호박산은 감칠맛을 내는 맛성분으로 호박, 조개 등에 들어있다.

34 ②

저지방우유는 지방 함량을 2% 이하로 줄인 우유이다.

35 ①

드립을 막기 위해서는 급속 냉동하고 낮은 온도에서 천천히 해동한다.

36 ②

슬라이서는 채 써는 도구이다.

37 ④

• 배추 13kg에 13,260원이므로 배추의 1kg당 가격은 1,020원이다.
  13,260 ÷ 13 = 1,020원
• 46kg을 담그려고 하는데 폐기율은 8%이므로 발주량은 50kg이다.
  46 ÷ 0.92 = 50kg(폐기율이 8%이므로, 정미율 92%이고, 전체 100%를 1로 보므로 0.92가 나온다.)
• 50kg을 주문할 때의 비용은 51,000원이다.
  50kg × 1,020원 = 51,000원

38 ④

단백질을 분해하는 효소인 트립신의 작용을 저해하는 것은 안티트립신이다. 가열로 파괴할 수 있다.

39 ②

버터, 마가린 등에 힘을 가하고 제거했을 때 원상태로 회복되지 않는 성질이다.

40 ③

사태는 기름, 힘줄이 많아서 찜, 탕, 편육, 육수에 적당하다.

41 ③

- 밀가루 : 체로 쳐서 누르지 않고 수북하게 담아 흔들지 말고 편편하게 깎아 측정한다.
- 설탕 : 흑설탕은 꼭꼭 눌러서 잰다.
- 액체 : 물엿, 꿀과 같은 점성이 큰 것은 큰 계량컵을 사용하고 눈금과 액체 표면의 아래 부분을 눈과 같은 높이로 맞추어 계량한다.

42 ④

플라보노이드계 색소는 산성에 안정하여 식초, 산을 첨가하는 것이 좋다.

43 ④

생선 껍질은 97% 이상이 콜라겐으로 구성되어 있는데, 오그라드는 성질은 칼집을 넣어 방지할 수 있다.

44 ③

편육을 만들 때는 끓는 물에 고기를 넣어야 고기 맛의 용출이 적어 맛이 좋아진다.

45 ①

중조는 양질의 튀김을 만들고 바삭한 역할을 하지만 제품의 영양소 손실이 있다.

46 ④

- 진실성의 원칙 : 실제로 발생한 원가를 진실되게 정확히 파악한다.
- 발생 기준의 원칙 : 모든 비용과 수익의 계산은 그 발생 시점을 기준으로 한다.
- 계산 경제성(중요성)의 원칙 : 원가계산을 할 때는 경제성을 고려한다.
- 확실성의 원칙 : 여러 방법이 있을 경우에 가장 확실한 방법을 선택한다.
- 정상성의 원칙 : 정상적으로 발생한 원가만을 계산한다.
- 비교성의 원칙 : 다른 일정 기간의 것과 또 다른 부문의 것과 비교할 수 있도록 실행한다.
- 상호관리의 원칙 : 원가 계산, 일반 회계, 각 요소별, 부문별, 제품별 계산 간에 상호관리가 가능하도록 되어야 한다.

47 ②

마요네즈를 만들 때는 빨리 한 방향으로 저어야 분리되지 않는다.

48 ①

조절 영양소는 비타민, 무기질이다.

쇠고기, 달걀, 두부에는 비교적 단백질이 많이 들어있고, 감자, 쌀, 밀가루에는 탄수화물이 많이 함유되어 있다.

49 ③

높은 농도의 소금 용액에 저장하면 삼투압 작용으로 소금은 식품으로, 식품의 수분은 바깥으로 빠져나오게 된다.

50 ①

- 2,000kcal 중 15%를 단백질로 섭취할 경우의 단백질의 섭취 칼로리는 다음과 같다.
- 2,000kcal × 0.15 = 300kcal
- 300kcal에서 동물성 단백질의 양은 1/3로 하면 100kcal가 나온다.
- 단백질은 1g당 4kcal이다.
- 100 ÷ 4 = 25g

51 ②

글로불린 접종은 인공수동면역이다.

52 ④

유구조충은 돼지고기에 기생을 한다.

53 ④

종형은 아래와 위가 좁은 형태로 출생률과 사망률이 모두 낮다.

구분	유형	특징
피라미드형	후진국형 (인구증가형)	출생률은 높고 사망률은 낮은 형이다.
종형	이상형 (인구정체형)	출생률과 사망률이 낮고 14세 이하가 65세 이상 인구의 2배 정도이다.
항아리형	선진국형 (인구감소형)	평균수명이 높고 인구가 감퇴하는 형이다.
별형	도시형 (인구유입형)	생산층 인구가 증가되는 형이다.
기타형	농촌형 (인구유출형)	생산층 인구가 감소하는 형이다.

54 ③

- 공기 자체의 확산과 이동에 의한 희석 작용
- 눈과 비에 의한 세정 작용
- 오존에 의한 산화 작용
- 자외선에 의한 살균 작용
- CO_2와 O_2의 교환 작용 : 광합성에 의한 교환

55 ①

- 예비 처리 : 제진망(Screen)을 설치하여 부유 물질을 제거하고 토사 등을 유속을 느리게 하여 침전시키는 보통 침전과 약품 처리를 시키는 약품 침전이 있다.
- 본 처리 : 혐기성, 호기성 처리 방법이 있다.
- 오니 처리 : 육상투기법, 해양투기법, 소각법, 퇴비화법, 사상건조법, 소화법 등이 일반적으로 이용되고 있다. 그 중 소화법은 혐기성 분해 처리를 시키는 방법으로 제일 진보된 오니 처리법이다.

56 ②

이산화탄소는 악취나 호흡, 연소 작용에 의해 발생하는데 공기 조성의 전반적인 상태를 판단할 수 있다.

57 ②

다이옥신의 발생으로 대기 오염 문제가 발생한다.

58 ④

오답 피하기

고열 환경	열중증(열쇠약증, 열경련증, 열사병)
저온 환경	동상, 동창, 참호족염
고압 환경	잠혐병, 잠수병
저압 환경	고산병, 항공병
분진	진폐증, 규폐증, 석면폐증, 활석폐증

59 ④

가시광선은 망막을 자극하여 색채를 부여하고 명암을 구분하는 파장이다.

60 ②

두창, 홍역(95%) > 백일해 > 성홍열 > 디프테리아 > 소아마비(0.1%)

---

01 ④	02 ③	03 ③	04 ③	05 ③
06 ③	07 ②	08 ②	09 ④	10 ③
11 ①	12 ④	13 ③	14 ②	15 ②
16 ④	17 ①	18 ①	19 ①	20 ①
21 ①	22 ②	23 ④	24 ①	25 ①
26 ③	27 ①	28 ③	29 ①	30 ③
31 ③	32 ③	33 ④	34 ③	35 ①
36 ①	37 ②	38 ①	39 ①	40 ①
41 ②	42 ④	43 ③	44 ④	45 ③
46 ③	47 ①	48 ②	49 ④	50 ②
51 ③	52 ③	53 ③	54 ③	55 ②
56 ③	57 ③	58 ①	59 ③	60 ②

01 ④

발색제는 식품 색의 변색을 방지한다. 발색을 하는 식품첨가제로 허가된 발색제로는 아질산나트륨, 질산칼륨, 황산제1철(건조), 황산제1철(결정), 질산나트륨이 있다.

02 ③

벤조피렌은 불완전연소 과정에서 생성되는 다환방향족 탄화수소의 한 종류로 발암물질이고, 돌연변이를 일으키는 환경 호르몬이다. 공장의 매연, 배기가스, 담배 연기에서 나오는 물질이다.

03 ③

메탄올의 중독 증상으로는 신경 염증, 두통, 구토, 설사, 실명이 있고, 심하면 호흡 곤란으로 사망한다.

04 ③

식품의 부패는 여러 종류의 세균이 관여하여 생긴다.

05 ③

생균수가 식품 1g당 생균수가 $10^7 \sim 10^8$이면 초기 부패로 판정한다.

06 ③

오답 피하기

감염형 식중독 : 살모넬라 식중독, 장염비브리오 식중독, 병원성대장균 식중독, 웰치균

07 ②

복어독 테트로도톡신의 증세로는 마비성 식중독, 사지의 마비, 호흡 곤란, 호흡 마비로 인한 사망이 있다. 중독 증상에 알맞은 조치는 위세척을 하거나 구토하게 만드는 최토제를 투여한다. 호흡 곤란으로 인한 사망을 예방하기 위해서는 호흡 촉진제를 투여한다.

08 ②

황색포도상구균 식중독은 화농성질환자에 의해 발생하므로 식품 조리 및 가공을 금지해야 한다.

09 ④

참깨에는 사용할 수 없고, 과일과 채소의 살균 목적으로 사용한다. 최종 식품 완성 전에 제거한다.

오답 피하기

① 초산비닐수지 : 피막제
② 이산화염소 : 소맥분 개량제
③ 규소수지 : 소포제

10 ③

식품 중의 유독 유해 성분이나 물질 섭취로 인한 위해 식품을 내인성 위해 식품이라고 한다.

11 ①

배추와 무를 충분히 씻지 않은 것은 무름의 원인에 해당하지 않는다.

12 ④

식품 위생의 목적 : 식품으로 인하여 생기는 위생상의 위해를 방지하고 식품 영양의 질적 향상을 도모하며 식품에 관한 올바른 정보를 제공하여 국민 보건의 증진에 이바지함을 목적으로 한다.

13 ③

집단급식소 : 영리를 목적으로 하지 아니하면서 특정 다수인에게 계속하여 음식물을 공급하는 기숙사, 학교, 유치원, 어린이집, 병원, 사회 복지 시설, 산업체, 국가, 지방 자치 단체 및 공공기관, 그 밖의 후생 기관

14 ②

식품위생법상 식품위생감사원의 직무

• 식품 등의 위생적인 취급에 관한 기준의 이행 지도
• 수입·판매 또는 사용 등이 금지된 식품 등의 취급 여부에 관한 단속
• 표시 또는 광고 기준의 위반 여부에 관한 단속
• 출입·검사 및 검사에 필요한 식품 등의 수거
• 시설 기준의 적합 여부의 확인·검사
• 영업자 및 종업원의 건강 진단 및 위생 교육의 이행 여부의 확인·지도
• 조리사 및 영양사의 법령 준수 사항 이행 여부의 확인·지도
• 행정 처분의 이행 여부 확인
• 식품 등의 압류·폐기 등
• 영업소의 폐쇄를 위한 간판 제거 등의 조치
• 그 밖에 영업자의 법령 이행 여부에 관한 확인·지도

15 ②

신고하지 않아도 되는 업종

• 양곡가공업 중 도정업을 하는 경우
• 수산물가공업의 신고를 하고 해당 영업을 하는 경우
• 축산물가공업의 허가를 받아 해당 영업을 하는 경우
• 건강기능 식품제조업, 건강기능 식품수입업 및 건강기능 식품판매업의 영업 허가를 받거나 영업 신고를 하고 해당 영업을 하는 경우

16 ④

마이야르 반응은 비효소적 갈변이다.

17 ①

오답 피하기

② 강화미 : 손실된 영양분의 보충, 본래 함유된 영양분의 증가한 쌀
③ 팽화미 : 쌀을 압력이 걸려 있는 장치에 넣어 밀폐시켜 가열하여 호화, 팽창시킨 쌀
④ α−화미 : 쪄서 수분이 8% 이하가 되도록 더운 바람으로 말린 쌀

18 ①

발효 식품 : 치즈, 요구르트, 된장, 간장, 김치

19 ①

• 산소와 탄산가스의 기체의 농도를 조절하여 과일, 난류를 저장하는 방법이다.
• 식품마다 다르지만 미생물이 번식할 수 없는 0℃, 습도는 80~85%가 적당하다.

20 ①

오답 피하기

② 지단백질 : 단순단백질 + 지방
③ 당단백질 : 단순단백질 + 당
④ 핵단백질 : 단순단백질 + 핵산

21 ①

한천은 우뭇가사리 등의 홍조류를 삶아서 얻은 액을 냉각, 동결, 건조한 것으로 양갱 제조에 쓰이고, 젤라틴과 함께 유제품의 식품안정제로도 사용된다. 연구 목적으로 곰팡이나 세균의 배지로도 사용한다.

22 ②

일반적인 식품의 수분활성도는 1보다 작다. 물의 수분활성도가 10이다.

23 ④

냉장고에 보관하는 것만으로 장기간 보존할 수는 없다.

24 ①

글리시닌은 콩의 대표적인 단백질로 염류에 응고되는 성질이 있어 두부를 만드는 데 이용된다.

25 ①

• 노화가 잘 일어나지 않는 조건으로는 수분 함량 15% 이하, 유화제 첨가, 설탕 첨가 등이 있다.
• 이 중 라면류, 건빵류, 비스킷은 수분 함량이 낮아 노화가 잘 일어나지 않는다.

26 ③

신맛 + 아미노기 = 쓴맛

27 ①

• 사용횟수가 많으면, 1회 사용할 때마다 발연점이 10~15℃씩 저하된다.
• 유리지방산의 함량이 많을수록 발연점이 낮아진다.
• 기름에 이물질이 많으면 발연점이 낮아진다.
• 그릇의 표면적이 1인치 넓을수록 발연점이 2℃씩 저하된다.

28 ③

유당(16) < 갈락토오스(33) < 맥아당(60) < 포도당(74) < 설탕(100) < 전화당(85~130) < 과당(170)

29 ①

소의 간에는 비타민 A가 많아 눈에 좋은 음식이라 하였고, 무기질인 철분(Fe)이 많아서 빈혈에 좋은 식품이다.

30 ③

오답 피하기
① 안토잔틴 : 꽃잎의 노란색, 가을에 잎의 자색이나 적자색
② 클로로필 : 녹색 야채에 있는 Mg을 함유한 엽록소 색소
④ 플라보노이드 : 콩, 감자, 연근 등의 흰색이나 노란색

31 ③

발주량 = {정미주량 ÷ (100 − 폐기율)} × 인원수 × 100
= {60 ÷ (100 − 9)} × 1,000 × 100 ≒ 65,934g = 약 66kg

32 ③

단체급식에서는 일정한 기간마다 재고 관리를 하여 사용량을 통계, 발주한다.

33 ④

완두콩을 통조림으로 만들 때 황산구리를 첨가하면 녹색을 유지할 수 있다. 그러나 비타민 C가 파괴되는 단점이 있다.

34 ③

가라앉는 것이 신선한 달걀이다.

35 ①

오답 피하기
② 밀가루를 잴 때는 눌러 담지 않고 가볍게 담아 측정한다.
③ 흑설탕은 꾹꾹 눌러 담는다.
④ 쇼트닝은 실온에서 눌러 담는다.

36 ①

돼지고기, 쇠고기, 닭고기, 생선류 중 등푸른 생선, 달걀, 콩 제품들에는 단백질이 많다.

37 ②

설탕의 농도가 높을수록 겔 강도를 감소시켜 부드러운 젤리를 형성한다.

38 ①

산(식초, 레몬즙)에서 기포는 더 잘 일어난다.

오답 피하기
• 설탕, 우유, 기름은 기포의 발생을 저해한다.
• 오래된 계란일수록 기포는 잘 생기지만 안정성과 점성이 적다.

39 ③

간장의 감칠맛 성분은 글루탐산이다.

오답 피하기
포도당은 단당류, 전분은 다당류이고, 아스코르빈산은 비타민 C이다.

40 ①

김 100g에는 단백질이 38.6g 들어 있어 다른 해조류에 비해 10~15% 정도 많다. 비타민 A, B, D도 풍부한 편이다.

41 ②

오답 피하기
수의계약 : 경쟁 계약에 의하지 아니하고 임의로 적당한 상대자를 선정하여 체결하는 계약

42 ④

수분 함량을 15% 이하로 낮추어야 한다.

43 ③

카제인(Casein)은 산, 레닌에 응고되는 성질이 있다. 이를 응용하여 치즈를 만든다.

44 ④

- 1kg 불고기를 만드는 데 소요되는 비용은 등심(18,000원) + 양념비(3,500원) = 21,500원이다.
- 1kg 소요 비용이 21,500원인데 1인분은 200g으로 하니 1인분의 소요 비용은 1/5이 된다.
- 즉 200g의 불고기 소요비용은 21,500원 ÷ 5 = 4,300원이다.
- a라는 금액으로 팔려고 하는데 식재료 비율을 40%, 4,300원으로 하려고 한다.
- a × 0.4 = 4,300원, a는 4,300원 ÷ 0.4 = 10,750원이다.

45 ③

적자색 – 선홍색 – 갈색 – 회갈색

46 ③

설탕은 흰자의 거품 생성을 방해하므로 충분한 거품이 생긴 후 설탕을 첨가하는 것이 좋다.

47 ①

난황의 레시틴은 유화성이 있어 기름의 분리를 막아준다.

48 ②

샐러드유로 쓰이는 기름은 냉장고에 보관하는데, 굳지 않고 부드러운 상태가 유지되어야 한다. 그러나 유지는 냉장고에서 보관하면 굳는 것이 있다. 그래서 온도를 낮추어 고체화 시키고 여과하여 샐러드유로 적합하게 만든다.

49 ④

오답 피하기

산과 알칼리에도 강해야 하고 바닥 전체의 물매는 1/100이 적당하다.

50 ②

돼지고기의 부위로는 갈매기살, 항정살, 삼겹살 등이 있다.

51 ③

레이노드병은 진동과 관련된 병이다.

52 ③

카드뮴 중독 증상으로 이타이이타이병에 걸리고 증상은 골연화증이 있다.

53 ③

파상풍은 다른 환자를 통해 감염되지 않기 때문에 격리를 요하지 않는다.

54 ③

하수의 오염도를 나타내는 방법이며 수중 유기물을 20℃에서 5일간 측정한다. BOD의 수치가 높으면 하수 오염도가 높다는 말로 20ppm 이하여야 한다.

55 ②

- 10% 이상일 때는 질식사, 7% 이상일 때는 호흡 곤란 증세가 있다.
- 위생학적 허용 한계 : 0.1%(= 1,000ppm)

56 ③

발생지역과 일치하고 성별, 연령에 따른 차이는 없다.

57 ③

동양모양선충 – 절임채소

58 ①

예방접종은 감염병의 예방 대책 중의 하나이다.

59 ③

구충은 맨발 작업 시 피부로 감염되는 기생충이므로 장화를 착용해야 기생충 감염을 예방할 수 있다.

60 ②

4대 온열 조건 인자는 기온, 기습, 기류, 복사열이다.

01 ①	02 ②	03 ①	04 ①	05 ④
06 ①	07 ④	08 ①	09 ③	10 ④
11 ③	12 ④	13 ②	14 ④	15 ④
16 ②	17 ①	18 ①	19 ③	20 ②
21 ④	22 ③	23 ①	24 ①	25 ①
26 ①	27 ①	28 ①	29 ③	30 ④
31 ③	32 ③	33 ④	34 ①	35 ①
36 ④	37 ②	38 ①	39 ③	40 ③
41 ③	42 ④	43 ②	44 ②	45 ④
46 ③	47 ③	48 ②	49 ④	50 ②
51 ④	52 ③	53 ①	54 ②	55 ①
56 ②	57 ③	58 ③	59 ②	60 ③

01 ①

포도상구균 자체는 열에 약해 80℃에서 30분 가열하면 파괴되지만 독소는 열에 강하여 쉽게 파괴되지 않는다.

02 ②

미생물 생육에 필요한 3대 조건은 온도, 수분, 영양분이다.

03 ①

황변미의 병원체는 푸른곰팡이이다.

04 ①

보존제 : 식품의 변질, 부패를 방지하고 식품의 영양가와 신선도를 보존하기 위하여 사용하는 식품첨가물이다.

05 ④

카드뮴 중금속의 질병으로 신장 장애, 단백뇨, 골연화증의 증세가 있고, 이타이이타이 병의 원인이다.

06 ①

석탄산 : 변소, 하수도, 오물, 의류를 소독하는 데 사용되며 비교적 안정적이고 유기물에도 소독력이 약화되지 않으므로 살균력의 지표가 된다.

07 ④

발아, 발근의 억제를 위해 방사선을 조사하여 식품처리를 하는데, 감자와 고구마의 허용선량은 0.05~0.15kGy이다. kGy는 감마선의 에너지 흡수량을 표시하는 단위이다.

08 ①

메틸알코올(메탄올) 중독 증상은 두통, 현기증 등을 일으키는 것 이외에 시신경염증과 시각장애를 일으킨다.

09 ③

식품첨가물의 사용 목적 : 식품의 부패와 변질을 방지하고, 기호 및 관능을 만족시키고, 영양을 강화시키고, 품질 개량 및 일정 기간을 유지시키는 데 있다.

10 ④

3,4-벤조피렌 : 발암 물질로 훈연제품, 구운 생선류, 불고기 등에서 발생한다.

11 ③

식품의약품안전처장의 역할
- 기구 및 용기·포장에 관한 기준 및 규격
- 유전자변형식품 등의 표시
- 위해평가 검사
- 위해식품 긴급대응
- 유전자변형식품 등의 안전성 심사
- 특정 식품 등의 수입·판매 등 금지
- 시정명령
- 우수업소의 지정
- 조리사와 영양사의 위생 교육

12 ④

일반음식점 외에 식품제조가공업, 식품첨가물제조업, 휴게음식점 등도 이에 해당한다.

13 ②

생선은 결체조직의 함량이 고기에 비하면 낮은 편이다.

14 ④

벼에서 외피를 100% 제거한 쌀은 백미이다.

15 ④

복어조리점에는 복어조리기능사 자격증을 취득한 조리사를 두어야 한다.

16 ②

경화유는 액상기름에 수소를 첨가해서 만든 것이다.

17 ①

체다 치즈는 경성 치즈이고, 블루, 까망베르, 크림 치즈는 연성 치즈로 부드럽다.

18 ①

$$\text{수분활성도(Aw)} = \frac{\text{식품이 나타내는 수증기압}}{\text{순수한 물의 최대수증기압}}$$

19 ③

녹색 채소의 클로로필 분자의 마그네슘이온을 구리양이온으로 치환하면 안정된 청록색이 된다.

20 ②

식품의 특수 성분은 효소로 맛, 향에 기인한다.

21 ④

대두단백질 글리시닌은 황산칼슘($CaSO_4$), 염화마그네슘($MgCl_2$), 염화칼슘($CaCl_2$) 등의 두부응고제와 열(70℃)에 응고되는 성질을 이용하여 두부를 만든다.

22 ③

구연산은 감귤, 살구, 딸기에 있다.

23 ①

② 산화효소에 의해 산화된다.
③ 자외선에 불안정하다.
④ 물에 쉽게 용해되지 않는다.

24 ①

훈연제품의 산화방지제는 에르소르빈산나트륨이다.

25 ①

결정형 캔디는 퐁당(Fondant), 퍼지(Fudge), 너겟(Nougat)이 있다.

26 ①

- 당질, 단백질은 1g당 4kcal의 열량을 내고, 지방은 1g당 9kcal의 열량을 낸다.
- $(5 \times 4) + (3.5 \times 4) + (3.7 \times 9) = 67.3$
- 우유 100g에서 67.3kcal의 열량을 낸다.
- 우유 170g은 67.3 × 170 ÷ 100 = 114.41kcal의 열량을 낸다.

27 ①

아미노화합물과 카르보닐화합물이 반응하여 착색중합물을 생성하는 비효소적인 반응을 아미노카르보닐반응이라 한다. 커피, 된장 등에서 방향 성분의 생성, 착색, 항산화성 등 바람직한 성질이 이에 해당한다.

28 ①

쌀에 부족한 단백질을 콩과 함께 섭취하면 보충할 수 있다.

29 ④

① 아밀라아제 : 아밀로오즈를 분해하는 효소
② 리파아제 : 리포오즈를 분해하는 효소
③ 아스코르비나아제 : 아스코르빈산을 분해하는 효소

30 ④

우유, 마요네즈, 아이스크림은 수중유적형 제품이다.

31 ③

$$\text{발주량} = \frac{\text{정미량}}{\text{정미율}} = \frac{\text{정미량}}{1 - \text{폐기율}} = \frac{60}{1 - 0.34} \div 91g$$

32 ③

냉동식품은 완만 해동하는 편이 좋으나, 반조리 식품은 직접 가열한다.

33 ④

산은 호화에 방해를 일으키는 인자이다.

34 ①

산(식초, 레몬즙)에서 기포가 더 잘 일어난다.

설탕, 우유, 기름은 기포의 발생을 저해한다.

35 ①

필수지방산은 리놀렌산, 리놀레산, 아라키돈산이다.

36 ④

카제인은 산(식초, 레몬즙), 응유효소(레닌), 알코올, 염류(염석)에 의해 응고되고, 유청 단백질은 열에 응고한다.

37 ②

근원섬유(섬유상) 단백질은 미오신(Myosin), 액틴(Actin) 등이다.

38 ①

알긴산은 갈조류의 세포막 성분으로 미역, 다시마에 함유되어 있다.

39 ③

불고기는 건열 조리이다.

40 ③

자외선을 받으면 비타민 D가 생성된다.

41 ③

술을 넣으면 어취를 약화시킨다.

42 ④

- 글루텐의 형성에 도움을 주는 물질 : 액체, 달걀, 소금, 물, 우유
- 글루텐의 형성을 방해하는 물질 : 지방, 설탕

43 ②

콩은 너무 덜 익히면 콩 비린내가 나고 너무 많이 삶으면 메주냄새가 난다. 그러므로 콩이나 콩나물을 삶을 때는 뚜껑을 닫고 익을 때까지 여닫지 않는 것이 좋다.

44 ②

흑설탕은 수저로 꾹꾹 눌러 담아 계량한다.

45 ④

음식을 조리하거나 설거지 할 때 함께 유출되는 유지방을 배수배관에 유입되기 전 최종방류 지점에서 분리 배출한다.

46 ③

출고계수 $= \dfrac{1}{\text{정미율}} \times 100 = \dfrac{1}{80} \times 100 = 1.25$

47 ③

- 곡류, 건어물 : 부패성이 적어 1개월분을 한 번에 구입한다.
- 육류 : 중량과 부위별로 구입하고 냉장 시설이 갖추어져 있으면 1주일분을 구입한다.
- 어류 : 신선도를 확인하고 필요에 따라 수시로 구입한다.
- 과일류 : 산지별, 품종, 상자당 수량을 확인하고 필요에 따라 수시로 구입한다.

48 ②

병원급식 : 일요일 및 공휴일에도 급식이 이루어져야 하고, 연중무휴로 1일 3식을 생산해야 한다.

49 ④

육류의 결합 조직을 장시간 물에 넣어 가열했을 때 콜라겐이 젤라틴으로 된다. 결합 조직의 콜라겐이 젤라틴화 되면서 조직이 부드러워진다.

50 ②

오답 피하기

지방, 아미노산은 무기질이 아니다.

51 ④

세균성이질 : 소화기계 감염병으로 분변이나 토물에 의해서 소화기계 감염병이나 기생충 질환의 병원체가 체외로 배설된다.

52 ③

보균자 : 병원체를 보유하고 있지만 증상은 나타나지 않는 자로 건강 보균자, 잠복기 보균자, 병후 보균자가 있다.

53 ①

기생충	제1중간숙주	제2중간숙주
간흡충(간디스토마)	왜우렁이	붕어, 잉어
요꼬가와흡충	다슬기	담수어, 은어, 잉어
광절열두조충(긴촌충)	물벼룩	연어, 송어

54 ②

오답 피하기

세균성이질, 파라티푸스, 장티푸스는 세균이다.

55 ①

음의 강도는 데시벨이다.

56 ②

- 발생률 : 특정 기간 내 발생하는 새로운 환자 숫자
- 유병률 : 특정 기간에 존재하는 환자 숫자

57 ③

요충은 집단 감염과 항문소양증이 있다.

58 ③

납 중독에서 검출되고 증상으로는 연빈혈, 칼슘대사이상, 신장 장애, 적혈구수 증가가 있다.

59 ②

자외선은 관절염 치료에 사용된다.

60 ③

물의 자정 작용은 지표수가 자연히 정화되는 작용을 말한다.

01 ①	02 ③	03 ②	04 ②	05 ④
06 ④	07 ②	08 ④	09 ①	10 ②
11 ④	12 ②	13 ②	14 ③	15 ④
16 ③	17 ④	18 ②	19 ②	20 ①
21 ②	22 ③	23 ③	24 ③	25 ①
26 ③	27 ①	28 ④	29 ③	30 ④
31 ②	32 ③	33 ①	34 ④	35 ①
36 ②	37 ③	38 ④	39 ①	40 ①
41 ④	42 ②	43 ③	44 ③	45 ①
46 ①	47 ②	48 ②	49 ③	50 ②
51 ③	52 ③	53 ①	54 ④	55 ③
56 ①	57 ③	58 ②	59 ②	60 ④

01 ①

오답 피하기

② 수은 중독 : 미나마타병, 지각이상
③ 카드뮴 중독 : 골연화증
④ 비소 중독 : 구토, 설사, 심장마비

02 ③

의무적용 대상 식품

• 어육가공품 중 어묵류
• 냉동수산식품 중 어류, 연체류, 조미가공품
• 냉동식품 중 피자류, 만두류, 면류
• 빙과류
• 비가열 음료
• 레토르트 식품
• 김치 중 배추김치

03 ②

보존료는 식품의 부패, 변질을 방지하기 위한 식품첨가물이다.

오답 피하기

① 산미료 : 산도 조절
③ 항산화제(산화방지제) : 산화에 의한 변패 방지
④ 강화제 : 가공과정에서 파괴되는 영양소 보충

04 ②

콩단백질의 금속염에 의한 응고 현상은 두부를 만드는 과정으로 품질 저하와 관련 없다.

05 ④

종류	독성 물질
감자 싹	솔라닌(Solanine)
부패된 감자	셉신(Sepsine)
독미나리	시큐톡신(Cicutoxin)
청매, 살구씨	아미그달린(Amygdalin)
피마자	리신(Ricin)
목화씨(면실유)	고시폴(Gossypol)

오답 피하기

① 라이코린 : 꽃무릇의 알뿌리
② 하이오사이어아민(히오시아민) : 독말풀
③ 리신 : 피마자

06 ④

클로스트리디움 보툴리늄 식중독의 독소인 뉴로톡신은 열에 약하여 80℃에서 30분 가열 시 파괴되고 아포는 열에 강하여 120℃에서 20분 이상 가열해야 한다.

07 ②

미량으로 효과가 나타나야 한다.

08 ④

황색포도상구균은 화농성질환자의 식품 조리 및 가공에 의해 오염될 수 있으므로 식품 취급을 금지하고, 식중독 예방을 위해서 조리사는 마스크, 모자 착용을 해야 한다.

09 ①

오답 피하기

②③ 에스테르검, 폴리이소부틸렌 : 껌 기초제
④ 폴리소르베이트 : 계면활성제

10 ②

미생물의 증식으로 분해되면서 나는 부패 냄새에는 황화수소, 암모니아, 인돌, 스카톨 등의 부패취가 있다.

11 ④

식품의약품안전처장, 시·도지사 또는 시장·군수·구청장은 위생 검사 등의 요청에 따르는 경우 14일 이내에 출입·검사·수거(위생 검사) 등을 하고 그 결과를 대통령령으로 정하는 바에 따라 위생 검사 등의 요청을 한 소비자, 소비자 단체 또는 시험·검사 기관에 알리고 인터넷 홈페이지에 게시하여야 한다.

12 ②
식품은 의약품을 제외한 모든 음식물을 말한다.

13 ②
- 우수 업소의 지정 : 식품의약품안전처장 또는 특별자치시장·특별자치도지사·시장·군수·구청장
- 모범 업소의 지정 : 특별자치시장·특별자치도지사·시장·군수·구청장

14 ③
영양사의 직무
- 집단 급식소에서의 식단 작성, 검식 및 배식 관리
- 구매 식품의 검수 및 관리
- 급식 시설의 위생적 관리
- 집단 급식소의 운영 일지 작성
- 종업원에 대한 영양 지도 및 식품 위생 교육

15 ④
폐기물 용기는 오물이나 악취 등이 누출되지 않도록 뚜껑이 있고 내수성 재질로 된 것이어야 한다.

16 ③
지방 함량이 많은 생선에서 트리메틸아민이 더 많이 생성된다.

17 ④
글루텐의 함량에 따라 강력분, 중력분, 박력분으로 나누는데 특성에 따라 사용을 다르게 한다.

종류	글루텐 함량	용도
강력분	13% 이상	빵, 마카로니, 스파게티
중력분	10~13%	칼국수면, 만두피
박력분	10% 이하	튀김옷, 케이크, 쿠키, 도너츠

18 ②
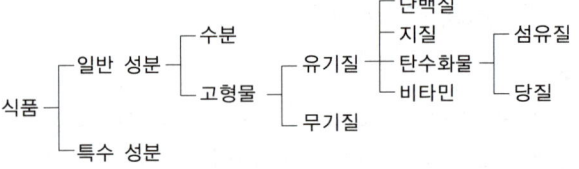

19 ②
블랜칭은 끓는 물에 식품을 데치는 것을 말한다. 열 처리, 산 처리 등으로 효소적 갈변을 억제할 수 있다.

오답 피하기

간장, 된장, 아민과 카르보닐의 반응, 아스코르빈산 산화 반응은 비효소적 갈변이다.

20 ①
두부는 발효 식품이 아니라 콩의 가공 식품이다.

21 ②
우유의 단백질 카세인이 산(식초, 레몬즙), 응유 효소(레닌), 알코올, 염류(염석)에 의해 응고되는데 이 성질을 이용하여 치즈를 만든다.

22 ③
- 25g의 버터에서 지방이 80%이면 지방의 함량은 다음과 같다.
- 25g × 0.80 = 20g
- 버터의 지방은 20g이다.
- 지방은 1g당 9kcal의 열량을 낸다.
- 20g × 9kcal = 180kcal

23 ③
베이컨은 삼겹살 부위를 훈제 가공 처리한 식품이다.

24 ③
설탕은 비환원당이다.

25 ①
- 홍조류 : 김, 우뭇가사리
- 갈조류 : 미역, 다시마, 톳, 모자반
- 녹조류 : 청각

26 ③
수용성 비타민 : 티아민(비타민 B1)

오답 피하기

지용성 비타민 : 레티놀(비타민 A), 토코페롤(비타민 E), 칼시페롤(비타민 D)

27 ①
기포성에 영향을 주는 흰자 단백질은 글로불린이다.

28 ④
죽순, 토란 등의 아린맛에는 쓴맛과 떫은맛이 있다.

29 ③
친수성기와 소수성기를 갖고 있어 우유, 마요네즈, 마가린, 버터 등의 유제품 제조에 이용된다.

30 ④
- 알칼리성 식품 : Ca, Mg, Na, K, Fe, Cu, Mn, Co, Zn
- 산성 식품 : P, S, Cl, I

31 ②
- 겨자 : 시니그린
- 후추 : 차비신(캐비신)

32 ③

수의계약은 경매, 입찰 등 경쟁하지 않고 임의로 적당한 상대자를 선정하는 계약이다. 저렴한 가격으로 구매할 수 있는 것은 경매이다.

33 ①

딸기잼을 만들 때 낮은 온도에서 서서히 가열하면 선명한 색의 딸기잼이 완성된다.

34 ④

버터의 80%가 지방이다.

35 ①

붉은살 생선은 지방 함량이 5~20%이다.

36 ②

노화의 방지책
- 수분 함량을 15% 이하로 한다.
- 유화제를 첨가한다.
- 0℃ 이하로 동결시키거나 60℃ 이상으로 온장시킨다.
- 설탕을 첨가한다.

37 ③

- 난백계수가 신선하면 약 0.16, 오래된 달걀은 0.1 이하가 된다.
- 난황계수가 신선한 것은 0.4 내외이며, 오래된 것은 0.3 이하가 된다.
- 농후난백의 비율이 높은 것이 신선한 달걀이다.

38 ④

비타민 B_{12}(시아노코발라민)은 혈액 생성에 관여하고 생선, 간, 달걀에 많이 함유되어 있다.

39 ①

케이크는 박력분을 사용한다.

40 ①

오답 피하기
② 코리앤더 : 우리나라에서는 고수로 많이 알려진 풀로, 쌀국수나 중국요리에 많이 쓰인다.
③ 캐러웨이 : 빵, 케이크, 스프 등 서양 요리에 많이 쓰인다.
④ 아니스 : 팔각이라고 불리고 오향장육 재료로 쓰이는 향신료이다.

41 ④

기름에 단시간 내에 익히는 것이 가장 영양소 손실이 적다.

42 ②

- 유중수적형 : 마가린, 버터
- 수중유적형 : 우유, 마요네즈, 아이스크림

43 ③

- 선입선출법에 의하여 10병이 재고면 27일 때 구입한 3병, 20일 때 구입한 병이 재고가 된다.
- (3 × 3,500) + (7 × 3,000) = 31,500원

44 ③

- 12kg의 폐기율은 35%이면 정미율은 65%이다.
- 정미량은 다음과 같다.
- 12kg × 0.65 = 7.8kg
- 12kg을 45,000원에 구입하지만 실제 사용하는 양은 7.8kg이다.
- 실제 단가는 45,000원 ÷ 7.8kg = 약 5,769원이다.

45 ①

전골은 양념이나 건더기가 많아 음식의 온도가 높아야 맛있게 먹을 수 있다.

46 ①

브로일링은 건열 조리이다.

47 ②

오답 피하기
① 육류를 오래 끓이면 근육 조직인 콜라겐이 젤라틴으로 용출되어 맛있는 국물을 만든다.
④ 육류를 오래 끓이면 질긴 단백질인 콜라겐이 젤라틴화 되어 맛있는 국물을 만든다.

48 ②

생선은 결체 조직의 함량이 높지 않다.

49 ③

콩을 삶을 때 중조를 사용하면 연화되어 쉽게 물러지지만 영양소 파괴가 있어, 소금물에 삶는 것이 좋다. 물은 경수보다는 연수가 조리용 물로 적합하다.

50 ②

병원 급식이 1일 3식을 월요일부터 일요일까지 매일 제공하므로 사용수량이 많다.

51 ③

위생학적 허용 한계 : 0.1% (= 1,000ppm)

52 ③

적외선의 특징

• 일광의 3분류 중 파장이 가장 길다.
• 적외선은 지상에 열을 주어 기온이 좌우된다.
• 적외선 과다 노출은 일사병과 백내장을 유발한다.

53 ①

장티푸스는 수인성 감염병으로 환경위생을 철저하게 하면 예방할 수 있다.

54 ④

규폐증은 먼지, 분진이 원인이다.

55 ③

개인이 아니라 인간 집단이며 최소 단위는 지역사회, 국민 전체를 대상으로 한다.

56 ①

규산이 들어있는 먼지가 오랫동안 노출되어 폐에 규산이 쌓여 생기는 질환이다.

57 ③

수인성 감염병은 폭발적으로 발생하지만 치명률은 낮다.

58 ②

대기층의 온도는 100m 상승할 때마다 1℃가 낮아지므로, 상부 기온이 하부 기온보다 낮다. 그러나 대기 오염으로 인해 기온 역전 현상은 상부 기온이 하부 기온보다 높은 때를 말한다.

59 ②

강이나 호수에서 유기물과 인산염을 비롯한 영양 물질이 늘어나 조류가 급격하게 자랄 수 있는 현상을 부영양화라 하며, 부영양화로 강이나 호수에서는 녹색을 띠는 녹조 현상이 일어난다.

60 ④

사상충은 모기로부터 감염된다.

2025년 최신 기출문제 **05**회   p.221

01 ②	02 ④	03 ③	04 ③	05 ④
06 ②	07 ②	08 ②	09 ③	10 ①
11 ③	12 ②	13 ②	14 ④	15 ③
16 ②	17 ②	18 ①	19 ①	20 ①
21 ④	22 ①	23 ②	24 ④	25 ①
26 ②	27 ②	28 ①	29 ③	30 ②
31 ④	32 ③	33 ③	34 ①	35 ④
36 ②	37 ①	38 ①	39 ②	40 ②
41 ④	42 ③	43 ②	44 ③	45 ④
46 ③	47 ②	48 ④	49 ②	50 ①
51 ③	52 ①	53 ③	54 ④	55 ②
56 ③	57 ②	58 ④	59 ④	60 ④

01 ②

식품 중에 존재하는 색소단백질과 결합함으로써 식품의 색을 보다 선명하게 하거나 안정화시키는 첨가물은 발색제라고 한다. 발색제는 질산나트륨이다.

02 ④

식품위생의 목적

• 식품으로 인한 위생상의 위해 사고를 방지한다.
• 식품 영양의 질적 향상을 도모한다.
• 국민 보건의 증진에 이바지한다.

03 ③

땅콩과 관련된 독소 물질은 아플라톡신이다. 재래식 된장, 간장, 고추장, 밀가루도 원인 식품이 될 수 있다.

04 ③

아질산염과 아민류가 산성 조건하에서 반응하여 생성하는 물질로 강한 발암성을 갖는 물질이다.

05 ④

세균이 직접 원인이 아니라, 세균의 효소 작용에 의해 유독 물질이 생성되어 발생한다.

06 ②

주류 발효 과정에서 존재하고 포도주, 사과주 등에 메탄올이 생성되어 함유될 수 있다.

07 ②

감자 싹의 독성 물질은 솔라닌이지만, 부패된 감자는 셉신이라는 독성 물질이 있다.

08 ②

- 저온균 : 최적온도 10~20℃인 세균으로 물속이나 냉장고에서도 번식한다.
- 중온균 : 최적온도 25~40℃인 세균으로 자연계에 가장 광범위하게 분포한다.
- 고온균 : 55℃ 이상에서 증식이 가능하고, 온천수에서도 번식한다.

09 ③

안식향산 : 청량 음료수, 간장, 식초

오답 피하기

- 소르빈산 : 육제품, 절임식품, 잼, 케첩, 된장, 고추장
- 프로피온산 : 빵, 생과자
- 이초산나트륨 : 빵, 식용유지, 식육가공품, 스프, 건과류
- 파라옥시안식향산부틸, 파라옥시안식향산에틸 : 간장, 식초, 청량음료, 과일소스, 과일 및 과채의 표피

10 ①

황색포도상구균은 장독소로 급성위장염의 증세가 있다.

11 ③

살모넬라균의 원인식품으로는 어패류, 난류, 우유, 육류, 샐러드 등이 있다.

12 ②

면허의 취소처분을 받은 때는 특별자치도지사, 시장·군수·구청장에게 면허증을 반납한다.

위반사항	1차 위반	2차 위반	3차 위반
조리사, 영양사의 보수 교육을 받지 아니한 경우	시정명령	15일	1개월
식중독이나 위생과 관련한 중대한 사고 발생에 직무상의 책임이 있는 경우	1개월	2개월	면허취소
면허를 타인에게 대여하여 사용하게 한 경우	2개월	3개월	면허취소

13 ②

허가를 받아야 하는 영업

- 식품조사처리업 : 식품의약품안전처장
- 단란주점영업, 유흥주점영업 : 특별자치시장·특별자치도지사 또는 시장·군수·구청장

14 ④

식품에 따라 냉장, 냉동, 실온 보관하여 관리한다.

15 ③

- 자가품질검사는 자가품질검사기준에 따라 하여야 한다.
- 자가품질검사에 관한 기록서는 2년간 보관하여야 한다.

16 ②

탄수화물은 탄소(C), 수소(H), 산소(O)로 구성되어 있다.

오답 피하기

질소는 단백질의 구성 요소이다.

17 ②

라이코펜은 적색을 나타내며 카로티노이드계 색소의 한 종류이다.

18 ①

- 알칼리성 식품 : Ca, Mg, Na, K, Fe, Cu, Mn, Co, Zn
- 산성 식품 : P, S, Cl, I

19 ①

북어포 – 단백질

20 ①

이당류 : 맥아당, 설탕, 젖당

오답 피하기

- 단당류 : 과당, 갈락토오스, 포도당
- 다당류 : 전분, 펙틴

21 ④

훈연 제품의 풍미는 페놀과 카보닐 화합물이 관여한다.

22 ①

동물의 도살 후 사후강직은 근섬유가 액토미오신(Actomyosin)을 형성하여 근육이 수축되는 상태이다.

23 ②

녹색 채소의 마그네슘을 함유한 엽록소 색소이다.

24 ④

생선 육질이 쇠고기보다 연한 것은 콜라겐(Collagen)의 함량이 적기 때문이다.

25 ①

단백질이 변성되면 소화율이 높아진다.

26 ②

- $100 : 72 = 350 : x$
- $\dfrac{72 \times 350}{100} = 252$

27 ②

레닌은 응유 효소로 치즈 제조에 사용한다.

28 ①

오답 피하기

쌀을 도정할수록 조리시간이 단축되고, 소화율이 높아지며, 영양분은 감소된다.

29 ③

비타민 B_{12}는 코발트를 함유한다.

30 ②

섬유상 단백질의 미오신의 함량은 가용성단백질의 60%를 차지하고 소금에 녹는 성질이 있어 어묵의 형성에 이용된다. 점탄성을 부여하기 위해 전분을 첨가한다.

31 ④

오답 피하기

① 목심, 양지, 사태는 습열 조리에 적당하다. 탕이나 편육으로 물에 넣어 푹 끓이는 것이 좋다.
② 안심, 등심은 건열조리가 적당하다. 구이용으로 팬이나 그릴에 구워 먹는다.
③ 편육은 고기를 먹기 위한 것이므로 끓는 물에 고기를 넣어 끓인다.

32 ③

후드는 식품의 증기, 냄새를 배출시키는 환풍 시설로 가열대보다 넓게 설치하는 것이 좋다.

33 ③

발주량 = {정미주량 ÷ (100 − 폐기율)} × 인원수 × 100
= 80 ÷ (100 − 5) × 1,500 × 100 ≒ 126,315g = 약 127kg

34 ①

• 체조직구성 식품 : 단백질, 무기질
• 3대 영양소 : 탄수화물, 단백질, 지질

35 ④

부제탄소원수가 3개 존재하면 2개의 이성체가 존재한다.
즉, $2^3 = 2 \times 2 \times 2 = 8$개이다.

36 ②

오답 피하기

① 곡류는 서류보다 호화온도가 높다.
③ 소금은 전분의 호화에 도움은 되지만 점도를 약하게 한다.
④ 산 첨가는 가수분해를 일으켜 호화의 방해를 일으키는 인자이다.

37 ①

분질감자는 부서지는 성질을 이용하여 메쉬드 포테이토를 만들고 볶음 요리가 적합하지 않아 오븐감자구이를 만든다.

38 ①

김치를 숙성할 때 충분히 김치 내에 산소가 많이 들어가지 않도록 꾹꾹 누르고, 국물이 어느 정도 잠겨야 하고, 맨 위에 공기와 차단할 수 있도록 배추잎이나 비닐로 덮어 숙성하는 것이 좋다. 온도도 냉장고에 두고 자주 여닫지 않아야 쉽게 무르지 않는다.

39 ②

오답 피하기

① 신선한 달걀보다는 오래된 달걀이 기포 형성은 잘 되지만 안정성이 적어 쉽게 기포가 가라앉는다.
③ 머랭을 만들 때 설탕을 넣으면 기포가 잘 안 일어나므로 어느 정도의 기포가 생기면 설탕을 넣어야 한다.
④ 차가운 달걀은 기포가 잘 생기지 않으므로 실온에 미리 꺼내어 두는 것이 좋다.

40 ②

송이버섯을 감별할 때 갓이 많이 피지 않고, 향이 진한 것이 좋다.

41 ④

버터는 동물성 유지이다.

42 ③

슬라이서는 야채나 육류를 저미는 기구이고, 다질 때 사용하는 것은 찹퍼이다.

43 ②

커피, 코코아의 쓴맛의 성분은 카페인이다.

44 ③

콩은 단백질 글리시닌이 염류에 응고되는 성질을 이용하여 만든 식품이다.

45 ④

열의 전달 속도는 대류가 가장 늦다.

46 ③

냉장고에서 완만 해동하는 것이 세균의 번식을 막고, 조직의 파괴, 드립현상을 최소화할 수 있다.

47 ②

쌀은 배아에 비타민 B의 손실을 줄이기 위하여 가볍게 2~3회 세척하는 것이 가장 바람직하다.

48 ④
단체급식에서는 지역과 계절에 따라 제철 식품을 사용한다.

49 ②
생강은 생선 단백질이 응고된 후에 넣는 것이 좋다.

50 ①
사후강직은 근섬유가 액토미오신(Actomyosin)을 형성하여 근육이 수축되는 상태이다.

51 ③

오답 피하기

① 감염 경로 : 호흡기계, 소화기계, 피부 등
② 병원소 : 사람, 동물, 물건 등
④ 미생물 : 바이러스, 세균, 리케차 등

52 ①
채소류로부터 감염되는 기생충은 요충, 십이지장충, 회충, 편충, 동양모양선충 등이 있다.

오답 피하기

• 유구조충, 선모충 – 돼지
• 무구조충 – 소

53 ③

오답 피하기

파리 – 장티푸스, 콜레라

54 ④
광화학적 오염물질을 2차 오염물질이라고도 한다. 2차 오염물질은 1차 오염 물질이 공기 중에서 화학 반응을 일으켜 간접적으로 생성되는 물질로서 산성비, 산성눈, 광화학 스모그 등이 포함된다.

55 ②
폰(phon) : 음의 세기와 더불어 일어나는 감각상의 수량적 변화를 말한다.

오답 피하기

데시벨 : 음의 강도를 말한다.

56 ③

능동면역	자연능동면역	질병감염 후 얻은 면역(두창, 소아마비)
	인공능동면역	예방접종 후 얻은 면역
수동면역	자연수동면역	태반, 모유 등 모체로부터 얻은 면역
	인공수동면역	수혈 후 얻은 면역

57 ②
파리가 장티푸스의 위생해충을 맞지만, 발진티푸스는 이에서 매개한다.

58 ④
극장, 강연장 등 다수인이 밀집한 실내 공기는 화학적 조성이나 물리적 조성의 변화를 초래하여 불쾌감, 두통, 권태, 현기증, 구토 등이 일어나는데 이와 같은 생리적 이상을 군집독이라 한다.

59 ④
온열 조건 인자 3요소는 기온, 기습, 기류이다.

60 ④
공중보건은 개인이 아닌 인간 집단이고, 목적에는 치료가 해당되지 않는다.

MEMO

MEMO

MEMO

MEMO

자격증은
이기쩍!

 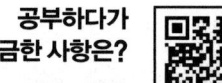